투자은행과
사모펀드

(개정판)

글로벌 금융업계 실무 수준으로 배우는

투자은행과 사모펀드

선선규 홍성현 지음

INVESTMENT BANKING & PRIVATE EQUITY
Valuation, Mergers & Acquisitions, Leveraged Buyouts

(개정판)

재무분석, 가치평가 이론과 실제 M&A 및 LBO 투자 사례의 연결

매일경제신문사

「일러두기」

이 책은 '글로벌 금융업계 실무 수준으로 배우는' 것에 초점을 맞추고 있습니다. 따라서 현업에서 일상적으로 사용하고 있는 용어들을 그대로 사용해, 최대한 실무에 바로 적용할 수 있도록 했습니다. 일부 영어 단어의 경우, 우리말로 옮기는 것이 오히려 글의 흐름에 방해된다는 판단에 따라 원문 그대로 사용했다는 점 이해 바랍니다.

책에서 사용된 OB맥주 가치평가 모델, 칼라일-ADT캡스 LBO 투자 분석과 같은 각종 자료들은 www.wallstreettraining.co.kr에서 무료로 다운로드할 수 있습니다. 실제 글로벌 스탠더드에 부합하는 가치평가 및 금융 모델링 실력 향상을 위해 웹사이트에 제공되는 엑셀 모델을 참고하며 책을 읽는 것을 권장합니다.

S&P Global Market Intelligence does not guarantee, warrant, or endorse the products or services of any firm, organization, or person. S&P Global disclaims all express or implied warranties.

추천의 글

안재연

現 Baring Private Equity Asia(사모펀드, 홍콩)
前 J.P. Morgan Financial Institutions Group IB Analyst(홍콩)
Harvard Business School(MBA)
Harvard University 경제학과 졸업
《쌍둥이 형제, 하버드를 쏘다》(2006) 著

이 책을 읽으며 10여 년 전 하버드 학부 재학 시절, 유수의 글로벌 투자은행들이 캠퍼스에서 주최하는 인턴십 프레젠테이션에 기웃거리던 나의 모습이 떠올랐다. 과연 이들은 구체적으로 어떤 업무를 하고, 인터뷰는 어떻게 준비해야 좋은지 등 궁금한 점은 많은데 마땅히 답을 찾을 수 없어 전전긍긍했던 기억이 난다. 졸업 후 제이피모건(J.P. Morgan)을 거쳐 홍콩계 사모펀드로 이직한 후에도 관련 자료 부재에 대한 아쉬움은 계속되었다. 당시에 이런 좋은 자료가 있었더라면 좀 더 체계적으로 성공적인 커리어에 대한 만반의 준비를 할 수 있지 않았을까.

선선규, 홍성현 두 저자가 관련 실무 경험과 국내외 문헌을 참고해 펴낸 이 책은 실제 IB&PE 업계에서 이루어지는 투자기법에 대한 자세한 설명뿐만 아니라 다양한 실제 투자 및 인수합병 건의 케이스 스터디를 포함하고 있다. 이론보다 실무에 충실한 내용으로 이루어진 탄탄한 책의 구성은 독자님들께 관련 업무에 대해 보다 심도 있는 이해를 하는 데 큰 도움을 줄 것이다. 각종 투자기법 분석과 재무 모델링이 단계별로 자세히 설명되어 있기 때문에 나 역시 책을 읽는 내내 마치 고급 개인과외를 받는 듯한 느낌을 받았다.

뿐만 아니라, 두 저자의 넓은 인맥을 활용한 여러 현업자들과의 인터뷰는 독자가 궁금해할 법한 여러 가지 질문에 대해 다양한 관점과 의견을 제공해 매우 유용한 가이드가 될 것으로 확신한다. 실제로 많은 애널리스트들이 금전적 성공에 대한 막연한 환상 및 커리어 초기의 불타오르는 의지에 기반해 투자은행 업무의 단점이나 롱런에 필요한 노하우 등 사전지식 없이 커리어를 시작하는 경우가 많다. 나 역시 투자은행 애널리스트 시절 살인적인 업무량과 체력 및 정신력 관리 미숙으로 초반 각오와는 달리 큰 위기를 겪었던 경험이 있다. 이 책 곳곳에 나오는 금융계 선배들의 현실적이고 정확한 조언은 그러한 시행착오를 줄이는 데 도움이 될 수 있지 않을까 생각한다.

또한, 책 곳곳에 두 저자가 자신들의 지식과 노하우를 최선을 다해 공유하고자 하는 노력의 흔적이 보인다. 사모펀드 조성 및 기업 투자 절차, 그리고 부록에 있는 S&P Capital IQ의 구체적인 사용방법 등에 이르기까지 업계 전반적인 생태에 대한 이해뿐만 아니라 실무진 레벨에서 사용하게 되는 유용한 분석 도구 활용 역시 두루 설명하고 있다. 이 책은 이처럼 광범위하고 다양한 알짜배기 내용을 많이 포함하고 있어 금융계 입성을 꿈꾸는 대학생부터 M&A 업무에 관한 좀 더 전문적인 지식 습득을 원하는 직장인에게 널리 유용하게 쓰일 것이다.

얼마 전 하버드 졸업식 연설에서 페이스북(Facebook)의 창업자 마크 저커버그(Mark Zuckerberg)가 말했던 인상 깊은 한 구절이 있다. "We can create a sense of purpose for everyone by building community." 이 책이 좋은 매개체가 되어 한국 금융 커뮤니티 발전에 기여하고, 더 나아가 많은 독자들에게 목적의식을 불어넣는 긍정적인 계기가 되길 바란다. 항상 매사에 열정적이고 도전적인 태도로 기회 될 때마다 남들과 지식과 경험을 공유하던 두 저자의 모습이 이렇게 멋진 결과물로 이어진 것 같아 더할 나위 없이 기쁘다. 바쁜 와중에도 틈틈이 시간을 들여 좋은 책을 낸 두 저자에게 진심으로 축하한다는 말과 함께 건승을 기원하고 싶다.

추천의 글

양선영

법무법인 광장 파트너 변호사
사법연수원 32기
London Business School (Master in Finance)
서울대학교 법학과 졸업
AICPA (하와이주) 시험 합격

    M&A거래를 한두 번 접해본 사람들이라면, M&A에서도 이미 일반적으로 합의된 절차나 상관습이 존재한다고 느낀 일이 있을 것이다. 그런데 이런 절차나 관행에 대해서는 딱히 참고할만한 자료가 많지 않다. 보통 관련 자료들은 그 내용이 특정한 주제에 한정해 다루는 경우가 많고, 개중에 어떤 자료들은 한국에서의 거래계 현실을 반영하지 못하는 경우도 있다. 결국, 함께 일하는 선배나 전문가로부터 도움을 받지 않는 한 "M&A거래에서 일반적으로 합의된 절차나 상관습"을 파악하기는 어렵다. 때문에, 협상에서는 종종 "시장에서 통용되는 관행(market practice)"이라는 상대방의 주장 때문에 어리둥절해지는 경우도 생긴다. 이 책은 한국에서 주로 다뤄지던 M&A절차에 관한 내용을 되도록 망라해 정리하는 시도를 했으므로, 오히려 M&A거래를 조금은 이해하고 있는 사람들에게 더 도움이 될 수 있는 책이라고 생각한다.

    M&A나 금융거래와 관련한 법률자문을 제공하는 변호사로서 종종 DCF라느니, LBO라는 등의 용어들을 들을 때가 있다. 일을 할 때에는 이들 용어를 직관적으로 이해할 수 있는 의미로만 사용하다 보니 많은 사람들은 그 용어를 곧잘 사용하면서도, 진정한 의미를 깊이 생각하는 일은 없이 사용하곤 한다. 경영대학원(business school)에서는 그런 용어들의 의미나 숨겨진 함의까지 배워볼 기회가 있고, 회계를 배우면 관련 용어들을 꼼꼼하게 살펴볼 기회가 생기겠지만, 현실적으로 각 분야를 두루 섭렵하기란 쉽지 않다. 이 책에서는 관련 용어나 절차의 의미와 용도 등을 회계, 법 등 분야를 가리지 않고 전체적으로 제시하기 위한 노력을 기울이고 있으므로, 법에 능통한 사람이든, 회계에 능통한 사람이든, 절차적인 부분을 잘 알고 있는 사람이든, 관련 분야에 종사하는 사람들이 각각의 용어나 절차의 의미와 용도를 개관해볼 좋은 기회가 되겠다.

관련 분야에서 일하면서 평소 책을 즐겨 읽고, 사람들과 두루 교류하고 지내는 저자답게 현업의 실무자들과의 인터뷰를 담은 부분도 눈길을 끈다. 아마도 해당 부분은 이 분야에 진출하고 싶은 분들을 위해 마련된 내용 같은데, 그 내용을 읽어보니 다들 너무 바쁘게 지내는 것 같아 걱정스러운 기분마저 든다. 이 책을 읽으며 미래를 준비하는 분들께서 일과 개인적 삶의 균형을 찾고, 남들에게는 의미 없어 보여도 자신에게 중요한 가치라면 양보하지 않으면서, 몸도 마음도 건강한 인생을 개척해가시기를 기원하며 추천의 글을 맺는다.

머리말

 2004년 한국에 사모펀드 관련 법안이 도입된 이래 지금까지 수많은 사모펀드가 생겨났다. 금융투자협회에 따르면, 이들의 자산 규모는 2016년 상반기 기준 200조 원을 초과하며 218조 원을 넘는 공모펀드의 운용자산 규모를 바짝 추격하고 있다. 굵직한 사모펀드들의 M&A도 많아지며, MBK파트너스 같은 토종펀드나 칼라일(Carlyle) 같은 글로벌 펀드가 홈플러스나 ADT캡스 같은 수조 원에 달하는 회사를 인수하기 위해 재벌 그룹들과도 경쟁하는 일이 빈번해지고 있다.

 이러한 M&A와 사모펀드 시장의 성장에 걸맞게 다양한 서적들이 'M&A, 사모펀드, 밸류에이션' 같은 주제를 다루고 있다. 물론 신문기사들도 최신 M&A 딜이나 사모펀드 현황 같은 뉴스를 다루고 있다. 시중에 나와 있는 관련 서적들은 다음과 같이 크게 두 종류로 나누어볼 수 있다. 첫째, 주로 교수들이 쓴 이론 중심의 책으로 WACC, CAPM, DCF 같은 각종 재무분석 주제들을 철저히 수학적, 이론적 관점에서 다루고 있다. 이러한 책들은 대부분 대학 수업이나 학회·논문 관련 용도로 사용되고 있다. 둘째는 이와 정반대로, M&A나 사모펀드 업계의 거물이나 실제 딜을 사례 중점적으로 쓴 책들이다. 예를 들자면《1조 원의 승부사들》이란 책은 기자의 관점에서 국내 사모펀드들의 창업자들을 조명하며, 그들이 집행한 굵직한 투자 사례를 스토리 형식으로 담고 있다.
 이런 두 종류의 책 모두 필요하지만, 이론과 실제 딜 사례를 연결해주는 실무를 상세히 알려주는 책이 아직 많이 부족하다고 생각된다. 예를 들어 KKR과 어피니티라는 글로벌, 아시아 사모펀드가 한국에서 OB맥주에 LBO 방식으로 투자해 4년 동안 수조 원에 달하는 엄청난 차익을 거두었지만, 이러한 성공적인 M&A, LBO 투자의 실질적 경제성을 수학적·재무적 기반을 두고 분석하는 방법을 알려주는 실용서는 없다. 또한, 각종 회계·재무분석의 이론을 상세히 알아도, 이를 엑셀 프로그램을 사용해 실제 밸류에이션 모델까지 구축해 분석하는 데까지는 추가적인 교육이 필요한데, 이러한 전문성 높은 교육을 받을 수 있는 매체가 현재 한국에는 없는 실정이다.

 이에 뉴욕, 홍콩, 서울에서 글로벌 투자은행(IB), 사모펀드(PE)와 같은 전문성 높은 금융 분야에서 일하며 경력을 쌓은 두 명의 저자가 나섰다. 실무 경험과 관련 지식을 바탕으로 M&A 업계 기준에서는 기본적이면서도 핵심적인 가치평가 및 LBO 분석 실무를 전수하고자 한다. 이 책을 한 번 읽는 것으로 재무분석, 가치평가의 전문가가 될 수는 없겠지만, 현재 한국에 출판된 관련 저서들의 양극단 사이 공백을 메꿔줄 뿐만 아니라 실무능력을 배양할 수 있는 지침서가 될 수 있을 것이다.

이 책을 통해 도움받을 수 있는 독자들은 다음과 같다.

첫째, 이미 금융업계에서 일하고 있는 직원 혹은 M&A나 사모펀드 투자 업무를 처음 접하는 현업자들에게 도움될 수 있다. 우리나라에 지점을 둔 외국계 증권사의 경우, 인턴 혹은 수습 기간에 회사의 정식교육을 받지 않고, 실전에 투입되는 경우가 많다. 또한, 정규직원으로 금융 모델을 만드는 사람들도, 이미 만들어져 있는 회사의 금융 모델 양식(template)을 반복적으로 사용하는 경우가 많다. 국내 증권사도 실상은 다르지 않다. 저자들이 2016년에 직접 국내 10대 증권사들의 신입사원 교육 실태를 조사한 결과, 기초적인 회계교육 외에, 전문적인 재무분석·가치평가·금융 모델링 등의 수준 높은 실무교육을 제공하는 회사는 없다. 만약 이렇게 다양한 환경이나 상황으로 인해, 충분한 실전교육이 부족한 상태로 실무에 투입되었다면, 잘 해결되지 않는 세부적인 부분들이 있을 것이다. 이 책의 실질적 예제들과 부연설명이 이런 분들의 빠른 실력향상에 도움이 되었으면 한다.

둘째는 지금 당장은 상세한 재무분석을 하지 않지만, 향후 사업의 변화에 따라 금융 모델을 보거나 만들어야 하는 기업의 현업자들이 있다. 기업에서 신규 사업을 추진하거나, 새로운 회사를 인수할 때, 혹은 사모펀드 등과 공동투자를 진행할 때 이러한 실무 분석과 금융 모델을 이해한다면 더욱 효과적으로 분석하며, 의사 결정을 내릴 수 있다. 투자 및 신사업 진출 의사 결정권자들 중에는 '금융 모델 및 가치평가는 외부 IB나 자문사에 외주를 주면 되기 때문에, 내가 직접 이런 실무를 알 필요는 없어'라고 생각하는 분들도 종종 있다. 외부 전문가에게 의존하는 것이 이론상으로는 합리적으로 보일 수 있다. 하지만 의사 결정권자 본인이 이런 실무적 디테일들을 잘 알고 능숙하게 다루지 못한다면, 외부 전문가들의 실수나 그들만의 편향된 시각에 휘둘릴 수밖에 없다는 매우 현실적인 문제에 직면한다. 최근 들어 한국에서도 기업 전략실, 연기금, 증권사, 보험사 등 다양한 금융 거래(M&A, LBO, 인수금융 대출, 대체투자, 프로젝트 파이낸싱 등) 주체 기관 소속 실무자들 사이에서 전문성 높은 금융 모델링, 가치평가 및 재무분석의 수요가 늘어나는 추세는 이를 반영한다.

마지막으로, 아직 금융업계에 발을 딛지 않았지만, 업계에서 어떤 식으로 펀더멘탈 분석을 하는지 알고 싶어 하는 취업준비생과 대학(원)생들에게도 도움이 될 수 있다. 금융업계 내에는 다양한 전문성을 필요로 하는 직종이 있지만, 그중에서 IB, M&A, LBO, 대체투자(Alternative Investment), 주식·채권의 펀더멘탈 분석과 연관된 직종이라면, 이 책에 소개되는 내용이 필수적이기 때문에, 간접적으로 해당 커리어를 체험할 수 있는 계기가 될 수 있을 것이다. 특별히 이런 독자들을 위해서, 국내외 M&A, 사모펀드 및 헤지펀드 업계에서 활약하고 있는 현업자들의 인터뷰를 중간중간 담았다.

재무분석이나 금융 모델은, 각 지역, 산업마다 차이가 있을 수 있지만, 국제적인 금융시장에서 통상적으로 쓰이는 모델은, 그 구조나 규격 측면에서 어느 정도 표준화되어 있기에 한번 제대로 배우면 폭넓은 실무 적용이 가능하다. 한마디로, 이 책에 담긴 핵심적인 실무를 배우면 뉴욕 및 홍콩 월가의 투자은행(IB)에서 보내준 밸류에이션 모델과 글로벌 사모펀드에서 쓰이는 투자분석 자료들을 모두 이해할 수 있다는 것이다.

이처럼 이 책은 추상적인 재무, 가치평가 이론과 실제 M&A 및 LBO 투자 사이를 연결해주는 실무 서적이다. 앞에 설명된 다양한 현업자와 금융업계에 취업이나 이직을 준비하는 분들에게 '아직은 베일에 감추어진 듯한 M&A와 LBO의 실무 분석'을 이해하는 데 도움이 되었으면 한다.

차례 Contents

추천의 글   05
머리말   09

CHAPTER 1 | OB맥주 케이스 소개   18
OB맥주 케이스 소개   20

CHAPTER 2 | DCF(Discounted Cash Flow, 현금흐름할인법) 분석   26
DCF(Discounted Cash Flow, 현금흐름할인법) 분석   28
Step 1. 투자 대상 정보수집   32
Step 2. 잉여현금흐름(FCF, Free Cash Flow) 추정   34
Step 3. 잔존가치(TV, Terminal Value)의 결정   48
Step 4. 가중평균자본비용(WACC, Weighted Average Cost of Capital) 계산   51
Step 5. 현재가치(PV, Present Value) 계산과 밸류에이션 결정   62
OB맥주 적용-DCF 분석을 위한 예시   68

CHAPTER 3 | LBO(Leveraged Buyouts, 레버리지 바이아웃) 소개   86
LBO(Leveraged Buyouts, 레버리지 바이아웃) 소개   88
LBO에 적합한 회사의 특성   95
LBO 주요 참여 회사   100
LBO 자금조달-대출 종류   105
LBO 자금조달 용어   113

CHAPTER 4 | LBO 분석   120

  LBO 분석   122
  Step 1. Pre-LBO 모델 구성   126
  Step 2. 거래구조 입력   135
  Step 3. Post-LBO 모델 완성   144
  Step 4. LBO 분석   156

CHAPTER 5 | 칼라일그룹의 ADT캡스 LBO-케이스 스터디   166

  칼라일그룹의 ADT캡스 LBO-케이스 스터디   168
  M&A 배경   169
  딜 진행 과정   170
  딜 구조와 밸류에이션   172
  LBO 모델-요약 버전   174

CHAPTER 6 | Comparable Companies Analysis(유사기업비교법)   180

  Comparable Companies Analysis(유사기업비교법)   182
  Step 1. 비교 대상이 될 유사 기업 선정   184
  Step 2. 필요한 재무정보 수집   193
  Step 3. 주요 재무비율, 재무통계, 멀티플 나열   196
  Step 4. 비교 대상 회사 벤치마크   216
  Step 5. 평가가치 결정   218

| 유사기업비교법의 주요 장단점 | 219 |
| OB맥주 적용–Comparable Companies Analysis | 220 |

CHAPTER 7 | Precedent Transactions Analysis(과거거래분석법)   230

Precedent Transactions Analysis(과거거래분석법)	232
Step 1. 비교 대상 유사 M&A 딜 선정	234
Step 2. M&A 관련 일반 정보와 재무정보 수집	239
Step 3. 주요 재무통계, M&A에서 사용된 멀티플 나열	241
Step 4. 비교 대상 M&A 벤치마크	245
Step 5. 평가가치 결정	246
과거거래분석법의 주요 장단점	247
OB맥주 적용–Precedent Transactions Analysis	248
OB맥주 분석과 총평	255

CHAPTER 8 | 투자은행 관점에서의 M&A   260

투자은행 관점에서의 M&A	262
입찰 방식(Auction)	264
협상매각(Negotiated Deal/Sale)	282
M&A의 시너지(Synergy)	284
M&A의 종류	287

CHAPTER 9 | 사모펀드 투자 절차   292
   사모펀드 소개   294
   펀드조성(Fundraising) 절차   295
   투자 절차   296
   투자회수(Exit, 엑시트)   301
   기타 인수 시 고려사항   303

CHAPTER 10 | ADT캡스 Exit M&A & SK텔레콤/맥쿼리 컨소시엄   308
   ADT캡스 2차 M&A 가격   310
   SK텔레콤/맥쿼리 컨소시엄의 ADT캡스 M&A 케이스스터디   311

Appendix   326
   부록 A | S&P Capital IQ를 이용한 재무분석   327
     1. Discounted Cash Flow   328
     2. 칼라일그룹의 ADT캡스 LBO   333
     3. 산업군-Industry Categorization   338
     4. 주식조사보고서 및 컨센서스   343
     5. S&P Capital IQ를 사용해 유사 M&A 딜 찾기   345
   부록 B | 본문에서 소개되지 않은 스크리닝 툴   349
     1. 투자 대상, 특정 회사, 채권 스크리닝   350
     2. 투자자 스크리닝   352

책의 구성 요약

Case Study 1

1장 | OB맥주 케이스 소개
OB맥주는 LBO 방식으로 진행된 M&A 투자기 때문에 이 책의 케이스로 적합하다. 1장에서는 책에서 반복적으로 사용된 OB맥주 사례를 간단히 소개한다.

Fundamental Valuation

2장 | DCF(Discounted Cash Flow) 분석
Fundamental Valuation의 가장 대표적인 가치평가 방법을 상세히 배우고, 직접 실제 케이스에 적용한다.

3장 | LBO(Leveraged Buyouts) 소개
LBO 투자의 개념과 주요 참여자들, 자금조달 방식 등 다양한 분야를 설명한다.

4장 | LBO 분석
LBO 분석을 처음부터, 모델의 완성과 결과 분석까지 상세히 설명하며, 실제 케이스에도 적용한다.

Case Study 2

5장 | 칼라일그룹의 ADT캡스 LBO-케이스 스터디
칼라일그룹의 ADT캡스 LBO 투자 케이스를 추가로 소개하고, 분석한다.

Relative Valuation

6장 | Comparable Companies Analysis
유사 기업의 멀티플을 토대로 진행하는 가치평가 방법을 소개하고, 실제 케이스에 적용한다.

7장 | Precedent Transactions Analysis
과거 M&A 딜의 멀티플을 토대로 진행하는 가치평가 방법을 소개하고, 실제 케이스에 적용한다.

IB&PE M&A Process

8장 | 투자은행 관점에서의 M&A
투자은행은 M&A의 매각자 혹은 매수자를 자문함으로써, M&A의 성사를 돕는다. 투자은행이 어떻게 단계별 M&A 과정을 진행하는지 자세히 살펴본다.

9장 | 사모펀드 투자 절차
M&A 시장의 큰손으로 떠오르는 사모펀드의 펀드조성부터 투자회수까지 일련의 과정을 소개한다.

Case Study 3

10장 | ADT캡스 Exit M&A & SK텔레콤/맥쿼리 컨소시엄-케이스스터디
5장에서 소개된 칼라일의 ADT캡스 LBO투자 회수(Exit)를 소개하고, SK텔레콤 컨소시엄의 M&A전략과 인수금융 구조 등을 분석한다.

Chapter 1

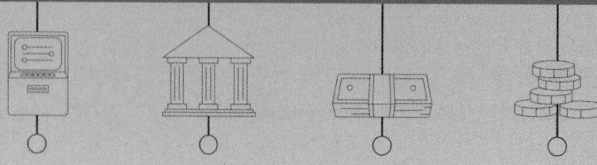

OB맥주 케이스 소개

INVESTMENT BANKING & PRIVATE EQUITY
Valuation, Mergers & Acquisitions, Leveraged Buyouts

INVESTMENT BANKING & PRIVATE EQUITY

OB맥주 케이스 소개

1. KKR과 어피니티의 OB맥주 LBO 딜

이 책은 핵심적인 가치평가 기법, 금융 모델링, LBO 분석, M&A 절차 등을 글로벌 투자은행과 사모펀드의 실무 수준에서 설명했다. 뿐만 아니라, 실제 M&A 딜을 소개하고, 투자은행과 사모펀드에 있는 현업자들의 인터뷰도 수록해 현실감을 더했다. 독자들에게 더욱 차별화된 방법으로 금융실무를 설명하기 위해 실제 한국에서 집행된 OB맥주 LBO 투자를 메인 케이스로 선정했고, 책에 나오는 예제나 온라인으로 제공되는 가치평가 모델 및 LBO 모델은 실제 OB맥주 LBO 투자 사례를 기반으로 만들었다. 또한, 이러한 실무 설명과 모델의 이해도를 높이기 위해서, 각 장별로 배운 내용을 OB맥주에 직접 적용하는 사례도 추가로 담았다.

한 가지 유의할 점은, 최대한 책에서 소개되는 실무 기법을 실질적으로 OB맥주에 적용하려고 노력했으나, 저자들이 이 특정 LBO 딜에 실제 참가한 것은 아니며, 설령 그렇다 하더라도 내부자 정보나 기타 회사 영업 기밀을 공개할 수는 없기에, 공개된 정보(public information)만을 사용했다는 것이다. 또한, 현실적인 가치평가보다는 모델링 학습이 목적이므로, 가정 부분은 단순하게 반영했으니 참고 바란다.

1) OB맥주 LBO 딜을 메인 케이스로 선정한 이유

먼저 OB맥주 LBO 투자는 수조 원 단위의 큰 투자 규모나 높은 수익률뿐만 아니라, 투자의 내용 측면에서도 의미 있는 케이스로 꼽힌다. 예를 들어 과거 론스타(Lone Star)의 외환은행 투자 같은 경우 수익률은 높았지만, 각종 세금·합법성 관련 법정공방에 얽혔고, 투자 집행 이후 론스타 사모펀드가 진행한 구조조정도 사회적으로 이슈가 되었기 때문에 이 책의 케이스로 쓰기에는 적합하지 않다고 생각되었다. 이와 반대로 OB맥주는 사모펀드 투자 이후, 비용을 절감하는 구조조정보다는 공격적인 투자 및 운영방법 개선으로 회사의 내재가치를 끌어올린 사례이며, 인수와 매각 과정에 있어 특별히 사회·법적으로 문제가 없었기 때문에, 해당 딜의 경제성에 집중할 수 있었다.

참고로 OB맥주는 2009년 사모펀드 투자가 집행되어, 2014년에 투자금이 회수되었는데, 이 책은 2009년, 처음 OB맥주 LBO 투자가 집행될 때 당시의 재무제표와 시장 데이터를 기반해 사모펀드가 분석한 방법과 최대한 비슷하게 케이스 스터디 및 금융 모델링 설명을 진행했다.

2) 딜 요약

2014년 1월 20일, 한국 맥주 시장 점유율 1위 기업 OB맥주가 세계 최대의 맥주회사 AB인베브에 약 6조 2,000억 원에 매각됐다. 이 책에서 다룰 이번 딜의 주인공은, 2014년에 매각된 OB맥주나 인수자 AB인베브(AB-Inbev)가 아니라, 3조 5,000억 원에 달하는 엄청난 매각차익을 누린 글로벌 사모펀드 'KKR'과 아시아 사모펀드 '어피니티'(Affinity)였다. 수조 원에 달하는 절대적인 투자이익의 규모도 놀랍지만, OB맥주 LBO 딜을 통해서 이들은 연평균 40%에 달하는 높은 투자수익률을 올렸기 때문에 비단 한국 내에서만이 아니라, 세계적으로도 주목받는 '2014년을 대표하는 사모펀드 딜'이라고 봐도 무방하다.

2. OB맥주 LBO 투자 성공의 주인공 소개

1) KKR

KKR은 제롬 콜버그(Jerome Kohlberg), 헨리 크래비스(Henry Kravis) 그리고 조지 로버츠(George Roberts)가 1976년에 설립한 사모펀드다. 3명의 창립자는 당시 월가의 5대 투자은행이었던 베어 스턴스(Bear Sterns, 2008년 금융위기 과정에서 파산해, J.P. Morgan에 인수되었음)의 투자은행(investment bank) 출신이었다. 이들은 베어 스턴스에서 세계 최초라고 할만한 LBO 투자들을 이끌었던 경험을 살려서 KKR을 시작할 수 있었다.

1980년대, 미국에서 시작된 LBO 전성기를 주도했다고 평가되는 KKR은, 당시 세계 최대 식품유통 업체, 배터리 제조사 등에 성공적으로 투자하며 명성을 쌓았다. 1989년 당시 역대 최대 규모의 LBO 투자를 진행했으며, 매우 높은 레버리지를 사용해 적대적 M&A 방식으로 진행한 RJR내비스코(RJR Nabisco, 오레오 쿠키를 만든 회사) 투자와 이를 상세하게 논픽션으로 다룬 《문 앞의 야만인들(Barbarians at the Gate)》이라는 책으로 세간에 소개되어 악명을 떨치기도 했다.

KKR은 설립 이후 30년에 달하는 기간 동안 수십조 원 규모의 사모펀드들을 운용하며 20%에 근접한 연평균 수익률을 냈다. 이는 여느 선진국 주식시장의 연평균 수익률의 2배에 달하는 수치이며, 사모펀드 업계 중 규모나 그 수익률 모든 면에서 최고의 펀드라고 볼 수 있다.

한국에서는 OB맥주, 티켓몬스터, 더케이트윈타워에 투자했고, 서울 오피스를 운영할 정도로 한국 투자에 관심이 많은 것으로 알려져 있다.

2) 어피니티

어피니티(Affinity Equity Partners)는 9조 원 이상의 자금을 운용하고 있는 홍콩계 사모펀드로, 아시아 최대 사모펀드 중 하나다. 본래 글로벌 투자은행인 UBS의 아시아 사모펀드 역할을 하는 UBS캐피탈아시아퍼시픽(UBS Capital Asia Pacific)이었다가, 2004년에 분사되었으며, UBS캐피탈아시아퍼시픽의 투자 전문가들로 구성되어 있다. 아시아, 태평양 지역을 대상으로 투자하고 있으며, 홍콩, 싱가포르, 서울, 시드니, 베이징, 자카르타에 사무실을 두고 있다.

간략하게 OB맥주 LBO 투자 건에 대해 알아보았는데, 실제 숫자들과 회사 상황을 사용한 실무 분석은 각 장 끝, 혹은 실무를 상세히 소개하는 장 중간에 소개될 예정이다. 책의 내용과 따로 제공되는 모델을 잘 살펴보면 이 LBO 투자 케이스와 더불어 전반적인 가치평가, M&A, LBO를 이해하는 데 큰 도움이 될 것이다

현업자 인터뷰 #1

윤종우

現 Morgan Stanley 미국 오피스 Investment Banking Associate
前 맥쿼리삼천리자산운용 사모펀드
前 AT Kearney 전략컨설팅
University of Pennsylvania-Wharton MBA 졸업
서울대학교 경영학과 졸업

모건스탠리에서 담당했던 업무와 역할에 대해 간단히 설명 부탁드립니다.

와튼스쿨 MBA 과정 졸업 후, 투자은행 모건스탠리의 글로벌 에너지 팀에서 M&A 등의 금융자문 업무를 담당하고 있습니다. 저의 역할은 엑손모빌, 로열더치셸과 같은 에너지 업체나 KKR, 블랙스톤과 같은 사모펀드가 에너지 사업 인수합병을 추진할 때 시장 분석, 금융 모델링, 인수 협상 등에 대한 자문을 제공하는 것입니다.

본인의 업무 중 어떤 부분이 매력적인가요?

전 세계에서 가장 큰 산업 중 하나이자 지정학적인 가치가 매우 높은 에너지 산업에 대한 전문성을 키울 수 있다는 부분입니다. 글로벌 에너지 팀이 위치한 휴스턴에는 수십 개의 포춘 500 에너지 기업이 본사를 두고 있습니다. 시장 판도를 바꾸고 있는(그리고 이제는 한국에도 많이 알려진) 셰일 혁명(Shale Revolution)도 휴스턴을 중심으로 시작되었습니다.

글로벌 에너지 시장의 중심지에서 작게는 수천억 원, 크게는 수십조 원에 이르는 M&A 딜의 가치를 직접 평가하고, 최고경영자의 의사 결정 과정을 바로 옆에서 들여다볼 수 있다는 점이 매력적으로 느껴집니다.

업무의 단점이나 독자가 해당 업무를 지원하기 전에 알아두면 좋은 것들이 있을까요?

IBD에서 직원을 채용할 때는 재무지식 외에도 커뮤니케이션 능력, 체력(야근을 버틸 수 있는), 팀워크 등 다양한 능력들을 두루 평가합니다. 자주 언급되지는 않지만 제가 강조하고 싶은 부분은 프로페셔널리즘입니다. 재무 모델 및 프레젠테이션에서 숫자 및 오탈자가 없도록 여러 번 확인하고, 상사 또는 클라이언트 이메일에 즉각 답장을 보내고, 미팅 시간에 적어도 10분씩 일찍 도착하는 태도는 IBD에서 직급을 막론하고 특별히 강조되는 덕목이며, 신입직원에게는 반드시 필요한 능력 중 하나입니다.

어떻게 커리어를 쌓게 되었나요?

학부 졸업 후 AT커니 전략컨설팅, 맥쿼리삼천리자산운용 에너지인프라 사모펀드에서 2년씩 경험을 쌓은 후, 와튼스쿨 MBA를 거쳐 모건스탠리에서 일하게 되었습니다.

일반적인 하루 또는 1년 스케줄은 어떻게 되시나요?

M&A 딜이 어느 단계에 접어들었는지, 그리고 클라이언트가 원하는 자문이 무엇인지에 따라 하루는 매우 변동적이며, 이는 IBD 부서 고유의 업무 성향입니다.

일과를 아주 단순하게 정리하면, 우선 메일을 체크하면서 아침을 시작합니다. 에너지 산업의 특성상 클라이언트가 지구 반대편에서 밤사이에 메일을 보내오거나, 매니징 디렉터(Managing Director)가 아침 미팅을 위해 급하게 자료요청을 한 것은 없는지 확인을 하면서 하루 스케줄을 구상합니다. 그다음 국제 유가나 천연가스 가격 추이, OPEC 및 주요 산유국의 정책, 주요 에너지 기업의 동향, 실적발표, M&A 뉴스 등을 검색하면서 에너지 시장에 대한 주요 변동사항을 체크합니다.

어소시에이트(Associate)의 일과 중 가장 많은 부분을 차지하는 것은 재무 모델 분석 및 검증입니다. 애널리스트의 주된 역할이 재무 모델을 엑셀로 구현하는 것이라면, 어소시에이트의 역할은 모델의 큰 흐름과 주요 가정사항을 실제 시장 상황에 비춰보고 현실성을 검증하는 데 초점이 맞추어져 있습니다. 따라서 어소시에이트로서 업무를 원활히 수행하기 위해서는 재무 지식, 엑셀 능숙도 외에도 산업에 대한 전반적인 이해가 전제되어야 합니다.

자신의 커리어를 두고 고민하는 독자들을 위해 공유하고 싶은 의견 한마디 부탁드립니다.

금융권 취업을 목표로 하는 분이 있다면 취업과 직접적인 연관성이 없어 보이는 재무지식이라도 폭넓게 관심을 가지라고 말씀드리고 싶습니다. 그 이유는 크게 두 가지입니다.

우선, 금융시장은 매우 복잡하게 얽혀 있기 때문에 넓고 얕은 지식이 오히려 도움되는 경우가 많습니다. 예를 들어, 신용등급을 알면 이자율에 대한 이해가 쉬워지고, 이자율을 이해하면 채권 및 기타 파생상품에 대한 이해가 쉬워지는 식입니다.

두 번째로, 금융시장은 끊임없이 변화하며, 사이클과 상황마다 유용한 지식이 달라질 수 있기 때문입니다. 2008년 서브프라임 금융위기 이전까지는 사모펀드의 LBO가 폭발적으로 성장했다면, 금융위기 직후에는 벌처펀드의 크레디트 투자가 집중되었습니다. 그리고 최근에는 삼성-엘리엇 사건으로도 유명한 행동주의 투자가 부각되고 있습니다. 시장의 상황에 알맞은 투자를 위해서는 유연한 투자 감각과 이를 받쳐줄 넓은 금융지식이 필요하다고 생각됩니다.

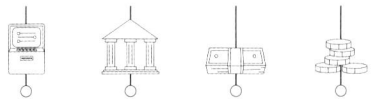

Chapter 2

DCF(Discounted Cash Flow, 현금흐름할인법) 분석

INVESTMENT BANKING & PRIVATE EQUITY
Valuation, Mergers & Acquisitions, Leveraged Buyouts

DCF(Discounted Cash Flow, 현금흐름할인법) 분석

DCF(Discounted Cash Flow, 현금흐름할인) 분석은 기업가치(Enterprise Value, 엔터프라이즈 밸류) 또는 주주의 지분가치(Equity Value, 에쿼티 밸류)를 미래에 창출될 것으로 예상되는 잉여현금흐름(FCF, Free Cash Flow)의 현재가치로 할인하는 방법이다. 즉, 현재 시점에 투자 대상의 가치를 확인하는 평가 방법으로 현재 내가 가지고 있는 현금이 내일 가질 현금보다 더 가치 있다는 화폐의 시간가치(Time Value of Money) 개념을 근간으로 하고 있다.

DCF는 미래 재무제표, 가중평균자본비용(WACC), 그리고 성장률에 대한 추정이 현실적으로 계산 가능할 경우, 가장 정확하고 유용한 가치평가법이라고 볼 수 있다. DCF는 M&A 과정에서 가장 빈번하게 사용되는 가치평가법이며, 투자은행, 기업의 재무 및 전략팀, 경제 연구소, 각종 주식 및 채권 투자자, 은행 및 다양한 금융권 종사자들이 폭넓게 사용한다.

DCF는 회사뿐만 아니라 그 계열사, 비즈니스, 자산, 지분 등 현금흐름을 계산할 수 있는 모든 것에 적용될 수 있어 적용 범위가 넓고, 다른 가치평가 기법과 다르게 M&A 시나리오, IPO, 구조조정 등 다양한 상황을 세밀하게 반영할 수 있다는 장점이 있다.

또한, DCF는 각기 다른 회계처리 방법을 채택하고 있는 기업들에 대한 비교 가능성이 상대적으로 높은 가치평가 방법이다. 회계는 발생주의를 원칙으로 작성되어 있으며, 국제회계기준(IFRS)은 구체적인 가이드 라인을 제시하는 기존의 GAAP에 비해 근본적인 원칙을 중심으로 하는 기준체계이기 때문에 실제 세부 항목과 계정별로 다양한 회계처리 방식을 인정한다. 그렇기 때문에 기업들은 국제회계기준 원칙하에 감가상각방법, 재고자산평가방법 등에 대해 각기 다른 회계처리 방식을 가지고 있는 경우가 많은데, 이러한 경우 비교 가능성의 문제가 발생하게 된다. 하지만 DCF는 이렇게 발생주의로 작성된 회계를 현금주의로 조정해 다양한 회사들의 비교 가능성 문제를 해결해준다. DCF의 바탕이 되는 FCF는 실제 현금유입과 현금지출을 고려해 도출되기 때문이다.

또 다른 DCF의 장점은 시장의 견해와 상관없이 투자자의 독립적이고 합리적인 가정을 적용할 수 있다는 것이다. DCF로 도출된 가치는 내재가치(intrinsic value)이기 때문에 시장가치(market value)와는 다른 의미를 지닌다. 시장가치는 특정 시점에 수요와 공급의 원칙에 따라 시장 참여자들이 결정하는 기업의 가치이지만, 내재가치는 회사의 수익성, 배당능력, 특정 기업만의 고유한 위험 등 기업의 내부적 요인을 반영한 가치이다. Comparable companies나 precedent transactions 같은 유사 기업의 거래에 적용된 가치는 시장의 의견을 반영하지만, DCF는 시장의 영향으로부터 독립된 내재가치를 구한다. 이러한 특징 때문에 DCF는 유사 기업의 상대가치를 비교하기 위한 시장이 형성되지 않았거나, 매우 규모가 작아 시장과 경쟁사의 정보가 불충분한 경우(예를 들자면 IT 스타트업)에도 적용될 수 있다는 장점도 있다.

시장 기반의 가치평가(market-based valuation) 기법과 비교했을 때, DCF는 투자자가 생각하는 다양한 시나리오를 직접 정교한 모델을 통해 반영할 수 있고, 시장보다 합리적인 가정을 할 수 있다면 시장가치로 파악할 수 없는 적정가치를 찾아낼 수 있다. 하지만 해당 기업이 직면한 위험, 기회, 현실을 가정에 제대로 반영하지 못하면 DCF를 통해 계산한 가치는 의미가 없을 것이다.

DCF의 계산방식에 대해서 요약하면, 첫 번째로 FCF를 계산해야 한다. FCF는 영업활동을 통해 유입되는 현금흐름에서 회사설비 등을 위한 투자금액을 지불하고 회사가 얼마만큼의 현금을 남겼는지를 계산하는 것이다. FCF를 구하는 것이 DCF의 핵심인 만큼, 재무지표, 매출성장률, 영업이익률, capex, 운전자본(WC, working capital)의 변화분 등 FCF에 영향을 미치는 가정을 합리적이고 논리적으로 판단해 반영해야 한다.

실무에서 FCF를 추정하는 기간은 일반적으로 5년 정도이나, 이는 회사의 상황, 산업, 성장단계, 경제 상황 등에 따라 다를 수 있다. FCF 추정 기간 이후 대상의 잔존가치(remaining value)는 영구가치(Terminal Value, TV)라고 부른다. 가치평가를 진행할 때 기업이 파산하지 않는 한, 영구적으로 존재할 것이라는 가정하에 미래현금흐름을 예측하기 때문에 회사가 존속할 것이라고 가정하면 이 TV는 계속기업가치(going-concern value)라고도 볼 수 있다.

추정 기간의 FCF와 TV의 합을 WACC으로 할인한 현재가치가 해당 기업의 엔터프라이즈 밸류(EV)다. 할인할 때는 가중평균자본비용(WACC, Weighted Average Cost of Capital)을 사용한다. WACC은 기업의 사업 및 재무위험, 시장, 국가위험 등이 반영된 할인율이며, 자기자본과 타인자본 조달비용을 가중평균한 값이다.

DCF 밸류에이션의 결과는 WACC과 TV 등 몇 가지 가정에 민감하게 반응한다. 이러한 이유로 결괏값을 하나의 숫자로 보여주기보다는 여러 가정에 따른 밸류에이션의 범위를 보여주는 것이 낫다. 이렇게 가정들의 변동에 따른 영향을 테스트하는 것을 민감도 분석(sensitivity analysis)이라고 부른다.

DCF의 주요 장단점을 정리하자면 다음과 같다.

장점

- **+ 현금흐름 기반** 멀티플을 이용하는 시장가치 기반의 밸류에이션에 비해 미래 FCF를 추정해 기업의 내재가치를 발견하는 보다 근본적인 가치평가법이라고 할 수 있다.
- **+ 시장 독립적** 버블이나 시장위기 등으로 발생한 시장의 왜곡으로부터 보다 독립적일 수 있다.
- **+ 제한된 정보로 작성 가능** comparable companies와 precedent transaction에 의존하지 않으므로 경쟁사와 산업에 대한 정보가 없어도 작성될 수 있다.
- **+ 유연성** 재무지표, 성장률, 마진, capex, WC의 효율성 등이 변경되는 다양한 상황에 대해서 분석할 수 있다.

단점

- **− 재무추정의 어려움** 재무지표에 대해 정확하게 추정하는 것은 어렵다. 특히 추정 기간이 길수록 추정내용과 미래 회사의 운영 성과 간의 괴리가 커질 수 있다.
- **− 가정에 민감함** 성장률, 마진, WACC, exit 멀티플 등의 가정은 조금만 변경되어도 밸류에이션값에 큰 영향을 미친다.
- **− 잔존가치(TV) 의존성 높음** TV는 FCF와 비교했을 때 현재가치의 상당 부분을 차지하기 때문에, TV 가정이 현재가치에 큰 영향을 미친다.
- **− 자본구조가 변하지 않는다고 가정** DCF는 추정 기간 동안 회사의 자본구조가 변하지 않을 것이라고 가정한다. 자본구조에 따라 기업의 자본비용, 위험, 수익성 등이 변하기 때문에 실제 회사의 미래가치와 차이가 있을 수 있다.

DCF는 몇 가지 가정으로 인해 한계를 가진 가치평가임에도 불구하고, M&A에 널리 쓰이고 유용성이 큰 평가방법이다. 이번 장에서는 DCF를 어떻게 엑셀에 반영하는지, 예시 회사인 OB맥주의 밸류에이션에 어떻게 DCF를 적용하는지를 단계별로 보여주고자 한다.

Discounted Cash Flow 분석 순서

STEP 1	투자 대상 정보수집
STEP 2	잉여현금흐름(FCF, Free Cash Flow) 추정
STEP 3	잔존가치(TV, Terminal Value)의 결정
STEP 4	가중평균자본비용(WACC, Weighted Average Cost of Capital) 계산
STEP 5	현재가치(PV, Present Value) 계산과 밸류에이션 결정

Step 1 | 투자 대상 정보수집

1. 투자 대상 정보수집

DCF를 시작하기 전에 우선 투자 대상과 관련 산업에 대해서 가능한 한 많은 정보를 찾아보고, 학습해야 한다. 투자 대상의 비즈니스 모델, 재무지표, 고객을 위해 기업이 창출하는 가치, 최종 수요자, 경쟁자, 주요 위험 등을 파악하는 것은 밸류에이션을 위한 필수사항이다. 이를 통해 가장 현실적인 재무추정과 합리적인 WACC과 TV에 대한 가정을 세워야 한다.

투자 대상 회사의 정보를 찾을 때는, 일반적으로 상장회사의 정보를 찾는 것이 비상장회사에 비해 쉽다. 상장회사[1]의 공시자료를 찾을 때 국내기업은 금융감독원의 DART에서, 미국기업은 증권거래위원회의 EDGAR에서 찾을 수 있다. 공시자료 중 가장 빈번하게 확인하는 보고서는 사업보고서(10-K), 분기보고서(10-Q)다. 경영진단 및 분석 의견(MD&A, Management Discussion and Analysis)은 해당 기간의 재무 및 운영 현황에 대한 개요뿐만 아니라, 경영자가 바라보는 회사의 전망까지 확인할 수 있기 때문에 주요 핵심변수를 파악하는 데 도움이 된다. 이외에도 리서치 리포트, 기업설명회(IR) 자료를 참고하면 기업의 사업과 재무 특성에 대한 기본적인 사항들을 파악할 수 있다.

여기서 비상장회사는 회사정보에 대해 공시를 하지 않는 회사를 말한다. 또한, 상장회사라고 하더라도 특정 사업부만 M&A가 진행된다면 역시 공시자료만으로는 해당 사업부의 정보를 파악하기에 부족할 수 있다. 비상장회사는 공시의무가 없기 때문에 자료를 수집하는 것이 쉽지 않을뿐더러 정보에 대한 신뢰성이 떨어질 수도 있다. 상장기업은 주가를 높게 평가받기 위해 세전 이익을 높이려고 노력하나, 비상장기업은 이러한 동기부여가 없기 때문에 세금부담을 낮출 목적으로 세전 이익을 과소평가

---

1) 상장회사는 주식만 상장되어 있는 게 아니라, 회사채, 시장성부채증권, Term-loan 등 Debt가 상장된 회사도 포함한다.

하는 경향이 있으며, 가치평가를 진행할 때 이러한 부분을 고려하며 확인해야 한다.

비상장회사는 정보의 공시 의무 범위가 비교적 좁기 때문에 웹사이트, 관련 산업 전문지, 뉴스 기사 등을 통해서 추가정보를 수집해야 한다. 만약 현재 상장되어 있지 않은 기업이 과거에 상장되었다가 폐지된 경우가 있다면, 예전 공시자료를 찾아서 과거의 성과와 경영상황을 분석할 수 있다. 뿐만 아니라 같은 산업의 상장회사, 혹은 관계회사(전방 및 후방 산업에 있는 회사 등)에 대해 이용 가능한 자료를 토대로 투자 대상 기업과 비교하며 유용한 정보를 추론해 학습해야 한다. 실무에서는 비상장회사에 대한 재무정보를 제공해주는 유료서비스 회사(미국은 S&P의 Capital IQ, 국내는 Kisline 등)를 이용기도 하지만, 비상장기업 자체의 특성상, 필요한 모든 정보를 제공받기는 힘들다. 실제로 M&A가 진행되면, 투자은행은 해당 회사에서 제공해주는 정보를 토대로 작성된 Confidential Information Memorandum(CIM)을 참가자들에게 비밀유지계약(CA 또는 NDA[2]) 체결 후 제공해, 이를 통해서도 기본적인 정보를 확인할 수 있다.

2. 주요 핵심변수 결정

분석의 다음 단계는 FCF 추정에 결정적인 역할을 할 회사의 주요 핵심변수(특히, 매출성장, 수익성, FCF 창출능력 등)를 정해야 한다. 정하는 주요 기준은 특정 변수가 회사 수익이나 비용에 큰 영향을 주거나, 변동성이 커서 세밀한 추정이 필요할 경우 등이다. 이러한 변수들은 대상 기업의 내부뿐만 아니라 외부로부터 생기는 요인도 포함한다. 내부요인은 신규 설비나 매장설치, 새로운 제품 생산, 신규 고객과의 계약, 운영효율을 통한 운전자본(WC, working capital) 관리 개선 등을 포함한다. 외부요인으로는 다른 회사로부터 인수, 경쟁사의 M&A, 시장 흐름, 소비자 구매 패턴, 거시경제 변화, 규제나 제도의 변경 등이 있다.

회사의 매출성장을 결정하는 것은 경쟁 강도, 비즈니스 모델, 경영진의 능력에 따라 다양하다. 수익성 역시 경영진, 브랜드, 고객, 원가관리, 생산제품 조합, 마케팅 전략, 규모, 기술에 따라 다르다. FCF 창출능력은 동종 업계대비 얼마나 capex를 투자하는지(설비 확장 정도나 설비의 소유 혹은 리스 유무에 따라 다름), 얼마나 운전자본을 효율적으로 관리하는지에 따라 영향을 받는다.

---

[2] Confidential Agreement 또는 Non-disclosure Agreement의 줄임말

INVESTMENT BANKING & PRIVATE EQUITY

Step 2 | 잉여현금흐름(FCF, Free Cash Flow) 추정

투자 대상에 대한 학습과 주요 핵심변수를 정하고 나서는 FCF를 추정해야 한다. 앞서 설명했듯이 FCF는 회사가 영업을 통해 벌어들인 현금으로, 영업활동에 활용된 비용, 세금, capex 등을 지불하고, 순운전자본 증감액을 조정한 후 남은 현금이다. 이번 장에서는 이자비용을 지불하기 전, 자본구조상 debt와 equity 투자자 모두에게 귀속되는 현금흐름인 unlevered FCF(혹은 Free Cash Flow to Firm)로 가정하고 설명한다. 따라서 unlevered FCF를 구할 때는 회사의 자본구조(capital structure)가 현금흐름에 영향을 주지 않는다. 에퀴티 투자자에게만 귀속되는 현금흐름은 levered FCF(혹은 Free Cash Flow to Equity)라고 하는데, 채권자와 우선주 투자자의 현금흐름을 제외하면 된다. 여기서는 간단히 이자비용을 어떻게 계산하는지 정도만 설명하려 한다. 한 가지 주의할 점은 이자비용과 배당금은 FCF 계산에 포함하지 않는데, 이 항목들은 WACC을 통해 가치평가에 반영되기 때문이다.

Free Cash Flow 계산

Free Cash Flow 계산
EBIT(Earnings Before Interest and Taxes, 영업이익)
(×) [1-taxes(세금)]
EBIAT(Earnings Before Interest After Taxes, 세후영업이익)
(+) Depreciation & Amortization(감가상각비)
(−) Capital Expenditures(자본지출)
(−) Increase/(Decrease) in Net Working Capital(순운전자본)
Free Cash Flow(현금흐름)

1. FCF 추정을 위해 고려할 사항

과거 재무정보는 미래 재무지표 추정을 위한 정보를 제공해준다. 특히 업황이 안정적인 산업, 혹은 성장 단계가 성숙기에 도달한 회사들은 사업의 변동성이 낮기 때문에 성장률, 영업 마진 및 다양한 재무비율들을 활용해서 미래 재무추정을 진행할 수 있다. 다만 너무 오래된 재무정보는 현재 회사의 재무상태를 반영할 수 없으므로 미래 FCF 추정에 활용하는 데 한계가 있다. 따라서 과거 3, 4년 정도의 재무정보가 FCF 추정을 위해 참고하기에 적절하다.

DCF는 밸류에이션 대상 기업의 최근 3년 치 재무정보를 보여주는 것으로 시작한다. 과거 재무정보는 미래 FCF를 합리적으로 추정하기 위해 기업의 재무제표에서 비경상적으로 발생하는 일회성 항목(non-recurring items)들을 적절하게 조정해 작성했다. 일시적인 사건들은 미래에도 주기적으로 발생할 거라고 보기 어렵기 때문에 분석 항목에서 제외시키는 것이 원칙이다. 리포트 자료들, 조정(normalized)된 재무자료 및 미래 추정치들은 S&P Capital IQ Estimates에서 확인할 수 있다.

S&P Capital IQ Estimates

Fiscal Years		2016	2017	2018	2019
KOSE:A000080 (KRW)		2016	2017	2018	2019
EPS Normalized		▼ 551.00 A	1,121.24 E	1,071.09 E	761.54 E
EPS (GAAP)		551.00 A	1,127.12 E	1,078.66 E	761.54 E
DPS		▼ 900.00 A	963.64 E	960.00 E	900.00 E
Book Value / Share		18,410.95 A	18,362.04 E	18,212.67 E	17,708.95 E
Net Asset Value Per Share		▲ 15,480.96 A	-	-	-
CFPS		2,699.80 A	3,868.28 E	2,969.76 E	2,670.05 E
Company Level (KRW)		2016	2017	2018	2019
Revenue		▼ 1,890,232.77 A	1,960,390.41 E	1,979,827.65 E	1,870,901.86 E
EBITDA		▲ 242,713.34 A	252,949.69 E	266,099.20 E	246,550.34 E
EBIT		▲ 124,005.91 A	141,066.27 E	148,830.23 E	123,989.59 E
Interest Expense		▼ (42,512.92 A)	(40,842.86 E)	(38,571.43 E)	-
EBT (Excl. Excep)		▼ 61,184.80 A	96,314.94 E	107,998.38 E	86,529.16 E
EBT (GAAP)		61,184.80 A	107,742.86 E	106,816.67 E	-
Net Income (Excl. Excep)		36,711.80 A	74,561.59 E	75,103.34 E	54,273.55 E
Net Income (GAAP)		36,711.80 A	78,130.87 E	75,416.67 E	-
Net Debt		▲ 915,599.59 A	864,345.32 E	853,870.51 E	827,773.15 E
Net Asset Value		1,085,735.78 A	-	-	-
Depreciation & Amortization		▼ 118,707.43 A	116,500.00 E	115,000.00 E	-
Cash From Operations		▼ 184,670.12 A	209,142.86 E	195,212.50 E	-
Capital Expenditure		▼ (123,905.50 A)	(108,000.00 E)	(99,466.67 E)	(120,000.00 E)
Free Cash Flow		▼ 60,764.62 A	117,133.33 E	128,700.00 E	-
Gross Margin %		▲ 43.58 A	43.17 E	43.62 E	-
Effective Tax Rate %		▲ 37.16 A	32.17 E	32.65 E	-
ROE %		▼ 2.94 A	5.75 E	5.93 E	4.29 E
ROA %		▲ 1.12 A	2.38 E	2.20 E	-
TEV		2,376,060.73 E	2,297,908.71 E	2,282,277.33 E	2,210,518.09 E

S&P Capital IQ

스탠더드 앤드 푸어스(Standard & Poor's, n.k.a S&P Global)는 신용평가 회사로 가장 널리 알려졌지만, 신용평가 외에도 기타 금융 관련 사업들을 진행하는데, 그중 하나가 S&P Global Market Intelligence의 데이터 서비스인 S&P Capital IQ이다. S&P Capital IQ는 전 세계의 기관 투자자들과 IBPE, 은행, 투자자문 및 자산운용, 기업 및 리서치 기관에게 멀티에셋 데이터, 리서치 및 분석 툴을 제공한다. S&P Capital IQ는 전 세계 상장기업뿐만 아니라 500만 개가량의 비상장 기업정보와 M&A나 공개모집 형식이 아닌 사모 발행자와의 거래 정보, 시장 혹은 기업 추정치, 주주정보 등도 보유하고 있다.

S&P Global Market Intelligence는 S&P Capital IQ 외에도, 플랫폼, SNL Financial이나 RatingsDirect 같은 웹데스크톱 솔루션과, API와 Xpressfeed로 제공되는 기업 데이터피드 솔루션, 그리고 Leveraged Commentary & Data와 Money Market Directory 같은 주요 시장 정보 솔루션을 통해 오늘날의 투자자가 필요로 하는 다양한 금융정보들을 제공하고 있다.

'한국만이 아닌 글로벌 데이터 서비스기 때문에 한국 회사들이 잘 커버될까?'라는 의문을 가질 수도 있지만, 저자들도 본업에서 국내외 상장사, 비상장사, 특정 자산 등을 분석할 때 S&P Capital IQ를 유용하게 사용하고 있다. S&P Capital IQ 외에도 다른 데이터 서비스들이 있지만, 세계적으로 널리 사용되며 국내외 다양한 회사들과 자산, M&A 등을 분석할 때 용이한 툴을 일괄된 예제로 보여주기 위해서, 이 책에 소개되는 각종 실무 적용 부분에 S&P Capital IQ 예제들을 사용했다.

참고로 S&P Capital IQ의 액세스는 대부분의 일류 금융회사의 경우 이미 가지고 있으며, 독자가 일하는 부서에서 현재 사용하지 않더라도, 같은 기업 내의 다른 부서에서 사용 중인 경우도 많으니, 회사에 확인해보는 것을 추천한다. 특별한 경우에는 무료 트라이얼이 제공되기도 한다. 학생들은 현재 재학 중인 대학에서 이미 S&P와의 제휴를 통해서 액세스를 제공하는지도 확인해보면 금융업을 학습하는 데 큰 도움이 될 수도 있다.

1) 추정 기간

FCF를 추정하는 기간은 일반적으로 5년 정도이나, 이는 회사의 상황, 산업, 성장단계, 경제 상황, 예측 가능한 기간 등에 따라 다르다. 투자 대상과 산업에 맞게 합리적이고 논리적으로 추정 기간을 설정해야 한다. 추정 기간을 5년으로 볼 수 있다는 근거는 인수 후 전략(post-merger integration 등)을 실행하더라도 5년 뒤면 안정화 단계에 들어설 것이라는 일반적인 합의 또는 실무상 관행에 기인한 것이다. 이미 안정적인 산업에서 시장점유율의 변동이 적고, 인수 후 특별히 경영에 개입도 하지 않을 투자자라면 5년 이하의 추정만으로도 적절한 밸류에이션을 할 수 있을 것이다.

예를 들어 사무용품, 의료용품 등을 생산하는 미국의 3M 같은 회사는 짧은 기간만 추정해도 적절한 회사의 예로 들 수 있다. 한편 산업이 빨리 성장하거나, 회사가 초기 단계에 있거나, 회사의 산업 주기가 길거나, 혹은 계약으로 매출을 생성하는 등 산업이나 회사가 안정적이라고 해도 장기적인 매출 추정이 필요하면 10년 이상의 추정 기간을 두고 DCF 모델을 만들 수도 있다. 특히 미국 에너지 산업에서 미드스트림이나 발전회사 중 특정 장기매출계약이 체결되어 있는 경우, 20년 이상을 추정하는 것이 관행이다. 추정 기간에 대한 결정은 추정 기간 이후 '회사가 안정화 단계에 갈 것', 'FCF에 영향을 미치는 변수, 성장률이 안정적이며 추정 마지막 연도 상태로 지속될 것' 또는 '존재하지 않을 것'이라는 판단에 기반을 둔 가정이다.

2) 다양한 시나리오 분석

DCF를 통해 회사의 미래 상황에 따른 다양한 시나리오를 적용할 수 있다. 투자은행이 매각주관을 할 때는 매각 회사로부터 받은 평균 5개년 재무 추정치를 바탕으로 논리적으로 방어가 가능한 충분한 수준의 자료를 만들어야 한다. 이를 'management case'라고 한다. 또한 투자자는 매각 회사의 경영진이 생각하는 것보다 합리적이고, 현실을 반영하는 추정치를 만들어서 반영한다. 이러한 과정을 거쳐 만들어진 추정치를 'base case'라고 부른다. 또한, 시장 및 회사의 상황에 낙관적, 비관적인 가정들이 기입된 'upside and downside case'를 만들기도 한다.

다양한 시나리오를 만드는 데는 회사의 주요 핵심변수와 산업에 대한 깊은 이해가 필요하다. 엑셀 반영 시 투자은행이나 투자자는 각 변수들의 가정들을 가정 페이지에 작성하며, 이러한 가정들은 DCF의 결과에 영향을 준다. 엑셀의 결과화면에 '스위치' 또는 '토글' 함수를 만들어서 각 시나리오를 쉽게 바꾸거나 가정을 빠르게 변경할 수 있다. 이를 통해 그때그때 가정과 숫자를 각 셀에 반영해 계산하는 수고로움을 피할 수 있다.

3) 경영진의 가이드 없이 재무성과 추정

DCF 모델을 투자은행이나 타 기관의 추정자료 없이 스스로 리서치를 해서 만들어야 할 경우도 있다. 상장된 회사라면 매출, EBIT, EBITDA에 대한 추정치 컨센서스를 찾을 수 있을 것이다. 투자은행의 리서치보고서 또한 2년이나 그 이상의 재무 추정치를 제공해주기도 한다. 비상장회사의 경우는 일반적으로 매각 회사 경영진의 재무 추정치를 받아 DCF 모델을 만들어야 한다. 그러나 실무에서도 항상 추정치를 받을 수 있는 것은 아니기에 투자자들은 재무지표를 합리적이고 논리적으로 추정할 수 있어야 한다. 이러한 경우 대개 과거의 재무정보, 산업의 추세, 상장된 경쟁사나 비교할 만한 회사들의 추정치 컨센서스 자료를 참고할 수 있다. 이번 장의 나머지 부분은 FCF의 주요 구성요소를 소개하고, 경영진의 가이드가 없거나, 실사를 통한 컨설팅보고서 등의 적절한 추정치 자료가 없을 경우 FCF를 어떻게 추정하는지 설명할 것이다.

4) 매출(Sales, Revenue) 추정

실무에서 상장된 회사의 매출을 추정할 때, 리서치 기관이 추정한 컨센서스를 사용할 수 있다. 마찬가지로 비상장회사의 매출을 추정할 때는 동종 기업의 매출성장률 추정치, 산업성장률 전망을 대용치로 사용할 수 있고, 과거의 매출액이 안정적으로 성장했으면 동사의 과거 매출성장률 역시 참고해 사용할 수 있다.

보통 투자은행의 주식 리서치보고서는 장기적인 추정치를 제공해주지 않기 때문에, 투자자는 다른 정보를 활용해 성장률을 추정해야 한다. 종종 기관의 산업보고서나 컨설팅 자료들은 산업에 대한 장기적인 전망치와 자료를 제공해준다. 신뢰할 만한 자료가 부족할 경우는 경제성장률 같은 정보를 토대로 안정적인 성장률(예를 들면 2~3% 정도)을 추정해야 한다.

철강이나 에너지 회사 등과 같이 매출이 시장의 변동성에 상당히 종속된 경우에는 해당 원자재의 가격 추이를 적절하게 반영하는 것이 중요하다. 또한, 추정하는 회사가 산업주기상 어디에 위치했는지에 따라 미래의 매출 변동성은 달라질 수 있다. 그러나 추정하는 마지막 연도는 단기적인 변동성이 제거된 조정(normalized level) 성장률로 추정해야 한다. 마지막 연도의 청산가치 혹은 잔존가치(Terminal Value, TV)가 기업가치의 대부분을 차지하고 있기 때문에 변동성을 제거한 안정적인 사업상태에서의 추정하는 것은 매우 중요하다. 또한, 산업주기상 저점이나 고점에 있는 회사의 가치를 TV로 추정하면 가치 추정에 심각한 왜곡이 있을 수 있기 때문에 주의해야 한다. 만약 추정의 초기 연도에는 성장률이 아무리 높다고 하더라도, 추정의 마지막 연도가 되면 조정된 수준으로 단기적인 변동성을 제거하기 위해서는 우선 일회성 항목들을 파악해야 한다. 블룸버그에서 조정하는 주요 항목은 인수 회사의 R&D 비용(acquired in-process R&D), 인수/합병비용(merger expense), 파생상품거래/평가(이익) 손실(derivatives/hedging), 유무형자산처분(이익) 손실(disposal of assets), 부채조기상환(이익) 손실(early extinguishment of debt), 자산감액손실(환입)(asset write-down), 영업권감액손실(impairment of goodwill), 무형자산감액손실(impairment of intangible assets), 사업매각으로 인한(이익) 손실(sale of business), 소송비용(legal expense), 구조조정비용(restructuring expense), 투자자산처분(이익) 손실(sale of investments), 투자자산평가(이익) 손실(unrealized investments), 보험(차익)/합의비용(insurance settlements), 기타일회성(이익) 비용(other one-time items)이 있다.

일단 매출 추정을 하고 나면, 산업의 과거 성장률뿐만 아니라 경쟁 회사들의 산업, 시장 추정치 자료들을 꼼꼼히 보면서 비교해봐야 한다. 컨센서스나 신뢰할 만한 기관의 자료를 바탕으로 작성했다고 해도 매 연도의 성장률 가정이 합리적인지는 스스로 확인해봐야 한다. 이때 시장점유율, 전방 및 후방 산업의 트렌드, 생산제품의 조합, 수요의 변화, 가격의 변화 등을 고려해야 한다. 매출 추정을 완료했으면 매출과 관련된 다른 가정들도 그에 따라 일관성을 이루고 있어야 한다. 예를 들면, 높은 매출성장률이 지속되기 위해선 더 많은 capex 투자가 이루어져야 한다고 보는 것이 합리적일 것이다.

5) 매출원가(COGS), 판매 및 관리비(SG&A) 추정

상장된 회사의 경우, 일반적으로 과거의 매출총이익률(gross margin)을 활용한 COGS[3](cost of goods sold, 매출원가)와 매출 대비 %를 곱한 SG&A(Selling, General & Administrative Expenses)를 사용하거나, 신뢰할 만한 기관의 자료나 회사 IR에 나와 있는 계획을 추정 첫해 연도 가정으로 사용한다. 추정 기간 이후는 매출총이익률이나 SG&A의 매출 대비 비율을 일정하게 유지하는 것이 일반적이다. 회사의 산업 트렌드나 전망에 따라, 논리적으로 설명할 수 있다면 가정들을 합리적으로 조정할 수 있다.

상장회사의 경우는 COGS와 SG&A의 과거 자료를 통해 매출총이익률과 SG&A의 매출 대비 퍼센트를 구한 다음, 상장된 동종 기업의 추정치 자료를 비교하며, 산업의 성장에 대한 견해와 추정치에 대한 합리적인 설명이 필요하다. 분석 초기 시점에는 간단히 과거 평균치 또는 최근 연도의 숫자를 일정하게 가정할 수 있다.

6) EBIT, EBITDA 추정

상장된 회사의 경우, EBIT과 EBITDA의 2, 3년 추정치 컨센서스를 찾을 수 있다.[4] 이 추정치는 본

---

3) 산업이나 회사에 따라 COGS는 단위당 생산량, 단위당 원가를 기준으로 쓰는 경우가 많다. 이런 경우에는 단위당 생산량이나 원가를 추정해야 하며, 회사의 IR, 산업에 관한 자료들을 참고할 수 있다. 예를 들어 구리 산업의 경우 생산량은 kt/d(일일 생산 킬로톤)으로, 비용은 $/lb(파운드당 달러)로 표시하는 것이 관례이며, 대부분의 메이저 상장회사는 해당 생산량과 비용 계획을 해당 회사 홈페이지에 게시한다.

4) 만약 COGS와 SG&A의 추정치 가정을 설정했으면, EBITDA와 EBIT의 추정치 컨센서스와 서로 맞는지 비교해보고 설명할 수 있어야 한다. 이러한 비교를 통해 다양한 측면에서 가정들이 적절한지 검증할 수 있다.

질적으로 매출총이익률과 SG&A 퍼센트에 대한 추정치가 반영된 결과다. 마지막 연도 이후를 추정할 경우, 일정한 퍼센트를 가정한다. 마지막 연도의 퍼센트를 변경하는 것도 합리적인 설명을 할 수 있으면 가능하다. 이때 고려할 사항들은 추정 기간, 생산제품의 조합, 산업주기, 영업 레버리지(operating leverage)[5], 가격경쟁력 등이 있다.

비상장회사의 경우도 마찬가지로 해당 회사의 과거 이익률과 유사회사의 추정치 컨센서스를 사용한다.

2. FCF(Free Cash Flow)의 추정

DCF 분석을 할 때, EBIT은 FCF 계산을 위한 기반을 마련해준다. EBIT에서 FCF까지 계산할 때 결정되어야 할 항목들은 세금, 감가상각비, capex, NWC가 있다.

EBIT부터 FCF 계산 과정

EBIT to FCF
EBIT(영업이익)
(×) [1-taxes(세금)]
EBIAT(세후영업이익)
(+) Depreciation & Amortization(감가상각비)
(−) Capital Expenditures(자본지출)
(−) Increase/(Decrease) in Net Working Capital(순운전자본)
Free Cash Flow(현금흐름)

1) 세금(Tax) 또는 세율(Tax Rate) 추정

EBIT에서 FCF를 계산할 때 처음 필요한 것은 세율을 추정하는 것이다. EBIT에서 세금을 제거한 이익은 EBIAT(Earning Before Interest After Taxes) 또는 NOPAT(Net Operating Profit After Tax)이라고 부른다. EBIAT은 EBIT에(1-t)를 곱해서 계산하며, 't'는 소득공제 및 세액공제 등 세무조정사항을 고려한 해당 기간 한계세율을 적용한다. 실무에서는 손익계산서상의 법인세에서 이자비용에 대한

---

[5] EBIT 추정에 영향을 주는 요소로, 영업 레버리지가 높다는 것은 고정비의 증가로 EBIT(영업이익)의 변동성이 높아지는 것을 의미한다. 영업 레버리지는 회사의 영업비용에 영업고정비가 차지하는 비율을 의미하며, 영업 레버리지가 높을수록 매출액의 증가로 인한 영업이익의 증가율이 향상되지만, 매출액의 감소로 인한 영업이익의 감소율도 그만큼 증가한다.

절세효과 등을 반영해, 투자 대상이 실제로 세금을 내는 실효세율(effective tax rate)로 계산해야 하나, 초기 단계 모델에서는 편의성과 보수적인 접근을 위해 세법상 법인세율 중 한계세율(marginal tax rate)을 적용한다. 한국의 경우 한계세율은 과세표준 기준 2억 원 이하는 11%, 2억 원과 200억 원 사이는 22%, 200억 원을 초과할 경우 지방소득세를 포함해 24.2%가 과세된다. 미국의 경우 주세(state tax)와 연방세(federal tax) 등에 따라 35~40%가 일반적으로 FCF 계산을 위해 반영하는 세율이다. 만약 회사의 사업보고서에 실효세율이 있다면 참고해 반영할 수 있다. 실효세율과 한계세율은 세액공제(tax credit), 공제 불가능한 비용(non-deductible expenses), 이연법인세 자산의 인식률 및 평가충당금(deferred tax asset valuation allowances), 회사의 세금정책 등에 따라 다를 수 있다.

2) 유형자산 상각(Depreciation), 무형자산의 상각(Amortization) 추정

감가상각비(D&A, Depreciation과 amortization)는 실제 현금이 지출되지 않은 회계상의 비용으로 설비나 자산 등의 수명인 추정내용연수 기간(useful life) 동안 회사의 장기고정자산, 토지, 설비 및 장비(PP&E)의 장부가치(book value)의 매년 감소분을 추정한 금액이다. 무형자산 상각은 유형자산 상각과 마찬가지로 무형자산의 추정내용연수 기간(definite life) 동안 장부가치 감소분을 추정한 금액이다. 감가상각비 산정 기법으로는 정액법(straight-line), 가속법(accelerated), 생산량비례법(units-of-production) 등의 방식이 있다. 나라마다 적용하는 회계 규정, 자산의 성격마다 적용방법이 다르지만, 분석 초기 단계에서 규정을 확인하기 전에는 정액법을 가정한다.

일반적으로 회사들은 감가상각비를 따로 분류해 공시하지만, 해당 두 비용은 손익계산서에 COGS(특히 제조업)와 SG&A로 나뉘어 반영되어 있을 수 있다. COGS와 SG&A는 감가상각비를 제외한 다른 비용들도 포함하고 있기에 손익계산에서만 본다면, 감가상각비에 대한 확인이 어려울 수 있다. 따라서 정확한 감가상각비 금액을 확인하기 위해서는 현금흐름표를 확인하거나, 회사 공시의 재무제표 주석을 보면 알 수 있다. 앞서 언급한 바와 같이 감가상각비는 비용이 나가지 않는 비현금성 비용(non-cash expense)이기 때문에 FCF를 계산할 때 EBIAT에서 다시 더해준다. 정리하자면, 감가상각비는 회사의 당기순이익(net income)에 비용으로 반영되어 회계상으로는 순이익을 감소시키지만, 실제 현금으로 지불되는 비용이 아니기 때문에 FCF를 계산할 때는 다시 더해주는 것이 적합하다.

(1) 유형자산의 상각(Depreciation)

유형자산의 감가상각은 회사 자산의 내용연수에 따라 연도별로 비용에 대한 일정(schedule)을 정하는 것이다. 정액법(straight-line depreciation)은 자산의 내용연수 동안 연도별로 동일한 비용을 분배하는 것이다. 예를 들면 100억 원으로 자산을 구매하고, 내용연수가 10년, 잔존가치(salvage value)가 0원이라고 가정하면, 각 연도별로 10억 원의 비용이 10년 동안 발생하는 것이다. 주로 사용되는 다른 감가상각법은 가속상각법(accelerated depreciation)이다. 이 감가상각 방식은 자산 가치의 감소가 내용연수의 초기연도에 더 발생한다고 가정하는 것이다. 과세당국이 해당 감가상각법을 인정해주면, 자산의 초기연도에 더 큰 비용을 분배하게 되어, 세금으로 나가는 비용을 절감할 수 있다. 미국에서 주로 인정되는 가속상각법은 수정가속상각법(MACRS)이다.

감가상각비를 추정하기 위해선 보통 과거의 매출이나 capex 대비 퍼센트를 기반으로 계산해 반영한다. 매출이나 capex가 회사 자본을 투자하는 데 직접적인 영향이 있기 때문이다. 좀 더 논리적인 방식은 회사가 기존에 보유한 감가상각이 되는 PP&E(Properties, Plants and Equipment, 유형자산)에 추가 capex 투자를 추정하면서, PP&E 밸런스를 계산한 다음 해당 연도 PP&E의 대비 퍼센트로 감가상각비를 계산하는 것이다. 이는 전년도 PP&E 기초밸런스들의 합계에 추정 capex를 더하고 감가상각비를 빼주어 특정 연도의 PP&E 기말밸런스(net PP&E)가 나오도록 계산하는 것을 요한다. 다만, 해당 접근 방식은 기존의 PP&E의 평균 잔여 내용연수와 추가 capex 투자에 대한 내용연수를 가정해야 한다.

감가상각비를 반영할 때 과거의 비용과 추정된 비용 간에는 일관성이 있어야 한다. 초기 시점 모델에서는 보통 추정연도의 감가상각비를 현재 수준으로 단순하게 가정할 수 있다.

(2) 무형자산의 상각(Amortization)

무형자산의 감가상각은 무형자산의 내용연수에서 비용의 일정을 정하는 것이다. 상각기간을 결정할 수 없는 비한정적인(indefinite life) 무형자산도 있지만, 여기서는 한정적인(definite life) 무형자산의 상각에 대해서 다룬다. 비한정적인 무형자산은 내용연수가 무한임을 뜻하는 것이 아니라, 매년 또는 손상이 예상되는 경우 감가상각하지 않고 가치를 재평가함을 의미한다.

무형자산은 비경쟁 조항이 있는 계약서, 판권, 자격, 특허권, 트레이드마크, 지적재산, 정보기술, 고객목록 등이 있다. 이러한 무형자산은 정해진 기간 또는 내용연수에 따라 상각된다.

유형자산의 상각과 같이 무형자산의 상각 역시 매출의 비율에 따라 추정할 수 있고, 회사의 현재 무형자산을 토대로 비용을 배분할 수 있다. 회사에 따라 무형자산과 유형자산의 감가상각을 하나의 회계명으로 공시할 경우도 있기 때문에, D&A로 합쳐서 DCF를 계산하는 것이 편리하다.

3) 자본적 지출(Capex, Capital Expenditures) 추정

Capex는 회사가 자산의 구매, 증가, 확장 등 물리적 자산을 위한 자본금 지출을 일컬으며, 주로 설비, 기계 등이 있다. Capex는 비용과는 다른 개념이다. 지출 후 한 번에 비용처리를 하지 않고 재무상태표에 자산 항목으로 분류되기 때문에, 내용연수 동안 손익계산서에 감가상각비를 발생시킨다. Capex는 감가상각비와는 반대로 실제로 현금이 나가는 항목이므로, FCF를 계산하기 위해 EBIAT에서 반드시 차감해주어야 한다.

과거 capex 항목은 현금흐름표의 투자활동현금흐름 항목에 직접적으로 공시하고, 10-K, 10-Q의 경영진단의견서(MD&A, Management Discussion and Analysis)에 내용이 명시되어 있다. 과거의 capex 수준은 미래추정을 위해 반드시 참고해야 할 항목이다. 그러나 반드시 과거와 추정 capex가 같을 필요는 없다. 이는 회사의 전략, 산업, 운영의 단계에 따라 달라지기 때문이다.

공시기업은 IR에 미래 capex 계획에 대해서 다루고 있을 수 있다. 리서치보고서 또한 미래 2, 3년 정도의 capex 추정치를 제공해줄 수 있다. 만약 특정 가이드가 부족하다면 capex는 일반적으로 과거 매출 대비 비율 수준으로 추정할 수 있다. 매출은 회사의 성장을 직접적으로 보여주는 항목이고, 또한 capex를 투자하는 것은 일반적으로 회사의 성장이 뒷받침되어야 하기 때문이다.

4) 순운전자본(NWC, Net Working Capital) 증감액 추정

NWC는 비현금성유동자산(non-cash current assets)에서 비이자발생유동부채(non-interest bearing current liabilities)를 뺀 금액이다. 순운전자본은 영업활동과 관련이 있는 순운전자본을 의미하므로 유동자산 중 영업활동과 관련이 없는 현금, 예금, 단기금융상품, 유가증권과 미수금을 제외해야 하며 유동부채에서도 영업활동과 관련이 없는 미지급금, 단기차입금 등은 제외해야 한다. 즉, 순운전자본은 회사가 영업활동을 하는데 회계상 수익과 비용 인식 대비 실제 현금을 어느 수준으로 받고 있는지 확인할 수 있는 척도다. NWC가 증가한다는 것은 유동자산이 유동부채보다 더 증가했다는 의미이고, 이는 현금이 회계상 인식보다 덜 들어왔었거나, 더 지출되었다는 것으로 볼 수 있다.

NWC의 변동은 직접적인 현금의 유입과 유출을 보여주기 때문에, 변동에 따라 회사의 유동성과 회사의 차입 여부를 결정하는 것 등의 의사결정에 영향을 준다. 그러므로 NWC의 효율적인 관리는 기업의 경영뿐만 아니라 FCF 계산에서도 중요한 항목이다. NWC 계산을 위한 모든 항목은 재무상태표에 있으며, 주요 유동자산(current assets)과 유동부채(current liabilities) 항목은 다음과 같다.

유동자산(Current Assets) 과 유동부채(Current Liabilities)의 구성 항목

매출채권(A/R, Accounts Receivable)	매입채무(A/P, Accounts Payable)
재고자산(Inventory)	영업 관련 미지급비용(Accrued Expenses)
선급비(Prepaid Expenses)와 기타 유동자산(Other Current Assets)	기타 유동부채(Other Current Liabilities)

NWC의 계산방식은 다음과 같다.

Net Working Capital 계산

순운전자본(NWC) = (매출채권 + 재고자산 + 선급금 및 기타 유동자산) − (매입채무 + 미지급비용 + 기타 유동부채)

매출채권, 재고자산 등의 유동자산이 매입채무 등의 유동부채보다 더 증가해 NWC 변화분이 증가한다면 실제 매출의 인식보다 수령한 현금이 더 적다는 것이기 때문에, FCF 계산 시 EBIAT에서 차감한다. 만약 NWC 변화분이 감소한다면 EBIAT에서 더해지면서 현금흐름은 증가하게 된다. 즉, NWC의 증가는 FCF에는 감소로, NWC의 감소는 FCF의 증가로 연결된다고 생각하면 된다. 매년(YoY, Year-over-Year) NWC의 변화분 계산 수식은 다음과 같다.

YoY NWC 변화분 계산

$\triangle NWC = NWC_n - NWC_{(n-1)}$

[(n−1)=전년도, n=해당 연도]

YoY NWC 변화분 추정을 계산하는 간단한 방법은 과거의 매출 수준과 과거 NWC를 비교해 반영하는 것이다. 이러한 방법은 회사의 세부 재무상태표와 COGS 정보를 알 수 없을 때 사용한다. 하지만, 보다 합리적이고 추천하는 방법은 유동자산과 유동부채의 세부항목들을 매 기간 추정해, 연도별 차이에 따라 YoY NWC 변화분을 직접 계산하는 것이다.

회사의 유동자산과 유동부채 구성요소들은 일반적으로 전년도나 과거 3개년 평균치 또는 과거 1년 치의 비율을 구한 다음 추정한다. 만약 회사의 운전자본 변동 추세를 알 수 있거나, 경영진의 가이드, 산업 트렌드를 확인할 수 있다면, 그에 따라 운전자본 계산과 관련된 비율을 증가시키거나 감소시키는 추정을 할 수 있다. 만약 이런 가이드가 없을 경우, 초기 시점의 시나리오에서는 과거 수준의 운전자본비율을 일정하게 가정한다. DCF의 학습 목적상, 본 서적에서는 운전자본비율은 연 단위 기준으로 추정했다.

5) 유동자산(Current Assets) 항목

(1) 매출채권(A/R, Accounts Receivable)

A/R은 판매와 용역을 제공한 신용채권의 개념으로 외상판매대금을 가리킨다. 매출채권은 다음과 같이 일반적으로 채권회수일(DSO, Days Sales Outstanding)이라는 비율을 통해 추정한다.

DSO 계산

$$DSO = \frac{\text{매출채권}}{\text{매출액}} \times 365$$

DSO는 회사가 얼마나 매출채권을 잘 회수하는지에 대한 척도로, 재화나 용역의 판매 이후 회수하는 데 걸리는 일수로 계산한다. 예를 들어, DSO가 45라는 것은 매출이 발생한 후 회사가 평균적으로 현금을 회수하는 데 걸리는 일수가 평균 45일이라는 것을 말한다. DSO가 낮을수록 신용판매 후 현금을 회수하는 기간이 짧다는 것을 의미한다.

발생주의 측면에서 매출채권의 증가는 손익계산서상 매출로 반영되어 있지만, 현금주의상에서 실제 현금이 아직 들어오지 않은 금액이 증가한 것이다. 회사의 DSO 증가는 고객에 대한 협상력 약화, 고객의 신용 하락, 회사의 현금회수 시스템 악화, 판매제품 조합 변화 등 다양한 이유에서 발생할 수 있다. DSO의 증가는 회사의 유동성 감소를 의미하고, 이는 운영과 부채상환에 필요한 현금이 감소한다고 해석할 수 있다. 때문에 회사는 현금회수를 빠르게 해 DSO를 최소화하기 위해 노력한다.

(2) 재고자산(Inventory)

재고자산은 회사가 판매를 위해 보유하는 자산 또는 제조 과정 중(WIP, Work-in-process)에 있는 회사자산의 가치를 의미한다. 계산할 때는 다음과 같이 일반적으로 DIH(Days Inventory Held)라는 비율을 통해 추정한다.

DIH 계산

$$DIH = \frac{\text{평균 재고자산}}{\text{매출원가}} \times 365$$

DIH는 회사가 재고자산을 파는 데 걸리는 시간이다. 예를 들어, DIH가 90이라면, 재고자산이 팔리는 데(turn, 회전) 걸리는 시간이 평균 90일이라는 의미다. 재고자산의 증가는 현금미회수를 의미하기 때문에, 회사는 현금이 빨리 창출될 수 있도록 재고자산을 빨리 현금화해, DIH를 최소화 시키려고 노력한다. 유휴 재고자산은 파손, 도난의 위험이 있고, 새로운 제품과 기술의 등장으로 진부화, 노후화가 될 수 있기 때문이다.

재고자산 판매에 대한 효율성을 알아보기 위한 다른 방법으로는 재고자산 회전율(Inventory Turnover Ratio)을 확인하는 것이다. 다음에 나와 있듯이, 재고자산 회전율은 회사가 해당 연도에 얼마나 빨리 재고자산이 출고되었는지 보는 척도로, 쌓인 재고자산 대비 얼마나 빨리 출고되어 매출원가로 인식하는지 확인할 수 있다.

Inventory Turnover Ratio 계산

$$\text{재고자산 회전율} = \frac{\text{매출원가}}{\text{평균 재고자산}}$$

(3) 선급비 및 기타 유동자산(Prepaid Expenses and Other Current Assets)

선급비는 회사가 제품이나 서비스를 받기 전에 미리 지불한 비용을 의미한다. 예를 들어, 미국에서 보험료는 장기로 가입하더라도 선불로 미리 1년에서 반년 치를 지불한다. 선급비나 기타 유동자산은 과거 매출원가(혹은 판매 및 관리비)의 비율에 따라 추정한다. 선급비와 기타 유동자산의 증가는 주로 현금의 지출이 미리 발생하는 항목이다.

6) 유동부채(Current Liabilities) 항목

(1) 매입채무(A/P, Accounts Payable)

A/P는 재화와 용역의 서비스를 제공받고, 아직 현금을 지불하지 않은 채무이다. 매입채무는 다음과 같이 DPO(Days Payable Outstanding)이라는 비율을 통해 추정한다.

DPO 계산

$$DPO = \frac{\text{매입채무}}{\text{매출원가}} \times 365$$

DPO는 회사가 구매한 재화와 용역에 대한 대가를 현금으로 지불하는 데 걸리는 기간이다. 예를 들어, DPO가 45면 구매한 대가를 현금으로 지불하는 데 45일 걸린다는 의미다. DPO가 높을수록 현금 지출이 늦어지기 때문에 회사는 상대적으로 긴 기간 동안 여러 가지 사업 목적상 사용할 수 있는 현금을 보유할 수 있게 된다. 즉, 매입채무의 증가는 지불해야 하는 현금의 지연을 의미한다. DSO와 반대로 DPO가 적정수준으로 증가하면 회사의 유동성이 증가한다.

(2) 미지급금(Accrued Expenses)과 기타 유동부채(Other Current Liabilities)

미지급금은 급여, 임대비, 이자비, 세금 등과 같이 비용이 발생했으나 아직 현금으로 지불되지 않은 비용들이다. 미지급금과 기타 유동부채는 매출(혹은 판매 및 관리비)의 비중에 따라 추정한다. 매입채무와 함께 미지급금과 기타 유동부채가 증가한다는 것은 보유하고 있는 현금이 회계상 수익과 비용의 인식보다 상대적으로 많다는 것을 의미한다.

(3) FCF(Free Cash Flow) 추정

위의 항목들을 모두 추정하면 FCF를 계산할 수 있다. 추정 기간 동안의 FCF는 엔터프라이즈 밸류의 일부가 되며, 나머지 요소는 추정 기간 마지막 연도에 있는 잔존가치(TV, Terminal Value)다.

7) Levered FCF(FCFE)

Levered FCF(또는 FCFE)를 통해 DCF를 하기 위해선 할인율로 자기자본비용을 사용하며, 수식은 다음과 같다. 그러나 이번 장에서는 unlevered FCF(또는 FCFE)를 가정하고 내용을 전개했으니, 참고용으로만 확인 바란다.

FCFE 계산

Free Cash Flow to Equity 계산
EBITDA
(−) Interest expense
(+) Interest income
(+) Impairment
(−) Tax provision
(−) Capex
(−) Change in NWC
FCFE

Step 3 | 잔존가치(TV, Terminal Value)의 결정

　DCF 방식을 통해 밸류에이션하는 것은 미래의 FCF를 할인해 현재가치를 계산하는 것이다. 그러나 회사의 FCF를 영원히 합리적으로 추정하는 것은 너무 어렵기 때문에, 실무에서는 일정 시점의 추정기간을 정하고, 그 이후는 TV(Terminal Value)로 계산한다. TV는 추정연도 마지막에 회사의 EBITDA 멀티플(또는 대용치로 FCF나 EBIT) 또는 영구성장 가정을 통해 결정한다.

　만약 비슷한 성장률로 회사가 성장한다고 가정했을 때 TV는 엔터프라이즈 밸류에서 FCF 대비 상당한 부분(대략 60% 이상)을 차지한다. 따라서 추정 기간 마지막 연도는 회사의 성장주기상 고점이나 저점에 있을 때가 아니라 안정적인 단계의 재무지표로 추정해야 하며, 엔터프라이즈 밸류에 크게 영향을 주기 때문에 민감도 분석을 실시해야 한다.

　실무에서는 일반적으로 TV를 계산하는 두 가지 주요 방식이 있다. 하나는 exit 멀티플 방식이고, 다른 하나는 영구성장(perpetuity growth) 방식이다. 회사의 산업이나 상황에 따라 두 가지 방식 중 하나를 선택할 수도 있고, 두 방식을 다 사용해 비교할 수도 있다. 실무에서 주로 사용하는 방식은 exit 멀티플로 반영하고, 영구성장 방식으로 검증하는 것이다.

1. Exit Multiple Method(EMM)

　EMM은 마지막 연도의 매출, EBITDA, EBIT, 순이익, FCF 등 특정 재무지표에 일정한 멀티플을 곱해 회사의 잔존가치를 계산하는 방법이다(본문에서는 실무에서 주로 사용하는 EBITDA를 사용했다). 이 멀티플은 현재 거래되는 비교 회사들(comparable companies)의 LTM(Last Twelve Months) 멀티플을 이용한다. 현재의 멀티플은 산업과 경제순환에 따라 영향을 받을 수도 있기 때문에 조정된 멀티플

(normalized multiple)과 재무지표를 사용해야 한다. 일시적 사건의 영향을 받았을 때나 산업주기상 고점과 저점에 있을 때, 조정되지 않은 수치를 사용할 경우, 왜곡된 결과가 나올 수 있다. 산업주기에 있어 변동성이 큰 산업의 경우 특별히 주의해야 한다.

Exit 멀티플은 TV를 결정하는 중요한 숫자이기 때문에 민감도 분석을 해야 한다. 예를 들어 과거 M&A 사례를 보고, 멀티플 범위를 7.0x에서 8.0x로 설정했다면, exit 멀티플에 따른 밸류에이션 결과에 민감도 분석 테이블을 만들고, 독립변수로 6.5x, 7.0x, 7.5x, 8.0x, 8.5x 정도를 설정한다. EMM을 통해 TV를 계산하는 수식은 다음과 같다.

Exit Multiple Method

$$Terminal\ Value = EBITDA_n \times Exit\ Multiple$$

(n=추정 마지막 연도)

2. Perpetuity Growth Method(PGM, 영구성장모형)

PGM은 가정한 성장률로 회사가 영원히 성장한다는 전제하에 마지막 연도의 FCF를 통해 회사의 TV를 계산한다. 계산 과정에서 WACC과 영구성장률(perpetuity growth rate)이 사용되는데, 영구성장률은 회사의 지속 가능한 성장률로 가정해야 한다. 영구성장률은 주로 산업의 장기성장률을 사용하며 일반적으로 2~4% 정도다(GDP 성장률 같은 경제성장률을 사용할 수도 있다). exit 멀티플과 같이 영구성장률도 민감도 분석을 통해 밸류에이션 범위를 보여주어야 한다.

Perpetuity Growth Method

$$Terminal\ Value = \frac{FCF_n \times (1+g)}{r-g}$$

(FCF=unlevered free cash flow, n=추정 마지막 연도, g=영구성장률, r=WACC)

PGM은 종종 EMM과 함께 계산하며 서로 검증할 수 있다. 만약 EMM을 전제로 영구성장률을 역으로 계산했을 때, 너무 높거나 낮으면 exit 멀티플의 가정이 비현실적일 수 있다는 생각을 해볼 수 있다. 영구성장률을 역산하기 위한 계산방식은 다음과 같다.

(a) 영구성장률 반영[연말(End-of-Year) 기준 할인]

Implied Perpetuity Growth Rate =

$$\frac{(Terminal\ Value^{(a)} \times WACC) - FCF_{Terminal\ Year}}{Terminal\ Value^{(a)} + FCF_{Terminal\ Year}}$$

(b) 영구성장률 반영[연중(Mid-Year) 기준 할인]

Implied Perpetuity Growth Rate =

$$\frac{[(Terminal\ Value^{(a)} \times WACC) - FCF_{Terminal\ Year} \times (1 + WACC)^{0.5}]}{Terminal\ Value^{(a)} + FCF_{Terminal\ Year} \times (1 + WACC)^{0.5}}$$

마찬가지로 PGM으로부터 exit 멀티플을 계산했을 때, 시장에서 거래되는 조정된 멀티플과 차이가 크게 난다면, 영구성장률 가정을 수정해야 할 수도 있다.

(a) Exit multiple 반영[연말(End-of-Year) 기준 할인]

$$Implied\ Exit\ Multiple = \frac{Terminal\ Value^{(a)}}{EBITDA_{Terminal\ Year}}$$

(b) Exit multiple 반영[연중(Mid-Year) 기준 할인]

$$Implied\ Exit\ Multiple = \frac{Terminal\ Value^{(a)} \times (1 + WACC)^{0.5}}{EBITDA_{Terminal\ Year}}$$

[(a) PGM을 통해 계산한 Terminal Value]

Step 4 | 가중평균자본비용
(WACC, Weighted Average Cost of Capital) 계산

WACC은 FCF와 잔존가치의 현재가치를 계산할 때 사용하는 할인율이며, 투자 대상 debt와 equity의 요구수익률을 가중평균해 계산한 것이다.

회사의 자본구조, 총자본(total capitalization)은 부채와 자본의 합으로 구성되어 있다. Debt와 Equity는 서로 다른 위험 수준을 가지고 있고, 세율 또한 서로 다르게 영향을 미친다. WACC을 가중평균할 때 debt와 equity는 투자 대상이 예상하는 목표 자본구조를 시장가치 기준으로 가중평균하는 것이 가장 이상적이다. 주의해야 할 점은 장부가치를 기준으로 하는 것이 아니라 현재의 경제적 가치를 반영하고 있는 시장가치를 기준으로 반영해야 한다는 것이다.

WACC은 자본(capital)에 대한 기회비용이며, 투자자가 비슷한 위험 수준을 가진 다른 투자안과 비교하며 기대하는 수익률이다. 회사는 산업, 비즈니스, 자본구조 등에 따라 다른 자본비용(cost of capital)을 가지고 있다. WACC을 계산하는 수식은 다음과 같다.

WACC 계산

$$WACC = (r_d \times (1 - t)) \times \frac{D}{D+E} + r_e \times \frac{E}{D+E}$$

(r_d=타인자본비용, r_e=자기자본비용, t=한계세율, D=Debt의 시장가치, E=Equity의 시장가치)

회사의 타인자본비용(cost of debt)과 자기자본비용(cost of equity)은 기호로 r_d(return on debt)와 r_e(return on equity)로 표현되며, 가중평균자본비용은 회사의 타인자본비용(세제 효과 고려 후)과 자기자본비용을 '투자 대상'의 자본구조에 따라 가중평균한 것이다.

WACC 계산을 위한 순서	
Step 4(a)	목표 자본구조 결정
Step 4(b)	타인자본비용(r_d) 추정
Step 4(c)	자기자본비용(r_e) 추정
Step 4(d)	WACC 계산

Step 4(a). 목표 자본구조 결정

    타인자본과 자기자본 비율을 적절히 설정해 자본비용을 최소화하는 것은 기업의 가치를 극대화시키는 데 필수다. 이 목표를 달성하기 위해서는 우선 회사의 지속 가능한 장기 목표 자본구조를 추정해야 한다. 이 목표 자본구조는 debt-to-total capitalization[D/(D+E)]과 equity-to-total capitalization[E/(D+E)] 비율로 나타낼 수 있다. 회사가 자본구조에 대해서 명시적인 가이드가 없을 경우, 회사의 과거와 현재 자본구조뿐만 아니라 유사업종 회사 또는 경쟁 회사들의 자본구조를 참고해야 한다.

    회사마다 목표 자본구조를 결정하는 접근 방식은 다를 수 있다. 투자회사의 현재 자본구조가 비교하는 회사들의 자본구조 비율 범위 안에 있을 경우, 목표 자본구조로 사용할 수 있다. 만약 투자 대상 회사의 자본구조 비율이 극단적이거나, 범위 밖에 있다면, 유사 기업들의 평균이나 중간값(median)을 사용하는 것이 합리적이다. 비상장회사의 경우도 보통 유사 기업들의 평균이나 중간값을 사용한다. 목표 자본구조가 결정되면, 추정 기간 동안은 회사는 이 자본구조로 지속된다고 가정한다.

    만약 회사에 부채가 없다면 WACC은 자기자본비용(cost of equity)과 같을 것이다. 만약 레버리지를 이용한다면 세제효과를 누릴 수 있으며, 일반적으로 타인자본비용이 자기자본비용보다 저렴하기 때문에 부채를 적절하게 활용한다면 일정수준까지 WACC을 감소시킬 수 있다. 그러나 과도한 차입은 재무위험을 증가시켜 자기자본비용이 상승하며 WACC이 증가하게 된다. WACC이 증가하기 직전인 시점의 자본구조를 최적자본구조(optimal capital structure)라고 부른다. 부채 수준이 최적 수준을 초과하면 자본비용 증가로 인한 부정적인 영향이(예를 들면 과도한 차입으로 이자비와 원금의 상환이 불가능해지는 경우) 부채 세제효과의 혜택을 넘어서게 된다. 이와 같은 경우 debt와 equity 투자자들은 보다 높은 수익률을 요구하게 되고, 그 결과 WACC이 다시 상승한다. 때문에 회사를 인수하는 투자자 입장에서는 자본비용을 최소화시켜서 시장가치를 극대화할 수 있는 최적자본구조를 설정하는 게 중요할 것이다.

자본구조와 자본비용에 대한 이론

1950년대에 노벨상을 받은 모디글리아니와 밀러(Modigliani & Miller, M&M)는 자본구조와 자본비용에 대한 연구논문을 발표했고, 이 분야의 대표적인 인물들로 손꼽힌다. M&M은 완전시장에서 기업의 시장가치는 자본구조가 아닌 수익창출 능력과 기초 실물자산의 위험에 의해 결정된다고 주장했다. 이들은 제1명제에서 완전시장 조건(세금이 존재하지 않고, 부채나 주식의 거래비용은 없고, 개인과 기업은 동일조건으로 차입할 수 있고, 이해관계자들의 이해 상충은 비용 없이 해결됨)이 성립되는 시장에서는 예상 영업이익이 같은 기업 간에는 자본구조와 무관하게 시장가치가 같다는 것을 증명해 자본비용이 자본구조에 영향을 받지 않는다고 주장했다. 그러나 이들은 제2명제에서 일정수준 이상 부채비율이 올라갈수록 자기자본비용이 상승해야 한다는 것을 제안해 타인자본이 증가할수록 영업 위험도 증가해 자기자본 투자자들은 증가한 위험에 비례하는 보다 높은 수익률을 요구할 것이라는 점을 설명했다.

Step 4(b). 타인자본비용[Cost of debt(r_d)]의 추정

타인자본비용은 회사의 신용정보(credit profile) 수준에 따라 결정된다. 회사의 신용정보는 회사의 규모, 산업, 전망, 산업주기, 신용등급, 신용 관련 통계, 현금흐름창출 능력, 금융에 대한 정책, 인수전략 등을 기반으로 다양한 각도에서 평가된다. 타인자본비용은 투자 대상 회사의 공모와 사모대출을 포함한 이자율로, 채권일 경우 채권수익률로 계산한다.

평균 채권수익률은 회사가 발행한 모든 채권의 만기수익률(YTM, Yield-To-Maturity)로 이를 타인자본비용에 반영한다. 채권의 YTM은 채권의 만기까지 기간별로 발생하는 이자수익과 만기에 수령하는 액면금액의 현재가치 및 채권의 현재 시장가격을 일치시키는 할인율이다. 계산은 액면가(par value) 대비 할증 또는 할인이 반영된 현재 시장가격에 연간 쿠폰을 나누어 도출한다. 중간에 콜옵션이 있는 callable bond의 수익률은 Yield-To-Worst(YTW)를 사용한다. Callable bond는 콜옵션의 스케줄이 금융약정서(indenture)에 반영되어 있고, 각 옵션 행사 시점과 행사가격이 명시되어 있다. YTW는 모든 call 스케줄을 반영해 옵션이 행사되었을 경우 보수적으로 계산된 수익률(yield)이다. 시장에서 거래되지 않는 리볼버(revolving credit facilities)나 텀론(term loan)과 같은 사모대출의 경우, 실무에서는 DCM(Debt Capital Market) 부서에 자문해 현재수익률(current yield)을 반영한다. 시장에서 거래되는 대출의 수익률로 접근하는 방식은 타인자본비용의 기대수익률, 파산위험 등이 반영된 지표이기 때문에 실무에서 선호하는 방식이다. 대출의 조건은 Capital IQ의 Capital Structure Summary와 Details(책의 Appendix 참조)를 통해 확인 가능하다.

현재 시장에서 거래되는 정보가 부족하다면(예를 들면 투자 대상 회사의 대출이 시장에서 거래되지 않을 경우) 현재 회사의 공시 등에 나와 있는 채권만기와 발행 시점 쿠폰을 통해 가중평균한 평균 cost of debt를 계산해야 한다. 그러나 이 접근 방식은 현재 시점이 반영된 것이 아니라 발행 시점의 수익률을 활용한 방식이다. 즉, 부채의 현재 시점의 시장 상황이 반영되어 있지 않아 정확하지 않을 수 있다. 시간이 많이 소비되더라도, 목표 자본구조와 현재 시점 신용등급과 전망이 반영된 타인자본비용을 구하는 것을 추천하며, DCM 전문가의 도움을 받는 것이 좋다.

수익률이 결정되면, 회사가 지불하는 이자비에 대한 세금공제로 세제효과를 반영한 타인자본비용을 계산하면 된다.

Step 4(c). 자기자본비용[Cost of equity(r_e)]의 추정

자기자본비용은 회사의 에쿼티 투자자가 배당과 자본이익(capital gain)을 포함해 요구하는 연간 기대수익률이다. 그러나 시장에서 쉽게 확인할 수 있는 수익률은 아니다. 회사의 에쿼티 기대수익률을 계산하기 위해선 실무적으로 Capital Asset Pricing Model(CAPM)을 사용한다.

Capital Asset Pricing Model(CAPM)

CAPM은 체계적 위험(systematic risk)을 고려했을 때 에쿼티 투자자가 리스크 프리미엄(risk premium)으로 요구하는 보상이며, 무위험수익률을 초과하는 시장에 대한 기대수익률이다. 체계적 위험은 투자 대상이 속한 시장을 대상으로 측정되며, 분산투자로 더 이상 줄일 수 없는 위험이기 때문에 분산 불가능한 위험(non-diversifiable risk)이라고 부르기도 한다. 회사의 체계적 위험은 해당 시장의 인덱스(코스피나 S&P500 등)와 해당 주가로 시간에 따른 공분산(covariance)을 통해 계산한다. 이 공분산을 표준화한 값인 상관계수(correlation coefficient)를 계산해야 하며, 이를 베타(β, beta)라 부른다.

반면에 비체계적 위험(unsystematic risk 또는 company specific risk)은 특정 회사나 산업의 위험이여, 분산투자를 통해 줄일 수 있는 위험이다. 따라서 에퀴티 투자자들에게 해당 위험에 대한 리스크 프리미엄은 주어지지 않는다. 일반적으로 회사의 시장점유율이 낮거나 경쟁구도가 치열할수록 높은 비체계적 위험을 가지고 있다.

CAPM은 무위험수익률, 시장위험 프리미엄, 베타 세 변수를 이용하며, 계산은 다음과 같다.

CAPM의 계산

$$r_e = r_f + B_L \times (r_m - r_f)$$

(r_e=자기자본비용, B_L=차입베타(Relevered Beta), $r_m - r_f$=시장위험 프리미엄, r_m=시장수익률, r_f=무위험수익률)

Capital Asset Pricing Model

CAPM 모델의 일차적 저자인 윌리엄 샤프(William Sharpe)는 1990년 노벨경제학상을 받았고, 확고한 이론을 바탕으로 하지만, 그의 이론에는 각 변수마다 무엇을, 어떻게 적용해야 하는지 세부적인 지침은 거의 나와 있지 않다. 따라서 CAPM 변수들의 기간과 시장의 범위 등은 실무에서 적용하는 사람마다 다르며, 밸류에이션을 하는 투자자가 투자하는 대상에 맞게 가장 논리적이고, 합리적인 방법을 찾아야 한다.

1) 무위험수익률[Risk-Free Rate(r_f)]

무위험수익률은 말 그대로 투자 대상이 위험이 없을 때 기대할 수 있는 수익률이다. 정부의 신용이 뒷받침된 국채를 예로 들 수 있다. 미국 국채의 경우 크게 T-bills, T-notes, T-bonds가 있다.[6] 실제 해당 연도에 맞는 국채수익률이 없으면, 그 값이 계산된 수익률(interpolated yield)의 경우 U.S. Department of Treasury 웹사이트[7]에서 찾을 수 있다. Capital IQ는 또한 U.S. Treasury 비교수익률을 1개월에서 30년까지 제공해준다(Appendix 참조). CAPM을 위한 실제 무위험수익률은 어떤 국채를 선택하느냐에 따라 다를 수 있다.

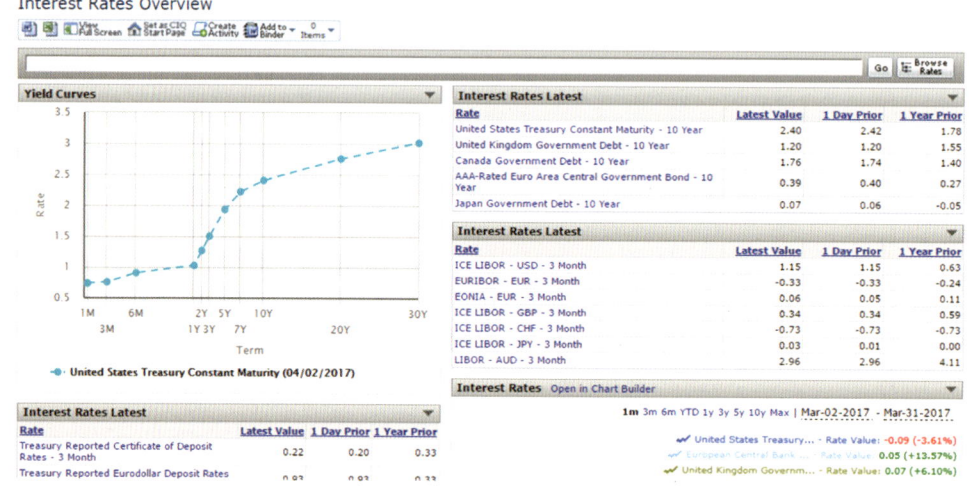

---

[6] T-bills는 이자가 발생하지 않아 액면가에 할인 발행되는 3, 6, 12개월 만기의 국채다. T-notes는 반년에 한 번씩 쿠폰에 명시된 대로 이자가 발생하며, 만기는 1년에서 10년이다. T-bonds는 10년 이상의 만기를 가진 국채다.

[7] 미국 국채의 경우 non-inflation-indexed treasury에 대한 일별 yield curve를 제공해준다. 해당 curve는 시장의 bid 가격 종가로 계산되어 있으며, 장외(over-the-counter market)로 활발히 거래되는 treasury를 기준으로 작성되었다. 국채는 보통 3개월, 6개월, 1년, 10년 등의 수익률을 불연속하게 보여주기 때문에 각각의 기간에 따른 수익률을 계산하는 작업이 필요하며, 이를 반영한 수익률을 interpolated yield라고 한다.

실무에서는 회사나 개인마다 무엇이 적절한 무위험수익률인지 다른 견해를 가지고 있을 수 있으나, 일반적으로 사용하는 것은 10년 이상의 국채나 그 이상의 장기국채가 적합하다. 적절한 국채를 찾는 기준은 회사의 존속기한까지 맞출 수 있는 국채를 찾는 것이다. 그러나 30년 국채의 경우 지불연기(moratorium)가 발생해서 왜곡되었거나 발행 숫자가 부족하기 때문에 실무에서는 10년에서 20년 국채수익률을 사용한다. S&P Capital IQ의 Interest Rates Overview에서는 국가별 10년 국채의 수익률 정보를 제공해준다.

2) 시장위험 프리미엄[MRP, Market Risk Premium($r_m - r_f$)]

시장위험 프리미엄은 투자자가 무위험수익률 이상으로 시장에 기대하는 수익률이다. 무위험수익률에 시장위험 프리미엄을 더하는 이유는 투자 대상이 속한 시장에 자본이 참여한 대가로 받는, 시장위험에 대한 보상이기 때문이다. 국내에서는 KOSPI, 미국에서는 S&P500을 주로 사용한다. 시장위험 프리미엄을 계산하기 위해서는 과거 인덱스 등 지표를 사용하는데, 어느 정도의 기간이 적정 기간인지에 대해서는 교수나 전문가들 사이에서도 이견이 있다. 과거 10년이 적정하다고 주장하는 사람이 있는 반면에 과거 몇십 년 혹은 IMF, 금융위기, 전쟁 등 시장에 큰 영향을 미친 시점까지 반영해야 한다는 주장도 있다.

시장위험 프리미엄 계산 기간을 어떻게 잡느냐에 따라 수익률은 상당히 달라진다. 시장위험 프리미엄을 구하기 위해서 우선 시장의 기대수익률(r_m)을 산정해야 한다. 시장의 기대수익률은 특정 시장지수(KOSPI, S&P500 등)의 연간수익률의 평균치를 의미하며, 이후 소개될 OB맥주 모델에서는 KOSPI 지수의 15년 연평균 수익률을 r_m으로 적용했다. 따라서 시장의 기대수익률을 계산한 이후 r_m에서 무위험수익률을 차감하면 시장위험 프리미엄을 산정할 수 있다.

투자은행에서는 회사 내부의 시장위험 프리미엄에 대한 가이드라인이 존재해 프로젝트를 수행함에 있어 사내 다양한 부서가 서로 일관성을 유지할 수 있게 해준다. 일반적으로 우리가 인지하는 평균 시장위험 프리미엄은 보통 8% 정도다. 시장위험 프리미엄을 계산할 때는 의사 결정이 필요하기 때문에 회사의 시니어들의 도움을 받아 계산해야 한다. 무위험수익률과 시장위험 프리미엄은 모두 국채나 인덱스에 투자한다고 가정해 산정한 것인데, 이 2건의 투자는 중복되기 때문에 차감하는 것이다.

3) 베타(β, beta)

베타는 회사 주식의 수익률과 해당 종목이 속해 있는 시장의 수익률의 공분산으로 특정 회사의 위험(unsystematic risk)을 나타내는 지표다. 베타는 산정 후, 시장위험 프리미엄에 곱하는데, 이는 시장의 요구수익률 대비 투자하고자 하는 회사의 위험에 따른 요구수익률을 반영하는 작업이다. 베타는 기업마다 다른데 이는 영업위험과 재무위험이 모두 다르기 때문이다. 만약 KOSPI와 해당 주식의 베타가 1.0이라고 한다면, 시장과 해당 주식의 요구수익률은 같다는 것을 의미한다. 만약 시장에서 해당 주식의 베타가 1.0보다 크거나 작다면 해당 주식의 비체계적 위험이 크거나 작다는 말이다. 따라서 베타가 1보다 큰 회사에 투자하는 것은 시장의 요구수익률보다 높은 수익률을 요구하고, 높은 위험을 감수한다는 것이다. 마찬가지로 베타가 1보다 작다는 것은 낮은 요구수익률과 낮은 위험감수를 의미한다.

Beta 수식

$$\beta = \frac{COV(R_i, R_m)}{VAR(R_m)}$$

(COV(R_i,R_m) = 해당 기업의 수익률(R)과 시장의 수익률(R_m) 간 공분산(covariance), VAR(R_m) = 전체 시장 수익률의 분산)

금융시장에서 위험이라고 하는 것은 추상적인 위험을 얘기하는 것이 아니라, 변동성을 얘기한다. 따라서 위험이 크다고 해서 단순히 나쁜 주식이나 투자안이라고 할 수 없다. 그 위험에 따른 적정한 수익률이 있으면 위험은 크지만 좋은 투자안이 될 수 있다. 여러 전문가들은 위험대비 수익률이 얼마나 되는지를 측정해 투자 여부를 판단한다. 위험 대비 수익의 수준을 평가하기 위해 특정 회사의 예상 수익률을 해당 회사의 분산(변동성)으로 나눈 값인 Sharpe Ratio를 활용하기도 한다.

기업의 변동성, 즉 투자자가 감수해야 하는 위험은 각 투자안의 특징에 따라 다른데, 특히 회사가 영위하는 사업과 시장 변동성의 상관관계에 따라 다르다. 상관관계가 작은 기업의 경우, 상대적으로 시장의 변화에 대해 변동성이 작기 때문에 0에 가까운 베타값을 갖게 된다. 몇몇 소비재 회사들이 이에 해당한다. 반면, 상관관계가 높은 기업의 경우, 시장의 변화에 대해 변동성이 상대적으로 크기 때문에 1에 가깝거나 그 이상의 베타값을 갖는다. 예로는 하이테크, 제약회사 등이 있다.

상장회사의 과거 베타는 회사의 과거 주가 추이와 해당 시장의 인덱스 추이를 가져와서 계산할 수 있다. 실무에서는 비경상적인 이벤트를 조정한 'adjusted beta'를 사용한다. Adjusted beta는 S&P Capital IQ의 엑셀 베타템플릿을 통해 다음과 같이 확인할 수 있다.

S&P Capital IQ Beta Calculation Sheet

BETA CALCULATION SHEET

Select Indices Comparison	South Korea Kospi Composite Index			
Select Frequency	Daily			
Start Date	2016-04-07			
End Date	2017-04-07		No of Prices: 248	
			No of % Changes: 247	

Ticker	Company Name	Levered Beta	Adj Beta	R2 Correlation	Std Error
KOSE:A000080	HITEJINRO Co., Ltd.	0.51075	0.50	0.07	0.12
KOSE:A001800	Orion Corporation	0.60077	0.54	0.04	0.18
KOSE:A004370	NongShim Co., Ltd.	0.21467	0.32	0.01	0.19
ASX:TWE	Treasury Wine Estates Limited	0.56785	0.53	0.05	0.16
NSEI:UNITDSPR	United Spirits Limited	0.43960	0.45	0.02	0.18
KOSE:A097950	CJ Cheiljedang Corporation	0.58032	0.55	0.07	0.13
BMV:CUERVO *	Becle, S.A.B. de C.V.	0.09540	0.40	0.00	0.48
SZSE:002304	Jiangsu Yanghe Brewery Joint-Stock Co., Ltd.	0.38024	0.41	0.02	0.17
TSE:2531	Takara Holdings Inc.	0.94598	0.78	0.13	0.16
SZSE:000568	Luzhou Laojiao Co., Ltd.	0.27951	0.35	0.01	0.18

Source: S&P Capital IQ
This model is provided "as is". S&P Capital IQ, Inc. and its affiliates have no liability arising out of your use of this model.

비상장회사의 경우는 상장된 동종 기업 회사들의 베타를 이용해 계산한다. 동종 기업 회사들의 자본구조는 베타를 구하고자 하는 투자 대상 회사와 다르기 때문에 우선 기업의 자본구조 영향을 제거한 unlevered beta를 구한 다음, 투자 대상 회사의 자본구조에 맞는 relevered beta를 구해, 다른 자본구조로 인해 베타에 차이가 나는 사항을 조정해줄 수 있다.

Unlevered beta를 구하는 수식은 다음과 같다.

Unlevered Beta

$$\beta_U = \frac{\beta_L}{\left(1 + \dfrac{D}{E} \times (1-t)\right)}$$

(β_U = unlevered β, β_L = levered β, D/E = Equity 대비 Debt 비율, t = 한계세율)

동종 기업의 unlevered beta 리스트를 구한 다음 평균을 계산한다. Unlevered beta의 평균값은 시가총액을 기준으로 가중평균해 구할 수 있다. 이 평균 unlevered beta는 투자하려는 회사의 목표 자본구조와 세율에 맞게 다시 relever해서 계산한다. Relevered beta를 계산하는 수식은 다음과 같다.

Relevered Beta

$$\beta_L = \beta_U \times (1 + \frac{D}{E} \times (1 - t))$$

(D/E = 목표자본구조)

이렇게 계산한 relevered beta를 WACC 계산 시 사용한다. 만약 투자 대상 회사의 시장가격이 존재하지 않거나 장외시장(OTC)에서 거래되는 비상장기업, 혹은 상장(IPO) 과정을 최근에 진행해 시장가격의 정보가 부족할 때도 이 방식으로 베타를 계산한다. 상장된 회사도 마찬가지로 현재 자본구조가 목표 자본구조와 다를 경우, 위와 같은 방식으로 목표 debt/equity(D/E)에 맞게 relever해 반영해야 한다.

4) 사이즈 프리미엄(SP, Size Premium)

사이즈 프리미엄은 회사의 규모가 작을수록 위험이 더 높다는 실증적인 근거에 기반한다. 따라서 회사의 규모가 작을수록 더 높은 자기자본비용을 가지고 있다. 규모가 작은 회사는 거래되는 주식의 수량이 제한적이기 때문에 베타로 모든 위험을 다 포함할 수 없다는 것이 사이즈 프리미엄을 추가해야 한다는 근거다. 계산 시 CAPM의 수식에 어느 정도 인지할 수 있는 위험에 따른 기대수익률을 추가로 더해줘야 한다. 금융정보 제공 회사인 이밧슨(Ibbotson)은 회사의 시가총액 규모에 따른 사이즈 프리미엄을 10개 구간으로 나누어 제공해준다.

사이즈 프리미엄이 반영된 CAPM 수식

$$r_e = r_f + \beta_L \times (r_m - r_f) + SP$$

(SP=사이즈 프리미엄)

Step 4(d). WACC 계산

앞의 과정이 다 끝나면 WACC을 구하기 위한 모든 변수의 값을 수식에 적용해 계산할 수 있다. WACC에는 다양한 가정이 반영되어 있기 때문에 DCF를 통해 밸류에이션할 때 결괏값에 큰 영향을 줄 수 있다. 따라서 WACC, exit 멀티플과 같은 민감한 변수들과 함께 민감도를 검토해야 한다.

WACC 수식

$$WACC = (r_d \times (1-t)) \times \frac{D}{(D+E)} + r_e \times \frac{E}{D+E}$$

S&P Capital IQ에서는 다음과 같은 WACC 템플릿을 제공해, 동종 기업의 베타뿐만 아니라 민감도 분석까지 확인할 수 있다.

S&P Capital IQ WACC Analysis

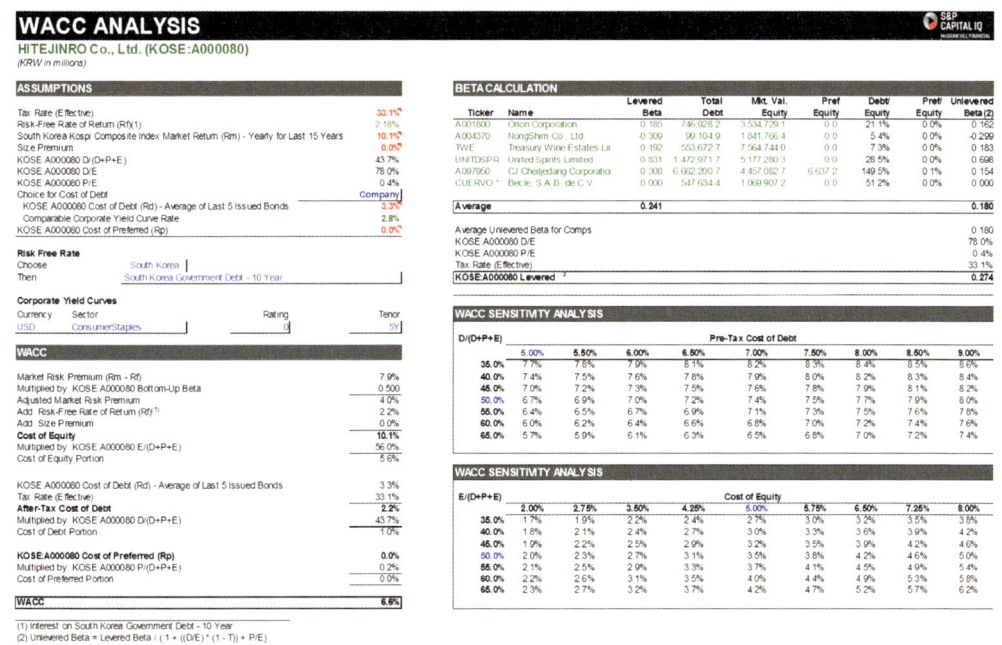

Step 5 | 현재가치(PV, Present Value) 계산과 밸류에이션 결정

1. 현재가치 계산

PV 계산방식은 현재 내가 가지고 있는 현금이 내일 가질 현금보다 더 가치가 높다는 화폐의 시간가치개념을 근간으로 하고 있다. 현금을 현재 보유하고 있다면, 투자활동을 통해 추가로 현금을 창출하거나, 예금계좌를 통해 이자수익을 얻을 수 있기 때문이다. DCF 역시 화폐의 시간가치를 전제하고 있으며, 회사의 추정된 FCF와 TV를 WACC으로 할인해 현재가치를 구하는 것이다.

PV는 추정 각 연도의 FCF와 TV에 해당하는 할인계수(discount factor)를 곱해 계산한다. 할인계수는 가정한 할인율로 나누어 계산하며, 미래에 추정하는 특정 시점에 받을 1원의 현재가치를 의미한다. 예를 들어, 10%의 할인율을 반영했을 때 1년 뒤에 받을 1원의 가치는 0.91원이다.

할인계수

$$\text{할인계수} = \frac{1}{(1+WACC)^n}, \quad 0.91 = \frac{1.00}{(1+10\%)^1}$$

(n=추정연도)

PV 계산 시 할인계수를 미래의 FCF에 곱해 FCF의 현재가치를 계산한다. 예를 들어 10%의 WACC을 가정하고, 1년 뒤 FCF가 100백만 원이라고 했을 때 100백만 원의 현재가치는 91백만 원이다.

연말 기준 할인계수를 사용해 계산한 현재가치

$$PV \text{ of } FCF_n = FCF_n \times Discount\ Factor_n, \quad 91\ million = 100\ million \times 0.91$$

(n=추정연도)

연중할인조정(Mid-Year Convention)

이전 계산은 모든 현금흐름이 연말에 발생한다는 것을 가정하고 있다. 보다 현실적인 반영을 위해서 현금흐름이 연중에 골고루 발생한다고 가정하는 연중할인조정을 통해 반영한다(계절적인 변동성이 심한 회사는 적절하지 않을 수 있다).

연중할인조정은 1년 말, 2년 말 등 연말 시점에 할인하는 것이 아니라 0.5년, 1.5년에 할인해 현금을 보다 일찍 받는다고 가정하기 때문에, 연말을 기준으로 할인하는 것보다 조금 더 높은 밸류에이션 결과를 보여준다. 다음의 계산에 예시로 나와 있듯이, 만약 1원을 연말에 받는 것이 아니라 연중에 받는다고 가정했을 경우, 할인계수는 0.95원이다(할인율 10% 가정). 따라서 100백만 원을 연중에 받는다고 가정했을 경우 현재 시점의 가치는 95백만 원이 되는 것이다. 반대로 연말에 받는다고 가정했을 경우 91백만 원으로 감소한다. 할인 기간이 그만큼 길어지기 때문이다.

연중할인조정을 통한 할인계수

$$DiscountFactor = \frac{1}{(1 + WACC)^{(n-0.5)}}, \quad 0.95 = \frac{1.00}{(1 + 10\%)^{0.5}}$$

(n=추정연도, 0.5=추정연도의 중간시점 반영)

(1) TV(Terminal Value) 고려

연중할인조정을 가정할 경우, 할인하는 미래 FCF는 연중에 발생한다고 가정했으나, EMM은 연말 기준 EBITDA를 위한 comparable companies의 LTM trading multiple을 사용하기 때문에 비교가능성을 위해 연말 기준 할인을 적용하거나, 연중으로 멀티플 기준을 찾는 등 주의가 필요하다.

2. 밸류에이션 결정

1) 엔터프라이즈 밸류 계산

엔터프라이즈 밸류는 앞서 언급했듯이 추정한 FCF와 TV를 현재가치로 할인해 합한 값이다. 다음은 연중할인조정을 반영하고, 5년을 추정 기간으로 둔 EMM 방식의 DCF 계산이다.

Mid-Year 할인을 통한 엔터프라이즈 밸류

$$Enterprise\ Value = \frac{FCF_1}{(1+WACC)^{0.5}} + \frac{FCF_2}{(1+WACC)^{1.5}} + \frac{FCF_3}{(1+WACC)^{2.5}} + \frac{FCF_4}{(1+WACC)^{3.5}} + \frac{FCF_5}{(1+WACC)^{4.5}} + \frac{(EBITDA_5 \times Exit\ Mltiple)}{(1+WACC)^5}$$

2) 에퀴티 밸류 계산

에퀴티 밸류를 계산하기 위해서는 앞서 계산한 엔터프라이즈 밸류에서 회사의 순부채(net debt), 우선주(preferred stock), non-controlling interest를 차감하면 된다. 일반적으로 순부채는 기업의 이자비를 발생시키는 부채총계에서 현금 및 현금성 자산의 차감 금액을 의미한다. 현금과 현금성 자산을 차감해주는 이유는 기업이 보유하고 있는 현금은 즉시 부채상환을 하기 위해 활용할 수도 있기 때문이다. 에퀴티 밸류 시장가치를 평가하기 위해서는 부채의 장부가치가 아닌 실질적인 시장가치도 측정해야 한다. Net debt은 흔히 '부채의 시장가치'라고도 지칭한다.

Equity Value

$$Implied\ Equity\ Value = Enterprise\ Value - Net\ Debt - Preferred\ Stock - Non\text{-}controlling\ Interest$$

3) 주가(Share Price) 계산

상장된 회사의 경우 에퀴티 밸류를 완전히 희석(diluted)된 주식 수로 나눈다면 주식의 가치를 계산할 수 있다. 신주발행, 액면분할, 자사주매입 등 기업의 주식 수에 영향을 미치는 사건이 발생하지 않는 이상 일반적으로 Capital IQ나 공시자료에서 제공하는 상장주식 수를 활용한다. 그러나 특정 기업이 전환사채를 발행했거나 스톡옵션을 제공했다면 상장주식 수에 자기주식법(Treasury Stock Method, Chapter 6의 Step 3 참조)을 통해 조정한 희석주식 수를 계산한 이후 주당 가치를 계산해야 한다. 전환사채와 스톡옵션은 신주발행을 유발해 주당 가치를 희석시킬 수 있기 때문에 주가에 반영하지 않는다면 과대평가의 위험이 발생할 수 있다. 따라서 적정 주가를 산정하기 전에 이처럼 완전히 희석된 상황에서 주가를 산정하는 것이 합리적이다

주가(Share Price)

$$Implied\ Share\ Price = \frac{Implied\ Equity\ Value}{Fully\ Diluted\ Shares\ Outstanding}$$

엑셀계산 시, 내가격 옵션(in-the-money option, 행사했을 때 가치가 있는 옵션), 신주인수권(warrant)을 반영하는 것은 완전히 희석된 회사의 주식 수와 주가에 순환참조(circular reference)를 야기한다. 달리 말해서 한 주당 가격은 완전히 희석된 주식 수에 영향을 받으며, 이는 주식가치 계산에 영향을 미친다. 해당 계산을 위해서는 엑셀의 반복 계산옵션(iteration)을 활성화시켜야 한다.

엑셀상 반복 계산옵션(Iteration)

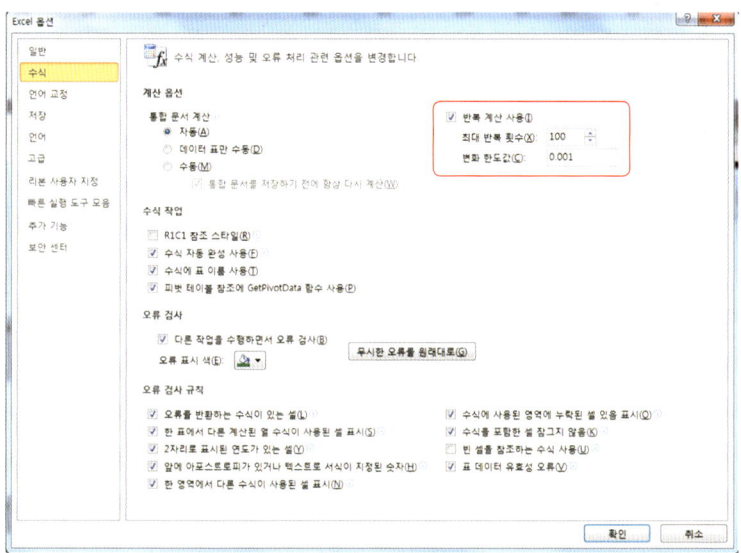

일단 반복 계산옵션이 활성화되면, 모델은 회사의 주가와 이에 따라 결정되는 내가격 옵션 트렌치들에 대해서 반복계산을 할 수 있다. EV가 600십억 원 에퀴티 밸류는 450십억 원, 시장주식 수는 80백만 개라고 가정하고, 다음 가정과 같은 옵션들이 있을 경우, 주가는 5,500원이다.

주가 계산

(In KRW billions and millions Shares)

Calulation of Implied Share Price		
Enterprise Value	₩	600.0
(-) Total Debt		(165)
(-) Preferred Securities		-
(-) Non-controlling Interest		(10)
(+) Cash and Cash Equivalents		25.0
Impled Equity Value	₩	450.0

Options/Warrants					
Tranche	Number of Shares	Exercise Price		In-the-Money Shares	Proceeds
Options 1	2.250	₩	25.00	2.250	56.3
Options 2	1.000		30.00	1.000	30.0
Options 3	0.750		45.00	0.750	33.8
Options 4	0.500		57.50	-	-
Options 5	0.250		75.00	-	-
	4.750			4.000	₩ 120.10

Basic Shares Outstanding	80.000
(+) Shares from In-the-Money Options	4.000
(-) Repurchased Shares	2.182
Net New Shares from Options	1.818
(+) Securities Convertible from Shares	-
Fully Outstanding Shares Diluted	81.818
Implied Share Price	₩ 5,500.0

3. 민감도 분석

　DCF는 다양한 가정들을 포함하고 있으며, 몇몇 가정들은 밸류에이션 결괏값에 큰 영향을 줄 수 있다. 따라서 밸류에이션의 결과는 하나의 값이 아니라 주요 가정에 따른 여러 결괏값을 보여주며 의사 결정을 해야 한다. 가정에 따라 밸류에이션의 범위를 보여주는 것을 민감도 분석이라고 한다.

　결과에 크게 영향을 주는 주요 변수들은 WACC, exit 멀티플, 영구성장률 등이 있다. 실무에서는 매출성장률, 이익률 등과 같은 재무지표들에 대해서도 추가적인 민감도 분석을 한다.

　다음의 테이블에 표시된 값들은 WACC의 범위 9.0%에서 11.0%와 exit 멀티플 7.5x에서 9.5x에 따라 3,480.3십억 원에서 4,215.1십억 원의 엔터프라이즈 밸류 범위를 보여주고 있다. Exit 멀티플이 증가할수록 기업가치는 증가하고, 역으로 WACC이 커질수록 기업가치는 감소한다.

민감도 분석

Enterprise Value		Exit Multiple				
		7.5x	8.0x	8.5x	9.0x	9.5x
WACC	9.0%	3,528.5	3,700.2	3,871.8	4,043.4	4,215.1
	9.5%	3,516.1	3,687.7	3,859.4	4,031.0	4,202.6
	10.0%	6,503.9	3,675.5	**3,847.2**	4,018.8	4,190.5
	10.5%	3,492.0	3,663.6	3,835.3	4,006.9	4,178.6
	11.0%	3,480.3	3,652.0	3,823.6	3,995.3	4,166.9

 DCF를 통해 밸류에이션하고 나서는 comparable companies, precedent transaction 결과와 비교해야 한다. 만약 결과치가 다른 방식과 눈에 띌 정도로 차이가 난다면, 가정들을 수정하며 현실적으로 조정하는 작업을 해야 할 수도 있다. DCF가 다른 방식과 차이가 많이 났을 때, 주요 원인들은 비현실적인 재무성과를 추정했거나, WACC 또는 TV의 가정이 잘못 반영된 경우들이다. 그러나 DCF를 통해 추정한 방식이 다른 방식들과 차이가 많이 난다고 하더라도 무조건 모델에 결함이 있다는 얘기는 아니다. 멀티플을 통한 밸류에이션 방식은 회사의 특정 상황이나 내부적인 요소 미반영 등의 이유로 DCF와 밸류에이션의 차이를 발생시킬 수 있기 때문이다.

INVESTMENT BANKING & PRIVATE EQUITY

OB맥주 적용
DCF 분석을 위한 예시

이번 장에서는 OB맥주 사례를 토대로 DCF 모델을 만드는 방법에 대해서 순서대로 설명하고, 투자 대상인 OB맥주의 밸류에이션의 범위가 어떻게 설정되는지 민감도 분석까지 보여줄 것이다. OB맥주는 비상장회사지만, 금융감독원의 공시자료를 통해 감사보고서를 열람할 수 있고, 인터넷을 통해서도 관련 정보를 찾을 수 있다. 여기서는 DCF 모델링 학습을 위해 경영진의 가이드, 컨설팅보고서 등 충분한 정보가 없는 상태를 가정하고 진행할 것이다.

Step 1. 투자 대상 정보수집

첫 번째 단계로, OB맥주의 기본적인 정보에 대해서 찾아보고 학습을 해야 한다. 그리고 OB맥주가 속한 주류 산업에 대해서 상세히 파악하고, 그 산업 내에 있는 주요 경쟁회사들을 파악해야 한다. 아울러 후방 산업인 원료 공급자와 전방 산업인 주요 고객에 대해서도 파악해야 한다. 이를 위해 다양한 기사와 보고서들을 읽어보고, 산업에 대해서 학습을 해야 할 뿐만 아니라, DART의 공시자료도 꼼꼼히 살펴보고, 동종 기업의 리서치보고서도 확인해봐야 한다.

재무적인 관점에서 OB맥주의 과거 재무정보는 FCF와 재무지표 추정뿐만 아니라 기본적인 가정설정을 위한 토대를 제공해준다. 여기서는 과거의 성장률 및 비율 등의 정보를 고려해, 인수 후 점차 안정적인 성장률과 이익률로 영업이 지속될 것이라고 가정했다.

Step 2. 잉여현금흐름(FCF, Free Cash Flow) 추정

1) 과거 재무지표

OB맥주의 FCF 추정은 손익계산서(income statement)의 과거 3년 치 주요 재무정보를 엑셀에 입력하면서 시작한다. 뿐만 아니라 현금흐름표(cash flow statement)와 재무상태표(balance sheet)에 있는 과거의 capex와 WC도 정보도 입력한다. FCF 계산을 위해, 먼저 매출 및 비용 등을 추정해, 다음과 같은 손익계산서상 EBITDA까지 계산하는 것이 목표다. 여기서는 다음 장 LBO의 연관성과 실무상, DCF 시에도 손익계산서를 다 만드는 경우가 많은 것을 고려해서 추가로 당기순이익까지 설명했다.

손익계산서 추정

	Historical			Projected					
	2007A	2008A	2009A	2010E	2011E	2012E	2013E	2014E	2015E
Revenue	662.1	750.5	816.1	865.1	917.0	972.0	1,030.3	1,092.1	1,157.7
(-) COGS	265.2	315.9	349.7	370.3	392.5	416.0	441.0	467.4	495.5
Gross profit	396.9	434.6	466.4	494.8	524.5	556.0	589.3	624.7	662.2
(-) SG&A	253.3	256.3	262.9	278.6	295.4	313.1	331.9	351.8	372.9
(-) Other opex	-	8.2	7.3	7.3	7.3	7.3	7.3	7.3	7.3
EBIT	143.6	170.1	196.3	208.9	221.9	235.6	250.2	265.6	282.0
(+) D&A	39.9	35.8	34.8	41.6	41.1	40.8	40.7	40.7	40.9
EBITDA	183.6	206.0	231.1	250.5	263.0	276.4	290.9	306.4	322.9
(-) Interest expense	5.7	3.2	5.1	31.5	29.3	27.0	24.8	22.5	20.3
(+) Interest income	13.0	14.6	12.8	2.7	4.1	5.7	7.3	9.1	10.9
(+) Non-operating income/(expense)	19.9	17.9	(26.4)						
Profit before taxes	170.9	199.5	177.6	180.0	196.7	214.2	232.7	252.2	272.7
(-) Tax provision	55.0	80.3	50.8	43.6	47.6	51.8	56.3	61.0	66.0
Net income	115.9	119.2	126.8	136.5	149.1	162.4	176.4	191.1	206.7

(1) 매출(Revenue) 추정

미래의 매출성장률은 과거 수준보다 보수적인 6%를 가정했다. 과거 매출성장률에 비하면 낮은 수치이긴 하나 맥주 시장의 성장성, 해외 브랜드의 새로운 시장진입 등을 보다 현실적으로 고려한 가정이다.

(2) EBIT 계산을 위한 비용 추정

COGS 추정을 위한 gross margin(매출총이익률)과 매출 대비 SG&A는 전년도 수준인 57.2%, 32.2%로 추정해 반영했다. Other OPEX 역시 전년도 수준인 7.3십억 원을 가정했다.

매출 및 비용 추정

	Historical			Projected					
	2007A	2008A	2009A	2010E	2011E	2012E	2013E	2014E	2015E
Revenue	662.1	750.5	816.1	865.1	917.0	972.0	1,030.3	1,092.1	1,157.7
(-) COGS	265.2	315.9	349.7	370.3	392.5	416.0	441.0	467.4	495.5
Gross profit	396.9	434.6	466.4	494.8	524.5	556.0	589.3	624.7	662.2
(-) SG&A	253.3	256.3	262.9	278.6	295.4	313.1	331.9	351.8	372.9
(-) Other opex	-	8.2	7.3	7.3	7.3	7.3	7.3	7.3	7.3
EBIT	143.6	170.1	196.3	208.9	221.9	235.6	250.2	265.6	282.0
(+) D&A	39.9	35.8	34.8	41.6	41.1	40.8	40.7	40.7	40.9
EBITDA	183.6	206.0	231.1	250.5	263.0	276.4	290.9	306.4	322.9
Ratio and assumption									
Revenue growth (CAGR: 11.0% '07 - '09)		13.4%	8.7%	6.0%	6.0%	6.0%	6.0%	6.0%	6.0%
Gross margin	60.0%	57.9%	57.2%	57.2%	57.2%	57.2%	57.2%	57.2%	57.2%
SG&A as % of revenue	38.3%	34.2%	32.2%	32.2%	32.2%	32.2%	32.2%	32.2%	32.2%
Other opex	-	8.2	7.3	7.3	7.3	7.3	7.3	7.3	7.3
Non-operating income/(expense)	19.9	17.9	(26.4)	-	-	-	-	-	-
Marginal tax rate	32.2%	40.2%	28.6%	24.2%	24.2%	24.2%	24.2%	24.2%	24.2%

(3) EBITDA 계산을 위한 CAPEX 및 감가상각비(Depreciation & Amortization) 추정

EBITDA를 계산하기 위해 감가상각비를 추정해야 한다. 감가상각비는 capex의 가정에 따라 결정된다. capex와 감가상각비 모두 과거 수준을 고려해 추정했다. 여기서는 매출에 따른 capex를 4.0%로 추정했다. 감가상각비는 간단히 기초 PP&E의 7.0%가 발생한다고 가정했다. capex와 감가상각비가 결정되면 기초와 기말의 PP&E 모두 계산할 수 있다.

영업권은 매년 손상 여부를 테스트하며, 여기서는 과거 상각 수준을 고려해 20.3십억 원으로 일정하게 가정했다.

Capex 및 감가상각비(Depreciation & Impairment) 추정

	Historical			Projected					
	2007A	2008A	2009A	2010E	2011E	2012E	2013E	2014E	2015E
PP&E schedule									
Beginning PP&E				593.6	586.6	582.1	580.1	580.6	583.5
Capital expenditures (CAPEX)	28.9	25.6	32.6	34.6	36.6	38.8	41.2	43.6	46.2
Depreciation	(39.9)	(35.8)	(34.8)	(41.6)	(41.1)	(40.8)	(40.7)	(40.7)	(40.9)
Ending PP&E	437.5	596.5	593.6	586.6	582.1	580.1	580.6	583.5	588.8
Capex as % of revenue	4.4%	3.4%	4.0%	4.0%	4.0%	4.0%	4.0%	4.0%	4.0%
Depreciation as % of beginning PP&E		8.2%	5.8%	7.0%	7.0%	7.0%	7.0%	7.0%	7.0%
Goodwill schedule									
Beginning goodwill				188.2	167.8	147.5	127.2	106.8	86.5
Addition to goodwill				-	-	-	-	-	-
Impairment	(20.4)	(20.4)	(20.3)	(20.3)	(20.3)	(20.3)	(20.3)	(20.3)	(20.3)
Ending goodwill	227.5	207.8	188.2	167.8	147.5	127.2	106.8	86.5	66.1

감가상각비를 추정하면 EBIT에 합산해 EBITDA를 계산할 수 있다.

(4) 이자비용 및 이자수익 추정

Unlevered FCF(FCFF)를 구하기 위해서 이자비용 계산은 필요 없지만, levered FCF(FCFE)를 구하고자 하는 독자를 위해 간단한 가정을 추가했다. 주의할 점은 DCF 계산 시, 이자비용은 FCF가 아니라 WACC의 타인자본에 반영된다는 것이다.

OB맥주는 2009년에 가지고 있던 435.5십억 원의 대출을 기초 대출 밸런스로 해서 매년 30십억 원씩 원금상환한다고 가정했다. 그 이상의 추가원금상환은 고려하지 않았다. 금리(이자율)는 7.5%로 가정하고 대출원금의 기초와 기말 밸런스의 평균값에 금리를 곱해, 이자비용을 계산했다. 동시에 회사에서 보유하고 있는 현금을 예치한 계좌의 이자율은 1.5%로 가정해 이자수익을 계산했다.

이자비용 및 이자수익 추정

		Historical			Projected					
		2007A	2008A	2009A	2010E	2011E	2012E	2013E	2014E	2015E
Long-term debt										
Beginning balance					435.5	405.5	375.5	345.5	315.5	285.5
Mandatory (repayment)	Annual amortization:	30.0			(30.0)	(30.0)	(30.0)	(30.0)	(30.0)	(30.0)
Optional (repayment)	Early repayment?	No			-	-	-	-	-	-
Ending balance				435.5	405.5	375.5	345.5	315.5	285.5	255.5
Interest rate					7.5%	7.5%	7.5%	7.5%	7.5%	7.5%
Interest expense					31.5	29.3	27.0	24.8	22.5	20.3
Interest income										
Interest on cash					1.5%	1.5%	1.5%	1.5%	1.5%	1.5%
Interest income					2.7	4.1	5.7	7.3	9.1	10.9

(5) 비영업수익 및 비용(Non-operating Income/Expense)

영업과 관련이 없는 수익 및 비용은 발생하지 않는다고 가정했다.

(6) 세율(Tax rate) 추정

여기선 OB맥주의 한계세율을 지방소득세를 포함한 24.2%로 가정했다. 간단히 세전 이익(profit before tax)을 과세표준이라고 가정하고, 세율을 곱해 지불하는 세금을 계산했다.

OB맥주 이자비용, 이자수익 및 세금 추정

	Historical			Projected					
	2007A	2008A	2009A	2010E	2011E	2012E	2013E	2014E	2015E
Ratio and assumption									
Non-operating income/(expense)	19.9	17.9	(26.4)	-	-	-	-	-	-
Marginal tax rate	32.2%	40.2%	28.6%	24.2%	24.2%	24.2%	24.2%	24.2%	24.2%

이자비용(수익), 비영업수익(비용)과 세율을 추정하면 EBITDA부터 당기순이익까지 계산해, 손익계산서를 완성할 수 있다.

(7) NWC 계산을 위한 유동자산 추정

운전자본(working capital)을 추정할 때도 과거의 자료는 중요한 지표가 된다. 특히 전년도의 비율은 상거래채권 관리능력의 수준을 가장 잘 보여주는 자료이기 때문에, 미래 추정을 위한 중요한 참고 자료가 된다. 우리가 추정하는 OB맥주의 비율들은 2010년부터 일정하게 유지된다고 가정했다. 매출채권(accounts receivable), 재고자산(inventory)을 계산하기 위한 DSO, DIH 비율은 각각 117.5, 60.8로 가정했다. 선급금(prepaid expense)과 기타 유동자산(other current assets) 역시 전년도의 COGS를 기준으로 각각 1.0%, 3.1%로 가정했다.

유동자산 추정

	Historical			Projected					
	2007A	2008A	2009A	2010E	2011E	2012E	2013E	2014E	2015E
Accounts receivable	227.0	229.8	258.4	278.4	295.1	312.8	331.6	351.5	372.6
Inventory	48.1	52.2	53.5	61.6	65.3	69.3	73.4	77.8	82.5
Prepaid expense	1.2	1.1	3.6	3.8	4.0	4.3	4.5	4.8	5.1
Other current assets	13.4	12.6	10.9	11.5	12.2	12.9	13.7	14.5	15.4
Data from other tabs									
Revenue	662.1	750.5	816.1	865.1	917.0	972.0	1,030.3	1,092.1	1,157.7
Cost of goods sold	265.2	315.9	349.7	370.3	392.5	416.0	441.0	467.4	495.5
Working capital items									
Days: 365									
Days sales outstanding (DSO)	125.1	111.8	115.6	117.5	117.5	117.5	117.5	117.5	117.5
Days inventory held (DIH)	66.2	60.3	55.8	60.8	60.8	60.8	60.8	60.8	60.8
Prepaid expense as % of COGS	0.4%	0.3%	1.0%	1.0%	1.0%	1.0%	1.0%	1.0%	1.0%
Other current assets as % of COGS	5.0%	4.0%	3.1%	3.1%	3.1%	3.1%	3.1%	3.1%	3.1%

(8) NWC 계산을 위한 유동부채 추정

매입채무(accounts payable)를 위한 DPO 비율은 32.4로 가정했다. 미지급비용(accrued expense)과 기타 유동부채(other current liabilities)는 매출에 따른 비중을 가정했고, 전년도 수준인 21.7%와 15.8%로 가정했다.

유동부채 추정

	Historical			Projected					
	2007A	2008A	2009A	2010E	2011E	2012E	2013E	2014E	2015E
Accounts payable	24.2	33.3	24.5	32.9	34.9	37.0	39.2	41.5	44.0
Accrued expenses	203.7	132.6	177.5	188.1	199.4	211.4	224.1	237.5	251.8
Other current liabilities	111.2	136.0	129.3	137.0	145.2	154.0	163.2	173.0	183.4
Other long-term liabilities	14.3	12.6	12.2	12.2	12.2	12.2	12.2	12.2	12.2
Data from other tabs									
Revenue	662.1	750.5	816.1	865.1	917.0	972.0	1,030.3	1,092.1	1,157.7
Cost of goods sold	265.2	315.9	349.7	370.3	392.5	416.0	441.0	467.4	495.5
Working capital items									
Days payble outstanding (DPO)	33.3	38.5	25.6	32.4	32.4	32.4	32.4	32.4	32.4
Accrued expenses (% of revenue)	30.8%	17.7%	21.7%	21.7%	21.7%	21.7%	21.7%	21.7%	21.7%
Other current liabilities (% of revenue)	16.8%	18.1%	15.8%	15.8%	15.8%	15.8%	15.8%	15.8%	15.8%

OB맥주의 2010년 추정치의 대부분은 전년도인 2009년 수준으로 반영했고, 2009년 대비 2010년의 NWC의 증감분은 (−)2.2십억 원인데, NWC의 증가는 곧 현금흐름의 유입이 그만큼 줄어드는 것을 의미하기 때문에 FCF를 계산할 때는 2.2십억 원으로 반영해 차감해준다.

OB맥주의 NWC 증감분 추정치

	Projected					
	2010E	2011E	2012E	2013E	2014E	2015E
Change in Current Assets						
Accounts receivable	(20.0)	(16.7)	(17.7)	(18.8)	(19.9)	(21.1)
Inventory	(8.2)	(3.7)	(3.9)	(4.2)	(4.4)	(4.7)
Prepaid expense	(0.2)	(0.2)	(0.2)	(0.3)	(0.3)	(0.3)
Other current assets	(0.6)	(0.7)	(0.7)	(0.8)	(0.8)	(0.9)
Change in Current Liabilities						
Accounts payable	8.4	2.0	2.1	2.2	2.4	2.5
Accrued expenses	10.6	11.3	12.0	12.7	13.4	14.3
Other current liabilities	7.8	8.2	8.7	9.2	9.8	10.4
Change in NWC	**(2.2)**	**0.2**	**0.2**	**0.2**	**0.2**	**0.2**

(9) Free Cash Flow 추정

앞의 모든 항목이 결정되고 나면 이제 FCF를 계산할 수 있다. 2010년 추정 FCF는 183.5십억 원이고, 이후 5년 후인 추정 FCF는 229.0십억 원이다.

OB맥주 추정 FCF

	Projected					
	2010E	2011E	2012E	2013E	2014E	2015E
EBIT	208.9	221.9	235.6	250.2	265.6	282.0
(x) Tax rate	24.2%	24.2%	24.2%	24.2%	24.2%	24.2%
EBIAT	158.4	168.2	178.6	189.7	201.4	213.8
(+) D&A	41.6	41.1	40.8	40.7	40.7	40.9
(+) Impairment	20.3	20.3	20.3	20.3	20.3	20.3
(-) Capex	(34.6)	(36.6)	(38.8)	(41.2)	(43.6)	(46.2)
(-) Change in NWC	(2.2)	0.2	0.2	0.2	0.2	0.2
Free cash flow	**183.5**	**193.2**	**201.1**	**209.7**	**219.0**	**229.0**

Step 3. 잔존가치(TV, Terminal Value)의 결정

1) Exit Multiple Method(EMM)

우리는 EMM이라는 방법으로 잔존가치를 계산하기 위해 OB맥주의 대용 기업들의 LTM EV/EBITDA 멀티플을 사용했다. OB맥주의 마지막 연도 EBITDA에 10.5x를 곱해 잔존가치를 3,390.9 십억 원으로 계산했다.

다음으로 우리는 영구성장률(perpetuity growth rate)을 역산해 보았다. 마지막 연도의 FCF는 229.0십억 원이고, WACC은 9.3%를 사용했다. 앞서 계산한 TV를 통해 역으로 영구성장률을 계산했고, 다음의 계산처럼 2.4%가 나왔다.

EMM 계산

Exit multiples method	
EV/EBITDA exit multiple	10.5x
EBITDA	322.9
Terminal value	3,390.9
PV of TV	2,080.1
Enterprise value:	3,026.8
Debt:	436.1
Cash:	134.1
Equity value:	2,724.8

Implied Perpetuity growth method	
Terminal growth rate after 2015	2.4%
FCF	229.0
Terminal value	3,390.9
Enterprise value:	3,026.8
Debt:	436.1
Cash:	134.1
Equity value:	2,724.8

2) Perpetuity Growth Method(PGM, 영구성장모형)

우리는 영구성장률을 약 2.4%로 가정해 PGM을 통해 잔존가치를 계산했다. WACC은 9.3%, 마지막 연도 FCF는 229.0십억 원으로 두어 계산한 결과 잔존가치는 3,402.6십억 원이 나왔다.

PGM을 통해 계산한 잔존가치를 통해 EMM exit 멀티플 가정이 적절한지 알아보기 위해 역산했고, exit 멀티플은 10.5x이 나왔다.

PGM 계산

Perpetuity growth method	
Terminal growth rate after 2015	2.4%
WACC:	9.3%
Terminal value	3,402.6
PV of TV	2,087.3
Enterprise value:	3,033.9
Debt:	436.1
Cash:	134.1
Equity value:	2,732.0

Implied exit multiples	
EV/EBITDA exit multiple	10.5x
EBITDA	322.9
Terminal value	3,402.6
Enterprise value:	3,033.9
Debt:	436.1
Cash:	134.1
Equity value:	2,732.0

Step 4. 가중평균자본비용(WACC, Weighted Average Cost of Capital) 계산

다음과 같이 OB맥주 WACC을 계산하기 위해 순서대로 나열했다. 계산한 WACC은 9.3%이다. WACC을 계산하기 위한 변수는 다음에서 차례대로 설명할 것이다.

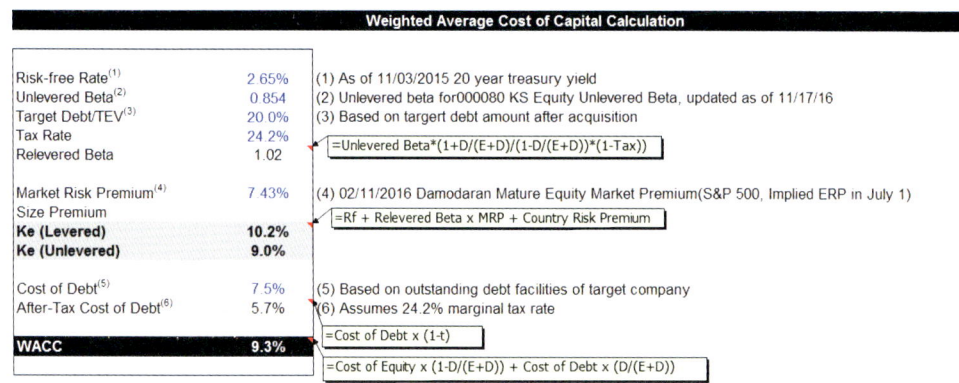

Step 4(a). 목표 자본구조 결정

첫 번째 단계는 OB맥주의 목표 자본구조를 결정하는 것이다. 만약 비상장회사라면 목표 자본구조는 동종 기업들의 자본구조를 통해 가정할 수 있다. OB맥주의 동종 기업은 약 23%의 평균 D/E를 가지고 있고, 총자산 대비 부채비율(D/(E+D))은 15%다. 여기서는 20%(D/(E+D)) 자본구조를 목표 자본구조로 가정했다.

동종 기업 자본구조

Weighted Average Cost of Capital Analysis

Source: Bloomberg as of 11/17/16

Company	Currency	Market Value of Equity	Total Debt	% Debt	% Equity	Effective Tax Rate	Pre-Tax Cost of Debt	Post-Tax Cost of Debt	Debt / Equity
Korean Market									
HITE JINRO CO LTD	KRW	1,479,819	1,121,959	46.8%	53.2%	33.1%	2.3%	1.6%	76%
Median				46.8%	53.2%	33.1%	2.3%	1.6%	76%
Average				46.8%	53.2%	33.1%	2.3%	1.6%	76%
Asian Market									
ASAHI GROUP HOLDINGS LTD	JPY	1,745,745	469,854	17.1%	82.9%	33.4%	0.0%	0.0%	27%
TSINGTAO BREWERY CO LTD-H	HKD	44,205	913	2.2%	97.8%	29.1%	2.1%	1.5%	2%
GUANGZHOU ZHUJIANG BREWERY-A	CNY	8,999	317	3.2%	96.8%	23.3%	2.0%	1.6%	4%
CHONGQING BREWERY CO-A	CNY	8,779	630	5.9%	94.1%			1.8%	7%
Median				5.9%	94.1%	31.1%	2.1%	1.6%	7%
Average				15%	92.9%	28.6%	1.4%	1.2%	23%

Step 4(b). 타인자본비용[Cost of Debt(r_d)]의 추정

타인자본비용은 연간 발생할 것으로 예상되는 이자비용을 투자회사의 단기차입금, 장기차입금, 사채 및 기타 이자지급성 부채의 연평균으로 나누어서 세전 이자율을 구한 다음 세율을 반영해 계산한다.

현재 시장에서 거래되는 동종 기업 부채의 현재수익률(current yield)을 통해, OB맥주의 cost of debt을 추정했다. OB맥주의 기존대출은 436.1십억 원이며, 금리는 7.5%이고, 리볼버(revolver)는 4%로 가정했다. 여기서 cost of debt는 한계세율 24.2%를 반영해 5.7%[7.5%*(1-t)]다.

OB맥주의 Debt Profile

OB맥주 Capitalization (In KRW billions)	Amount	% of Total Capital.	Term	Interest Rate
Cash and Cash Equivalents	134.1			
Revolving Credit Facility	-	0.0%	6 years	4.0%
Term Loan	436.1	13.0%	6 years	7.5%
Total Debt	**436.1**	13.0%		

Step 4(c). Cost of Equity(r_e)의 추정

OB맥주의 cost of equity는 CAPM 수식을 통해 계산했으며, 다음에서 차례대로 설명할 것이다.

CAPM 수식

$$r_e = r_f + \beta \times (r_m - r_f) + SP$$

(1) 무위험수익률(Rf, Risk-free rate)과 Market Risk Premium(MRP) 결정

우리는 무위험수익률을 20년 국채수익률인 2.65%로 반영했다. 시장의 기대수익률(r_m)은 KOSPI 매년 수익률을 계산했고, 과거 15년 치 평균은 10.08%이며, MRP 산정을 위해 무위험수익률을 차감해 7.43%(10.08% - 2.65%)로 계산했다.

KOSPI로 계산한 시장의 기대수익률

Average	10.08%		
KOSPI Annual Return			
Year	Beginning	End	Return
2002	693.70	627.55	-10%
2003	627.55	810.71	29%
2004	810.71	895.92	11%
2005	895.92	1379.37	54%
2006	1379.37	1434.46	4%
2007	1434.46	1897.13	32%
2008	1897.13	1124.47	-41%
2009	1124.47	1682.77	50%
2010	1682.77	2051.00	22%
2011	2051.00	1825.74	-11%
2012	1825.74	1997.05	9%
2013	1997.05	2011.34	1%
2014	2011.34	1915.59	-5%
2015	1915.59	1961.31	2%
2016	1961.31	2024.49	3%

(2) OB맥주 동종 기업들의 평균 Unlevered Beta 결정

OB맥주는 비상장회사이기 때문에 우리는 비교 가능한 동종 기업들의 unlevered beta를 참고해 계산했다. 부채와 자본의 시장가치를 각각 입력하고, 그에 따른 D/E 비율을 계산했다. 해당 정보들을 통해 우리는 각 베타에 따른 unlevered beta를 역산할 수 있고, 그에 따른 동종 기업의 평균을 구할 수 있다.

Unlevered Beta 평균

Weighted Average Cost of Capital Analysis							
Source: Bloomberg as of 11/17/16							
Company	Currency	Market Value of Equity	Total Debt	Effective Tax Rate	Debt / Equity	Levered Beta	Unlevered Beta
Korean Market							
HITE JINRO CO LTD	KRW	1,479,819	1,121,959	33.1%	76%	0.67	0.41
Median				33.1%	76%	0.67	0.41
Average				33.1%	76%	0.67	0.41
Asian Market							
ASAHI GROUP HOLDINGS LT	JPY	1,745,745	469,854	33.4%	27%	0.71	0.57
TSINGTAO BREWERY CO LT	HKD	44,205	913	29.1%	2%	0.90	0.87
GUANGZHOU ZHUJIANG BRE	CNY	8,999	317	23.3%	4%	1.20	1.13
CHONGQING BREWERY CO-	CNY	8,779	630		7%	1.10	0.84
Median				31.1%	17%	0.80	0.70
Average				28.6%	23%	0.98	0.85

예를 들어, 동종 기업의 아시아 시장에 있는 levered beta 평균값 0.98이고, unlevered beta 평균은 0.85다.

(3) OB맥주의 자본구조에 맞게 Levered Beta 구하기

다음은 우리가 구한 평균 unlevered beta 0.85를 OB맥주의 목표 자본구조에 맞게 lever한다. 목표 D/(E+D)는 20%, 한계세율은 24.2%다. 계산하면 relevered beta는 1.02가 계산된다.

OB맥주의 Relevered Beta

Unlevered Beta	0.854	Unlevered beta for 000080 KS Equity Unlevered Beta, updated as of 11/17/16
Target Debt/TEV	20.0%	Based on targert debt amount after acquisition
Tax Rate	24.2%	
Relevered Beta	1.02	=Unlevered Beta*(1+D/(E+D)/(1-D/(E+D))*(1-Tax)

(4) Cost of Equity 계산

CAPM을 이용해 우리는 10.2%의 cost of equity를 계산했다. 무위험수익률은 2.65%, MRP는 7.43%, relevered beta는 1.02, OB맥주의 사이즈 프리미엄은 없다고 가정하고 수식에 대입하면 cost of equity는 10.2%가 나온다.

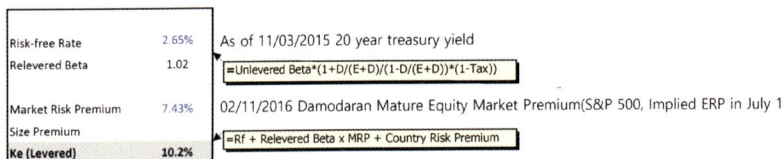

Risk-free Rate	2.65%	As of 11/03/2015 20 year treasury yield
Relevered Beta	1.02	=Unlevered Beta*(1+D/(E+D)/(1-D/(E+D))*(1-Tax)
Market Risk Premium	7.43%	02/11/2016 Damodaran Mature Equity Market Premium(S&P 500, Implied ERP in July 1
Size Premium		
Ke (Levered)	10.2%	=Rf + Relevered Beta x MRP + Country Risk Premium

Step 4(d). WACC 계산

우리는 OB맥주 WACC을 계산하기 위한 모든 구성요소를 결정했고, 9.3%의 WACC을 도출했다. 앞서 얘기했듯이 DCF는 WACC에 민감하고, 목표 자본구조, cost of debt, cost of equity와 같이 이를 구성하는 가정들이 다양하기 때문에 추후 WACC 범위를 설정하고, 민감도 분석을 해야 한다.

OB맥주의 Weighted Average Cost of Capital 요약

WACC	
Cost of equity	10.2%
After-Tax Cost of Debt	5.7%
Weight of equity	80.0%
Weight of debt	20.0%
WACC:	9.3%

Step 5. 현재가치(PV, Present Value) 계산과 밸류에이션 결정

1) 현재가치 계산

OB맥주의 추정 FCF와 잔존가치는 9.3%의 WACC을 통해 현재가치로 할인했다. FCF를 할인하기 위해 연중할인조정을 했고, EMM을 통해 계산한 잔존가치는 연중할인이 아니라 연말에 할인한다는 가정을 적용했다.

현재가치 계산

		Projected					
		2010E	2011E	2012E	2013E	2014E	2015E
Free cash flow		183.5	193.2	201.1	209.7	219.0	229.0
Terminal Value							3,390.9
WACC	9.3%						
Year:		0.5	1.5	2.5	3.5	4.5	5.5
Discount factor:		1.0	1.1	1.2	1.4	1.5	1.6
PV of FCF		175.5	169.1	161.0	153.6	146.8	140.5
PV of TV							1,989.8

2) 밸류에이션 결정

① **엔터프라이즈 밸류 계산** 계산한 결괏값은 엔터프라이즈 밸류이며, FCF와 잔존가치의 현재가치를 합한 금액이다. OB맥주의 엔터프라이즈 밸류는 3,026.8십억 원이고, FCF의 현재가치 946.6십억 원과 잔존가치의 현재가치 1,989.8십억 원으로 구성되어 있다.

Enterprise Value

Enterprise value:	3,026.8
NPV of FCF	946.6
PV of Terminal value	1,989.8

② **에퀴티 밸류 계산** 우리는 이제 엔터프라이즈 밸류에서 에퀴티 밸류를 계산할 수 있다. 엔터프라이즈에서 현금을 차감한 부채인 순부채(net debt), 우선주 가치, non-controlling interest를 빼면 에퀴티 밸류가 된다. OB맥주는 엔터프라이즈 밸류 3,026.8십억 원에서 순부채 301.9십억 원(Debt 436.1십억-Cash 134.1십억)을 차감해, 에퀴티 밸류 2,724.8십억 원을 계산했다. 회사의 총 희석된 주식 수(diluted shares outstanding)를 나누면 주식 한 주의 가치를 밸류에이션할 수 있다. 우선주와 non-controlling interest는 없다고 가정했다.

Equity Value 계산

Enterprise value	3,026.8
(-) Debt	436.1
(+) Cash	134.1
(-) Preferred Equity	-
(-) Non-controlling interest	-
Equity value	**2,724.8**

다음은 EMM을 통해 계산한 DCF 결괏값 페이지를 보여주고 있다.

OB맥주 DCF 분석 결괏값 페이지

				Projected				
		2010E	2011E	2012E	2013E	2014E	2015E	2015YE
EBIT		208.9	221.9	235.6	250.2	265.6	282.0	
(x) Tax rate		24.2%	24.2%	24.2%	24.2%	24.2%	24.2%	
EBIAT		158.4	168.2	178.6	189.7	201.4	213.8	
(+) D&A		41.6	41.1	40.8	40.7	40.7	40.9	
(+) Impairment		20.3	20.3	20.3	20.3	20.3	20.3	
(-) Capex		(34.6)	(36.6)	(38.8)	(41.2)	(43.6)	(46.2)	
(-) Change in NWC		(2.2)	0.2	0.2	0.2	0.2	0.2	
Free cash flow		**183.5**	**193.2**	**201.1**	**209.7**	**219.0**	**229.0**	
Terminal Value (multiples method)								3,390.9
Total Cash flow		**183.5**	**193.2**	**201.1**	**209.7**	**219.0**	**229.0**	**3,390.9**
Year:		0.5	1.5	2.5	3.5	4.5	5.5	6.0
Discount factor:		1.0	1.1	1.2	1.4	1.5	1.6	1.7
PV of FCF		175.5	169.1	161.0	153.6	146.8	140.5	
PV of FCF								946.6
PV of TV (multiples method)								1,989.8
Total PV	**2,936.4**							

WACC	
Cost of equity	10.2%
After-Tax Cost of Debt	5.7%
Weight of equity	80.0%
Weight of debt	20.0%
WACC:	9.3%

3) 민감도 분석

다음으로 우리는 WACC과 exit 멀티플 등 DCF의 결과에 큰 영향을 주는 요소들에 대해 민감도 분석을 할 수 있다. 민감도 분석을 통해 엔터프라이즈 밸류, 에쿼티 밸류의 범위를 파악할 수 있다. 또한, 주요 재무추정 가정인 매출성장률, 영업 마진 등 대해서도 민감도 분석을 할 수 있다. 이러한 민감도 분석을 통해 우리는 가정에 따른 회사의 전망을 파악할 수 있고, 회사의 잠재적인 가치에 대한 관점을 세울 수 있다.

OB맥주 민감도 분석

Enterprise Value

WACC	Exit Multiple				
	9.5x	10.0x	10.5x	11.0x	11.5x
8.0%	2,988.8	3,094.5	3,200.3	3,306.0	3,411.8
8.5%	2,925.4	3,028.5	3,131.6	3,234.7	3,337.8
9.0%	2,863.8	2,964.3	3,064.8	3,165.3	3,265.8
9.5%	2,803.8	2,901.9	2,999.9	3,097.9	3,195.9
10.0%	2,745.6	2,841.2	2,936.8	3,032.4	3,128.0

Equity Value

WACC	Exit Multiple				
	9.5x	10.0x	10.5x	11.0x	11.5x
8.0%	2,686.9	2,792.6	2,898.4	3,004.1	3,109.8
8.5%	2,623.4	2,726.5	2,829.6	2,932.7	3,035.8
9.0%	2,561.8	2,662.3	2,762.8	2,863.4	2,963.9
9.5%	2,501.9	2,599.9	2,697.9	2,796.0	2,894.0
10.0%	2,443.6	2,539.2	2,634.8	2,730.4	2,826.0

Implied Perpetuity Growth Rate

WACC	Exit Multiple				
	9.5x	10.0x	10.5x	11.0x	11.5x
8.0%	0.5%	0.8%	1.2%	1.5%	1.7%
8.5%	1.0%	1.3%	1.6%	1.9%	2.2%
9.0%	1.4%	1.8%	2.1%	2.4%	2.7%
9.5%	1.9%	2.2%	2.6%	2.9%	3.1%
10.0%	2.4%	2.7%	3.0%	3.3%	3.6%

Enterprise Value

EBIT Margin	Annual Sales Growth Inc./(Dec.)				
	(1.0%)	(0.5%)	0.0%	0.5%	1.0%
(1.0%)	2,793.4	2,854.1	2,916.0	2,979.4	3,044.1
(0.5%)	2,846.1	2,908.1	2,971.4	3,036.1	3,102.3
0.0%	2,898.9	2,962.1	3,026.8	3,092.8	3,160.4
0.5%	2,951.6	3,016.1	3,082.1	3,149.6	3,218.5
1.0%	3,004.3	3,070.2	3,137.5	3,206.3	3,276.6

민감도 분석을 하고 나면, 우리는 OB맥주의 밸류에이션 범위를 설정할 수 있다. 엔터프라이즈 밸류를 구한 민감도 분석은 exit 멀티플 9.5x에서 11.5x와 WACC 범위 8.0%에서 10.0%까지 계산했다. 엔터프라이즈 밸류 범위는 2,745.6십억 원에서 3,411.8십억 원까지임을 알 수 있다.

다음 우리는 'football field'에 범위를 그려보면서 다른 comparable companies와 precedent transaction 분석과 비교를 할 수 있다.

OB맥주 football field-DCF, Comparable companies, Precedent Transaction 분석

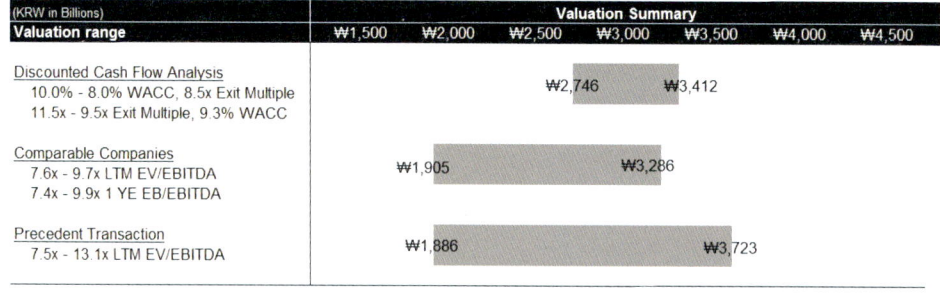

현업자 인터뷰 #2

최연준

現 Citigroup Corporate & Investment Banking Division(뉴욕)
New York University-Leonard N. Stern School of Business 졸업

현재 본인이 하는 업무/역할을 간단하게 설명을 부탁드립니다.

저는 현재 씨티(Citigroup, 이하 씨티) 뉴욕 오피스 Corporate Banking Division(CIB) 내에서 특정 섹터를 담당하는 팀에서 일하고 있습니다. 씨티에서 CB의 주목표는 큰 규모의 회사들과 우호적인 관계를 유지하며 투자은행의 여러 상품들을 '크로스 셀(cross-sell)'하는 데 있습니다. 투자은행(IB)이 주로 관장하는 M&A와 에퀴티(equity)를 제외한 대출, 채권, 파생상품, 프로젝트 파이낸싱, 자금 및 트레이딩 서비스(treasury and trade services) 등의 딜 발굴과 집행에 해당 팀과 함께 참여하고, 고객들을 전반적으로 관리합니다. 보통 투자은행들은 고객사의 리볼버 및 텀론 대출(revolving credit & term loan facilities)의 대주인 경우가 많습니다. 따라서 CB의 주 업무 중 하나가 이러한 대출 신디케이션(loan syndication) 딜에 참여하고 이에 필요한 회사 내부 여신위원회(credit committee)의 승인을 받는 것입니다. 또한 리스크 팀과 함께 씨티의 대출 및 기타 위험 정도를 주기적으로 모니터링하기도 합니다.

본인이 하는 업무 중 어떤 부분이 매력적인가요?

첫째, 밸류에이션과 신용분석(credit analysis)을 배운다는 점입니다. 은행의 자본을 고객사에 제공하는 과정에서 씨티 내부의 위원회 승인을 받는데 이때 크레디트 메모(credit memo)를 작성하고 필요에 따라 모델을 만들어 밸류에이션과 민감도 분석 등의 신용분석을 하게 됩니다. 또한 메모 작성의 일환으로 해당 고객사와 산업 전체의 동향 등에 대한 질적인 분석도 배울 수 있습니다. 둘째는 은행이 제공하는 폭넓은 자금조달 상품들에 대한 직·간접적인 실무적 경험을 할 수 있다는 점입니다. 앞에서 말했듯이 한 회사의 리볼버 및 텀론 대출 딜을 맡아 진행하거나, M&A에서의 인수금융조달, 프로젝트 파이낸싱, 채권 발행에 참여하는 등 여러 종류의 딜을 볼 기회가 있습니다. 마지막으로는 투자자를 모집하는 것보다는 이미 확보된(mandate) 딜에 바로 참여하는 경우가 많아서 여러 딜의 집행을 경험할 수 있다는 점입니다.

업무의 단점이나 독자가 해당 업무를 지원하기 전에 알아두면 좋은 것들이 있을까요?

씨티에서는 CB와 IB가 함께 밀접하게 일하는 경우가 종종 있습니다. IB와 같이 일하면서 많이 배우기도 하지만 한편으로는 CB가 주로 담당하는 상품들 외에 M&A와 에쿼티 등 좀 더 전략적인 딜을 더 경험해보고 싶다는 생각이 들기도 합니다. 그리고 지원 전에 한 가지 참고할 점이라면 업무 특성상 크레디트 메모를 많이 작성하다 보니 영어로 비즈니스 작문을 많이 한다는 점 정도가 될 것 같습니다.

어떻게 커리어를 쌓게 되었나요? 업무 처리나 커리어를 준비하는 데 특별한 노하우가 있을 것 같습니다.

지난 약 1년 반 동안 일하면서 느꼈던 점에 대해 말씀드리면 우선 첫 번째로 팀원들 간의 효과적인 의사소통의 중요성입니다. 한 번에 여러 가지 일을 여러 시니어들과 동시에 진행하는 경우가 많기 때문에 일 진행 정도나 예상되는 타임라인을 물어보기 전에 미리 전달하고 또 그것을 잘 이행하면서 팀원들과 신뢰를 쌓는 것이 중요합니다. 가끔은 이 정도 사항도 얘기해야 하나 고민되는 경우가 있는데 이럴 땐 일 시작 시 시니어가 해줬던 'when in doubt, over-communicate rather than under'란 말이 도움이 많이 될 것 같습니다. 두 번째로 뱅킹은 아무래도 다른 산업에 비해 팀 내의 직급과 각 직급의 역할이 명확한 편인데 가능하면 본인에게 주어진 일을 잘 처리하고 위 레벨의 역할까지 시도하라는 것입니다. 예를 들어 본인이 애널리스트라면 딜의 세부적인 업무를 마치고 최종 결과물을 한 발짝 물러서서 검토하고 개선할 사항을 건의하거나 혹은 딜의 전체적인 진행 과정을 관리해보려는 노력 등이 있을 수 있습니다. 경험상 이런 진취적인 자세가 더 좋게 보이고 또 더 넓은 관점을 가지는 데 도움이 되는 것 같습니다. 마지막으로는 팀원들이 같이 일하고 싶은 사람으로 행동하되, 지나치게 수동적이거나 겸손한 자세는 피하라는 점입니다. 긍정적인 태도로 불평, 불만 없이 어떤 주어진 일이든 깔끔하게 처리하되, 시니어에게 요구하고 싶은 사항이나 더 경험해보고 싶은 일 종류 등이 있으면 나중에라도 확실히 의사를 표현하는 것이 좋습니다. 또한 미국에서는 항상 겸손한 자세보다는 때에 따라서 본인의 업적과 기여도에 대해 본인이 당당히 설명할 필요도 있는 것 같고, 이런 경우 더 좋은 평가를 받기도 합니다.

일반적인 하루 일과 또는 1년 스케줄은 어떻게 되시나요?

하루의 일과를 보면 보통 9시에서 9시 반 사이에 출근해서 빠르면 오후 7~8시까지 일하고 라이브(live) 딜을 진행 중이거나 바쁠 땐 자정 넘게 일하는 경우도 있습니다. 주로 출근해서 전날 밤에 온 이메일 체크 및 답장을 하고 그날의 업무를 시작하는데요, IB와 비교를 하자면, IB에서는 보통 아침이나 이른 오후에 시니어 코멘트를 기다리며 좀 한가하다가 늦은 오후부터 밤까지 바빠지는 것과 달리, CB는 하루 내내 꾸준히 일하는 편인 것 같습니다. 1년 스케줄은 보통 여름과 연말 휴가철에 좀 한가하고 연초가 가장 바쁜 것 같고 그 외에는 라이브 딜(live deal)의 유무에 따라 바쁜 정도가 결정됩니다. 시간의 분배를 보면 대출 및 기타 딜 크레디트 메모 작성이 가장 많은 시간을 차지하는 것 같고 그 뒤로 주기적으로 실시하는 포트폴리오 관리 업무와 피칭 등이 있습니다.

자신의 커리어를 두고 고민하는 독자들을 위해 공유하고 싶은 의견 한마디 부탁드립니다.

일단 대학교를 갓 졸업하고 금융 분야에서 일하고 싶으신 분들 입장에서 제가 일하는 분야는 투자은행의 여러 상품 판매뿐만 아니라 모델링과 신용분석 등의 기술적인 부분도 배울 수 있는 기회가 될 것 같습니다. 그리고 CB를 떠나서 미국, 특히 뉴욕 투자은행에서의 취직을 목표로 삼고 계신 분들께 드리고 싶은 말씀은 좀 더 시야를 넓혀서 금융의 여러 세부 분야와 투자은행 내의 부서들에 대해서도 알아볼 기회를 가지라는 것입니다. IB, S&T, 주식 리서치 등 더 잘 알려진 부서들 외에도 좋은 성장 기회와 'work-life balance'를 제공하는 다른 기회들도 많기 때문에 지인들 혹은 학교 선배님들을 통해서 미리 잘 알아보면 더 성공적인 리크루팅을 할 수 있을 것입니다.

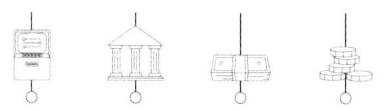

Chapter 3

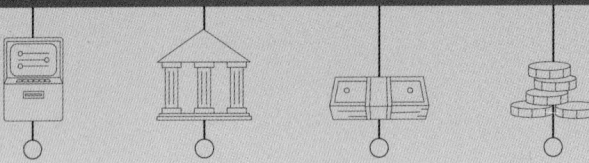

LBO(Leveraged Buyouts, 레버리지 바이아웃) 소개

INVESTMENT BANKING & PRIVATE EQUITY
Valuation, Mergers & Acquisitions, Leveraged Buyouts

LBO(Leveraged Buyouts, 레버리지 바이아웃) 소개

레버리지 바이아웃(LBO)은 회사, 회사의 사업부, 자산 등을 인수할 때, 인수금액의 상당 부분을 차입해 지불하는 것을 말한다. 나머지 인수금액은 투자자(대주단 입장에서 스폰서)가 equity contribution을 통해 지불한다. LBO는 상장-비상장회사뿐만 아니라 회사의 사업 부문, 자회사 등을 인수할 때도 사용할 수 있는 방법이다. 투자자들이 LBO를 사용하는 이유는 에퀴티 수익률을 극대화하는 것이고, 수익의 실현은 인수 회사를 매각하거나, IPO를 통해 투자금을 회수하며 이루어진다. LBO를 이용한 투자는 대부분 5년 정도의 투자 기간과 10% 이상의 높은 IRR을 목표로 한다.

LBO 시 보통은 인수금의 50~70% 정도는 차입을 통해, 그리고 그 나머지 30~50% 정도는 에퀴티를 통해 지불한다. 이러한 높은 수준의 차입은 인수 대상의 자산과 현금흐름[1]이 뒷받침돼야 가능하며, 투자자가 인수금액에 비해 적은 액수의 에퀴티만으로도 인수를 가능하게 해준다. 또한, 차입금에서 발생하는 이자비용은 세액공제가 되는 항목이기 때문에 절세효과가 있다는 장점이 있다.

안정적이고 예측 가능한 현금흐름과 더불어 상당액의 자산을 가진 기업의 경우에는 보다 많은 액수의 차입금을 부담할 여력이 되기 때문에, 매력적인 LBO의 대상이 된다. 투자 기간 동안 발생하는 현금흐름은 차입금에 대한 이자비용과 원금을 상환할 재원이 된다. 기업이 보유하고 있는 유형자산들은 파산(event of default) 시 매각을 통해 현금을 회수할 수 있기 때문에, 유형자산이 많을수록 대출의 한도를 늘릴 수 있고, 낮은 금리로 자금을 조달할 수 있다.

투자자가 대상을 인수해서 엑시트(exit)하기 전까지, 인수 대상에서 창출되는 현금흐름의 대부분은 차입금의 원리금(debt service, 원금과 이자를 포함)상환에 이용되기 때문에, 투자자는 인수한 기업의 재무성과 개선과 회사의 규모(인수 회사를 통해 추가 인수하는 'bolt-on' 포함)를 증가시키며 가치를 창출하

---

[1] LBO 장에서 현금흐름(Free Cash Flow)은 일반적인 DCF 때와는 다르게, levered free cash flow를 지칭한다.

기 위해 노력한다. 따라서 LBO 구조를 설계할 때는 반드시 대상의 현금흐름으로 차입한 대출의 원리금상환과 사업 성장, 이 두 가지 목표를 모두 이룰 수 있도록 고려해야 한다.

성공적으로 LBO를 클로징(closing)하기 위해서는 인수를 위한 투자자의 차입금조달 능력이 중요하다. 이때, 투자은행[2]이 차입금조달의 주선 및 언더라이터(underwriter)로서 중요한 역할을 맡게 된다. 투자은행들은 텀시트(term sheet)를 제공해 양자 간 선호하는 대출구조와 조건을 협의한다. 협상이 완료되면 대출약정서 등의 이름으로 계약서에 양자가 날인한다. 이는 텀시트와 달리 법적 구속력을 갖는다. 대출약정서는 투자은행이 제공하는 차입금의 규모와 조건 및 각종 수수료 등이 명시되어 있다.[3]

LBO를 위한 차입금은 다양한 종류의 대출, 증권 등으로 발행되며 담보, 질권과 관련된 채권보전장치와 자본구조상 선순위, 후순위 등의 순서가 정해진다. DCM(Debt Capital Market)의 전반적인 시장 상황과 더불어 차입비용(대출금리 등)은 레버리지 비율을 결정하는 데 가장 중요한 요소가 된다. 자본구조상 에퀴티 부분은 투자자가 지불하며, 사모펀드의 경우 펀드의 보유약정금액(dry powder)에서 capital call을 통해 조달한다.

LBO를 이해하기 위해서는 먼저 대출과 채권들의 특징에 대해서 파악해야 한다. 실무에서도 LBO를 진행하게 되면 IBD(Investment Banking Division) 뿐만 아니라 레버리지드 파이낸스(LevFin, Leveraged Finance)라는 인수금융을 전문적으로 하는 팀과 함께 업무를 진행한다. LevFin은 투자자들의 투자목적과 목표수익률을 달성하기 위한 자본구조 설계와 동시에, 인수한 기업을 운영하고 성장시키는 데 필요한 재무적 유연성도 고려해야 한다. 아울러 투자은행은 LBO를 통한 인수 후에도 대상 회사의 추가 M&A, 리파이낸싱(refinancing), IPO를 통한 엑시트 등에 자문업무를 제공한다.

부채를 통해 레버리지를 사용한다는 것은 기존 투자안에 대해서 더 높은 위험을 가지고 인수하겠다는 것을 뜻한다. 높은 위험에는 그만큼의 보상이 따르겠지만, 그에 따른 부작용도 있다. 어떠한 상황에서는 레버리지를 사용하는 것이 수익률에 역효과를 불러일으킬 수도 있기 때문이다. 그렇다면 LBO를 통해 어떻게 수익률을 향상시킬 수 있는지, 어떠한 경우에는 수익률이 더 떨어지는지 간단히 수익률의 두 지표인 IRR과 MOIC를 짚고 넘어가며 설명하고자 한다. IRR과 MOIC은 일반적으로 가장 많이 사용되는 수익률 지표로, PEF가 그들의 고객들에게 투자의 현황을 보고할 때도 활용된다.

---

[2] 여기서 투자은행은 기업금융부, M&A 자문뿐만 아니라 언더라이팅, 신디케이션 업무를 하는 모든 부서를 통칭한다.

[3] 인수금융을 위한 해당 계약서는 양사 간 법률자문사(Law Firm)를 통해 협의한다.

1. 수익률 지표-IRR(Internal Rate of Return)

내부수익률(IRR)은 투자가 얼마나 괜찮은지 가늠하는 가장 널리 사용하는 척도로 LBO뿐만 아니라 기존의 투자 건에도 적용할 수도 있다. 여기서 말하는 IRR은 LBO에서 투자 기간 동안의 에쿼티 수익률로, 처음 투자하고 매각 시 받은 금액뿐만 아니라 운용기간 중 추가로 투자한 에쿼티, 수령한 배당도 계산에 포함한다[debt 투자안에도 IRR을 계산할 수 있으며, upfront fee, 할인발행(OID, Original issue discount) 등 추가 수입을 모두 고려한 debt의 IRR은 All-in YTM(Yield to Maturity)이라고 부른다]. IRR은 화폐의 시간가치를 고려하기 때문에, 엑시트 시 매각금액이 같다는 조건하에 투자 기간이 짧을수록 더 높은 IRR을 얻는다. 반대로, 투자 이익 실현 기간이 길어지게 되면, IRR은 감소하게 된다. 또한 IRR은 미래의 현금유입 현재가치와 현금유출의 현재가치를 같게 하는 할인율이다. 즉, 투자자의 NPV(순현재가치)를 '0'으로 만들기 위한 현금흐름의 할인율로도 정의된다. 따라서 투자자들은 동일 조건(위험 수준, 투자 규모, 투자 기간 등)의 투자안 중 IRR이 높은 투자안을 채택하려고 할 것이다. 비록 IRR을 재무계산기나 엑셀의 IRR 함수로 쉽게 계산할 수 있더라도, 그 계산 방법과 의미를 제대로 이해해야 한다. 다음 수식은 5년의 투자 기간 동안 IRR 계산을 위한 예시이다.

IRR Timeline

(Equity Contribution) year 0	Dividend/ (investment) year 1	Dividend/ (investment) year 2	Dividend/ (investment) year 3	Dividend/ (investment) year 4	Dividend/ (investment)/ Equity Proceeds

$$-CF_0 + \frac{CF_1}{(1+IRR)} + \frac{CF_2}{(1+IRR)^2} + \frac{CF_3}{(1+IRR)^3} + \frac{CF_4}{(1+IRR)^4} + \frac{CF_5}{(1+IRR)^5} = 0$$

투자자가 투자의사 결정을 하는 데 있어서 여러 가지 요인을 고려하지만, 납득할 수 있는 수준의 IRR을 달성하는 것이 투자자에게는 가장 중요하다. PEF는 다른 투자자 대비 상대적으로 높은 IRR을 목표로 한다. 하지만 목표 IRR은 시장의 상황, 개별 투자 건의 리스크 등의 요인에 따라 높아지거나 낮아질 수도 있다.

IRR을 높일 수 있는 주요 요인은 투자 대상의 예측되는 재무성과 향상, 낮은 인수가격, 자본구조상 높은 차입 비중, 높은 엑시트 멀티플과 적절한 매각 시점 등이 있다. 투자자는 낮은 금액을 투자해 운영 기간 중 최소의 시간으로 최대한 현금흐름을 창출하고, 높은 밸류에이션으로 엑시트하는 것을 목표로 한다.

다음의 예시에서 우리는 'Year 0'에 투자자가 1,000십억 원의 에퀴티를 LBO를 위해 투자하고(현금유출), 5년 차의 마지막에 1,200십억 원을 매각대금으로 받았다고 가정했다(현금유입). 이 경우에는 NPV가 '0'이 되는 IRR은 3.7%다.

IRR Timeline Example

(Equity Contribution) year 0	Dividend/ (investment) year 1	Dividend/ (investment) year 2	Dividend/ (investment) year 3	Dividend/ (investment) year 4	Dividend/ (investment)/ Equity Proceeds

$$(\$1{,}000) + \frac{0}{1+0.0372} + \frac{0}{(1+0.0372)^2} + \frac{0}{(1+0.0372)^3} + \frac{0}{(1+0.0372)^4} + \frac{\$1{,}200}{(1+0.0372)^5} = 0$$

2. 수익률 지표-MOIC(Multiple on Invested Capital)

투자자는 투자금액과 매각금액만을 고려한 멀티플로도 수익의 성과를 측정하며, 이를 MOIC라고 부른다. IRR은 투자 기간 동안 발생하는 잉여현금흐름과 최종 연도에 발생하는 매각금액을 포함해 산출된 수익률이다. 반면에 MOIC는 시간가치를 고려하지 않고 단순히 매각금액에서 인수금액을 나눈 값이다. 예를 들어, 투자자가 1,000억 원의 에퀴티를 투자하고, 투자 기간의 마지막에 1,200억 원의 매각대금을 받았다고 가정하면, 투자 기간 동안 추가적인 투자나 배당이 없었다는 전제하에, MOIC는 1.2x가 된다. MOIC는 캐시 리턴(cash return) 혹은 캐시 멀티플(cash multiple)이라고 부르기도 한다.

3. 어떻게 레버리지가 수익을 증가시키는 데 쓰이는가

LBO의 핵심은 수익을 증가시키기 위해 레버리지(leverage)를 활용하는 방법을 이해하는 것이다. 엑시트 시점에 일정한 매각가치를 가정했을 때, 자본구조상 더 높은 비율의 부채를 조달하는 것은(더 적은 비율의 에퀴티 투자비율) 더 높은 수익을 창출할 수 있게 해준다. 다음의 계산은 인수금액을 에퀴티로만 조달한 LBO와 60%를 레버리지해 조달한 수익률 비교를 통해 이 개념을 설명하고 있다. 이때 레버리지를 사용한 경우 더 높은 수익률을 창출한 것을 확인할 수 있다.

레버리지 사용유무에 따른 수익률 차이

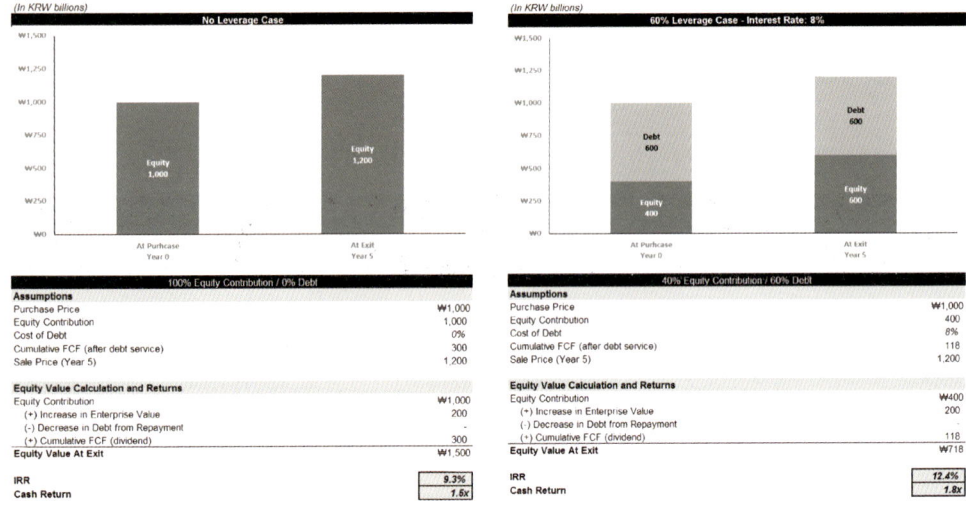

1) No Leverage(무차입) 케이스

우리는 투자자가 부채 없이 1,000십억 원의 에퀴티로 투자 대상을 인수했다고 가정했다. 5년 후에, 1,200십억 원에 매각해 200십억 원의 EV 증가가 있었다(1,200십억 원의 매각가-1,000십억 원의 인수가).

5년의 투자 기간 동안 다음의 계산 (a)와 같이 연간 현금흐름(free cash flow)이 60십억 원이라고 가정했다(누적합계는 300십억 원).

5년의 투자 기간의 마지막에, 투자자의 기존 1,000십억 원의 에퀴티 투자금은 자본구조상 부채가 없기 때문에 1,200십억 원의 가치를 가지게 되었다. 이 케이스로 5년 뒤, 9.3%의 IRR과 1.5x의 MOIC를 창출했다.

(a) No Leverage Case Timeline

(In KRW billions) No Leverage Case	Year 0	Year 1	Year 2	Year 3	Year 4	Year 5
Equity Contribution	(₩1,000.0)					
(+) Free Cash Flow (Dividend)		₩60.0	₩60.0	₩60.0	₩60.0	₩60.0
Sale Price						₩1,200.0
(+) Cumulative Free Cash Flow						300.0
Equity Value at Exit						₩1,200.0
IRR						9.3%
MOIC						1.5x

2) Leverage(차입) 케이스

이번 leverage 케이스에서는 투자자가 같은 대상을 600십억 원의 부채(인수 금액의 60%), 400십억 원의 equity contribution(인수 금액의 40%)을 통해, 총 1,000십억 원의 같은 금액으로 인수했다고 가정했다. No leverage 케이스와 같이, 우리는 'Year 5'의 마지막에 1,200십억 원에 매각했다고 가정했다. 하지만 연간 현금흐름은 대출에 의해 이자비용이 발생함에 따라 감소했다.

(b)의 계산에서 보는 것처럼, leverage 케이스에서는 600억 원의 부채가 'Year 1'에서 48억 원의 이자비용을 발생시켰다는 것을 알 수 있다. 이자비용은 간단히 각 연도별 잔존부채에 8%의 이자율을 가정했고, 24.2%의 한계세율을 적용해 세제효과를 반영했다. 중도원금상환은 없다고 가정했다.

5년 차의 마지막에 400십억 원의 에퀴티 투자금은 약 733십억 원의 가치를 가지게 되었다. 이 케이스에서는 5년 후 12.9%의 IRR과 1.8x의 MOIC를 창출했다. No leverage 케이스와 비교하면 에퀴티 IRR과 MOIC가 증가한 것을 확인할 수 있다.

(b) Leverage Case Timeline

(In KRW billions)
Leverage Case - Interest Rate: 8%

	Year 0	Year 1	Year 2	Year 3	Year 4	Year 5
Equity Contribution	(₩400.0)					
Total Debt, beginning balance		₩600.0	₩600.0	₩600.0	₩600.0	₩600.0
(+) Free Cash Flow (Beginning)		60.0	60.0	60.0	60.0	60.0
(-) Interest Expense (8%)		(48.0)	(48.0)	(48.0)	(48.0)	(48.0)
(+) Interest Tax Savings (24.2%)		11.6	11.6	11.6	11.6	11.6
Free Cash Flow (Ending)		$23.6	$23.6	$23.6	$23.6	$23.6
Total Debt, ending balance	₩600.0	₩600.0	₩600.0	₩600.0	₩600.0	₩600.0
Sale Price						₩1,200.0
(-) Total Debt						(600.0)
(+) Cumulative Free Cash Flow						118.1
Equity Value at Exit						₩718.1
IRR						**12.4%**
MOIC						**1.8x**

물론 높은 레버리지는 이자비용에 대한 세제효과와 높은 수익률을 창출할 수 있다는 이점을 제공할 수도 있지만, 항상 IRR이 증가하는 것은 아니다. 높은 레버리지는 기업의 위험을 가중(재무 건전성 저하에 대한 가능성도 증가)시키고, 재무적 유연성을 제한함과 동시에, 사업이나 경제적 하락에 회사의 가치가 더욱 민감하게 반응하도록 만들어 손실 위험에 노출시킨다.

뿐만 아니라 투자 대상이 벌어들이는 현금흐름(Unlevered Free Cash Flow, FCFF)으로 창출하는 IRR보다 세제효과를 반영한 타인자본비용(이자율)이 더 클 경우 레버리지를 사용하면 IRR(levered)은 더 떨어질 수도 있다.

(c)의 계산 과정에서 보는 것처럼 leverage 케이스와 같은 대출비율을 가정했으나 타인자본조달 비용인 이자율은 13%로 가정했다. 세제효과가 반영된 타인자본비용(9.9%(13%(1-t))이 IRR(9.3%)보다 큰 결과, 레버리지를 사용했음에도 불구하고 IRR은 기존 12.9%에서 8.6%로 4.3%p 정도 감소했고, MOIC 역시 기존 1.8x에서 1.5x로 감소한 것을 확인할 수 있다.

(c) Inverse Leverage Case Timeline

(In KRW billions)

Inverse Leverage Case - Interest Rate 13%	Year 0	Year 1	Year 2	Year 3	Year 4	Year 5
Equity Contribution	(₩400.0)					
Total Debt, beginning balance		₩600.0	₩600.0	₩600.0	₩600.0	₩600.0
(+) Free Cash Flow (Beginning)		60.0	60.0	60.0	60.0	60.0
(-) Interest Expense (13%)		(78.0)	(78.0)	(78.0)	(78.0)	(78.0)
(+) Interest Tax Savings (24.2%)		18.9	18.9	18.9	18.9	18.9
Free Cash Flow (Ending)		$0.9	$0.9	$0.9	$0.9	$0.9
Total Debt, ending balance	₩600.0	₩600.0	₩600.0	₩600.0	₩600.0	₩600.0
Sale Price						₩1,200.0
(-) Total Debt						(600.0)
(+) Cumulative Free Cash Flow						4.4
Equity Value at Exit						₩604.4
IRR						8.6%
MOIC						1.5x

INVESTMENT BANKING & PRIVATE EQUITY

LBO에 적합한 회사의 특성

PEF들은 투자안이 매력적이기만 하다면 지역, 산업, 혹은 회사의 상황을 가리지 않고 적합한 전략을 수립해 투자를 진행할 수 있다. 그러나 LBO를 진행할 경우, 파산 위험을 피하기 위해 적합한 회사를 찾기 위한 몇 가지 공통된 원칙들이 있다.

LBO에 적합한 회사의 특성
안정적인 현금흐름 창출능력
시장 내 우수한 입지
높은 성장 가능성
효율성 향상 가능성
낮은 capex 요구 수준
높은 자산의 가치
검증된 경영진

초기 단계에서부터 투자자는 LBO 인수 대상의 장점과 위험요인에 대해서 평가한다. 일반적으로 투자자가 원하는 LBO 인수 대상은 우수한 경영진들로 구성되어 강력한 비즈니스 모델을 가지고 있고, 시장에서 대체 불가능한 입지를 가지고 있으며, 성장 가능성이 큰 회사이다. 상장된 회사들의 경우 시장에서 저평가되었다고 생각하거나, 성장 가능성이 있지만 더욱 효율적으로 회사를 운영할 수 있다고 평가되는 회사도 좋은 LBO 인수 대상이다. 또한 낮은 가격에 회사를 인수할 수 있거나, LBO에 적합하게 자본구조를 설계한 후 엑시트를 통해 충분한 수익을 실현시킬 수 있을 경우 마찬가지로 매력적인 LBO 인수 후보가 될 수도 있다.

1. 안정적인 현금흐름 창출능력

　LBO는 차입금을 사용해 운영기간 중 이자비용을 지불해야 하기 때문에, 인수 대상 회사는 예측 가능하고, 안정적인 현금흐름을 창출해야 한다. 차입금을 조달해준 대주단은 이자상환과 대출의 만기 시점까지 원금상환이 가능한 확실한 사업 모델을 에퀴티 투자자에게 요구한다. 안정적인 현금흐름의 예측 가능성을 뒷받침해줄 수 있는 사업을 보유하고 있다면 우수한 LBO 인수 대상이 된다. 예를 들어 성숙한 산업이나 시장에서 대체 불가능한 사업 모델을 가지고 있고, 안정된 고객 수요와 탄탄한 최종시장을 가지고 있거나, 장기매출계약 등으로 현금흐름의 예측 가능성을 보여준다면 좋은 LBO 후보가 될 수 있다. 잠재적 투자자와 대주단들은 실사를 통해 LBO 대상 회사의 실제 현금흐름 창출능력이 매각 회사가 공격적으로 예상하는 추정치를 달성할 수 있는지 파악한다. 또한 과거의 변동성과 예상되는 미래의 사업과 경제 상황에 기반해, 상황이 악화될 경우, LBO 자본구조를 지탱할 수 있는지 재무 추정치에 대해 스트레스 테스트를 한다.

2. 시장 내 우수한 입지

　시장을 선도하거나 시장 내에서 대체 불가능한 입지를 보유한 기업들은 견고한 고객기반, 강력한 브랜드네임, 제품 및 서비스의 우수성, 저렴한 원가구조, 규모의 경제로 오는 이점 등 다양한 특성을 가지고 있다. 이러한 요소들은 신규 진입자에 대한 진입장벽을 만들고, 회사의 현금흐름을 보다 안정적이고 예측 가능하게 만들어 준다. 따라서 투자자는 실사 기간 동안 인수 회사의 시장입지가 얼마만큼 확고한지, 성장 가능성은 있는지 확인하는 데 많은 시간을 투자한다. 필요에 따라서는 시장에 대한 실사(commercial due diligence)를 위해 컨설턴트를 고용하기도 한다.

3. 높은 성장 가능성

　투자자는 잠재 성장률을 실현시키며 보다 많은 현금흐름을 창출해, 수익률을 향상시킬 수 있는 회사를 찾는다. 또한 인수 회사를 통해, 추가적으로 다른 회사를 인수해 규모를 키우는 bolt-on으로 확장 가능성이 있는 회사를 찾기도 한다. 높은 성장률을 가진 기업은 엑시트할 수 있는 옵션이 늘어날 뿐만 아니라 보다 빠르게 엑시트할 가능성을 제공해 높은 수익률을 달성할 수 있게 한다. 만약 회사가 IPO를 통한 엑시트를 계획하고 있다면, 빠르게 성장하는 것이 특히 중요한 요소가 된다.

훌륭하게 성장하는 회사들은 투자 기간 동안 EBITDA 증가를 통해 회사의 매각가치를 더욱 증대시킨다. 회사의 규모가 클수록 높은 시장점유율, 강한 구매력, 상대적으로 낮은 위험 요소로 인해 동종 산업의 소규모의 회사보다 더 높은 가치로 평가받는다. 이러한 회사들의 경우 bolt-on 인수 등 회사의 성장전략을 실행하기 위해, 종종 인수 시 차입 한도를 다 활용하지 않고 나머지 차입금 대출 여력을 추가적인 인수 및 신규설비 투자 등에 사용하기도 한다.

4. 효율성 향상 가능성

LBO를 진행할 때 투자자는 경영 효율성을 높임으로써 비용을 절약할 가능성을 찾는다. 전통적인 비용절약 방법으로는 간접비 축소, 운영 간소화, 린 제조(Lean Manufacturing)나 식스시그마(Six Sigma) 도입, 종업원 감축, 유통 과정의 간소화, 효율적인 경영정보시스템의 도입 등이 있다.[4] 또한, 투자자들은 공급자, 소비자와 체결된 계약들을 좋은 조건으로 협상하거나, 더 나은 조건으로 새 계약을 맺는 방안도 고려한다. 이러한 효율성 향상의 방법과 계약변경을 통한 비용절감은 인수 회사의 가치를 더욱 상승시키는 요소다.

그러나 동시에 투자자는 매출의 성장 가능성을 위태롭게 할 정도로 비용이나 투자를 절감하는 것에 대해서는 각별한 주의를 기울여야 한다. 예를 들어 마케팅, capex, 연구개발 비용을 너무 줄일 경우, 고객을 잃거나 신제품 개발 기회를 비롯한 다른 성장 기회를 놓쳐 매출과 수익성을 악화시킬 위험이 있다.

---

4) 린 제조는 불필요한 작업공정을 최소화하거나 없애는 방식이고, 식스시그마는 품질을 향상시키고 균일하게 만드는 방식이다.

5. 낮은 Capex 요구 수준

다른 모든 조건은 변함없다는 가정하에 capex가 감소하면 회사가 창출하는 현금흐름은 증가한다. 따라서 좋은 LBO 인수 후보군은 제한적인 capex만 필요로 하는 경향이 있다. 그러나 높은 수준의 capex를 요구하더라도 높은 성장률 및 마진, 훌륭한 사업전략을 가지고 있다면 좋은 투자 기회가 될 수 있다.

실사 과정에서 투자자와 자문사들은 유연한 의사 결정을 위해 사업을 유지하는 데 필요한 maintenance capex와 성장을 위해 필요한 growth capex로 분류해 추정한다. Maintenance capex는 보유하고 있는 유형자산에서 현재 생산량을 유지하는 데 필요한 자본지출이다. Growth capex는 새로운 자산을 구매하거나, 기존의 자산을 확대하는 데 사용된다. 따라서 growth capex는 경제 상황이나 영업 현황이 안 좋아질 경우 1차적으로 감소시키거나 투자를 하지 않는 의사 결정을 할 수 있다.

6. 높은 자산의 가치

일반적으로 보유한 유형자산이 많다는 것은 같은 사업을 영위하기 위해서 많은 자본 투자가 필요하다는 것을 의미하고, 이는 신규 진입이 어렵다는 것을 뜻한다. LBO 시 대주단 입장에서는 담보를 잡을 수 있는 자산이 많아져 파산이나 청산 시 원금을 회수할 가능성이 증가해, 좋은 조건으로 높은 수준의 차입비율까지 대출할 수 있게 해준다.

자산의 가치를 판단할 때는 자산의 규모도 중요하지만, 자산의 퀄리티와 자산을 얼마나 빠르게 현금으로 회수할 수 있는지도 중요하다. 특히 PP&E 같은 경우 빠르게 현금으로 매각할 수 있는지 확인을 하는 것이 관건이다.

유동자산으로 분류되는 매출채권이나 재고자산 또한 담보의 대상이 될 수 있고, 이 자산들은 빠른 현금화가 가능해 양질의 자산으로 분류된다. 그러나 재고자산의 경우 분식회계로 인해 기업의 가치를 왜곡시킬 가능성이 있기 때문에 실사 시에 현금화시킬 수 있는 자산들이 실질적으로 얼마나 되는지를 확인하는 게 중요하다. 예를 들어 기업이 판매하는 상품이 계절성을 타거나 가치가 급격하게 하락하는 특성이 있다면, 장부가치만큼의 현금을 회수하는 게 어려울 수도 있다.

7. 검증된 경영진

높은 차입금을 가진 자본구조하에 우수한 경영성과를 목표로 하는 LBO 시 능력 있는 회사의 경영진은 필수불가결한 존재다. 특히 높은 차입 수준의 회사를 경영해봤거나, 인수 후 회사를 통합시켜봤거나, 구조조정 상황에서 성공한 경험이 있는 경영진들은 투자자들에게 큰 도움이 되는 존재다.

훌륭한 경영진을 가진 LBO 회사의 경우, 투자자는 인수 후에도 기존 경영진들에게 회사 운영을 맡기는 것을 선호한다. 기존 경영진들이 회사에 남는 경우, 투자자는 새로운 지배구조에서 경영자들에게 의미 있는 수준의 지분을 인센티브로 줌으로써, 경영진과 투자자의 이해관계를 일치시킬 수 있다. 그러나 투자자는 인수 대상의 경영성과가 예상에 미치지 못할 경우, 기존 경영진 구성에 변화를 주거나 새로운 경영진으로 교체하는 등의 방법을 통해 가치를 증대시키려고 노력한다. 훌륭한 경영진은 회사의 실적을 끌어올리는 것뿐만 아니라, 투자자의 투자목표를 달성하기 위해서도 매우 중요한 역할을 한다.

LBO 주요 참여 회사

이번 장에서는 LBO의 주요 참여 회사들에 대해 알아볼 것이다.

1. 투자자

'투자자'라는 용어는 일반적으로 사모펀드, 헤지펀드, 벤처캐피털, 기업인수목적회사(SPAC) 및 기타 투자회사들을 일컫는다. 투자자는 연기금, 공제회, 보험사, 기업, 국부펀드 등을 통해 투자를 위한 펀드자금을 조달한다.

사모펀드의 경우 일반적으로 비이클(vehicle)을 통해 펀드에 투자를 받으며, 해당 펀드에 투자한 기관이나 개인은 LP(Limited Partners)라고 불린다. LP들은 전체 펀드약정금액에서 자신들이 투자한 비중만큼의 수익의 권리를 갖게 된다. 그 펀드를 운용하는 GP(General Partners)는 그들의 펀드에 투자한 LP의 수익을 위해 선관주의 의무를 준수해야 한다. LP와 GP는 LP의 수익을 우선하기 위해 특정 투자 건에 10% 혹은 20% 이상을 투자하지 못하게 하는 등 여러 규정들을 전체 사원 간(GP와 LP) 정관을 통해 정한다.

GP들은 펀드의 규모, 투자 산업, 투자전략에 따라 다양하게 나뉜다. 펀드의 규모는 수십억 원에서 수십조 원까지 다양하게 있다. 특정 펀드들은 기술 산업, 미디어와 같은 특정한 산업에 대해 전문적으로 투자하기도 하고, 자금난에 처한 기업이나 회생기업, 분할 기업에만 중점으로 투자하기도 한다. 펀드들은 그들의 전략에 맞는 전문가들로 팀을 꾸리는데, 상당수는 투자은행, 컨설팅 출신들이다. GP들은 전 CEO나 타 회사의 경영진 등 경영 산업 전문가들을 팀에 포함시키기도 한다. 그들은 특정 투자 기회에 대해서 자문업무를 해주거나 인수 대상 회사의 운영을 도와준다.

투자 기회를 검토할 때, GP들은 인수 대상에 대해 상세한 실사를 진행한다. 실사는 인수 대상의 사업, 산업, 재무, 회계, 세금, 법률 및 규제, 환경 등을 포함하며, 올바른 투자의사 결정을 위해 인수 대상과 산업 등의 정보를 검증하고, 해당 투자 건에 맞는 투자전략을 수립한다. GP들은 재무 모델이나 인수금액에 대한 가정(선호하는 자본구조 포함)을 설정하기 위해 투자은행, 컨설팅펌, 회계법인 등 전문 인력들로 팀을 꾸려 작업하며, 투자의사 결정을 한다. 또한, GP는 실사, 인수기업의 경영, 이사회 선임을 위해 관련 산업의 경영 및 산업 전문가 등을 고용하기도 한다.

2. 투자은행(Investment Bank)

투자은행은 LBO가 진행될 때 대출주선 및 인수와 M&A 자문업무를 진행하며 중요한 역할을 한다. 투자은행은 M&A의 매각자문뿐만 아니라 인수자문도 진행하는데, 인수자문을 할 때는 GP들과 함께 LBO 대상에 대한 치밀한 실사를 진행하고, 더 나아가 대상 회사의 사업계획이 실현 가능한지 철저한 검증을 한다. 동시에 투자은행의 대출 관련 부서에서는 인수금융조달을 위한 언더라이팅(underwriting, 총액인수)을 한다. 이 과정에서 투자은행은 대상 회사가 차입금을 견딜 수 있는지, 어떤 수준의 인수금융이 시장에서 조달이 가능한지 확인한다. 투자은행은 최적의 LBO 구조를 결정하기 위해 GP들과 함께 매우 긴밀하게 일하게 된다. 일단 GP가 은행들로 받은 금융조건을 대입해보며, 자본구조를 결정하게 되면, 투자은행과 GP들은 은행의 인수금융 대출의 최종승인을 받기 위한 업무를 진행한다.

언더라이터는 대출금액 총액의 일부를 인수하며, 그 대출을 다시 대출 투자자에게 매각(sell-down)하고 언더라이터 내부 여신심의위원회(credit committee)의 승인을 득한 후, GP에게 인수금융을 제공하는 약정을 할 수 있다. 해당 약정 시 계약서는 대출이 인출되기 위한 선결 조건, 인수금융 금액, 금리, 금융 조건, 비용[5], 역할 등이 명시되어 있다. 대출계약서에는 특정 조건(covenants)들이 명시되어 있는데, 가령 인수 시 최소 에퀴티 출자 비율, 대출 기간 중 최대 순부채 대비 EBITDA 비율, 최소 DSCR(Debt Service Coverage Ratio) 등이 있다.

은행 차입의 경우, 각각의 참여사[6]들은 만일의 상황을 대비하고, 인수 후 운영의 안전성을 위해 추

---

5) 비용은 해당 대출을 약정함으로써 투자은행이 감수하는 위험에 대한 보상이다.
6) 신디케이션을 구성할 때, 참여하는 투자은행마다 다양한 역할을 가지고 있다. 전체적인 신디케이션을 진행하는 lead arranger(주간사)와 단순 참여를 하는 participant arranger(참여사) 등이 있다.

후 추가 차입이 가능한 리볼버(revolving credit facility)를 설정하길 원한다. 언더라이터(underwriter)들은 금융회사의 특성상, 가급적 계정(book)에 관련 대출을 담는 것을 희망하지 않고, 전부 투자자들에게 매각하려고 한다. 한편으로 투자은행은 충분한 차입금 대출이 가능하고, 딜을 성공시킬 수 있다는 확신을 주기 위해 GP들에게 브릿지론을 제공하기도 한다.

3. 은행 및 대출기관

LBO가 진행될 때, 대출은행과 대출기관은 차입금을 제공한다. 은행은 오늘날 자산 규모 면에서 가장 크고 오래된 금융기관이다. 그중 대출업무를 하는 대출은행은 리볼버와 원금상환 스케줄이 빠른 텀론(term loan) 등을 제공한다. 그에 비해 다른 대출기관들은 좀 더 장기적이고 원금상환의 스케줄이 제한적인 대출을 제공한다. 대출을 투자하는 곳은 상업은행뿐만 아니라 다른 금융회사, 투자은행, 헤지펀드, 연기금, 뮤추얼 펀드, 보험회사 등도 있다.

이러한 대출을 제공하는 투자은행과 같이, LBO 파이낸싱에 참여하기 전에 내부적으로 투자 대상의 사업과 신용정보를 파악하는 업무와 실사가 진행되어야 한다. 대주들은 특히 만기 시 대출원리금 상환능력을 알아보기 위해 예상되는 현금흐름 창출능력과 신용정보 중점으로 확인한다. 대주들은 대출계약서상 특정 조건(covenant)과 담보를 요구함으로써, 원리금상환 위험을 줄이려고 한다. 또한 신용정보를 판단하기 위해, 인수 대상 회사, 산업군뿐만 아니라 지분 투자자(sponsor)를 확인한다. 이러한 실사를 주도하는 대주를 주간사(lead arranger)라고 지칭하며, 나머지 대주단은 보통 주간사가 제공하는 정보에 의존한다.

실사 과정의 일부로, 잠재적인 대주들은 주간사가 주최하는 '뱅크미팅(bank meeting)'이라고 불리는 그룹 미팅에 참여한다. 뱅크미팅에서는 인수 대상의 경영진들이 회사와 투자 매력도에 대한 간단한 프레젠테이션을 하고, 이어 주간사가 제공하는 대출 건에 대한 설명과 Q&A 세션을 진행한다. 뱅크미팅에서 대주들은 대출투자 건과 인수 대상 회사의 정보가 담겨 있는 CIM(Confidential Information Memorandum)을 수령한다. 대주들은 내부 심사를 통해 최종 투자 결정을 내리기 전에 회사에 대한 추가적인 정보와 분석을 요청하며 실사를 진행한다.

일반적인 은행대출을 해주는 곳과 다르게 LBO 시 발행되는 채권만 투자하는 곳도 있다. 대부분 기관 투자자들로 구성되어 있으며, 뮤추얼펀드, 헤지펀드, 연기금, 보험회사 등이 있다.

투자안에 대한 평가와 의사 결정을 위해서 채권 투자자들은 '로드쇼(roadshow)'라고 불리는 일대일 미팅에 참석하게 된다. 해당 미팅에서 경영진들은 회사와 투자에 대한 설명을 한다. 로드쇼는 일반적으로 3~5일 동안 진행되는(거래의 규모와 범위에 따라 달라진다) 과정으로, 언더라이팅을 하는 주간사와 인수기업의 경영진들이 잠재적 투자자들에게 본 거래에 대해 설명하고 궁금증을 해결해주는 자리다.

로드쇼 미팅 전에, 채권 투자자들은 인수 대상의 사업, 산업군과 재무정보 등이 담긴 문서인 OM(Offering Memo)을 받게 된다. OM은 반드시 정해진 법률을 준수해야 하고 위험에 대해서 충분히 고지하고 있어야 한다. 은행대출과는 다르게, 대부분의 채권들은 거래소에서 거래가 가능하도록 한국거래소(미국은 증권거래위원회인 SEC)에 등록되고, 자본시장법하에 금융감독원의 관리감독을 받는다 (미국은 'Securities Act of 1933'과 'Securities Exchange of 1934').

예비 OM은 채권 가격을 제외한 예비의 텀시트와 DON(Description of Notes)[7]도 포함하고 있다. 로드쇼가 끝나고, 채권의 가격이 정해지면 최종 OM에 삽입되어 채권 투자자들에게 전달된다.

4. 정보 서비스 제공 기업

투자은행과 같은 많은 금융회사들은 그들의 주된 금융거래 활동의 서비스로 정보를 제공하기도 하지만, 정보 제공만을 전문으로 하는 기업들도 있다. 가장 오래된 정보 제공 회사로는 무디스, S&P와 같은 증권에 대한 신용평가 회사와 Best's와 같은 보험 산업에 대한 신용평가 회사가 있다. 금융 관련 데이터 분석자료를 제공해주는 곳은 S&P Capital IQ, SNL 파이낸셜, 블룸버그, 톰슨 아이콘, 모닝스타 등이 있다. 또한 M&A를 진행할 때 여러 가지 법률적인 문제를 차단하고, 커뮤니케이션 수단을 제공해주는 정보 서비스 공급 회사들이 있다. 그중 M&A 시장의 대부분 딜은 인트라링크스(Intralinks)를 통해 진행된다.

---

7) DON에는 채권에 대한 조건, 정의, 준수사항들이 기술되어 있다.

5. 인수 회사의 경영진(Target Management)

경영진들은 잠재적 인수자들과 대주들에게 회사를 홍보하는 데 중요한 역할을 하며, 자료 준비에 있어 투자은행과 함께 협업한다. 경영진들은 회사의 이미지이며, 잠재적 투자자들에게 이 투자 건이 매력적이라고 설득하는 데 가장 중요한 역할을 한다. LBO를 진행할 때 유능한 경영진들일수록 대출에서 보다 유리한 금융조건과 금리를 받을 수 있고, PEF들에게 높은 밸류에이션을 어필할 수 있다.

투자가 진행될 때도, 보통 인수 회사의 경영진들은 LBO 후에도 회사의 지분을 어느 정도 보유하거나, 사모펀드와 함께 투자하게 된다. 인수 후에도 경영진들은 재무성과에 따른 스톡옵션 또는 스톡그랜트 등의 보상이 지급됨에 따라, 더욱 성과를 낼 수 있고, 투자자들의 수익 또한 증대시킬 수 있다.

LBO 자금조달
대출 종류

대출과 채권(이하 '대출')은 순위에 따라 선순위와 후순위로 나뉘며, 기본적으로 선순위는 담보권에 대한 우선순위가 있으며, 회사를 청산하는 경우에도 우선변제권이 있다. 따라서 선순위는 위험에 덜 노출된 만큼 금리가 낮다. 반면에 후순위대출은 담보권에 대한 차순위를 보유하고 있거나 담보권이 없는 경우가 대부분이며, 회사를 청산하는 경우에도 선순위대출이 변제된 후, 원금을 상환받을 수 있다. 따라서 선순위대출들보다는 금리가 높게 형성된다. 대출은 이와 같이 순위에 따라 구분되기도 하고, 용도, 담보에 따라 구분되기도 한다. 다음의 내용들은 인수금융 시 발행되는 대출의 종류를 우선순위부터 설명했다.

1. 은행대출(Bank Loan)

은행을 통한 차입은 LBO의 자금조달에서 상당한 부분을 차지하고 있다. 은행대출은 신용카드처럼 빌리거나 갚거나, 다시 빌리는 것이 가능한 리볼버와 일반 대출의 형식처럼 한번 대출하면 추가차입이 되지 않는 텀론으로 이루어져 있다. 은행대출은 담보순위에 따라 현금흐름의 능력을 보고 발행되는 대출 형태와 매출채권, 재고자산, 유형자산 등 자산의 청산가치를 참고해 대출하는 자산담보부 대출(ABL, Asset Based Lending)의 형태로 나뉜다. 대출은 프라이빗 마켓에서 발행이 이루어짐으로, 금융감독원(한국)이나 SEC(미국) 규제나 정보공개에 대한 의무가 제한적이다. 하지만, 대출 기간 동안은 대출을 받은 차주에게 금지되거나 꼭 준수하도록 규정하는 조항들이 있다.

은행대출은 일반적으로 주어진 벤치마크 금리(benchmark rate)인 LIBOR나 base rate에 채무자의 신용도에 따른 추가적인 스프레드(spread)를 더하며 분기별 이자 금액을 산정한다. 표기 방식은 예를 들어 '3 month libor'를 벤치마크 금리로 사용하고, 스프레드가 '400bps'면, '3ML+400bps'라는 식으로 적는다. 은행대출은 벤치마크 금리가 시장 상황에 따라 바뀌기 때문에, 변동금리(floating rate) 대출이라고 불린다. 스프레드는 채무자의 부채비율이나 신용정보에 따라 달라지며, 상황에 따라, 상승할 수도, 하락할 수도 있다.

2. 리볼버(Revolving Credit Facility)

리볼버는 특정 기간 동안 정해진 금액을 원하는 시기에 쓸 수 있는 대출이다. 회사는 예기치 못한 현금이 필요할 경우, 어느 정도의 비용을 지불하여 리볼버를 마련해, 현금이 필요한 상황이 되면 사용한다. 리볼버는 정해진 기간 동안 정해진 금액 내에서 마음대로 대출을 하고 원할 때 다시 갚을 수도 있는 유연성이 장점이며, 기간과 조건은 일반 대출과 같이 대출계약서(credit agreement)[8]에 명시되어 있다. 리볼버는 주로 운전자본이 일정하지 않은 회사나, 예상치 못한 capex 지출, 신용장(Letters of Credit, LC)[9] 발행 등을 위한 목적으로 마련된다. 또한 LBO 인수대금 중 예상치 못한 인수비용이 발생할 경우에 거래 체결에 대한 안정성을 높이기 위해 쓰일 수도 있다.

리볼버는 일반적으로 투자은행에 의해 마련되며, 여러 상업은행이나 금융회사들을 대상으로 신디케이션이 된다. 리볼버는 돈을 빌리는 회사가 마음대로 대출할 수 있고, 원하지 않으면 인출하지 않을 수도 있기 때문에 금리는 크게 두 가지로 구성되어 있다. 대출이 실행되는 금액에 대해서는 일반 은행 대출처럼 금리가 산정되고, 대출되지 않는 금액에 대해서는 약정수수료(commitment fee)가 발생한다.

일반적으로 리볼버의 대출이 실행된 부분의 금리는 텀론의 스프레드와 같거나 약간 낮다. 물론 리볼버의 낮은 조달금리를 위해서, 차주는 특정 자산에 대한 우선순위 담보권과 정해진 기간 동안 준수해야 하는 다양한 조건들이 요구된다. LBO를 위한 리볼버는 보통 5~6년 정도의 만기와 중도 원금 상환이 없는 특징을 지니고 있다.

---

[8] Credit Agreement는 대주와 차주 간 은행대출을 위해 체결하는 계약서로, 정의, 조건, 진술과 보증, 준수 및 금지조항, 파산에 대한 정의와 진행절차, 관할법원 등이 명시되어 있다.
[9] 신용장은 주로 무역 시 은행이 대금 지급을 보증해주기 위해 발행하는 문서로, 물품대금을 지급하기 위한 수단이다.

3. 자산담보부대출(Asset Based Lending Facility)

자산담보부대출(ABL, Asset-based Lending)은 유동자산이 많은 회사가 유리하게 사용할 수 있는 대출이다. ABL은 모든 유동자산(일반적으로 매출채권 및 재고자산)에 대해 우선순위 질권을 가지며, 그 외의 자산(일반적으로는 유형자산)에 대해서도 청구권을 가진다.

ABL은 회사가 가진 자산 중 담보로 잡을 만한 자산의 가치에 따라 대출한도가 정해진다. 대상이 되는 자산들은 매출채권, 재고자산, 유형자산, 부동산 등이 있고, 이러한 자산들로 대출한도(borrowing base)를 설정한다.

ABL은 차주에게 현금흐름 기반의 대출에서는 볼 수 없는 주기적인 담보 관련 정보 요청과 가치평가(appraisal)를 의무화함으로써 추가적인 채권보전장치들을 설정한다. ABL이 담보로 잡는 매출채권이나 재고자산과 같은 자산들은 파산의 경우에 현금화가 쉽다는 장점도 가지고 있기 때문에, ABL의 금리는 다른 조건이나 신용등급이 동일할 경우 일반적인 은행대출이나 리볼버보다 낮다. 일반적인 ABL의 만기는 5년 정도다. 또한 자산담보권을 보유하고 있다는 특징 때문에, ABL은 자산가치 대비 대출한도 정도로만 금융조건을 제한적으로 설정하기도 한다. ABL은 산업마다 특정 이름이 있다. 예를 들어 석유 산업의 석유매장량을 담보로 대출하면, 매장량담보대출(reserve based loan)이라고 불린다.

4. 텀론(Term Loan)

텀론은 만기가 정해져 있고, 일정에 따라 원금의 상환을 요구하는 대출이다. 등급에 따라 S&P 기준으로 BBB- 이상은 투자등급(investment grade)이라고 하고 BB+ 이하는 투기등급(junk grade)이라고 한다. 만약 대상이 투기등급일 때는 텀론이 아니라 레버리지론이라고 부르기도 한다. 이자와 원금 상환은 일반적으로 분기에 한 번씩 지급한다. 리볼버와 마찬가지로, LBO를 위한 텀론의 경우 선순위담보권을 요구하며[10], 차주에게 일정수준 이상의 신용등급과 금융조건을 준수하도록 요구한다. 하지만 리볼버와 다르게, 텀론은 클로징 시에 한 번에 대출이 실행되며, 추가로 현금을 빌릴 수 없다.

---

10) 일반적으로 리볼버와 같은 신순위담보권을 가지고 있으며, 자산매각 시 대출금액 비율대로 매각금액을 수령하는 파리 파수(Pari Passu)를 원칙으로 한다.

텀론은 원금상환의 정도, 만기 등에 의해 텀론 'A, B, C'로 구분된다. 시장에 존재하는 대부분의 텀론은 A 또는 B다.

1) 텀론 A(TLA 또는 원금상환텀론)

TLA는 일반적으로 대출 기간 동안 상당량의 원금상환을 의무적으로 요구하기 때문에, '원금상환 텀론'으로 불리기도 한다.[11] TLA는 만기 전까지 의무원금상환 금액이 많기 때문에 대주 입장에서는 현금흐름을 고려한 실질만기(duration)가 짧아 의무원금상환이 낮은 다른 텀론 대비 안정적이다. 따라서 TLA는 LBO 시 조달하는 텀론 중 가장 금리가 낮다. 일반적으로 TLA는 여러 상업은행과 금융회사들로 리볼버와 함께 신디케이션을 통해 발행되며, 각 대주단은 리볼버와 TLA를 같은 비율로 대출하기 때문에 'pro rata' 트랜치라고도 불린다. LBO 시, TLA는 일반적으로 리볼버와 같은 만기를 갖는다.

2) 텀론 B(TLB 또는 기관텀론)

TLB는 LBO 자금조달 시 TLA보다 자주 사용된다. 보통 TLB는 TLA 대비 대출금액이 크고, 은행보다는 후순위채권에 투자하는 기관 투자자들에게 판매된다. 기관 투자자들은 중도원금상환을 원하지 않고, 보다 긴 만기와 더 높은 금리를 보유한 대출을 선호한다. 따라서 TLB는 평균적으로 연간 1% 정도의 상각만 이루어지게 되고, 만기 때 잔여 원금을 한 번에 상환(bullet payment)한다. TLB는 리볼버나 TLA보다 만기가 더 길다. 보통 만기는 7년 정도로 설정한다.

3) 후순위(Second Lien) 텀론

후순위 텀론은 차주의 자산에 대해 후순위 담보권을 갖는다. 차주 회사가 파산하거나 청산절차를 밟을 때, 선순위담보권자들이 먼저 청구권을 갖고, 그 이후 후순위 텀론이 담보권리를 행사할 수 있다. 이후, 무담보(unsecured)대출 금액에 대한 변제가 이루어진다.[12] 따라서 자산 청산의 경우에는, 선순위대주가 담보자산 매각을 통해 대출원금을 상환받은 후에 청구권을 가지게 되지만, 무담보대출보다는 우선순위의 권리를 갖는다. 선순위 텀론과는 다르게 후순위 텀론은 일반적으로 중도원금상환이 없다.

---

11) 의무원금상환 스케줄은 거치기간(Grace Period)과 함께 정해지는데, 예를 들어 5년 대출에 거치기간이 2년이면 3년 차부터 원금상환이 시작된다.

12) 선순위와 후순위 등 대주 간의 권리에 대해서는 대주간 Intercreditor Agreement를 체결해 규정한다.

후순위 텀론은 자금조달 시 차주가 하이일드 채권이나 메자닌 대출의 대안으로 사용한다. 일반적인 하이일드 채권과는 다르게 후순위 텀론은 차주에게 더 나은 조기상환 옵션과 공시의무 부담을 주지 않는 이점이 있다. 후순위채권은 거래 유동성을 위해 최소 발행금액이 있지만, 후순위 텀론은 더 작은 규모로도 발행될 수 있다. 금융조건은 선순위대출보다는 완화되어 있기 때문에, 차주 입장에서 대출 부담이 적다. 헤지펀드와 같은 후순위 텀론 투자자들 입장에서는 선순위담보채권보다 높은 금리를 보유하며, 후순위채권보다는 낮은 리스크 때문에, 후순위 텀론에 투자한다.

5. 후순위채권(High Yield Bonds)

일반적으로 후순위채권은 투자등급 이하(S&P 기준 BB+ 이하)의 신용등급으로, 보유자가 보통 반년에 한 번씩 발행자에게 쿠폰을 지급하며, 일반적으로 7~10년의 만기를 가진 채무증권이다. 텀론과는 다르게 후순위채권은 중도원금상환 없이 만기 때 원금을 전액 지불한다. 후순위 텀론 대비 후순위채권은 채권발행약정서(indenture)상 만기가 길고, 금융조건이 제한적이다. 후순위채권은 투자자에게 높은 리스크의 대가로 은행대출보다 금리(쿠폰)가 높다.

후순위채권은 발행 시점에서 벤치마크하는 국채의 금리와 비교해 스프레드를 더해 고정금리로 금리를 정한다. 이름 그대로 고정금리는 만기 때까지, 일정한 금리가 유지되는 것이다. 후순위채권은 보통 담보가 없지만 경우에 따라 후순위로 담보권 등을 설정하기도 한다.

후순위채권은 투자 시 레버리지 비율을 크게 끌어올릴 수 있게 한다. 이는 투자자에게 좀 더 높은 인수가격으로 입찰을 가능하게 하고, 에퀴티 비중을 더 낮게 투자할 수 있게 한다. 뿐만 아니라 금융 및 대출조건들이 은행대출 대비 제한적이며, 만기가 길고 원금상환 요구가 없는 후순위채권의 특성 때문에 투자자에게 훨씬 더 상황에 따른 유연한 대처를 가능할 수 있게 해준다. 그러나 후순위채권은 투자자의 엑시트 전략에 악영향을 끼칠 수 있는 대출 조기상환 제한 및 페널티 부여 등의 조항을 가지고 있다.

시장이나 투자 상황에 따라 채권발행자 편의를 위한 PIK(Payment-in-Kind) 조항을 추가할 수 있다. PIK은 발행자에게 현금으로 이자를 갚거나, 대출원금을 증액(미상환 원리금만큼 원금이 증액됨에 따라 다음 분기의 이자도 증가함)하는 선택권을 가질 수 있다. 이러한 선택권은 채권발행자가 사업상의 어려움이나 시장이 좋지 않을 경우, 그리고 레버리지 비율이 높아 투자의 초기 단계에서 현금이 부족할 때, 원리금을 나중에 지불할 수 있도록 해준다. 만약 채권발행자가 현금 대신 PIK로 원금을 증액하게 된다면, 쿠폰은 보통 200bps만큼 추가로 증가하게 된다.

은행대출과 후순위채권은 LBO 시 주로 사용하는 차입의 형태로 다음의 테이블과 같이 정리 및 비교할 수 있다.

은행대출과 후순위채권 비교

구분	은행대출	후순위채권
채권 순위	- 자본구조에서 최고 순위	- 은행대출에 비해 후순위
조기상환	- 조기상환 가능(보통 수수료 미지급)	- Call protection 혹은 make whole(조기상환 시 현재가치로 향후 원리금 수령)로 제한하거나 패널티 발생
담보	- 일반적으로 담보 있음	- 일반적으로 담보 없음
금리	- 변동금리 - 재무비율, 신용등급에 의해 결정	- 일반적으로 고정금리지만 변동금리도 설정 가능 - 채권 수명 기간 동안 변화 없음. 신용등급의 하향-상향 조정 여부에 영향받지 않음
신용등급	- 필수사항은 아니지만 일반적으로 요구함	- 필수사항(Moody's 및 S&P)
대주	- 은행 - 기타 기관 투자자(주로 텀론 B)	- 채권 투자 전문 펀드 - 헤지펀드 - 보험사
신디케이션 과정	- 은행 혹은 대주 간 회의 - 잠재적 대주들과 1~2회 집단 회의 - 2주간 신디케이션 과정 - CIM 배포 - 1주간 문서화 과정 - 증권거래위원회 검토 혹은 등록 필요 없음	- 3~5 영업일 간 회의 - Pricing 이후 최종투자설명서 준비 - 한국거래소 등록 - 거래일 3~5일 이후 클로징과 펀딩 진행 - 최종 채권이 시장에서 거래되기까지는 약 6~9개월 소요
Covenants	- 분기별로 점검해 특정 신용등급을 유지 - 일반적인 약정들은 최대 부채비율(선순위-부채총액), 최소 이자보상비율, 최대 capex 등을 포함 - 수정, 웨이버 과정을 통해 신용조건을 조정	- Incurrence tests(비정기적인 점검), 추가 차입을 기준으로 성과를 측정
거래	- 특정 차주들을 위한 시장 - 비공개 시장	- 일반 시장 - 신규발행 최소 거래 규모가 있음
장점	- 타 대출보다 비용(금리)이 낮음 - 낮은 언더라이팅 수수료 - 조기상환 가능(수수료가 없거나 낮음) - 약정 수정 과정이 비교적 간단하고 관련 비용이 저렴함 - 공시의무 없음	- 고정금리 - 상대적으로 긴 만기(7~10년) - 유지관리 약정 없음 - 상각비 없음 - 투자자 집단을 확장할 수 있음 - 규모가 크고 유동성이 높은 채권시장에 접근 가능 - 보다 신속하게 추가적 자본을 확보할 수 있음 - 질권(Pledge) 혹은 담보 필요 없음
단점	- 보증할 담보를 확보해야 함 - 만기가 짧음(5~7년) - 시장 접근성 제한적임 - 유지관리 약정을 설정해야 함 - 추가적 선순위채권을 발행하는 게 제한적임	- 은행대출보다 비용이 큼 - 특정 기간 동안 조기상환 불가(4~5년) - 추가로 선순위대출 발행 불가 - 언더라이팅 수수료가 은행대출보다 높음 - 재무정보에 대한 공시의무가 있음

6. 브릿지론(Bridge Loans)

　브릿지론(bridge loan)은 다른 대출의 공백이 생길 때, 단기로 대출하는 자본 제공 수단이다. LBO 시 보통 투자은행이 은행대출과 더불어 브릿지론의 조달 업무를 맡는다. 브릿지론은 다른 대출수단이 LBO의 클로즈 시점을 맞추지 못할 때, 자본을 제공해주는 무담보 텀론의 형태를 가진다. 브릿지론은 매도자와 인수자에게 계약 날인일과 실제 인수대금을 지불하는 파이낸셜 클로징 사이에 다른 대출시장이 악화되어 인수대금을 지불하지 못하는 불안감을 해소해 준다.

　실무에서 브릿지론은 대출의 마지막 수단으로 사용하기 때문에, 실제 브릿지론을 통해 차입하는 경우가 매우 드물다. 투자자의 입장에서는 주선자에게 추가적인 수수료를 지불해야 하는 부담이 있다.[13] 브릿지론으로 차입이 일어나면, 이자율은 시간이 지날수록 상한(cap)에 다다를 때까지 계속 상승한다.

7. 메자닌(Mezzanine) 대출

　메자닌은 자본구조상 부채와 자본 사이에 위치하는 중순위 대출이다. 따라서 선순위보다 높은 금리를 가지고 있다. 메자닌은 발행자와 투자자 간 투자목적과 수익률 달성 등 그들의 목적에 맞게 조건이 설정되기 때문에 협상이 매우 중요한 대출이다. 따라서 메자닌은 구조화되는 과정에서 대부분의 조건들이 결정된다.

　투자자 입장에서는 메자닌이 에퀴티에 비해 낮은 조달비용으로 인수금액을 마련할 수 있다는 장점이 있다. 특히 다른 자금조달 방안이 마땅치 않을 때, 메자닌을 활용해 레버리지 비율을 올릴 수 있으며, 인수대금을 지불할 수 있게 해준다. 메자닌 대출은 채권과 같이 최소 발행금액이 없고, 시장 상황이 좋지 않아서 후순위채권을 통한 자금조달이 어렵거나 불가능할 경우 좋은 대안이 될 수 있다.

　메자닌의 투자자로는 보험사, 메자닌에 특화된 사모펀드나 헤지펀드 등이 있다. 투자자 입장에서 메자닌은 전통적인 후순위채권보다 높은 수익률을 제공해주고, 주식으로 교환 가능한 옵션을 보유하면 주식가치 상승에 따라 추가적인 수익률을 얻을 수 있다. 메자닌의 이자율은 현금과 비현금성 PIK을 포함하기도 한다. 시장 상황에 따라 다르지만 메자닌 투자자는 일반적으로 10% 이상의 수익률을 목표로 한다. 메자닌의 만기는 정해진 관행이 없지만, 일반적으로 후순위채권보다는 짧은 경향이 있다.

---

13) 투자은행은 브릿지론(Bridge Loan)을 주선한 대가로 차입 여부와 상관없이 upfront로 commitment fee를 받는다. 만약 차입이 일어나면, 은행과 대주는 추가적인 funding fee를 받고, 브릿지론이 1년 이상 지속될 경우, conversion fee를 받는다.

8. Equity Contribution

　LBO 자본조달구조 중 부채를 제외한 나머지 금액은 투자자나 인수 대상의 경영진의 자본으로부터 투자된다. 물론 대출 시장의 상황, 회사의 종류, 인수를 위해 지불한 멀티플에 따라 달라지긴 하지만, equity contribution은 보통 LBO 금액의 30~40% 정도를 차지한다. 규모가 큰 LBO들의 경우 여러 투자자들이 컨소시엄으로 팀을 이루어 인수하기도 하며, 이 경우 한 투자자가 부담하게 되는 금액은 줄어들게 된다.

　에퀴티는 회사의 가치가 줄어들 경우, 직접적으로 에퀴티의 가치가 먼저 줄어들기 때문에 대주와 채권 보유자에게 어느 정도 쿠션 역할을 해준다. 예를 들어, 투자자가 인수금액의 30%를 에퀴티로 부담했을 때, 채권자의 원금상환이 불확실해지려면, 인수한 사업의 가치가 30% 이상 줄어들어야 하기 때문에 대주 입장에선 어느 정도 안심할 수 있다. 투자자는 추가 레버리지 여력이 있음에도 불구하고, 의도적으로 LBO에 에퀴티 비중을 높이며 투자하기도 하는데, 미래에 추가적인 인수나 성장 계획의 실행을 위해 부채를 더 발행해야 할 수도 있기 때문이다.

　회사의 경영진이 보유한 에퀴티는 상황에 따라 다르겠지만, 일반적으로 전체 에퀴티의 2~5% 내외다. 투자자는 경영진들에게 어느 정도 지분을 소유하게 함으로써 투자자와 이해관계를 같게 한다.

INVESTMENT BANKING & PRIVATE EQUITY

LBO 자금조달 용어

LBO 파이낸싱에는 은행대출, 후순위채권, 메자닌 등 다양한 형태의 대출이 있다. 이러한 대출은 리스크, 비용, 유연성 그리고 주 투자자에 따라 다음과 같이 공통된 용어들이 있다. 주로 사용하는 핵심용어는 담보(security), 순위(seniority), 만기(maturity), 쿠폰(coupon), 콜 프로텍션(call protection), covenant 등이다.

1. 담보(Security)

담보는 차주가 대주에게 질권 등으로 부여한 채권보전 장치들을 말한다. 담보물은 파산에 따라 압수되거나, 경매 등을 통해 청산된다. 대상 자산들은 매출채권, 재고자산, 유형자산, 무형자산뿐만 아니라 지분 등과 같은 증권의 형태를 갖출 수 있다. 회사의 현금흐름이 안정적이지 않으면 대주는 더 높은 수준의 담보를 요구할 수도 있다.

2. 순위(Seniority)

순위는 담보자산 청산 시, 대주가 보유하고 있는 우선변제순위를 말한다. 순위는 대출을 투자한 대주간계약서(intercreditor agreement)상, 선순위채권자의 요구가 후순위채권자의 요구에 앞서 이루어져야 한다는 규정인 subordination provision을 통해 설정된다.

인수 시 OpCo(인수 대상 회사, 최종 자회사)와 HoldCo(OpCo의 모회사) 등 여러 비이클(vehicle)을 통해 투자했으면, 그 비이클 간의 순위도 정해야 한다. 회사의 자산이 위치한 OpCo에서의 대출상환 및 계약의 의무는 구조적으로 HoldCo보다 선순위이기 때문에, HoldCo는 OpCo로부터 직접적인 보증의 효력을 갖지 못한다.

3. 만기(Maturity)

대출의 만기는 모든 원금이 상환될 때까지의 기간을 의미한다. 만기가 짧은 대출의 경우 원금상환이 보다 일찍 이루어지기 때문에 만기가 긴 대출에 비해 위험이 낮은 것으로 간주된다. 따라서 다른 모든 조건이 같다는 전제하에, 만기가 짧은 대출이 만기가 긴 대출보다 금리가 낮다.

LBO에서 차입금을 조달하기 위해 서로 다른 만기를 가진 여러 대출 및 채권이 발행된다. 은행대출은 다른 대출보다 짧은 만기를 가지는 경향이 있다. 은행대출의 경우 만기는 5~6년, 후순위채권은 7~10년 정도가 된다.

4. 이자율(Interest Rate) 및 쿠폰(Coupon)

이자율은 변동금리(일반적으로 은행대출)와 고정금리(일반적으로 채권)로 구분된다. 쿠폰은 채권의 잔존원금에 곱해 지불되는 연간이자율을 말한다. 은행대출의 경우 일반적으로 분기별로 이자를 지불하지만, 채권의 경우 반기에 한 번씩 이자를 지불한다. 은행대출금의 경우 시장에 따라 변동되는 LIBOR[14]와 Base Rate[15]에 스프레드를 더해 표기하고, 후순위채권의 쿠폰의 경우 고정금리로 국채나 발행 당시의 비교되는 채권의 스프레드에 기반해 계산된다.

대출과 채권의 금리를 결정하는 데는 대출의 종류, 투자자, 신용등급, 담보, 순위, 만기, 금융조건 및 조항, 시장 상황 등 여러 가지 요소가 있다. 일반적으로 LBO 자금조달 시, 은행대출이 후순위채권보다 좋은 신용등급, 우선순위담보권, 우선순위변제권, 짧은 만기를 가지고 있기 때문에 자본조달비용이 가장 적은 대출이다.

---

14) The London Interbank Offered Rate(LIBOR)는 London interbank market에서 은행 간 거래할 때 사용하는 금리다.
15) Base rate는 일반적으로 Prime rate와 Federal fund rate + 1/2 of 1% 중 큰 값으로 정의한다.

5. 콜 프로텍션(Call Protection)

콜 프로텍션은 만기 전 조기상환을 제한하는 조항이다. 만약 차주가 조기상환을 실행할 경우 일정 수준의 페널티를 지급하도록 규정하는 것이 일반적이다. 차주 입장에서 시장의 조달금리가 낮아지게 되면, 보다 저금리대출을 통해 상대적으로 비싼 금리인 기존대출을 상환하는 리파이낸싱(refinancing)을 할 수도 있는데, 콜 프로텍션을 통해 이러한 차주의 행위를 제한함으로써, 대주는 조기상환 위험을 절연시킬 수 있다. 만기가 8년인 후순위채권의 경우, 보통 4년 정도는 조기상환이 금지되어 있다. 표기는 'Non call-4' 혹은 'NC-4'라고 줄여서 쓴다. 4년 이후에는 쿠폰의 절반이나 1/4수준의 페널티를 액면가격에 더해 상환규정을 정하는 게 일반적이다. 보통 선순위 은행대출은 콜 프로텍션이 없어서 차주는 조기상환을 해도 페널티가 없고, 후순위담보권을 가진 대출은 정해진 조기상환제한 기간이 있다.

6. Covenant

커버넌트는 대출계약서(credit agreement)나 채권발행약정서(indenture)에 명시되어 있으며 차주가 지켜야 하는, 혹은 하지 말아야 하는 조항들이다. 대주나 채권 투자자는 신용에 상응하는 금리를 받아야 하는데, 차주나 채권보유자의 신용을 어느 정도 유지시켜 위험을 절연시키고, 확인하기 위한 수단이다. 만약 이러한 조항들이 지켜지지 않을 경우, 파산으로 정의되고, 대주는 일시상환, 경영개입, 청산 등을 요청할 수 있다. 일반적으로 커버넌트는 3가지 정도로 분류가 되는데 'affirmative(positive) covenant, negative covenant, financial covenant'가 있다. 'affirmative covenant'는 차주가 꼭 지켜야 하는 규정으로 세금납부의 의무나, 대출의 용도, 관련 법규의 준수 등이 있다. 'Negative covenant'는 차주가 하지 말아야 하는 조항을 규정한다. 추가 담보권 설정의 제한, 중도 자산매각 제한, 기타 M&A 활동 제약 등이 있다. 'Financial covenant'에는 DSCR 등과 같이 운영 수준과 대출 수준을 준수해야 하는 규정들이 있다.

대출과 채권마다 커버넌트의 정의와 용어는 비슷하다. 단지 은행대출은 후순위채권대비 파이낸셜 커버넌트에 대해서 엄격하다. 파이낸셜 커버넌트는 차주가 어느 정도 금융비율과 신용등급을 유지해야 한다는 규정이 있고, 보통 분기별로 계산해 확인한다. 또한 capex 금액 제한 등과 같이 특정 행동을 규제하는 조항도 있다. 파이낸셜 커버넌트는 대주들에게 회사의 재정 상황을 조기에 확인할 수 있도록 해준다.

주요 대출 및 채권 Covenant

Affirmative(Positive) Covenant
차주와 차주의 관계 회사에 특정 행위를 지키도록 요구하는 약정으로 일반적인 예는 다음과 같음

- 법인으로서의 존재, 장부 및 기록 등을 유지
- 정기적으로 재무보고서 공시(분기보고서 등)
- 자산, 담보 등을 관리
- 보험 가입 및 유지
- 관할 법규 준수
- 법인세, 부동산세 등 세금 지급
- 일정수준 이상의 영업활동 지속

Negative Covenant
차주와 차주의 관계 회사들에 특정 행위를 제한하는 약정으로 일반적인 규정은 다음과 같음

- 대출 등 추가차입 제한 : 일정수준이나 비율을 정하고 그 이상으로 차입하는 것을 제한
- 배당지급 및 자사주 매입 제한 : 회사의 지분을 가지고 있는 주주들에게 수익을 주는 행위를 제한
- 담보설정 제한 : 자산을 담보로 이용하는 행위를 제한
- 자산매각 제한 : 일정수준 이상으로 자산을 매각하는 행위를 제한
- 투자 제한 : 대출, 인수 등 기타 투자활동을 제한(합작투자 포함)
- 합병 및 연결 제한 : 합병 혹은 계열회사 연결 행위를 제한
- 조기상환 및 약정수정 제한 : 대주에게 불이익을 줄 수 있는 조기상환 혹은 약정수정 행위를 제한
- 관계사 간 거래 제한 : 차주 혹은 채권자들에게 불이익을 줄 수 있는 관계사와의 거래 행위를 제한

Financial Covenant
분기를 기준으로 특정 재무-신용(Financial/Credit) Profile을 유지하도록 요구하는 약정으로 일반적인 예는 다음과 같음

- 대출 레버리지 비율 상한 설정 : Debt/EBITDA가 과거 4분기 기준으로 일정수준 초과 금지
- 이자보상비율 하한 설정 : 이자비용/EBITDA가 과거 4분기 기준으로 일정수준 초과 금지
- Capex 비용 상한 설정 : 특정 연도에 설정된 최대 capex 금액이 일정수준 초과 금지
- EBITDA 하한 설정 : EBITDA 금액이 과거 4분기 기준으로 일정수준 이상 유지

Term Sheet 예시

Term Sheet 요약	
Revolving Credit Facility and Term Loan	
차주(Borrower)	– 투자 대상의 주식 인수를 위해 스폰서가 설립한 특수목적 회사
대출형태(Facility)	– Revolving Credit Facility(Revolver) – Term Loan
금융조달금액(Amount)	– Revolver: [이백억] 원([20,000,000,000]원) – Term Loan: [오백억] 원([50,000,000,000]원)
대출금리	– Revolver: 3M Libor + [4.0]% – Term Loan: 3M Libor + [4.5]%
약정수수료 (Commitment Fee)	– Revolver: 미인출잔액에 대해 연 [0.6]% – Term Loan: 없음
만기(Maturity)	– 최초 인출일로부터 [5]년
상환방법 (Amortization Method)	– 만기일시상환

조기상환수수료
(Prepayment Penalty)
	– 의무조기상환: 면제
	– 임의조기상환
	  최초 인출일로부터 1년 이내: 조기상환금의 [1.0]%
	  최초 인출일로부터 1~3년 이내: 조기상환금의 [0.5]%
	  최초 인출일로부터 3년 이후: 면제

담보(Security)	– 차주 보유 주식에 대한 근질권 설정 – 차주의 모든 예금계좌에 대한 근질권 설정

의무조기상환
(Mandatory Prepayments)
	– 다음 각 사항에 의해 유입되는 현금은 대출원리금상환을 위해 우선적으로 사용됨
	  차주의 유/무형 자산 및 담보물 매각으로 인한 순현금 유입액
	  본건 금융을 제외한 차주의 후순위 차입으로 인한 순현금 유입액
	  차주가 수취하는 보험금 순현금 유입액
	  본건 지분인수계약에 따라 차주가 수취하는 배상액 순현금 유입액
	  배당금, 유상감자대금 등 주주 앞 분배금 순현금 유입액

Affirmative Covenants	– 재무약정의 준수 – 확인사항의 정확성 유지 – 관련 인허가 및 법령 준수 – 대출금의 자금 용도에 따른 사용 – 제공한 담보권의 유지 – 차주 및 투자 대상의 감사보고서 및 반기검토보고서 제출
Negative Covenants	– 본건 이외의 모든 차입금에 대한 원리금상환 금지 – 허용된 부채 이외의 채무부담(보증 포함) 행위 금지 – 사전 동의 없이 합병, 분할, 해산, 청산, 영업 양수도 등 중대한 구조조정 금지 – 감자, 배당, 유상감자 등 주주에 대한 이익 분배 금지 – 차주 및 스폰서는 주간사의 동의 없이 기타 자금조달을 할 수 없음(Clear Market)
Financial Covenants	– Debt / EBITDA가 과거 4분기 기준으로 일정수준 초과 금지
파산 (Event of Default)	– 금전지급 의무의 불이행 – Covenants 허위 또는 불이행 – 담보권 효력 상실 – 영업 또는 주요 자산의 몰수, 경영권의 변동, 파산 – 감사의견 거절

현업자 인터뷰 #3

김선빈

現 Symphony Technology Group 사모펀드(미국 Palo Alto)
前 Merrill Lynch-Investment Banking 애널리스트(미국 샌프란시스코)
Indiana University-Kelley School of Business 졸업

현재 본인이 하는 업무와 역할에 대해 간단히 소개 부탁드립니다.

뱅크오브아메리카 메릴린치 샌프란시스코 오피스의 글로벌 헬스케어팀에서 2년간 애널리스트(IB Analyst)로 일한 뒤 현재는 실리콘밸리에 있는 심포니 테크놀로지그룹이라는 사모펀드에서 어소시에이트(Associate)로 근무 중입니다. 주로 소프트웨어, 데이터 분석, Tech Enabled Services 등에 투자하는 LBO 펀드입니다.

본인 업무 중 어떤 부분이 매력적인가요?

첫째, 20대 후반의 어린 나이에도 불구하고, 회사 CEO 및 임원들과 소통하며 경영 전반에 대해 두루 익힐 수 있습니다. 둘째, 딜 진행 도중 만드는 각종 금융 모델들이 실제 인수가격 협상, 피인수 회사의 수익률 확인, 향후 예산 책정 등에 그대로 반영되며 인수 후 회사의 오퍼레이션에 참조되므로 복잡하지만 실용적인 모델링 스킬을 쌓을 수 있어서 좋습니다.

셋째, 딜 진행 중 및 인수 이후 포트폴리오 회사 경영 전반에 깊숙하게 관여해(추가 인수, 연간예산 집합, 직원 고용-감축 등) 많은 것을 배우기 때문에 PE에서 2~3년이라는 경력 후에 포트폴리오 회사의 이사회(board of directors)에 들어가 회사를 직접 경영해볼 수 있는 것이 매력적입니다. 넷째, 펀드레이징, M&A 절차, 투자 대상 기업과 채권자 등과의 네트워크도 쌓을 수 있고, 투자회사의 영업, 회수절차 등 금융 전반 및 회사 경영에 대한 다양한 분야를 한곳에서 경험할 수 있기 때문에 빠른 시간에 정말 많은 것을 배우고 있습니다.

마지막으로 제가 사모펀드에 남아서 승진하며 업계에 남거나, MBA를 가거나, 기업체의 전략팀 혹은 재무팀으로 가거나, 헤지펀드, 벤처캐피털, IB 등 유사업종으로 이직하거나, 스타트업의 CSO 혹은 CFO 등 다양한 이직 기회들(exit opportunities)이 존재하는 것도 큰 매력입니다.

업무의 단점이나 독자가 해당 업무를 지원하기 전에 알아두면 좋은 것들이 있을까요?

먼저 투자은행보다 근무 시간이 현저하게 줄고 라이프 스타일이 좋아진다는 말을 맹목적으로 믿지 말아야 할 필요가 있는 거 같네요. Live 딜에 들어가거나 포트폴리오 회사 경영에 문제가 생기면 근무 시간은 뱅킹 못지않을 때가 아주 많은 것 같습니다. 또한 뱅킹처럼 클라이언트를 위한 모델이나 PPT를 만드는 것이 아닌 실제 투자 집행을 위한 전략과 금융 모델을 짜는 것이기 때문에 숫자 하나하나에 신경을 많이 써야 합니다. 러닝커브가 크고 영향력이 커지는 만큼 주어지는 책임감도 굉장히 커지는 것도 부담 아닌 부담입니다.

일반적인 하루 또는 1년 스케줄은 어떻게 되시나요?

PE에서의 일과는 정말 매일 다르기 때문에 어떠하다고 말하기가 어렵습니다. 회사를 인수 중인지, 포트폴리오 회사 경영에 참여 중인지, 펀드레이징 중인지, 포트폴리오 회사를 매각 중인지에 따라 하게 되는 업무가 매우 다릅니다.

자신의 커리어를 두고 고민하는 독자들을 위해 한마디 부탁드립니다.

타 업종 대비 높은 연봉은 분명히 매력적인 요소일 수 있으나, 내가 '투자'에 대해 흥미를 느끼는지, 항상 '왜'라고 물어보는 지적 호기심이 있는지 스스로에게 물어볼 필요가 있습니다.

금융-재무 모델을 만들 줄 알거나 잘 다루면, 업무에 도움이 될까요?

당연합니다. 도움이 되는 정도가 아니라 필수지요. 정교하게 구성된 모델은 회사의 재무 상황, 경영 전반 및 방향성을 모두 나타낼 수 있기 때문에 선진 금융시장의 투자자들은 모두 정교한 금융 모델을 만든다고 보면 됩니다. 모델로 여러 가지 시나리오를 대입해봄으로써 빠르고 다양하게 각종 전략이나 방향성의 시뮬레이션해볼 수 있기에, 경영권을 갖게 되는 사모펀드 투자(LBO 등)에 매우 유용하게 사용됩니다.

이렇게 투자를 집행할 때 처음 만드는 각 모델은, 한 번 만들고 끝나는 것이 아니라, 인수한 후에도 지속적으로 회사와 재무상태를 관리할 때도 사용합니다.

Chapter
4

LBO 분석

INVESTMENT BANKING & PRIVATE EQUITY
Valuation, Mergers & Acquisitions, Leveraged Buyouts

INVESTMENT BANKING & PRIVATE EQUITY

LBO 분석

LBO 분석은 레버리지를 활용해 인수 시, 투자자가 예상하는 자본구조와 영업환경에서 얻게 될 투자수익률을 계산하는 분석방법이다. 사모펀드에서는 필수적으로 사용하는 분석방법으로 투자 초기 단계부터 인수 후 회사를 운영할 때도 사용한다. 뿐만 아니라 기존대출을 상환하고 다시 차입하는 리파이낸싱(refinancing)이나 자본구조를 다시 구조화(restructuring)할 때도 적용할 수 있다.

적절한 LBO 자본구조를 결정하기 위해서는 인수 대상 회사의 최적화된 자본구조를 설계하는 분석도 중요하지만, 시장 상황, 회사가 추구하고자 하는 다양한 목표 등의 요소로 복합적으로 고려해야 한다. LBO 자본구조를 설계하기 위해서는 회사의 현금흐름, 수익, 신용 상황을 분석해야 하고, 시장 상황, 과거 LBO 거래 역시 확인해야 한다.

1. LBO 프로세스

투자자는 인수 대상에 알맞은 자본구조를 분석하고, 어떠한 종류의 차입을 얼마만큼 써야 하는지, 그리고 인수를 위해서 얼마만큼의 equity contribution이 필요한지에 대해 의사결정을 내릴 수 있다. 자본구조를 설계한 다음 LBO 모델을 작성하고, 모델의 결과물을 통해서 투자 기간 동안 기업의 예상 현금흐름, 부채상환, 신용현황, 수익률을 분석할 수 있다.

LBO 자본구조에 대한 분석은 일반적으로 투자은행의 인수금융팀(Lev Fin, Leveraged Finance)과 자본시장팀(capital market team)이 딜팀(deal team)을 꾸려 업무를 진행한다. 목적은 투자자에게 수익을 극대화하면서도 대출 투자자들에게 합리적인 대출조건과 구조를 제시하는 것이다. 여기서 자본구조는 반드시 사업을 계획대로 운영할 수 있을 정도의 재무적 유연성도 고려해야 한다.

투자자는 인수에 필요한 자금을 제공하는 투자은행의 딜팀과 함께 일하게 된다. 투자자는 선호하는 자본구조를 결정하게 되면(일반적으로 여러 은행으로부터 제공받은 제안 중 가장 좋은 조건들을 조합), 딜팀이 투자은행 내부와 대출 참여 은행에서 진행하는 여신심사위원회의 여신심사를 통과하기 위해서 프레젠테이션을 진행한다. 은행 내부의 인수금융 대출을 위한 승인 후에, 투자자는 매각 주체와 그 자문사들에게 최종 입찰제안서와 덧붙여 인수금융투자약정서(financing commitment)를 제공한다.

2. LBO 자본구조 설계 시 고려사항

LBO 자본구조를 결정할 때, 투자자, 대출금을 제공하는 대주, 피인수 회사 그리고 경영진의 이해관계가 항상 같을 필요는 없지만, 적절한 균형은 유지해야 한다. 예를 들어 투자자는 보통 높은 IRR 추구를 위해 레버리지 비율을 최대로 하고자 한다. 반대로 대주와 채권 투자자들은 원하는 원금상환 스케줄이나 캐시스윕(cash sweep)[1]을 요구하는 것뿐만 아니라, 커버넌트 조항을 통해서 레버리지 비율을 제한하거나 대출원금을 보전하고자 한다. 이해관계자들은 적정한 레버리지 비율을 유지함과 동시에 일정수준의 리스크 관리와 성장을 추구해야 한다.

LBO 자본구조 설계 시에는 대상의 현금흐름과 레버리지 및 커버리지 비율(coverage ratio) 등을 포함하는 신용정보들이 큰 영향을 준다. 투자자들은 수익률을 위해 높은 레버리지를 유지하면서도 회사의 최악의 상황을 가정했을 때, 현금흐름으로 어느 수준의 레버리지를 견딜 수 있는지 스트레스 테스트(stress test)를 진행하며 자본구조를 설계한다. 동시에 인수 대상의 신용평가 정보는 시장 상황, 산업군, 각 회사의 재무성과(규모, 시장점유율, 수익률 등)에 따라 매우 크게 달라질 수 있기 때문에 예의 주시하며 시장과 산업을 지켜보아야 한다. LBO를 통한 과거 인수사례들 또한 레버리지 조건들을 결정하는 데 매우 중요한 역할을 한다.

전체 레버리지가 가능한 비율, 은행대출 및 후순위채권 등의 조합, 대출조건 및 구조는 인수 대상 회사가 속한 산업에 따라 달라진다. 어떤 산업에 속하는지 확인하는 것은 인수 대상의 신용정보와 회사의 현금흐름으로 어느 수준의 원리금을 견딜 수 있는지 파악하는 데 도움이 된다. 예를 들어 자동차, 헬스케어, 리테일 회사처럼 극도로 경기에 민감한 산업의 경우, 레버리지에 대해 좀 더 보수적인

---

[1] Cash Sweep: 계획된 차입금 상환 후, 잉여현금 발생 시 추가 상환

시각으로 접근한다. 반대로 현금흐름 예측이 쉬운 유틸리티, 인프라, 방송 등의 산업군에 있는 회사들의 경우(특히 계약에 기반한 사업 모델을 가진 회사들), 레버리지 비율이 높은 자본구조를 견뎌낼 수 있다. 물론 산업은 대상의 신용정보 중 한 가지의 관점일 뿐이다. 또한, 같은 산업 안에서도 회사마다 회사 고유의 리스크를 가지고 있기 때문에 레버리지 조건들은 서로 다르게 적용될 수 있다.

주어진 시점에서 투자자와 투자은행은 시장에서 새로 발행된 인수금융 대출 규모, 신용등급에 따른 거래량, 유사한 대출들의 비교 등을 통해 시장의 상황을 파악해야 한다. 기초적인 자본구조가 결정되면, LBO 모델을 통해 수익률과 인수 후 신용정보(pro forma credit metrics)에 대한 분석을 진행해야 한다.

3. LBO 용도

LBO 모델은 투자은행뿐만 아니라 투자자와 대출은행 등이 납득할 만한 수익과 리스크를 확인하기 위해 사용한다. 이에 영향을 주는 주요 변수들은 재무성과, 인수금액, 자본구조, 매각가치, 매각시점 등이 있다. 이러한 변수들은 민감도 분석을 진행해야 한다.

투자은행이 매각자문으로 참여하게 되면 투자자의 관점으로 LBO 분석을 통해 매각자에게 예상되는 인수금액을 인지시키거나 가격협상을 준비할 수 있는 기반을 다진다. 인수자문으로 참여하게 되면 투자은행은 인수가격 범위에 따른 수익률을 파악하고, 인수 전략을 수립하기 위해서 LBO 분석을 한다. LBO 분석은 재무적 투자자(FI)가 인수하고자 하는 금액뿐만 아니라 전략적 투자자(SI)가 인수할 금액까지 예상할 수 있는 틀을 제공해준다.

이 장의 목표는 LBO 모델을 만드는 과정을 순서대로 소개하는 것이다. 물론 LBO 분석을 하는 방법은 다양하겠지만, 우리는 가능한 한 독자들이 쉽게 이해할 수 있도록 작성했다.

LBO 분석 순서

STEP 1   Pre-LBO 모델 구성
  a) 초기 손익계산서(Pre-LBO Income Statement) 작성
  b) 초기 대차대조표(Pre-LBO Balance Sheet) 작성
  c) 초기 현금흐름표(Pre-LBO Cash Flow Statement) 작성

STEP 2   거래구조 입력
  a) 인수가격 가정 입력
  b) Sources와 Uses에 자본구조 입력
  c) Sources와 Uses를 대차대조표의 Adjustment Column에 연결

STEP 3   Post-LBO 모델의 완성
  a) Debt Schedule 구성
  b) 프로포마 손익계산서(Pro Forma Income Statement) 완성
  c) 프로포마 대차대조표(Pro Forma Balance Sheet) 완성
  d) 프로포마 현금흐름표(Pro Forma Cash Flow Statement) 완성

STEP 4   LBO 분석
  a) 자본구조 분석
  b) 수익 분석
  c) 평가가치 결정
  d) 모델 요약 페이지 작성

앞의 모든 순서를 끝내면 분석이 바뀔 때마다 빠르게 재확인을 할 수 있도록, 주요 가정과 결과물들을 엑셀의 LBO 요약 시트로 연결해야 한다. 또한 이를 통해 인수금액, 자본구조, 미래 경영 상황 가정 등을 비롯해 중요한 가정들을 한 번에 체크하고 수정할 수 있다. 이 요약 페이지는 다양한 재무구조와 경영 상황 시나리오에 따른 결과를 빠르게 파악할 수 있는 토글(toggle) 키 등 여러 기능을 추가해 보다 수월하게 분석할 수 있다.

Step 1 | Pre-LBO 모델 구성

Step 1에서는 단계별로 Pre-LBO 모델을 구성할 것이다. Pre-LBO 모델은 기본적인 손익계산서, 대차대조표와 현금흐름표의 재무정보를 추정하지만, 대출금액 및 이자비용 등 인수 후 LBO 거래의 효과가 아직 반영이 안 된 모델이다. LBO 자본구조와 그에 따른 인수 후 모델인 pro forma로 통합시키는 작업은 'Step 2'와 'Step 3'에서 자세히 설명할 것이다.

Step 1(a). 초기 손익계산서(Pre-LBO Income Statement) 작성

보통 과거 3~5년 정도의 손익계산서 정보를 입력하면서 Pre-LBO 모델을 시작한다. pro forma (인수 후) 손익계산서에 있는 이자비용과 순이익은 LBO의 레버리지 관련 계산을 통해 업데이트할 수 있는 항목이므로, 우선은 EBIT 항목까지 작성한다. DCF와 마찬가지로 과거의 재무정보들은 최대한 비경상적인 항목이 반영되지 않은(normalized) 숫자들로 입력해야 한다. 미래의 재무성과를 예측하고 분석하는 데 있어서 비경상적인 항목은 합리적으로 추정이 어려울뿐더러, 비경상적인 사건으로 발생하는 기업가치의 증가 및 감소분의 합계는 장기적으로 봤을 때, '0'이 될 것이라고 가정하기 때문이다. 실무에서는 다른 재무 추정치를 구하기 전인 초기 시점에는 매각자문사가 제공한 CIM(Confidential Information Memorandum)에 따라 매출부터 EBIT까지의 추정치와 가정을 입력한다. 이 시나리오는 'management case'라고 불린다. 만약 매각자문사가 제공한 자료가 없다면 작성자의 합리적인 판단으로 추정치를 직접 입력해야 한다. 이 시점에서 EBIT과 세전 이익 사이의 항목들은 자본구조와 대출일정(debt schedule)을 완성할 때까지 빈칸으로 둔다. OB맥주의 사례에서, 추정 전년도까지 회사가 435.5십억 원의 텀론을 가지고 있지만, 이것들은 LBO를 통해 리파이낸싱할 것으로 가정하기 때문에, 추정연도 모델에 이자비용이나 원금상환으로 반영하지 않는다.

LBO 모델의 추정 기간은 자본구조에서 신규로 대출자금조달(debt financing)을 하는 가장 긴 만기의 대출과 일치시키기 위해 7년에서 10년 정도로 설정한다. 해당 모델은 8년을 가정했다.

Pre-LBO Income Statement

Income Statement	2007A	2008A	2009A	2010E	2011E	2012E	2013E	2014E	2015E	2016E	2017E
Revenue	662.1	750.5	816.1	914.0	1,073.1	1,258.7	1,484.0	1,602.8	1,731.0	1,765.6	1,800.9
(-) Cost of goods sold	265.2	315.9	349.7	405.8	470.0	536.2	607.0	681.2	735.7	750.4	765.4
Gross profit	396.9	434.6	466.4	508.2	603.1	722.5	877.1	921.6	995.3	1,015.2	1,035.5
(-) SG&A	253.3	256.3	262.9	277.9	314.4	351.2	397.7	528.9	571.2	582.7	594.3
(-) Other opex	-	8.2	7.3	7.0	7.0	7.0	7.0	7.0	7.0	7.0	7.0
EBIT	143.6	170.1	196.3	223.3	281.7	364.3	472.3	385.7	417.1	425.6	434.2
EBITDA	183.6	206.0	231.1	267.9	325.6	408.2	516.7	431.1	464.0	474.1	484.4
(-) Interest expense	5.7	3.2	5.1								
(+) Interest income	13.0	14.6	12.8				TO BE CALCULATED				
Non-operating income/(expense)	19.9	17.9	(26.4)								
Profit before taxes	170.9	199.5	177.6	223.3	281.7	364.3	472.3	385.7	417.1	425.6	434.2
(-) Tax provision	55.0	80.3	50.8	35.7	51.6	74.1	103.8	87.8	100.5	105.8	110.4
Net income	115.9	119.2	126.8	187.6	230.0	290.2	368.5	297.9	316.6	319.7	323.8
Operating assumptions											
Revenue yoy growth	-	13.4%	8.7%	12.0%	17.4%	17.3%	17.9%	8.0%	8.0%	2.0%	2.0%
Upside				12.0%	17.4%	17.3%	17.9%	8.0%	8.0%	2.0%	2.0%
Management				6.0%	6.0%	6.0%	6.0%	6.0%	6.0%	0.0%	0.0%
Downside				4.0%	4.0%	4.0%	4.0%	4.0%	4.0%	-2.0%	-2.0%
Gross margin	60.0%	57.9%	57.2%	55.6%	56.2%	57.4%	59.1%	57.5%	57.5%	57.5%	57.5%
Upside				55.6%	56.2%	57.4%	59.1%	57.5%	57.5%	57.5%	57.5%
Management				57.0%	57.0%	57.0%	57.0%	57.0%	57.0%	57.0%	57.0%
Downside				56.5%	56.5%	56.5%	56.5%	56.5%	56.5%	56.5%	56.5%
SG&A as % of revenue	38.3%	34.2%	32.2%	30.4%	29.3%	27.9%	26.8%	33.0%	33.0%	33.0%	33.0%
Upside				30.4%	29.3%	27.9%	26.8%	33.0%	33.0%	33.0%	33.0%
Management				33.5%	33.5%	33.5%	33.5%	33.5%	33.5%	33.5%	33.5%
Downside				34.0%	34.0%	34.0%	34.0%	34.0%	34.0%	34.0%	34.0%
Marginal tax rate	32.2%	40.2%	28.6%	24.2%	24.2%	24.2%	24.2%	24.2%	24.2%	24.2%	24.2%
Upside				24.2%	24.2%	24.2%	24.2%	24.2%	24.2%	24.2%	24.2%
Management				24.2%	24.2%	24.2%	24.2%	24.2%	24.2%	24.2%	24.2%
Downside				24.2%	24.2%	24.2%	24.2%	24.2%	24.2%	24.2%	24.2%

추가 시나리오(Additional Case)

투자자는 'management case'뿐만 아니라 'base case'라고 불리는 보수적인 시나리오로 재무정보에 대한 추정치를 만든다. 'Base case'는 일반적으로 경영진의 예측치인 'management case'부터 시작해, 투자자와 투자은행만의 독립적인 실사, 리서치, 그리고 여러 관점을 반영해 조정작업이 이루어진 추정 케이스다.

동시에 투자은행은 인수금융을 위해, 인수 시 대주와 언더라이터의 내부 여신심사위원회의 관점으로 스트레스 테스트를 하며 보수적인 시나리오를 만든다. 이를 'lender case'라고 부르며, 투자 대상이 대출 기간에 상환능력을 갖고 있는지 분석한다. 투자자들은 또한 시장이나 경영성과에 'base case' 보다 보수적인 관점으로 접근하는 'downside case'를 만든다. 투자자는 'downside case'를 통해 성장률, 수익률, capex, WC 등이 예상보다 좋지 않을 경우의 재무성과에 대해 스트레스 테스트를 한다.

투자자는 인수단계에서 산업 전문가와 컨설팅 회사로부터 자문받으며 실사를 진행한다. 이들은 다양한 시나리오 구성을 위한 정보를 제공해준다. 투자은행과 투자자는 투자 대상, 그리고 관련 산업에 대한 정보를 통해 만들어진 다양한 케이스의 실행 가능성을 확인한다. 추가로 투자은행은 투자자가 선호하는 자본구조상 대출조건들이 시장에서 발행 가능한지 다시 확인한다. 이 작업은 대출 시장에서 해당 인수금융을 주어진 시간 안에 조달 가능한지 확인하는 것으로, 해당 딜을 실제로 클로징할 수 있는지와 직결되기 때문에 매우 중요하다.

Step 1(b). 초기 대차대조표(Pre-LBO Balance Sheet) 작성

초기 대차대조표를 만들기 위해서는 인수 대상 회사의 최근 연도 대차대조표를 작성하면서 시작해야 한다. 과거의 대차대조표 항목을 작성하고 추정 대차대조표를 작성하며, 프로포마(pro forma, 인수 후) LBO 모델링의 자본구조를 계산하기 위해서는 다음의 항목들이 새로 추가되어야 하나 지금 단계에서는 비워둔다.

항목	비고
장기자산에 속하는 금융비용	시간이 지남에 따라 상각됨
장기부채에 속하는 새로운 대출 및 채권들	리볼버, 텀론, 후순위채권 등

과거 대차대조표를 만들 때는 추후에 LBO 자본구조를 입력한다는 것을 고려하고 작성해야 한다. 과거 대차대조표를 완성하고 나면 우측에 새로운 자본구조가 들어감에 따라 조정할 수 있는 adjustment column을 추가해야 한다. 과거 대차대조표와 프로포마(인수 후) 대차대조표를 연결하는 adjustment column의 숫자들은 펀드의 sources and uses로부터 연결된다. 해당 조정이 반영된 대차대조표는 우측 프로포마 칼럼(2009 PF column)에 adjustment를 반영해 계산한다. 이 대차대조표는 추정 기간 동안 인수 대상의 Post-LBO 대차대조표를 예측하는 시작점이 된다.

Pre-LBO Balance Sheet

Balance Sheet	2009A	Adj	2009PF	2010E	2011E	2012E	2013E	2014E	2015E	2016E	2017E
Cash	134.1		134.1	TO BE LINKED FROM CASH FLOW STATEMENT							
Accounts receivable	258.4		258.4	289.4	339.7	398.5	469.9	507.4	548.0	559.0	570.2
Inventory	53.5		53.5	62.1	71.9	82.0	92.9	104.2	112.5	114.8	117.1
Prepaid expense	3.6		3.6	4.2	4.8	5.5	6.2	7.0	7.6	7.7	7.9
Other current assets	10.9		10.9	12.6	14.6	16.7	18.9	21.2	22.9	23.3	23.8
Total current assets	**460.5**		**460.5**	**448.3**	**511.1**	**582.7**	**667.8**	**719.8**	**929.9**	**1,273.7**	**1,632.3**
Net PP&E	593.6		593.6	585.7	584.7	591.2	606.2	624.8	647.2	669.3	691.1
Long-term investments	4.0		4.0	4.0	4.0	4.0	4.0	4.0	4.0	4.0	4.0
Goodwill	188.2		188.2	188.2	188.2	188.2	188.2	188.2	188.2	188.2	188.2
Other intangibles	1.5		1.5	1.5	1.5	1.5	1.5	1.5	1.5	1.5	1.5
Other long-term assets	34.3		34.3	34.3	34.3	34.3	34.3	34.3	34.3	34.3	34.3
Deferred financing fees				10.8	8.1	5.4	2.7				
Total Assets	**1,282.1**		**1,282.1**	**1,272.8**	**1,331.9**	**1,407.4**	**1,504.8**	**1,572.7**	**1,805.1**	**2,171.0**	**2,551.5**
Accounts payable	24.5	TO BE LINKED AND CALCULATED FROM SOURCES AND USES	24.5	28.4	32.9	37.6	42.5	47.7	51.5	52.6	53.6
Accrued expenses	177.5		177.5	198.8	233.4	273.8	322.8	348.6	376.5	384.0	391.7
Other current liabilities	129.3		129.3	144.8	170.0	199.4	235.1	253.9	274.2	279.7	285.2
	331.3		331.3	372.0	436.3	510.7	600.4	650.2	702.2	716.2	730.6
Existing long-term debt	435.5		435.5	435.5	435.5	435.5	435.5	435.5	435.5	435.5	435.5
Revolver	0.5		0.5	0.5	0.5	0.5	0.5	0.5	0.5	0.5	0.5
Term loan A	-		-								
Term loan B	-		-								
Term loan C	-		-		TO BE LINKED FROM DEBT SCHEDULE						
2nd lien loan	-		-								
Senior notes	-		-								
Subordinated notes	-		-								
Other long-term liabilities	12.2		12.2	12.2	12.2	12.2	12.2	12.2	12.2	12.2	12.2
Total liabilities	**779.5**		**779.5**	**820.3**	**884.5**	**959.0**	**1,048.6**	**1,098.4**	**1,150.4**	**1,164.5**	**1,178.8**
Preferred stock	-		-	1.0	1.0	1.0	1.0	1.0	1.0	1.0	1.0
Common equity	501.6		501.6	689.3	920.3	1,211.5	1,581.0	1,880.0	2,197.5	2,518.3	2,843.1
Total equity	**502.6**		**501.6**	**690.3**	**921.3**	**1,212.5**	**1,582.0**	**1,881.0**	**2,198.5**	**2,519.3**	**2,844.1**
Total liabilities and equity	**1,282.1**		**1,281.1**	**1,510.5**	**1,805.8**	**2,171.6**	**2,630.6**	**2,979.4**	**3,349.0**	**3,683.7**	**4,022.9**
Check	OK!			WILL BE BALANCED ON THE PROJECTION PERIOD IS LINKED FROM CASH FLOW STATEMENT							
Net debt				436.1	436.1	436.1	436.1	436.1	436.1	436.1	436.1

LBO 자본구조를 입력하기 전 과거 대차대조표와 프로포마 대차대조표는 동일할 것이다. 유동자산, 유동부채, 유형자산, 기타자산, 그리고 장기부채와 같은 기본적인 대차대조표의 항목들은 DCF에서 언급한 것과 같은 동일한 방식을 통해 추정한다.

추정 대출 원금상환의 경우는 LBO 자본구조가 펀드의 sources and uses에 입력되지 않았기 때문에 현재는 빈칸으로 남겨져 있다. 435.5십억 원의 기존 텀론은 우선 추정 기간 전과 같이, 인수 후에도 그대로 반영해두었다. 인수 시 새로 레버리지하는 대출 항목들의 경우 아직은 반영되지 않았다. 추후 Pre-LBO의 현금흐름표를 완성하면, 현금흐름표의 매년 잉여현금흐름인 최종현금 (ending cash)은 추정 기간마다 대차대조표의 현금 항목으로 연결된다. PP&E는 추후 capex 가정에 따라 달라지고, 영업권(goodwill)은 인수금액에 따라 다시 계산된다. 에퀴티(common equity, 보통주) 역시 인수 시 목표로 하는 자본구조에 따라 변경되는 항목이다. 체크 항목은 세 가지 재무상태표가 모두 연결되었을 때 모델의 총자산과 총부채 및 총자본의 대차(balance)가 맞는지 확인하는 목적으로 만든다.

인수 대상의 예상 손익계산서 데이터를 입력한 것처럼 대상의 각 시나리오별 대차대조표 항목들을 모델의 가정(assumption) 시트에 입력하고, 세부적인 계산이 필요한 항목들은 따로 스케줄 시트에 작성해야 한다. 주로 스케줄 시트에 작성하는 항목들은 PP&E, 영업권, 이연금융비용(deferred financing fees), 에쿼티(common equity)다.

Pre-LBO Balance Sheet Assumptions and Schedules

Balance sheet assumptions and schdules	2009A	2010E	2011E	2012E	2013E	2014E	2015E	2016E	2017E
PP&E									
Beginning balance	596.5	593.6	585.7	584.7	591.2	606.2	624.8	647.2	669.3
(+) Capital expenditures	32.6	36.6	42.9	50.3	59.4	64.1	69.2	70.6	72.0
(-) Depreciation	34.8	44.5	43.9	44.3	45.5	45.5	46.9	48.5	50.2
Ending balance	593.6	585.7	584.7	591.2	606.2	624.8	647.2	669.3	691.1
Capex as % of revenue	4.0%	4.0%	4.0%	4.0%	4.0%	4.0%	4.0%	4.0%	4.0%
Depreciation as % of beginning PP&E	5.8%	7.5%	7.5%	7.5%	7.5%	7.5%	7.5%	7.5%	7.5%
Goodwill schedule									
Beginning balance		1,731.1	1,710.8	1,690.4	1,670.1	1,649.7	1,629.4	1,609.0	1,588.7
(+) Addition to goodwill									
(-) Impairment		20.3	20.3	20.3	20.3	20.3	20.3	20.3	20.3
Ending balance	1,731.1	1,710.8	1,690.4	1,670.1	1,649.7	1,629.4	1,609.0	1,588.7	1,568.4
Deferred financing fees									
Beginning balance		13.5	10.8	8.1	5.4	2.7	-	-	-
(+) Addition									
(-) Amortization		2.7	2.7	2.7	2.7	2.7			
Ending balance	13.5	10.8	8.1	5.4	2.7	-	-	-	-
Common equity									
Beginning balance		1,090.0	1,201.8	1,363.5	1,595.6	1,920.8	2,195.7	2,510.6	2,842.1
(+) Net income		111.8	161.8	232.0	325.3	274.9	314.9	331.5	345.8
(-) Dividend									
Ending balance	1,090.0	1,201.8	1,363.5	1,595.6	1,920.8	2,195.7	2,510.6	2,842.1	3,187.9

Step 1(c). 초기 현금흐름표(Pre-LBO Cash Flow Statement) 작성

현금흐름표는 영업, 투자, 재무활동 이렇게 세 가지로 구성되어 있다. 여기서는 인수와 관련한 주요 항목을 위주로 작성하며, 레버리지 관련 현금흐름은 빈칸으로 두고 추후에 계산한다.

영업활동

(1) 손익계산서 연결

현금흐름표를 작성하는 데 있어, 당기순이익, 비현금성 지출(감가상각, 이연금융비용의 상각 등)과 같은 손익계산서 항목들은 현금흐름표의 영업활동 항목으로 연결된다.

당기순이익은 현금흐름표 계산을 위한 첫 번째 항목이다. 현재의 당기순이익은 인수 후에 발생하는 이자비용이 반영되기 전이며, 추후 LBO 자금조달구조와 관련된 이연금융비용의 상각비 역시 포함되지 않았다. 영업권의 손상은 인수 후 반영한다. 당기순이익에서 유무형감가상각비와 이연금융비용의 상각은 실제 현금이 발생하지 않는 비현금성 비용이기 때문에 현금흐름표에서 다시 더해준다.

Income Statement Links

Statement of Cash Flow	2010E	2011E	2012E	2013E	2014E	2015E	2016E	2017E
Net income	111.8	161.8	232.0	325.3	274.9	314.9	331.5	345.8
Depreciation & amortization	44.5	43.9	43.9	44.3	45.5	46.9	48.5	50.2
Impairment								
Financing fees			TO BE LINKED FROM INCOME STATEMENT					

(2) 대차대조표의 운전자본 연결

대차대조표의 운전자본(WC) 항목의 연도별 변화는 현금흐름표상의 해당하는 항목에 추가나 감소를 통해 반영돼야 한다. DCF에서 순운전자본(NWC) 변동분을 추정할 때 언급한 것과 같이, 유동자산이 증가하는 것은 다른 조건이 일정할 때 회계상 수익이나 비용 인식보다 현금이 줄었다는 것을 의미하고(현금흐름표상의 감소로 나타난다), 유동자산의 감소는 받아야 할 현금을 회계상 수익 인식보다 상대적으로 더 많이 받았거나, 회계상 비용 인식보다 덜 냈다는 것을 의미한다. 마찬가지로 유동부채 항목의 증가나 감소 역시 현금의 증가 및 감소 항목이다. 운전자본 항목 추정치의 연도별 변화분은 현금흐름표의 영업활동 항목에서 계산된다.

Balance Sheet 연결

Statement of Cash Flow	2010E	2011E	2012E	2013E	2014E	2015E	2016E	2017E
Net income	111.8	161.8	232.0	325.3	274.9	314.9	331.5	345.8
Depreciation & amortization	44.5	43.9	43.9	44.3	45.5	46.9	48.5	50.2
Impairment								
Financing Fees			TO BE LINKED FROM INCOME STATEMENT					
Change in NWC								
Accounts receivable		(31.0)	(50.4)	(58.8)	(71.3)	(37.6)	(40.6)	(11.0)	(11.2)
Inventory		(8.6)	(9.8)	(10.1)	(10.8)	(11.4)	(8.3)	(2.3)	(2.3)
Prepaid expense		(0.6)	(0.7)	(0.7)	(0.7)	(0.8)	(0.6)	(0.2)	(0.2)
Other current assets		(1.7)	(2.0)	(2.1)	(2.2)	(2.3)	(1.7)	(0.5)	(0.5)
Accounts payable		3.9	4.5	4.6	5.0	5.2	3.8	1.0	1.1
Accrued expenses		21.3	34.6	40.4	49.0	25.8	27.9	7.5	7.7
Other current liabilities		15.5	25.2	29.4	35.7	18.8	20.3	5.5	5.6
Cash flow from operations		**178.2**	**230.2**	**301.7**	**397.2**	**341.2**	**382.9**	**400.6**	**416.5**

투자활동

인수나 사업 분할에 관한 내용도 현금흐름표상 투자활동 항목에서 중요하지만, LBO 모델링을 만들 때 가장 중요한 항목은 capex이다. Capex는 가정을 작성한 페이지에서 밸런스를 계산한 다음 현금흐름표에 연결한다. 투자 대상의 예측되는 PP&E의 기말 밸런스(ending balance)는 capex 예측치를 기초 밸런스(begining balance)에 더하고, 감가상각 예측치를 차감해 계산한다. Capex 추정치가 제공되지 않을 경우, 초기시점에는 보통 capex에 경기순환이나 비경상적인 항목을 제거하고, 과거 데이터에 기반한 매출 대비 퍼센트를 추정치로 반영한다. 여기서 capex는 매출의 4.0%로 감가상각비는 PP&E의 기초 밸런스의 7.5%로 가정해 계산했다.

Capex 가정

Balance sheet assumptions and schdules	2009A	2010E	2011E	2012E	2013E	2014E	2015E	2016E	2017E
PP&E									
Beginning balance	596.5	593.6	585.7	584.7	591.2	606.2	624.8	647.2	669.3
(+) Capital expenditures	32.6	36.6	42.9	50.3	59.4	64.1	69.2	70.6	72.0
(-) Depreciation	34.8	44.5	43.9	43.9	44.3	45.5	46.9	48.5	50.2
Ending balance	**593.6**	**585.7**	**584.7**	**591.2**	**606.2**	**624.8**	**647.2**	**669.3**	**691.1**
Capex as % of revenue	4.0%	4.0%	4.0%	4.0%	4.0%	4.0%	4.0%	4.0%	4.0%
Depreciation as % of beginning PP&E	5.8%	7.5%	7.5%	7.5%	7.5%	7.5%	7.5%	7.5%	7.5%

Investing Activities

Statement of Cash Flow	2010E	2011E	2012E	2013E	2014E	2015E	2016E	2017E
Capital expenditure	(36.6)	(42.9)	(50.3)	(59.4)	(64.1)	(69.2)	(70.6)	(72.0)
Other investments								
Cash flow from investment	**(36.6)**	**(42.9)**	**(50.3)**	**(59.4)**	**(64.1)**	**(69.2)**	**(70.6)**	**(72.0)**

표에서 보는 것처럼, OB맥주의 기타 투자활동은 없는 것으로 가정했다. 영업활동과 투자활동에서 창출된 현금흐름의 합은 부채상환에 이용 가능한 현금흐름을 나타낸다.

재무활동

현금흐름표의 재무활동 항목은 LBO 시 조달하는 자본 중 대출들로 이루어져 있다. 여기서 '-'는 대출상환(현금감소)을 의미하고, '+'는 추가로 자금이 조달(현금증가)됨을 뜻한다. 이러한 항목들은 우선 LBO 자본조달구조가 모델에 입력되고, 자세한 대출일정이 완성될 때까지 빈칸으로 남겨둔다.

Financing Activities

Statement of Cash Flow	2010E	2011E	2012E	2013E	2014E	2015E	2016E	2017E
Revolver drawdown/(repayment)								
Term loan A								
Term loan B				TO BE LINKED FROM DEBT SCHEDULE				
Term loan C								
2nd lien loan								
Senior notes								
Subordinated notes								
Dividends paid out								
Cash flow from financing	-	-	-	-	-	-	-	-

표에서 보는 것처럼, LBO 거래의 효과는 아직 반영되지 않았다. 자금조달 활동까지 반영하면 현금흐름표의 영업활동, 투자활동, 재무활동을 합해 기말 현금 밸런스(ending cash balance)를 계산할 수 있다.

대차대조표로 현금흐름표 연결

현금흐름표가 완성되면, 예측 기간 동안의 연도별 기말 현금 밸런스를 대차대조표상의 현금 항목으로 연결시키며, pre-LBO 모델의 연결을 완성한다.

Cash Flow Statement Links to Balance Sheet

Statement of Cash Flow	2010E	2011E	2012E	2013E	2014E	2015E	2016E	2017E
Beginning Cash Balance	80.0	80.0	80.0	80.0	80.0	80.0	238.8	568.9
(+) Net change in cash	-	-	-	-	-	158.8	330.0	344.5
Ending Cash Balance	80.0	80.0	80.0	80.0	80.0	238.8	568.9	913.3

Balance Sheet	2009PF	2010E	2011E	2012E	2013E	2014E	2015E	2016E	2017E
Cash	80.0	80.0	80.0	80.0	80.0	80.0	238.8	568.9	913.3

표와 같이 OB맥주는 2014년까지 초과 현금을 창출하지 못했지만, 2015년에는 158.8십억 원을 창출해, 기초 현금흐름인 80십억 원과 합산해 기말 현금 밸런스는 238.8십억 원이 되었다. 각각의 기말 현금 밸런스를 대차대조표에서 해당 연도의 현금 항목으로 연결시킨다. 현금흐름표는 해당 기간 1년 동안의 합계를 나타내는 것이고, 대차대조표는 해당 연도의 마지막 12월 31일 기준 재무상태를 보여준다.

LBO 모델을 만드는 현재 시점에서, 대차대조표는 매년 자산의 합과 부채 및 자본의 합이 일치해야 한다. 만약 완벽하게 일치하고 있으면, 모델이 올바르게 작동하는 것이고, 거래의 구조를 sources and uses에 입력해도 좋을 것이다.

만약 대차대조표의 밸런스가 맞지 않을 경우, 모델이 잘못 작동되는 것을 방지하기 위해 반드시 모든 입력, 연결, 계산 과정들을 다시 살펴봐야 한다.

INVESTMENT BANKING & PRIVATE EQUITY

Step 2 | 거래구조 입력

Step 2(a). 인수가격 가정 입력

인수를 위한 자본구조 결정을 위해서 투자 대상에 대한 인수가격을 먼저 결정해야 한다.

OB맥주에 대한 가상의 LBO에서 2009년 12월 말 기준 EBITDA인 231.1에 멀티플 10.5x을 곱한 2,426.5십억 원의 엔터프라이즈 밸류로 인수했다고 가정했다. 기존 부채와 현금을 고려한 지분을 인수하기 위해 지불한 금액(equity purchase price)은 2,044.5십억 원이다. 기존 부채는 436.1십억, 현금은 54.1십억 원이다.

인수금액 가정

Purchase price calculation	
Market share price	
Premium	FOR PUBLIC
Offer price per share	COMPANIES
Fully diluted shares	
Equity purchase price	2,044.5
(+) Existing debt	436.1
(-) Excess cash	54.1
Enterprise value	**2,426.5**
Exit multiple	10.5x
EBITDA	231.1

상장기업을 대상으로 할 경우에는, 에쿼티 한 주당 투자금액은 지분 인수금액에 인수 대상의 총 희석주식 수를 나누어 계산한다.

Step 2(b). Sources와 Uses에 자본구조 입력

Sources와 uses표는 거래를 위해 필요한 자본을 어떻게 조달했는지, 어떻게 사용했는지 요약해 보여준다. Sources of funds는 인수자금을 조달하기 위해 사용한 모든 자본을 보여준다. Uses of funds는 인수에 사용할 자본을 구체적으로 어디에 투자했는지 보여준다. Uses of funds는 지분인수, 기존 부채의 상환, 인수비용 등이 있다. Sources와 uses를 구성하는 숫자와 항목에 상관없이, 두 항목의 합계는 반드시 같아야 한다.

다음의 표와 같이 다양한 자본구조에 따른 Sources and uses of funds 시나리오를 가정했고, 첫 번째 가정을 적용했다.

인수자본구조 가정

Structure		1	2	3	4
Sources of funds					
Excess cash on balance sheet		54.1	54.1	54.1	54.1
Revolving credit facility size		100.0	100.0	100.0	100.0
Revolving credit facility initial drawdown		-	-	-	-
Term loan A		-	-	-	-
Term loan B		800.0	800.0	800.0	400.0
Term loan C		-	300.0	300.0	-
2nd lien loan		-	-	-	-
Senior notes		-	-	-	-
Subordinated notes		550.0	550.0	650.0	200.0
Equity contribution		1,120.7	823.7	724.7	1,863.2
Rollover equity		-	-	-	-
Total sources		2,524.8	2,527.8	2,528.8	2,517.3
Uses of funds					
Equity purchase price		2,044.5	2,044.5	2,044.5	2,044.5
Repay existing debt		436.1	436.1	436.1	436.1
Financing fees	1.0%	13.5	16.5	17.5	6.0
Other deal expenses	1.5%	30.7	30.7	30.7	30.7
Total uses		2,524.8	2,527.8	2,528.8	2,517.3

Sources of Funds

'Structure 1'이 LBO를 통해 OB맥주를 인수하기 위해 가정한 자금조달구조다. 인수자본구조 가정에서 보는 것처럼, Sources로 활용한 금액은 다음과 같은 항목으로 이루어져 있다.

- Term Loan B(TLB)-800십억 원
- Subordinated Notes(notes 또는 후순위채권)-550십억 원
- Equity Contribution-1,120.7십억 원

이 자금조달구조는 EBITDA(231.1십억 원)의 3.5배의 텀론 비율, 후순위채권 포함 시 5.8배다. 총 sources of funds 대비 대출금액의 비율은 약 53.5%다(리볼버 제외).

또한 여기서 자금조달의 일부로 100십억 원의 리볼버(revolving credit facility)를 가정했다. 리볼버는 OB맥주 LBO를 위해서 실제로 인출되는 source of funds는 아니지만, 인수와 회사 운영을 위해 현금이 필요한 경우 사용할 수 있는 대출금액이다. 리볼버는 인수 시점 혹은 그 이후에 유동성을 공급해 인수의 가능성과 회사 운영의 안정성을 더해준다.

Uses of Funds

Uses는 다음과 같은 항목들을 포함한다.

- OB맥주의 equity purchase price—2,044.5십억 원
- OB맥주의 기존 term loan 상환—436.1십억 원
- 금융비용—13.5십억 원(총대출과 채권조달금액의 1.0%)
- 총거래수수료 및 비용—30.7십억 원(equity purchase price의 1.5%)

전체 sources와 uses of funds는 인수를 위해 멀티플로 가정한 implied enterprise value보다 기존 초과현금, 금융비용, 인수 수수료로 인해 98.3십억 원이 높은 2524.8십억 원이다.

Step 2(c). Sources와 Uses를 대차대조표의 Adjustment Column에 연결

Sources와 uses를 모델에 다 입력하면, 각 금액은 기초 밸런스(2009) 우측에 있는 adjustment column(adj)과 합산해 프로포마 열(2009PF)과 연결한다. 여기서 장부가치를 초과한 인수금액은 영업권으로 인식된다. 인수와 관련된 비용은 equity contribution 금액으로 지불하기 때문에 수수료나 비용(자금조달 비용은 제외)을 차감해야 한다. 이 adjustment는 실제 인수 전의 기초 대차대조표와 인수 후 프로포마 대차대조표를 이어주는 연결고리이며, 이 수정들을 반영한 프로포마 대차대조표가 투자 기간 동안 대상의 대차대조표를 예측하는 기반이 된다.

재무상태표와 Sources and Uses 연결

Sources	x of EBITDA	$	%
Excess cash on B/S	0.2 x	54.1	2.1%
Revolver initial drawdown		-	-
Term loan A		-	-
Term loan B	3.5 x	800.0	31.7%
Term loan C		-	-
2nd lien loan		-	-
Senior notes		-	-
Subordinated notes	2.4 x	550.0	21.8%
Equity contribution	4.8 x	1,120.7	44.4%
Rollover equity		-	-
Total sources	10.9 x	2,524.8	100.0%

Uses		$	%
Equity purchase price		2,044.5	81.0%
Repay existing debt		436.1	17.3%
Financing fees	1.0%	13.5	0.5%
Other deal expenses	1.5%	30.7	1.2%
Total uses		2,524.8	100.0%

다음의 표에서 기초 대차대조표의 Transaction Adjustments에 대한 대략적인 개요를 보여준다.

Transaction adjustments

Balance Sheet	2009A	Adj.	2009PF	
Cash	134.1	(54.1)	80.0	
Accounts receivable	258.4	-	258.4	
Inventory	53.5	-	53.5	
Prepaid expense	3.6	-	3.6	
Other current assets	10.9	-	10.9	
Total current assets	**460.5**		**406.3**	
Net PP&E	593.6	-	593.6	
Long-term investments	4.0	-	4.0	
Goodwill	188.2	1,542.9	1,731.1	= Purchase Price - Existing Book Value
Other intangibles	1.5	-	1.5	
Other long-term assets	34.3	-	34.3	
Deferred financing fees	-	13.5	13.5	
Total Assets	**1,282.1**		**2,784.4**	
Accounts payable	24.5	-	24.5	
Accrued expenses	177.5	-	177.5	
Other current liabilities	129.3	-	129.3	
Total current liabilities	**331.3**		**331.3**	
Existing long-term debt	435.5	(435.5)	-	
Revolver	0.5	(0.5)	-	
Term loan A	-	-	-	
Term loan B	-	800.0	800.0	
Term loan C	-	-	-	
2nd lien loan	-	-	-	
Senior notes	-	-	-	
Subordinated notes	-	550.0	550.0	
Other long-term liabilities	12.2	-	12.2	
Total liabilities	**779.5**		**1,693.5**	
Preferred stock	1.0	-	1.0	
Common equity	501.6	588.4	1,090.0	= Equity Contribution - Other Deal Expenses
Total equity	**502.6**		**1,091.0**	
Total liabilities and equity	**1,282.1**		**2,784.4**	
Check:	OK!		OK!	
Net debt				

Sources of Funds 연결

대차대조표의 sources of funds에서 adjustments columns로의 연결은 간단하다. 각각의 대출의 이름에 맞는 adjustment 항목에 추가하면 된다. Equity contribution도 마찬가지로 연결해주되 adjustment에서 거래와 관련된 비용들은 차감하면 된다.

Balance Sheet Adjustments

(In KRW billions)

Adjustments	
Additions	**Eliminations**
Assets	**Assets**
+ 1,542.9 billion of Goodwill created	-54.1 billion of Excess cash on B/S
+ 13.5 billion of Financing Fees	-188.2 billion of Existing goodwill
Liabilities	**Liabilities**
+ 800 billion of Term Loan B	- 435.5 billion of Existing long-term debt
+ 550 billion of Subordinated notes	- 0.5 billion of Revolver
Shareholders' Equity	**Shareholders' Equity**
+ 1120.7 billion Equity Contribution	- 501.6 billion Existing Common Equity
	- 30.7 billion Other deal expenses

Term Loan B, Subordinated Notes, Equity Contribution

OB맥주의 LBO에서는 TLB 800십억 원, subordinated notes 550십억 원, 그리고 equity contribution 1,120.7십억 원에서 기타 거래 관련 비용 30.7십억 원을 차감한 1,090.0십억 원을 sources of funds로부터 대차대조표의 adjustment column에 반영했다.

Term Loan B, Subordinated Notes, Equity Contribution

Balance Sheet	2009A	Adj.	2009PF
Accounts payable	24.5	-	24.5
Accrued expenses	177.5	-	177.5
Other current liabilities	129.3	-	129.3
Total current liabilities	**331.3**		**331.3**
Existing long-term debt	435.5	(435.5)	-
Revolver	0.5	(0.5)	-
Term loan A	-	-	-
Term loan B		800.0	800.0
Term loan C	-	-	-
2nd lien loan	-	-	-
Senior notes	-	-	-
Subordinated notes		550.0	550.0
Other long-term liabilities	12.2	-	12.2
Total liabilities	**779.5**		**1,693.5**
Preferred stock	1.0	-	1.0
Common equity	501.6	588.4	1,090.0
Total equity	**502.6**		**1,091.0**
Total liabilities and equity	**1,282.1**		**2,784.4**

Cash on Hand

다음의 표와 같이 54.1십억 원의 현금이 기초 현금 밸런스에 차감하는 식으로 adjustment에 반영되어 있다. 이는 기존 현금이 인수금액을 지불하거나 기존대출상환을 위해 사용되었기 때문이다. 80.0십억 원은 최소 현금 유보금액으로 가정한 금액이다.

Cash on Hand

Balance Sheet			
	2009A	Adj.	2009PF
Cash	134.1	(54.1)	80.0

Uses of Funds 연결

Equity Purchase

다음의 표에서 보는 것처럼 501.6십억 원의 OB맥주의 기존 에퀴티는 adjustment를 통해 투자자의 지분출자금액(equity contribution)으로 대체되었다(인수와 관련된 기타 수수료 및 비용 제외).

Equity Purchase

Balance Sheet			
	2009A	Adj.	2009PF
Preferred stock	1.0	-	1.0
Common equity	501.6	588.4	1,090.0
Total equity	**502.6**		**1,091.0**

영업권(Goodwill)

영업권은 대상의 장부가치(순자산의 공정가치) 이상으로 지불한 인수금액만큼 adjustment에 더한다. OB맥주의 LBO에서 영업권은 기존 영업권에서 기존 장부가치를 차감하고, equity purchase price 2,044.5십억 원을 더해 계산했다. 이 과정에서 증가된 영업권은 한국채택국제회계기준(IFRS) 상, 비한정적인 무형자산이므로 투자 기간 동안 상각되지 않고 대차대조표에 남아 있지만, 매년 손상 여부를 테스트해야 한다. 만약 장부가치 이하로 인수하게 되면 염가매수차익(gain from bargain purchase)으로 당기순이익에 즉시 반영한다[과거에는 부의영업권(negative goodwill)으로 회계처리를 하는 방식을 사용했으나, 한국채택국제회계 기준에서는 더 이상 사용하지 않는다].

Goodwill Calculation

Goodwill calculation	
Existing goodwill	188.2
(-) Existing book value	501.6
(+) Equity purchase price	2,044.5
New goodwill	**1,731.1**

여기서 짚고 넘어가야 할 것은 '영업권은 인수 시 개별회사의 대차대조표 자산 항목에 발생하는 것이 아니라 연결대차대조표의 자산 항목에 발생한다'는 것이다.

사모펀드는 회사를 인수할 경우, 비이클(vehicle)을 만들어 투자하거나 인수 대상을 지배하는 Hold Co를 통해 투자한다. LBO 모델은 그 비이클이나 HoldCo가 페이퍼컴퍼니이고, 순수하게 OB맥주만 100% 보유한다고 가정해서 작성한 것이다.

미국회계기준(GAAP)과 한국회계기준(IFRS) 영업권은 매년 손상테스트를 진행한다. 손상금액은 손익계산서상 비영업비용으로 발생한다. 이 손상금액은 비현금성 비용이므로 현금흐름표에서 다시 더해준다. 다른 매체나 모델에서 종종 impairment가 아닌 amortization이라는 용어를 사용하는 이유는 회계상 인정되지 않지만, 실제 법인세법에서는 일정 기한을 두고 감가상각비로 인정이 되기 때문이다. 한국회계기준상으로도 2010년까지는 amortize했으나, 그 이후 손상테스트로 변경되었다.

기존대출상환

OB맥주의 기존 텀론 435.5십억 원과 리볼버(0.5십억 원)는 새로운 LBO 재원들의 일부를 사용해 상환된다고 가정했다. 기존에 있던 텀론과 리볼버 상환은 uses of funds의 기존대출상환금액을 adjustment에서 차감하는 연결 과정을 통해 계산한다.

기존대출상환

Balance Sheet

	2009A	Adj.	2009PF
Existing long-term debt	435.5	(435.5)	-
Revolver	0.5	(0.5)	-
Term loan A	-	-	-
Term loan B	-	800.0	800.0
Term loan C	-	-	-
2nd lien loan	-	-	-
Senior notes	-	-	-
Subordinated notes	-	550.0	550.0
Other long-term liabilities	12.2	-	12.2
Total liabilities	**779.5**	**-**	**1,693.5**

조기상환페널티(Tender/Call Premium)

M&A 거래를 할 때 만약 change of control provision이 있는 사채(notes)가 있다면, LBO 시 리파이낸싱한다고 가정한다. 예를 들어 500십억 원의 선순위사채의 쿠폰이 8%이고 만기가 8년이며, 4년 전에 발행됐다고 가정하면 call price는 액면(par) 금액 대비 104%다(par+1/2 coupon). 그 결과 기존 사채는 조기상환을 위해 20십억 원의 프리미엄(500십억 원 x 4%)을 요구한다.

금융비용(Financing Fees)

인수 시 대출 및 채권조달을 위해 발생하는 금융비용들은 다른 비용과는 다르게 바로 비용처리를 하지 않고, 이연시켜 기간 중에 상각한다. 이연된 금융비용은 자산의 일부로 대차대조표에 자본화 (capitalized)된다. 따라서 uses of funds에서 해당 대차대조표 항목에 추가로 더해지며 프로포마까지 연결되어 있다. 각각 대출과 관련된 금융비용은 대출 의무가 남아 있는 기간 동안 정액법으로 상각한다. 여기서는 조기상환 가능성 등을 고려해 단순히 5년 동안 상각한다고 가정했다. 전에 언급한 것처럼, 상각은 현금을 발생시키지 않는 비용이므로, 현금흐름표에서는 연도마다 영업현금흐름 계산 시 다시 더해져야 한다.

Financing Fee Calculation

Balance sheet assumptions and schdules

	2009A	2010E	2011E	2012E	2013E	2014E	2015E
Deferred financing fees							
Beginning balance		13.5	10.8	8.1	5.4	2.7	-
Addition							
Amortization		2.7	2.7	2.7	2.7	2.7	-
Ending balance	13.5	10.8	8.1	5.4	2.7	-	-

금융비용은 모집한 대출금액에 따라 수수료를 계산해 결정된다. 여기서 수수료는 총대출 모집금액의 1.0%로 가정했다. 실무에서 리볼버(revolving credit facility)의 주간사는 'administrative agent'의 역할을 하며, 매년 administrative agent fee를 받게 되는데, 이 금액은 손익계산서의 이자비용에 포함되어야 한다. 여기서는 단순히 미인출 부분에 대한 commitment fee만 가정했다.

Financing Fees 반영

Financing fees		$
Total Debt (Excl. Revolver)		1,350.0
Financing fees	1.0%	13.5

Balance Sheet			
	2009A	Adj.	2009PF
Net PP&E	593.6	-	593.6
Long-term investments	4.0	-	4.0
Goodwill	188.2	1,542.9	1,731.1
Other intangibles	1.5	-	1.5
Other long-term assets	34.3	-	34.3
Deferred financing fees	-	13.5	13.5
Total Assets	**1,282.1**		**2,784.4**

기타 거래비용(Other Deal Expenses)

다른 기타 수수료 및 비용은 일반적으로 M&A, 법률, 회계, 컨설팅 자문과 관련된 비용들을 포함한다. 여기서는 implied enterprise value에서 초과 현금(excess cash)과 기존대출을 조정한 equity purchase 금액의 1.5%로 30.7십억 원을 가정했다. 해당 금액은 upfront로 투자자의 에퀴티 금액에서 인수 시점에 지불한다고 계산했다.

Deal expenses		$
Equity purchase price		2,044.5
Other deal expenses	1.5%	30.7

Step 3 | Post-LBO 모델 완성

Step 3(a). Debt Schedule 구성

Debt schedule을 만드는 것은 LBO 모델 완성을 위한 필수 작업이며 프로포마 대차대조표에 큰 변화를 준다. Debt schedule이 결정되면 pre-LBO에서 완성되지 못한 다음 항목들을 완결지을 수 있다.

- 손익계산서의 EBIT부터 당기순이익(net income)까지 계산
- 대차대조표의 장기부채와 자본
- 현금흐름표의 재무활동

인수 회사가 영업을 통해 벌어들인 현금흐름으로 debt schedule에서 대출 및 채권(이하 대출)의 원리금(원금 및 이자비용, debt service)을 지불하도록 계산하며, 이에 따라 각 대출 트랜치의 연도별 기초(beginning)와 기말(ending) 밸런스를 계산할 수 있다. 상환된 대출원금은 현금흐름표의 재무활동에 연결되고, 기말 대출 밸런스(ending debt balance)는 대차대조표로 연결된다. 또한 debt schedule은 각 대출의 이자비용을 계산하고 이는 손익계산서로 연결된다.

Debt schedule은 자본구조에서 대출, 사채(채권) 등의 담보와 순위에 따라 반영해 계산한다(예를 들어 원금상환의 순위는 리볼버에서 시작해 텀론을 상환하고 다음으로 후순위 사채를 상환한다). Debt schedule 계산을 위해서 우선 LIBOR Forward Curve를 입력하고, CFADS(Cash Flow Available for Debt Service)를 계산했다. 그리고 대출구조 및 조건(규모, 조건, 금리, 원금상환 일정 등)을 반영했다.

LIBOR Forward Curve

리볼버나 일반적인 텀론은 변동금리 대출로 이자율이 보통 LIBOR에 고정된 스프레드를 더한 값으로 정해진다. 따라서 이자비용을 예측하기 위해서 각 연도별 LIBOR 예측치를 입력해야 한다. 미래의 LIBOR 예측치는 톰슨로이터에서 집계해 발표하며, 일반적으로 금융정보 서비스나 기타 매체에서 쉽게 찾을 수 있다.

LIBOR Forward Curve

Debt schedule	2010E	2011E	2012E	2013E	2014E	2015E	2016E	2017E
LIBOR	0.50%	0.75%	1.00%	1.25%	1.50%	1.75%	2.00%	2.00%

LIBOR forward curve 항목에서 보이는 것처럼, LIBOR는 추정 기간 동안 2010E에 50bps에서 2017E에 200bps로 상승하는 것으로 가정했다. 리볼버와 TLB에 대한 가격 스프레드는 추정연도마다 LIBOR forward에 더해져 이자율을 계산한다. 예를 들어, 2010E에 OB맥주의 리볼버 이자율은 L(0.5%)+250bps로 계산되어 3.00%(300bps)가 된다.

Cash Flow Available for Debt Service

대출원금상환을 위한 현금흐름은 현금흐름표상의 영업활동과 투자활동의 현금흐름 합이다. 이 값은 엑셀의 LIBOR forward curve 항목 아래에 계산한다. 추정연도마다 이 금액은 우선 텀론의 의무원금상환을 하는 데 사용되고, 잔여현금의 100%는 추가원금상환을 하는 데 사용해서 원금의 조기상환페널티는 없다고 가정했다.

대차대조표상의 기존에 보유하던 현금은 원금상환을 위해서 쓰일 수 있다. 그러나 현재 OB맥주의 기존 현금이 인수금액을 지불하는 데 다 사용되었기 때문에, 프로포마 대차대조표에 기존 현금 중 여유 잔여금은 없으나, post-LBO 대차대조표상 최소현금유보액을 가정해 인수 후 운용 기간 동안 정해진 현금을 유보할 수 있다. 여기서는 80십억 원의 최소현금유보금액을 설정했다.

다음의 표에서 보는 것처럼, OB맥주는 영업활동을 통해 2010E에 178.2십억 원의 현금흐름을 창출했다. 투자활동을 통해 36.6십억 원의 현금을 지불했고, TLB의 의무원금상환으로 8십억 원을 지불한 다음 대출의 추가원금상환을 위해 사용 가능한 현금은 133.6십억 원이다. 이 현금은 모두 추가원금상환으로 지불한다고 가정했다. 실무에서 캐시스윕(cash sweep)은 대주가 차주에게 강제하는 옵션이지만, 여기서는 투자자가 선택적으로 100% 상환한다고 가정했다.

Cash Available for Debt Service

Debt schedule	2010E	2011E	2012E	2013E	2014E	2015E	2016E	2017E
LIBOR	0.50%	0.75%	1.00%	1.25%	1.50%	1.75%	2.00%	2.00%
Beginning cash balance		80.0	80.0	80.0	80.0	80.0	80.0	238.8	568.9
Minimum cash balance		(80.0)	(80.0)	(80.0)	(80.0)	(80.0)	(80.0)	(80.0)	(80.0)
Cash flow from operations		178.2	230.2	301.7	397.2	341.2	382.9	400.6	416.5
Cash flow from investment		(36.6)	(42.9)	(50.3)	(59.4)	(64.1)	(69.2)	(70.6)	(72.0)
Dividends									
Mandatory repayments		(8.0)	(8.0)	(8.0)	(8.0)				
Cash flow available for optional repayment		133.6	179.2	243.4	329.8	277.1	313.6	488.9	833.3
Cash sweep		100%	100%	100%	100%	100%	100%	100%	100%
Cash flow avaible for debt service		133.6	179.2	243.4	329.8	277.1	313.6	488.9	833.3

리볼버(Revolving Credit Facility)

Debt schedule의 'revolving credit facility' 항목에서, 투자자는 리볼버의 spread, commitment fee 등을 입력한다. 리볼버의 규모는 자금조달구조가 입력된 가정 페이지로부터 연결되어 있으며, 추정 기간 첫해의 항목별 기말 밸런스는 대차대조표로 연결되어 있다. 만약 LBO 자금조달구조상 리볼버가 실제로 인출되지 않는다면, 기말 밸런스는 '0'이다.

Revolver의 drawdown/(repayment) 항목은 debt schedule의 상단에 있는 cash available for debt service 항목으로부터 연결된다. 만약 어느 한 연도라도 cash available for debt service가 음수값을 가지게 되는 경우, 리볼버가 인출된다. 다음 해에 cash available for debt service의 잔여현금이 존재할 경우, 리볼버는 추가원금상환보다 우선순위로 상환하도록 반영했다.

OB맥주의 LBO에서 우리는 L+250 bps와 6년의 텀을 가지는 100십억 원의 리볼버를 가정했다. 리볼버는 OB맥주의 거래 시점에 인출되는 금액은 없으며, 회사를 운영하는 기간 동안에도 추가 인출은 없다고 추정되었다. 따라서 이자비용이 발생하지 않지만, 미인출금액에 대해서 30bps만큼의 약정수수료(commitment fee)인 0.3십억 원을 매년 지불한다. 이 수수료는 손익계산서의 이자비용에 포함되어 있다.

Revolving Credit Facility Section of Debt Schedule

Debt schedule		2010E	2011E	2012E	2013E	2014E	2015E	2016E	2017E
Revolver credit facility									
Credit facility size	100.0								
Initial draw	-								
Spread	L + 250								
Commitment fee on unused amount	0.30%								
Beginning balance		-	-	-	-	-	-	-	-
Drawdown / (repayment)		-	-	-	-	-	-	-	-
Ending balance		-	-	-	-	-	-	-	-
Interest rate		3.00%	3.25%	3.50%	3.75%	4.00%	4.25%	4.50%	4.50%
Interest expense		-	-	-	-	-	-	-	-
Commitment fee		0.3	0.3	0.3	0.3	0.3	0.3	0.3	0.3
Cash flow available after Revolver credit facility		133.6	179.2	243.4	329.8	277.1	313.6	488.9	833.3

Term Loan

Debt schedule의 '텀론' 항목에서 투자자는 마찬가지로 spread, term과 facility와 관련된 의무상환 일정을 입력한다. 텀론의 규모는 transaction summary 시트의 sources and uses of funds에서 연결시킨다. OB맥주의 LBO에서 우리는 L+350 bps의 이자율과 6년의 만기를 가지는 800십억 원의 TLB(term loan B)를 가정했다. 리볼버와 마찬가지로 기말 밸런스는 대차대조표로 연결되어 있다.

의무원금상환(Mandatory Repayment)

인출금액이 정해지지 않고, 최종 대출의 만기시점에만 원금을 상환하는 리볼버와는 다르게, 텀론은 인수할 때 전액이 인출되며, 대출약정서에 정해진 대로 분기마다 의무원금상환을 해야 한다(모델은 단순히 연말에 상환한다고 가정). 원금상환일정은 텀론 트랜치마다 상이하겠지만 TLB의 경우 일반적으로 1년에 1% 정도 원금상환이 발생하며, 만기 때 남은 대출원금을 한 번에 상환(bullet payment)한다. 거치기간(인출 시점부터 원금상환 발생하지 않는 기간, grace period)은 TLB마다 조금 차이가 있지만, 여기서는 거치기간 없이 1년 차부터 원금상환이 발생하는 것으로 가정했다.

다음의 표와 같이, TLB의 의무상환은 1%로 가정해, 매년 약정금액인 800십억 원의 1%인 8십억 원을 지불한다.

Term Loan Facility Section of Debt Schedule

Debt schedule			2010E	2011E	2012E	2013E	2014E	2015E	2016E	2017E
Term loan B										
Initial size	800.0									
Spread	L + 350									
LIBOR floor	1.00%									
Term	6yrs									
Repayment schedule	1.0%									
Beginning balance			800.0	658.4	471.1	219.8	-	-	-	-
Mandatory repayment			(8.0)	(8.0)	(8.0)	(8.0)	-	-	-	-
Drawdown / (repayment)			(133.6)	(179.2)	(243.4)	(211.8)	-	-	-	-
Ending balance			658.4	471.1	219.8	-	-	-	-	-
Interest rate			4.50%	4.50%	4.50%	4.75%	5.00%	5.25%	5.50%	5.50%
Interest expense			32.8	25.4	15.5	5.2	-	-	-	-
Cash flow available after Term loan B			-	-	-	118.1	277.1	313.6	488.9	833.3

추가원금상환(Optional Repayment)

대출약정서상 조건 및 투자자의 대출관리와 펀드운용 전략 등에 따라 다르겠지만, 해당 LBO 모델에서는 의무상환금액을 지불하고, 남은 현금흐름을 조기상환이 가능한 대출의 상환에 모두 사용했다고 가정했다. 은행대출은 일반적으로 리볼버, '텀론 A, 텀론 B' 등의 순서로 상환된다.

신용위험을 관리하는 관점에서 가장 이상적인 상황은 인수 대상이 운영 기간 동안 대출만기가 도래하기 전에 모든 텀론을 상환할 정도의 충분한 현금흐름을 창출하는 것이다. 만약 차주가 텀론을 기간 내에 상환하지 못할 경우, 만기전에 리파이낸싱(refinancing)해야 한다.

　표에서 보는 것처럼, 2020E에 8십억 원을 TLB의 의무원금상환하고, cash available for debt service 금액 133.6십억 원으로 추가원금상환을 가정했다. 이에 따라 800십억 원의 기초 밸런스는 의무상환과 추가상환 후 658.4십억 원의 기말 밸런스로 줄어든다.

이자비용(Interest Expense)

　실무에서 LBO 모델을 만들 경우 실제 이자비용 지급 스케줄과 일정에 따라 월별 또는 분기별로 해당 일수만큼 일할 계산해 이자금액을 계산한다. 채권의 경우는 한 달을 30일로 고정해서 일할 계산하는 것이 일반적이다. 그러나 해당 LBO 모델에서는 간단히 연간 이자비용을 계산하기 위해서 연초와 연말의 대출원금 평균에 이자율을 곱해 계산했다. 실제 은행대출의 원금상환은 보통 분기 말마다 발생하기 때문이다. 표에서 보는 것처럼 2010E에 OB맥주의 TLB는 기초 밸런스는 800십억 원이고, 기말 밸런스는 658.4십억 원이다. 평균을 계산해 이자율을 곱했을 때 2010E의 이자금액은 32.8십억 원이다[(800.0 + 658.4)/2× 4.5%]. 해당 금액은 손익계산서의 이자비용 항목으로 연결된다.

후순위사채(Subordinated Notes)

대출일정의 후순위사채(또는 채권) 항목에, 쿠폰, term, 금융 조건들(만약 있다면)을 입력한다. TLB와 같이 후순위사채의 원금은 transaction summary 시트의 sources and uses of funds와 연결된다. 은행대출과는 다르게 후순위사채는 대부분 일정 기간 동안 조기상환 시 페널티가 있다. 모델에서는 초기 3년 동안 후순위사채의 조기상환을 가정하지 않았기 때문에 추정 기간 중 기초 밸런스와 기말 밸런스는 매년 일치한다. 3년 뒤부터는 조기상환에 대한 페널티가 없다고 가정했으며, OB맥주의 현금흐름으로 원금상환을 가정했다.

OB맥주의 LBO에서 우리는 8년 만기, 7.5%의 쿠폰을 가진 550십억 원의 후순위사채(subordinated notes)를 발행한다고 가정했다. 후순위사채는 OB맥주 인수 시 조달하는 대출 중 가장 긴 만기를 가진 부채다. 초기 3년 동안은 사채가 상각되지 않고, call protection으로 인해 추가원금상환(optional repayment) 또한 존재하지 않았다고 가정했기 때문에 연간 이자비용은 간단히 550억 원의 사채원금에 7.5%의 금리를 곱한 41.3십억 원이 된다. 4년 차부터는 잔여현금으로 원금을 상환했고, 쿠폰은 기초와 기말 밸런스 평균으로 계산했다.

Subordinated Notes of Debt Schedule

Debt schedule			2010E	2011E	2012E	2013E	2014E	2015E	2016E	2017E
Subordinated notes										
Initial size	550.0									
Coupon	7.50%										
Term	8yrs										
Beginning balance			550.0	550.0	550.0	550.0	431.9	154.8	-	-
Mandatory repayment			-	-	-	-	-	-	-	-
Drawdown / (repayment)			-	-	-	(118.1)	(277.1)	(154.8)	-	-
Ending balance			550.0	550.0	550.0	431.9	154.8	-	-	-
Interest rate			7.50%	7.50%	7.50%	7.50%	7.50%	7.50%	7.50%	7.50%
Interest expense			41.3	41.3	41.3	36.8	22.0	5.8	-	-
Cash flow available after Subordinated notes			-	-	-	-	-	158.8	488.9	833.3

Step 3(b). 프로포마 손익계산서(Pro Forma Income Statement) 완성

자본구조상 각각 대출 트랜치에 대한 이자비용은 앞서 완성한 debt schedule에서 손익계산서상 각각의 항목에 연결한다.

현금성 이자비용(Cash Interest Expense)

현금성 이자비용은 주어진 연도에 회사가 지불하는 실제 이자비와 파이낸싱 관련한 비용을 말한다. 이 금액은 각각 대출 트랜치의 이자비용의 합과 리볼버의 약정수수료(commitment fee) 합으로 계산된다.

다음의 계산에서 보이는 것처럼, OB맥주는 2010E에 74.4십억 원의 현금성 이자비용을 지불한다. 이 금액은 은행대출이 상환되는 2014년 시점에는 22.3십억 원으로 감소한다.

총이자비용(Total Interest Expense)

총이자비용은 실제 지불하는 현금성 이자비용과 비현금성 이자비용의 합이다. 비현금성 이자비용은 실제 현금으로 지불하지 않는 이자비로, 예를 들면 가정 페이지에서 연결되는 이연금융비용 상각이 있다. 엄밀히 따지면 이연된 금융비용의 상각은 이자비용이 아니지만, 대출 시 발생하는 비용이기 때문에 총이자비용에 합산해 계산한다. 이자비 대신 원금을 증액하는 PIK(Payment-in-kind) 옵션이 있는 대출구조에서 비현금성 이자 부분 또한 총이자비용으로 반영된다.

OB맥주는 2010E에 2.7십억 원의 비현금성 이연금융비용이 발생한다. 이러한 비용들은 2010E 현금이자비용인 74.4억 원에 더해져 77.1십억 원의 총이자비용(total interest expense)으로 계산했다.

Debt Schedule

Debt schedule		2010E	2011E	2012E	2013E	2014E	2015E	2016E	2017E
LIBOR		0.50%	0.75%	1.00%	1.25%	1.50%	1.75%	2.00%	2.00%
Beginning cash balance		80.0	80.0	80.0	80.0	80.0	80.0	238.8	568.9
Minimum cash balance		(80.0)	(80.0)	(80.0)	(80.0)	(80.0)	(80.0)	(80.0)	(80.0)
Cash flow from operations		178.2	230.2	301.7	397.2	341.2	382.9	400.6	416.5
Cash flow from investment		(36.6)	(42.9)	(50.3)	(59.4)	(64.1)	(69.2)	(70.6)	(72.0)
Dividends		-	-	-	-	-	-	-	-
Mandatory repayments		(8.0)	(8.0)	(8.0)	(8.0)	-	-	-	-
Cash flow available for optional repayment		133.6	179.2	243.4	329.8	277.1	313.6	488.9	833.3
Cash sweep		100%	100%	100%	100%	100%	100%	100%	100%
Cash flow avaible for debt service		**133.6**	**179.2**	**243.4**	**329.8**	**277.1**	**313.6**	**488.9**	**833.3**
Revolver credit facility									
Credit facility size	100.0								
Initial draw	-								
Spread	L + 250								
Commitment fee on unsued amount	0.30%								
Beginning balance		-	-	-	-	-	-	-	-
Drawdown / (repayment)		-	-	-	-	-	-	-	-
Ending balance		-	-	-	-	-	-	-	-
Interest rate		3.00%	3.25%	3.50%	3.75%	4.00%	4.25%	4.50%	4.50%
Interest expense		-	-	-	-	-	-	-	-
Commitment fee		0.3	0.3	0.3	0.3	0.3	0.3	0.3	0.3
Cash flow available after Revolver credit facility		133.6	179.2	243.4	329.8	277.1	313.6	488.9	833.3
Term loan B									
Initial size	800.0								
Spread	L + 350								
LIBOR floor	1.00%								
Term	6yrs								
Repayment schedule	1.0%								
Beginning balance		800.0	658.4	471.1	219.8	-	-	-	-
Mandatory repayment		(8.0)	(8.0)	(8.0)	(8.0)	-	-	-	-
Drawdown / (repayment)		(133.6)	(179.2)	(243.4)	(211.8)	-	-	-	-
Ending balance		658.4	471.1	219.8	-	-	-	-	-
Interest rate		4.50%	4.50%	4.50%	4.75%	5.00%	5.25%	5.50%	5.50%
Interest expense		32.8	25.4	15.5	5.2	-	-	-	-
Cash flow available after Term loan B		-	-	-	118.1	277.1	313.6	488.9	833.3
Subordinated notes									
Initial size	550.0								
Coupon	7.50%								
Term	8yrs								
Beginning balance		550.0	550.0	550.0	550.0	431.9	154.8	-	-
Mandatory repayment		-	-	-	-	-	-	-	-
Drawdown / (repayment)		-	-	-	(118.1)	(277.1)	(154.8)	-	-
Ending balance		550.0	550.0	550.0	431.9	154.8	-	-	-
Interest rate		7.50%	7.50%	7.50%	7.50%	7.50%	7.50%	7.50%	7.50%
Interest expense		41.3	41.3	41.3	36.8	22.0	5.8	-	-
Cash flow available after Subordinated notes		-	-	-	-	-	158.8	488.9	833.3
Interest on cash	L + 100	1.2	1.4	1.6	1.8	2.0	4.4	12.1	22.2
(+) Deferred financing fees		2.7	2.7	2.7	2.7	2.7	-	-	-
(+) Cash Interest expense		74.4	67.0	57.1	42.3	22.3	6.1	0.3	0.3
Total Interest expense		**77.1**	**69.7**	**59.8**	**45.0**	**25.0**	**6.1**	**0.3**	**0.3**

Pro Forma Projected Income Statement-EBIT 에서 Net Income까지 계산

Income Statement	2007A	2008A	2009A	2010E	2011E	2012E	2013E	2014E	2015E	2016E	2017E
Revenue	662.1	750.5	816.1	914.0	1,073.1	1,258.7	1,484.0	1,602.8	1,731.0	1,765.6	1,800.9
(-) Cost of goods sold	265.2	315.9	349.7	405.8	470.0	536.2	607.0	681.2	735.7	750.4	765.4
Gross profit	396.9	434.6	466.4	508.2	603.1	722.5	877.1	921.6	995.3	1,015.2	1,035.5
(-) SG&A	253.3	256.3	262.9	277.9	314.4	351.2	397.7	528.9	571.2	582.7	594.3
(-) Other opex		8.2	7.3	7.0	7.0	7.0	7.0	7.0	7.0	7.0	7.0
EBIT	143.6	170.1	196.3	223.3	281.7	364.3	472.3	385.7	417.1	425.6	434.2
EBITDA	183.6	206.0	231.1	267.9	325.6	408.2	516.7	431.1	464.0	474.1	484.4
(-) Interest expense	5.7	3.2	5.1	77.1	69.7	59.8	45.0	25.0	6.1	0.3	0.3
(+) Interest income	13.0	14.6	12.8	1.2	1.4	1.6	1.8	2.0	4.4	12.1	22.2
Non-operating income/(expense)	19.9	17.9	(26.4)	-	-	-	-	-	-	-	-
Profit before taxes	170.9	199.5	177.6	147.5	213.4	306.1	429.1	362.7	415.4	437.4	456.2
(-) Tax provision	55.0	80.3	50.8	35.7	51.6	74.1	103.8	87.8	100.5	105.8	110.4
Net income	115.9	119.2	126.8	111.8	161.8	232.0	325.3	274.9	314.9	331.5	345.8

이자수익

OB맥주의 LBO의 경우 2014년까지 80십억 원의 최소 현금을 유보하고 있고, 현금보유에 대한 이자율은 L+100bps로 가정했다. 현금에 대한 이자수익은 연초와 연말의 현금보유액 평균을 금리에 곱해 계산한다. 2010E의 경우 1.2십억 원의 현금수익이 발생했다. 해당 현금수익은 손익계산서의 이자수익으로 반영되어 순이익이 증가한다. 총이자비용에서 회사가 계좌에 현금을 보유함으로써 발생하는 (+) 이자수익을 더한 값을 순이자비용(net interest expense)이라고 부른다.

당기순이익(Net Income)

OB맥주의 2010E 당기순이익을 계산하기 위해서 EBIT 223.3십억 원에서 이자비용 77.1십억 원, 이자수익 1.2십억 원을 반영해, 세전 이익 147.5십억 원을 계산했다. 다음으로 EBT(Earnings Before Tax)에 OB맥주의 한계세율인 24.2%를 곱해 법인세비용 35.7십억 원을 계산했고, 세금을 차감한 당기순이익은 111.8십억 원이다.

추정 기간 동안 각 연도의 당기순이익은 현금흐름표의 영업현금흐름을 계산하기 위한 첫 번째 항목으로 연결한다. 동시에 당기순이익은 대차대조표상 자본의 유보이익(retained earning) 항목에도 연결한다.

Step 3(c). 프로포마 대차대조표(Pro Forma Balance Sheet) 완성

부채

Debt schedule을 작성한 시트에서 대차대조표상 각 대출 항목으로 연결함으로써 부채 항목으로 완성한다. 부채 항목에 남아 있는 기타 유동부채(other current liabilities)는 전년도 대비 올해 매출(혹은 판관비) 변동만큼 조정되도록 계산했고, 비유동부채(non-current liabilities) 및 비이자발생부채(non-debt liabilities) 등의 장기부채(long-term liabilities)는 경영진의 특별한 관리방안이 없을 경우, 전년도와 비슷한 수준을 유지하도록 모델에 가정했다.

다음의 표에서 보는 것처럼, 추정 기간 동안 800십억 원의 TLB는 2013년까지 모두 상환되나 후순위사채는 남아 있다. 2008년의 기타 장기부채(other long-term liabilities)는 추정 기간 동안 인수 전과 같이 동일하게 대차대조표에 반영했다.

Pro Forma Total Liabilities Section of Balance Sheet

Balance Sheet	2009A	Adj.	2009PF	2010E	2011E	2012E	2013E	2014E	2015E	2016E	2017E
Accounts payable	24.5	-	24.5	28.4	32.9	37.6	42.5	47.7	51.5	52.6	53.6
Accrued expenses	177.5	-	177.5	198.8	233.4	273.8	322.8	348.6	376.5	384.0	391.7
Other current liabilities	129.3	-	129.3	144.8	170.0	199.4	235.1	253.9	274.2	279.7	285.2
Total current liabilities	**331.3**		**331.3**	**372.0**	**436.3**	**510.7**	**600.4**	**650.2**	**702.2**	**716.2**	**730.6**
Existing long-term debt	435.5	(435.5)	-	-	-	-	-	-	-	-	-
Revolver	0.5	(0.5)	-	-	-	-	-	-	-	-	-
Term loan A											
Term loan B		800.0	800.0	658.4	471.1	219.8	-	-	-	-	-
Term loan C											
2nd lien loan											
Senior notes											
Subordinated notes		550.0	550.0	550.0	550.0	550.0	431.9	154.8	-	-	-
Other long-term liabilities	12.2	-	12.2	12.2	12.2	12.2	12.2	12.2	12.2	12.2	12.2
Total liabilities	**779.5**		**1,693.5**	**1,592.6**	**1,469.6**	**1,292.7**	**1,044.5**	**817.2**	**714.4**	**728.4**	**742.8**

Common Equity

추정 기간 동안 연도별로 계산한 당기순이익은 대차대조표상 자본의 유보이익(retained earning)으로 전년도의 에퀴티(common equity) 혹은 shareholders' equity에 더해 해당 연도 금액을 계산한다.

다음의 표에서 보는 것처럼, 2010E 초(2009PF) 1,090.0십억 원의 에퀴티 투자자의 equity contribution에서 기타 인수비용을 제외한 값을 보유하고 있다. 2010E의 에퀴티(common equity)를 계산하기 위해서 2010E의 당기순이익인 111.8십억 원을 더해 1,201.8십억 원의 값을 계산했다.

Balance Sheet

	2009A	Adj.	2009PF	2010E	2011E	2012E	2013E	2014E	2015E	2016E	2017E
Preferred stock	1.0	-	1.0	1.0	1.0	1.0	1.0	1.0	1.0	1.0	1.0
Common equity	501.6	588.4	1,090.0	1,201.8	1,363.5	1,595.6	1,920.8	2,195.7	2,510.6	2,842.1	3,187.9
	502.6		1,091.0	1,202.8	1,364.5	1,596.6	1,921.8	2,196.7	2,511.6	2,843.1	3,188.9
Total liabilities and equity	1,282.1		2,784.4	2,795.4	2,834.1	2,889.2	2,966.3	3,013.9	3,226.0	3,571.6	3,931.7

Balance sheet assumptions and schdules

	2009A	2010E	2011E	2012E	2013E	2014E	2015E	2016E	2017E
Common equity									
Beginning balance		1,090.0	1,201.8	1,363.5	1,595.6	1,920.8	2,195.7	2,510.6	2,842.1
Net income		111.8	161.8	232.0	325.3	274.9	314.9	331.5	345.8
Dividend									
Ending balance	1,090.0	1,201.8	1,363.5	1,595.6	1,920.8	2,195.7	2,510.6	2,842.1	3,187.9

Pro Forma OB맥주 Balance Sheet

Balance Sheet

	2009A	Adj.	2009PF	2010E	2011E	2012E	2013E	2014E	2015E	2016E	2017E
Cash	134.1	(54.1)	80.0	80.0	80.0	80.0	80.0	80.0	238.8	568.9	913.3
Accounts receivable	258.4	-	258.4	289.4	339.7	398.5	469.9	507.4	548.0	559.0	570.2
Inventory	53.5	-	53.5	62.1	71.9	82.0	92.9	104.2	112.5	114.8	117.1
Prepaid expense	3.6	-	3.6	4.2	4.8	5.5	6.2	7.0	7.6	7.7	7.9
Other current assets	10.9	-	10.9	12.6	14.6	16.7	18.9	21.2	22.9	23.3	23.8
Total current assets	**460.5**		**406.3**	**448.3**	**511.1**	**582.7**	**667.8**	**719.8**	**929.9**	**1,273.7**	**1,632.3**
Net PP&E	593.6	-	593.6	585.7	584.7	591.2	606.2	624.8	647.2	669.3	691.1
Long-term investments	4.0	-	4.0	4.0	4.0	4.0	4.0	4.0	4.0	4.0	4.0
Goodwill	188.2	1,542.9	1,731.1	1,710.8	1,690.4	1,670.1	1,649.7	1,629.4	1,609.0	1,588.7	1,568.4
Other intangibles	1.5	-	1.5	1.5	1.5	1.5	1.5	1.5	1.5	1.5	1.5
Other long-term assets	34.3	-	34.3	34.3	34.3	34.3	34.3	34.3	34.3	34.3	34.3
Deferred financing fees	-	13.5	13.5	10.8	8.1	5.4	2.7	-	-	-	-
Total Assets	**1,282.1**		**2,784.4**	**2,795.4**	**2,834.1**	**2,889.2**	**2,966.3**	**3,013.9**	**3,226.0**	**3,571.6**	**3,931.7**
Accounts payable	24.5	-	24.5	28.4	32.9	37.6	42.5	47.7	51.5	52.6	53.6
Accrued expenses	177.5	-	177.5	198.8	233.4	273.8	322.8	348.6	376.5	384.0	391.7
Other current liabilities	129.3	-	129.3	144.8	170.0	199.4	235.1	253.9	274.2	279.7	285.2
Total current liabilities	**331.3**		**331.3**	**372.0**	**436.3**	**510.7**	**600.4**	**650.2**	**702.2**	**716.2**	**730.6**
Existing long-term debt	435.5	(435.5)	-	-	-	-	-	-	-	-	-
Revolver	0.5	(0.5)	-	-	-	-	-	-	-	-	-
Term loan A			-	-	-	-	-	-	-	-	-
Term loan B		800.0	800.0	658.4	471.1	219.8	-	-	-	-	-
Term loan C			-	-	-	-	-	-	-	-	-
2nd lien loan			-	-	-	-	-	-	-	-	-
Senior notes			-	-	-	-	-	-	-	-	-
Subordinated notes		550.0	550.0	550.0	550.0	550.0	431.9	154.8	-	-	-
Other long-term liabilities	12.2	-	12.2	12.2	12.2	12.2	12.2	12.2	12.2	12.2	12.2
Total liabilities	**779.5**		**1,693.5**	**1,592.6**	**1,469.6**	**1,292.7**	**1,044.5**	**817.2**	**714.4**	**728.4**	**742.8**
Preferred stock	1.0	-	1.0	1.0	1.0	1.0	1.0	1.0	1.0	1.0	1.0
Common equity	501.6	588.4	1,090.0	1,201.8	1,363.5	1,595.6	1,920.8	2,195.7	2,510.6	2,842.1	3,187.9
Total equity	**502.6**		**1,091.0**	**1,202.8**	**1,364.5**	**1,596.6**	**1,921.8**	**2,196.7**	**2,511.6**	**2,843.1**	**3,188.9**
Total liabilities and equity	**1,282.1**		**2,784.4**	**2,795.4**	**2,834.1**	**2,889.2**	**2,966.3**	**3,013.9**	**3,226.0**	**3,571.6**	**3,931.7**
Check	OK!		OK!	OK!	OK!	OK!	OK!	OK!	OK!	OK!	OK!
Net debt				1,128.4	941.1	689.8	351.9	74.8	(238.8)	(568.9)	(913.3)

Step 3(d). 프로포마 현금흐름표(Pro Forma Cash Flow Statement) 완성

현금흐름표를 완성하기 위해서는 대출일정(debt schedule)에서 계산된 각 대출 트랜치의 원금상환을 현금흐름표 재무활동상 각각의 항목에 연결한다. 다음으로 연결된 원금상환을 합해, 연간 총원금 상환 금액을 계산한다.

2010E에 우선 TLB의 의무원금상환으로 8십억 원을 지불하고, OB맥주의 현금흐름 133.6십억 원의 100%를 추가 원금상환해, 총 TLB의 원금상환에 141.6십억 원을 지불했다. 다음의 표에서 보는 것처럼, TLB와 후순위채권의 원금상환금액 및 배당을 합해 재무활동 현금흐름표를 완성한다.

Pro Forma Financing Activities Section of Cash Flow Statement

Statement of Cash Flow	2010E	2011E	2012E	2013E	2014E	2015E	2016E	2017E
Revolver drawdown/(repayment)	-	-	-	-	-	-	-	-
Term loan A								
Term loan B	(141.6)	(187.2)	(251.4)	(219.8)	-	-	-	-
Term loan C	-	-	-	-				
2nd lien loan	-	-	-	-				
Senior notes	-	-	-	-				
Subordinated notes	-	-	-	(118.1)	(277.1)	(154.8)	-	-
Dividends paid out								
Cash flow from financing	**(141.6)**	**(187.2)**	**(251.4)**	**(337.8)**	**(277.1)**	**(154.8)**	**-**	**-**

여기서 100%의 캐시스윕(cash sweep) 혹은 추가상환을 가정했으므로, 모든 은행대출이 상환될 때까지 대차대조표상 현금에는 변화가 없다. 그러므로 OB맥주의 대차대조표상 현금은 TLB와 후순위 사채가 완전히 상환되는 2014E까지 최소 현금유보액인 80십억 원으로 일정하게 유지된다. 추정 기간 동안 각각의 연도별 net change in cash는 대차대조표의 전년도 현금 보유 금액과 합해 해당 연도 현금 항목으로 연결된다.

Statement of Cash Flow

	2010E	2011E	2012E	2013E	2014E	2015E	2016E	2017E
Net income	111.8	161.8	232.0	325.3	274.9	314.9	331.5	345.8
Depreciation & amortization	44.5	43.9	43.9	44.3	45.5	46.9	48.5	50.2
Impairment	20.3	20.3	20.3	20.3	20.3	20.3	20.3	20.3
Financing Fees	2.7	2.7	2.7	2.7	2.7	-	-	-
Change in NWC								
Accounts receivable	(31.0)	(50.4)	(58.8)	(71.3)	(37.6)	(40.6)	(11.0)	(11.2)
Inventory	(8.6)	(9.8)	(10.1)	(10.8)	(11.4)	(8.3)	(2.3)	(2.3)
Prepaid expense	(0.6)	(0.7)	(0.7)	(0.7)	(0.8)	(0.6)	(0.2)	(0.2)
Other current assets	(1.7)	(2.0)	(2.1)	(2.2)	(2.3)	(1.7)	(0.5)	(0.5)
Accounts payable	3.9	4.5	4.6	5.0	5.2	3.8	1.0	1.1
Accrued expenses	21.3	34.6	40.4	49.0	25.8	27.9	7.5	7.7
Other current liabilities	15.5	25.2	29.4	35.7	18.8	20.3	5.5	5.6
Cash flow from operations	**178.2**	**230.2**	**301.7**	**397.2**	**341.2**	**382.9**	**400.6**	**416.5**
Capital expenditure	(36.6)	(42.9)	(50.3)	(59.4)	(64.1)	(69.2)	(70.6)	(72.0)
Other investments	-	-	-	-	-	-	-	-
Cash flow from investment	**(36.6)**	**(42.9)**	**(50.3)**	**(59.4)**	**(64.1)**	**(69.2)**	**(70.6)**	**(72.0)**
Revolver drawdown/(repayment)	-	-	-	-	-	-	-	-
Term loan A								
Term loan B	(141.6)	(187.2)	(251.4)	(219.8)	-	-	-	-
Term loan C	-	-	-	-	-	-	-	-
2nd lien loan	-	-	-	-	-	-	-	-
Senior notes	-	-	-	-	-	-	-	-
Subordinated notes	-	-	-	(118.1)	(277.1)	(154.8)	-	-
Dividends paid out	-	-	-	-	-	-	-	-
Cash flow from financing	**(141.6)**	**(187.2)**	**(251.4)**	**(337.8)**	**(277.1)**	**(154.8)**	**-**	**-**
Net change in cash	**-**	**-**	**-**	**-**	**-**	**158.8**	**330.0**	**344.5**

Step 4 | LBO 분석

LBO 모델이 완벽하게 연결되고 검증이 끝나면, 투자자는 회사 내 의사 결정을 위해 해당 인수 건에 대한 분석을 해야 한다. 인수 대상의 대출상환 여부, 투자자의 투자수익률, 여러 가지 회사 운영 시나리오에 따른 재무적 영향을 파악하는 것이 주요 분석 대상이다.

Step 4(a). 자본구조 분석

LBO 분석의 목적 중 하나는 주어진 인수 건에 대해 최적의 자본구조를 설계하는 것이다. 자금을 출자하는 투자자와 대주는 재무 추정치에 다양한 환경과 경제 여건이 변함에 따라, 스트레스가 발생할 때 인수 대상이 LBO 자본구조를 견딜 수 있는지 확인하는 작업이 필요하다.

주요 확인사항은 인수 대상이 대출의 이자비용을 지불하며, 원금의 상당량 또는 전부를 정해진 기간 내에 모두 상환할 수 있냐는 것이다. 인수 대상이 주어진 자본구조를 견딜 수 있는지 확인할 수 있는 지표인 다양한 레버리지, 커버리지 비율(ratios)을 포함한 일반적인 신용평가 척도를 확인해야 한다. 신용평가 척도는 debt/total capitalization, EBITDA/interest expense, DSCR, debt/EBITDA 등이 있다.

OB맥주 LBO 모델상 여기서는 'upside case' 재무 추정치와 자금조달구조 중 'base case'라고 할 수 있는 수준의 레버리지 케이스를 사용했다. 투자금액은 TLB 800십억 원, 후순위사채 550십억 원, equity contribution 1,120.7십억(equity contribution에서 기타 인수비용은 제외하기 전 금액) 원으로 구성된 전체 2,470.7십억 원을 가정했다. 2010E에 전체 total debt/total capitalization은 50.1%, EBITDA/cash interest expense는 3.6x, DSCR은 1.7x, debt/EBITDA는 4.5x이다. DSCR은 원리

금을 상환을 위한 현금흐름인 CFADS(Cash Flow Available for Debt Service, 의무원금상환 전)에서 해당 기간의 원리금을 나눈 비율이다.

회사의 매출이 증가함에 따라 지속적으로 현금흐름을 창출하며, 부채를 상환하기 때문에 OB맥주의 신용 관련 비율은 추정 기간 동안 지속적으로 향상된다. 2015E 말, OB맥주의 TLB와 후순위사채는 모두 상환되어 대출비율은 0%가 된다.

Summary Financial Data, Capitalization, Credit Statistics

Summary Financial Data

	2009PF	2010E	2011E	2012E	2013E	2014E	2015E	2016E	2017E
Revenue	816.1	914.0	1,073.1	1,258.7	1,484.0	1,602.8	1,731.0	1,765.6	1,800.9
(-) Cost of goods sold	349.7	405.8	470.0	536.2	607.0	681.2	735.7	750.4	765.4
Gross profit	466.4	508.2	603.1	722.5	877.1	921.6	995.3	1,015.2	1,035.5
(-) SG&A	262.9	277.9	314.4	351.2	397.7	528.9	571.2	582.7	594.3
(-) Other opex	7.3	7.0	7.0	7.0	7.0	7.0	7.0	7.0	7.0
EBIT	196.3	223.3	281.7	364.3	472.3	385.7	417.1	425.6	434.2
EBITDA	231.1	267.9	325.6	408.2	516.7	431.1	464.0	474.1	484.4
(-) Total interest expense	(5.1)	(77.1)	(69.7)	(59.8)	(45.0)	(25.0)	(6.1)	(0.3)	(0.3)
(+) Interest income	12.8	1.2	1.4	1.6	1.8	2.0	4.4	12.1	22.2
(+) Impairment		20.3	20.3	20.3	20.3	20.3	20.3	20.3	20.3
(-) Tax provision	(50.8)	(35.7)	(51.6)	(74.1)	(103.8)	(87.8)	(100.5)	(105.8)	(110.4)
(-) Capex		(36.6)	(42.9)	(50.3)	(59.4)	(64.1)	(69.2)	(70.6)	(72.0)
(-) Change in NWC		(1.2)	1.5	2.8	4.6	(2.2)	0.8	0.2	0.2
FCFE		138.9	184.5	248.7	335.1	274.4	313.6	330.0	344.5

Capitalizaiton

	2009A	2009PF	2010E	2011E	2012E	2013E	2014E	2015E	2016E	2017E
Cash	134.1	80.0	80.0	80.0	80.0	80.0	80.0	238.8	568.9	913.3
Existing long-term debt	435.5	-								
Revolver	0.5									
Term loan A										
Term loan B		800.0	658.4	471.1	219.8					
Term loan C										
2nd lien loan										
Senior notes										
Subordinated notes		550.0	550.0	550.0	550.0	431.9	154.8	-	-	-
	436.1	1,350.0	1,208.4	1,021.1	769.8	431.9	154.8			
Preferred stock	1.0	1.0	1.0	1.0	1.0	1.0	1.0	1.0	1.0	1.0
Common equity	501.6	1,090.0	1,201.8	1,363.5	1,595.6	1,920.8	2,195.7	2,510.6	2,842.1	3,187.9
	502.6	1,091.0	1,202.8	1,364.5	1,596.6	1,921.8	2,196.7	2,511.6	2,843.1	3,188.9
Total Capitalization	938.7	2,441.0	2,411.2	2,385.7	2,366.3	2,353.8	2,351.6	2,511.6	2,843.1	3,188.9

Credit Statistics

	2010E	2011E	2012E	2013E	2014E	2015E	2016E	2017E
% Debt / Total Capitalization	50.1%	42.8%	32.5%	18.4%	6.6%	0.0%	0.0%	0.0%
EBITDA / Cash Interest Expense	3.6x	4.9x	7.1x	12.2x	19.3x	76.0x	-	-
DSCR (CFADS / Debt Service)	1.7x	2.5x	3.9x	6.7x	12.4x	51.4x	-	-
Debt / EBITDA	4.5x	3.1x	1.9x	0.8x	0.4x	-	-	-

추정 기간 동안의 지속적인 부채비율이 감소함에 따라 신용 비율이 향상되며, OB맥주는 LBO 자본구조를 견딜 수 있다는 것을 보여준다.

Step 4(b). 수익 분석

　가정한 자본구조상, 부채상환 가능성과 신용평가 측면에서 분석한 후에는 투자자가 충분한 수익률을 실현할 수 있는지 확인해야 한다. 만약 수익률이 예상보다 너무 낮을 경우, 인수가격과 자본구조에 대해서 다시 고려해볼 필요가 있다.

　IRR은 추정 재무성과, 인수가격과 자본구조(특히 equity contribution의 규모), 그리고 예상되는 엑시트(exit) 멀티플과 엑시트 시점에 따라 달라진다. 투자자는 다양한 투자전략과 투자 기간에 대한 견해를 통해 대상을 현금화(monetization)하거나 매각을 가정한다. 여기서는 인수 후 4년 뒤인 2013년에 매각하는 것으로 가정했다.

수익 분석

　여기서는 엑시트 멀티플은 엔트리(entry) 멀티플과 같은 10.5x를 가정했다. 시장에 대한 독립적인 견해가 있을 경우 그에 따른 합리적인 엑시트 멀티플을 사용하면 된다.

Exit 시점에 Enterprise Value와 Equity Value의 계산

Exit analysis	
Exit date	2013/12/31
Exit year EBITDA	516.7
Exit multiple	10.5x
Exit enterprise value	5,425.2
Exit year net debt	351.9
Exit year equity value	**5,073.2**

　앞의 표에서 보는 것처럼, 우리는 2013E에 엔트리 멀티과 같은 EBITDA의 10.5x로 매각한다고 가정했다. 2013E에 OB맥주의 EBITDA는 516.7십억 원이고, 10.5x의 EBITDA 멀티플을 적용함에 따라 5,425.2십억 원의 EV를 도출했다. 투자 기간 동안의 부채상환의 총합은 918.1십억 원(2009A 1,350십억 원에서 2013E 기말 밸런스인 431.9십억 원을 차감)이며, OB맥주에 2013E에 남아 있을 것으로 예상되는 대출금액은 431.9십억 원이다. 보유현금이 80십억 원이기 때문에 순부채(net debt)는 351.9십억 원이다. 엔터프라이즈 밸류 5,425.2십억 원에서 순부채를 차감한 5,073.2십억 원이 implied equity value가 된다.

IRR과 MOIC 계산

투자 기간 동안 추가적인 현금유입(투자자에게 지급되는 배당)과, 현금유출(투자자의 추가 출자)이 없다고 가정했을 때, IRR과 MOIC은 투자자의 초기 equity contribution(outflow)과 엑시트에서의 매각금액을 통해 계산한다. 계산은 다음과 같다.

Investment Time line

	2009A	2010E	2011E	2012E	2013E	2014E	2015E	2016E	2017E
Cash invested	(1,120.7)								
(+) Dividends		-	-	-	-	-	-	-	-
(+) Exit proceeds		-	-	-	5,073.2	-	-	-	-
Net cash change	(1,120.7)	-	-	-	5,073.2	-	-	-	-
IRR:	**45.8%**								
MOIC:	**4.5x**								

투자자에게 초기의 cash invested(equity contribution)는 현금유출을 의미한다. 따라서 타임라인상 음수값으로 나타난다. 만약 투자자가 추가로 인수 등의 목적으로 출자하게 되면 마찬가지로 그 금액은 음수로 표시한다. 반면에 엑시트 시 매각금액과 투자 기간 동안 지급받은 배당 등의 투자자가 받은 현금은 타임라인상 양수값으로 표시한다.

OB맥주의 LBO에서 우리는 초기의 equity contribution이나 엑시트에서의 매각대금을 제외한 다른 현금의 유입이나 유출이 없었고, 운영 기간의 현금흐름은 100% 대출의 원금상환을 했기 때문에 배당금이 발생하지 않았다. 따라서 우리는 초기의 equity contribution 금액인 1,120.7십억 원과 2013E의 5,073.2십억 원의 매각대금을 고려했을 때, 약 45.8%의 IRR과 4.5x의 MOIC를 확인할 수 있다.

다양한 매각 시점에 따른 수익률

우리는 추정 기간 동안 10.5x의 고정된 멀티플 그리고 각 연도의 마지막 시점에 매각했다는 가정으로 IRR과 MOIC를 계산했다. 모델상, 2013년을 제외하고, 매각 시점이 미뤄질수록 EBITDA가 증가하고, 순부채가 감소하기 때문에 지분가치(equity value)는 늘어난다. 이에 따라 처음 투자금액은 변함이 없고, EBITDA가 늘어남에 따라 추정 매각금액이 커져 MOIC는 증가한다. 그러나 매각 시점이 미뤄질수록 화폐의 시간가치 원칙에 따라 IRR은 감소한다. 즉, 같은 금액을 회수한다고 했을 때 돈을 빨리 회수할수록 IRR이 상승한다.

다음의 표에서 보는 것처럼, 10.5x의 엔트리 및 엑시트 멀티플로, 2010E부터 2017E까지 연도별로 매각을 가정했을 때의 IRR과 MOIC를 분석했다. 같은 금액으로 2013년에 매각한다고 가정했을 때 IRR은 45.8%이나, 2017년 매각한다고 가정하면 높은 MOIC에도 불구하고 23.3%로 감소한다.

Returns Analysis	2009PF	2010E	2011E	2012E	2013E	2014E	2015E	2016E	2017E
Initial Equity Investment (Entry multiple 10.5x)	(1,120.7)								
EBITDA		267.9	325.6	408.2	516.7	431.1	464.0	474.1	484.4
Enterprise Value at Exit (Exit multiple 10.5x)		2,812.5	3,418.7	4,285.8	5,425.2	4,527.0	4,871.5	4,978.2	5,086.4
Cash		80.0	80.0	80.0	80.0	80.0	238.8	568.9	913.3
Existing long-term debt									
Revolver									
Term loan A									
Term loan B		658.4	471.1	219.8					
Term loan C									
2nd lien loan									
Senior notes									
Subordinated notes		550.0	550.0	550.0	431.9	154.8			
Total Debt		1,208.4	1,021.1	769.8	431.9	154.8	-	-	-
Equity Value at Exit		1,684.2	2,477.5	3,596.1	5,073.2	4,452.2	5,110.4	5,547.1	5,999.8
MOIC		1.5x	2.2x	3.2x	4.5x	4.0x	4.6x	4.9x	5.4x
Initial Equity Investment									
Equity Value at Exit	(1,120.7)	1,684.2	2,477.5	3,596.1	5,073.2	4,452.2	5,110.4	5,547.1	5,999.8
IRR		50.3%	48.7%	47.4%	45.8%	31.8%	28.8%	25.6%	23.3%

IRR 민감도 분석

민감도 분석은 IRR을 분석하고, LBO 시 회사의 인수가치 평가를 하는 데 있어 매우 중요한 부분이다. IRR은 엔트리와 엑시트 멀티플, 매각 시점, 레버리지 비율, equity contribution 규모, 성장률이나 마진과 같은 주요 운용가정에 민감하게 반응한다.

다음의 표에서 보는 것처럼, 엔트리와 엑시트 멀티플에 대해 민감도 분석을 했다. IRR 분석 시, 엔트리와 엑시트 멀티플 조합을 통해 IRR은 32.2%에서 77.7%까지 차이를 보여주었다.

		IRR - Assuming Exit in 2013E						
					Exit Multiple			
		8.0x	8.5x	9.0x	9.5x	10.0x	10.5x	11.0x
Entry Multiple	8.0x	63.1%	65.8%	68.4%	70.8%	73.2%	75.5%	77.7%
	8.5x	55.2%	57.8%	60.2%	62.6%	64.8%	67.0%	69.1%
	9.0x	48.9%	51.4%	53.7%	56.0%	58.1%	60.2%	62.2%
	9.5x	43.7%	46.1%	48.4%	50.5%	52.6%	54.6%	56.6%
	10.0x	39.3%	41.6%	43.8%	45.9%	48.0%	49.9%	51.8%
	10.5x	35.5%	37.8%	39.9%	42.0%	43.9%	45.8%	47.6%
	11.0x	32.2%	34.4%	36.5%	38.5%	40.4%	42.2%	44.0%

Step 4(c). 평가가치 결정

투자자는 LBO를 통해 인수했을 때, 투자한 인수금액에 따른 적정한 수익률을 창출할 수 있는지에 따라 투자 여부를 판단한다. 이러한 분석은 재무 성과 추정, 인수금액, 자본구조, 엑시트 멀티플 및 시점에 대한 가정을 필요로 한다. 동시에 투자자는 이 책에 소개된 다른 가치평가 방법을 종합적으로 분석하고 의사 결정을 해야 한다.

또한, LBO 분석을 통해 다른 투자자가 어느 정도 금액으로 인수할 수 있을지 확인할 수 있다. 특히, 전략적 투자자(SI)뿐만 아니라 다른 재무적 투자자(FI)들이 인수금액을 어느 정도로 지불할지 가늠할 수 있다.

여기서는 'upside case'를 가정해 높은 수익률을 보여주지만, 일반적으로 LBO 분석을 통해 계산한 가치는 보통 다른 가치평가 기법(특히 DCF와 precedent transactions) 대비 낮게 나타난다. 이유는 LBO 시 발생하는 제약과 대출 시장 상황, 레버리지 때문이다. 일반적으로 SI는 인수 후 PMI(Post Merger Integration)를 통해 시너지를 낼 수 있기 때문에, 더 높은 인수금액을 제시할 수 있고, 더 높은 수익률을 창출할 수 있다. 만약 대출 시장이 투자자에게 우호적일 경우, FI는 SI와 경쟁할 수 있다. 이는 LBO 시 인수를 위해 낮은 자본조달 비용(이자율)이 가능하기 때문이다.

Step 4(d). 모델 요약 페이지 작성

LBO 모델이 완벽하게 작동하면, 모든 모델의 결과물을 transaction summary sheet로 연결한다. 이 페이지에는 시나리오에 따른 LBO 분석의 결과치(인수금액, 자본구조, 운영 현황 등)를 편하게 볼 수 있도록 작성했다. 일반적으로 sources and uses of funds, 멀티플, 수익률 분석 요약, 재무 현황 요약, 신용 관련 통계치를 보여준다. 주요 가정들을 변경하거나 다양한 시나리오를 변경할 때는 토글 키를 만들면 쉽게 수정할 수 있다.

모델 요약 페이지

Sources	x of EBITDA	$	%	Uses	$	%	Options	
Excess cash on B/S	0.2 x	54.1	2.1%	Equity purchase price	2,044.5	81.0%	Circular switch	1
Revolver initial drawdown	-	-	-	Repay existing debt	436.1	17.3%	Financing structure	1
Term loan A	-	-	-	Financing fees	13.5	0.5%		
Term loan B	3.5 x	800.0	31.7%	Other deal expenses	30.7	1.2%	Slected case- 1. Upside	1
Term loan C	-	-	-				**Assumptions**	
2nd lien loan	-	-	-				Minimum cash balance	80.0
Senior notes	-	-	-				Financing fee amortization period	5ys
Subordinated notes	2.4 x	550.0	21.8%				Cash sweep	100%
Equity contribution	4.8 x	1,120.7	44.4%				Entry multiple	10.3x
Rollover equity	-	-	-				Exit year	2013
Total sources	10.9 x	2,524.8	100.0%	Total uses	2,524.8	100.0%	Exit multiple	10.3x

Summary Financial Data

	2009PF	2010E	2011E	2012E	2013E	2014E	2015E	2016E	2017E
Revenue	816.1	914.0	1,073.1	1,258.7	1,484.0	1,602.8	1,731.0	1,765.6	1,800.9
(-) Cost of goods sold	349.7	405.8	470.0	536.2	607.0	681.2	735.7	750.4	765.4
Gross profit	466.4	508.2	603.1	722.5	877.1	921.6	995.3	1,015.2	1,035.5
(-) SG&A	262.9	277.9	314.4	351.2	397.7	528.9	571.2	582.7	594.3
(-) Other opex	7.3	7.0	7.0	7.0	7.0	7.0	7.0	7.0	7.0
EBIT	196.3	223.3	281.7	364.3	472.3	385.7	417.1	425.6	434.2
EBITDA	231.1	267.9	325.6	408.2	516.7	431.1	464.0	474.1	484.4
(-) Total interest expense	(5.1)	(77.1)	(69.7)	(59.8)	(45.0)	(25.0)	(6.1)	(0.3)	(0.3)
(+) Interest income	12.8	1.2	1.4	1.6	1.8	2.0	4.4	12.1	22.2
(+) Impairment		20.3	20.3	20.3	20.3	20.3	20.3	20.3	20.3
(-) Tax provision	(50.8)	(35.7)	(51.6)	(74.1)	(103.8)	(87.8)	(100.5)	(105.8)	(110.4)
(-) Capital expenditure		(36.6)	(42.9)	(50.3)	(59.4)	(64.1)	(69.2)	(70.6)	(72.0)
(-) Change in NWC		(1.2)	1.5	2.8	4.6	(2.2)	0.8	0.2	0.2
FCFE		138.9	184.5	248.7	335.1	274.4	313.6	330.0	344.5

Capitalizaiton

	2009A	2009PF	2010E	2011E	2012E	2013E	2014E	2015E	2016E	2017E
Cash	134.1	80.0	80.0	80.0	80.0	80.0	80.0	238.8	568.9	913.3
Existing long-term debt	435.5	-	-	-	-	-	-	-	-	-
Revolver	0.5	-	-	-	-	-	-	-	-	-
Term loan A	-	-	-	-	-	-	-	-	-	-
Term loan B	-	800.0	658.4	471.1	219.8	-	-	-	-	-
Term loan C	-	-	-	-	-	-	-	-	-	-
2nd lien loan	-	-	-	-	-	-	-	-	-	-
Senior notes	-	-	-	-	-	-	-	-	-	-
Subordinated notes	-	550.0	550.0	550.0	550.0	431.9	154.8	-	-	-
Total Debt	436.1	1,350.0	1,208.4	1,021.1	769.8	431.9	154.8	-	-	-
Preferred stock	1.0	1.0	1.0	1.0	1.0	1.0	1.0	1.0	1.0	1.0
Common equity	501.6	1,090.0	1,201.8	1,363.5	1,595.6	1,920.8	2,195.7	2,510.6	2,842.1	3,187.9
Total equity	502.6	1,091.0	1,202.8	1,364.5	1,596.6	1,921.8	2,196.7	2,511.6	2,843.1	3,188.9
Total Capitalization	938.7	2,441.0	2,411.2	2,385.7	2,366.3	2,353.8	2,351.6	2,511.6	2,843.1	3,188.9

Credit Statistics

	2010E	2011E	2012E	2013E	2014E	2015E	2016E	2017E
% Debt / Total Capitalization	50.1%	42.8%	32.5%	18.4%	6.6%	0.0%	0.0%	0.0%
EBITDA / Cash Interest Expense	3.6x	4.9x	7.1x	12.2x	19.3x	76.0x	-	-
DSCR (CFADS / Debt Service)	1.7x	2.5x	3.9x	6.7x	12.4x	51.4x	-	-
Debt / EBITDA	4.5x	3.1x	1.9x	0.8x	0.4x	-	-	-

현업자 인터뷰 #4

Josh Kim

現 헤지펀드 Long/Short Equity 애널리스트/포트폴리오 매니저(싱가포르)
前 Artha Capital-글로벌 Long/Shor Equity 애널리스트(홍콩)
前 Sanford C. Bernstein-IT섹터 주식 리서치(홍콩)
前 Merrill Lynch-M&A팀 IB 애널리스트(홍콩)
Cornell University 경제학과 졸업

현재 본인이 하는 업무, 역할에 대해 간단하게 설명 부탁드립니다.

시장 중립 롱, 숏(market neutral equity long short) 헤지펀드에서 애널리스트 및 포트폴리오 매니저 업무를 하고 있습니다. 애널리스트로서는 기업 리서치, 밸류에이션, 금융 모델링, 재무분석 업무가 있고, 포트폴리오 매니저로서는 트레이딩 및 리스크 관리 업무가 있습니다. 회사와 업계를 분석하고, 현황을 알기 위해 필요한 사람들을 찾아 인터뷰하고, 셀사이드 애널리스트와 자주 통화합니다. 대체로 투자 기간은 3개월에서 2년 사이이고, 주로 아시아에서 중국, 한국, 일본에 투자합니다.

본인의 업무 중 어떤 부분이 매력적인가요?

다양한 분야의 회사들을 만나고 분석하기에 다양한 업계에 대해 알게 됩니다. 또한, 여러 국가에 투자하고 있기에 다양한 나라로 출장을 가기도 합니다. 무엇보다도 투자환경이 계속해서 변하기 때문에 하루도 똑같은 날은 없습니다.

업무의 단점이나 독자가 해당 업무를 지원하기 전에 알아두면 좋은 것들이 있을까요?

최대 단점은 커리어가 불안정하다는 점입니다. 헤지펀드란 보통 운용하는 금액이 적으며(롱온리 펀드에 비해서), 팀 수도 적습니다(2~10명 사이 팀이 대부분). 10년 내에 문 닫는 펀드가 90%라고 합니다. 헤지펀드는 창업가 정신이 있으신 분에겐 좋습니다만, 안전한 직업을 원하시는 분에겐 추천하지 않습니다.

어떻게 현재까지의 커리어를 쌓게 되었나요? 업무 처리나 커리어 준비 노하우가 궁금합니다.

대학 졸업 후 투자은행에서 IB 업무를 2년 정도 한 뒤, 셀사이드(증권사) 애널리스트 밑에서 RA 생활을 1년 거쳐, 헤지펀드로 취직했습니다. 늘 주식과 시장에는 관심이 많아서 자연스레 많은 책을 읽고, 투자 아이디어를 준비했던 거 같습니다.

일반적인 하루 또는 1년 스케줄은 어떻게 되시나요?

아침 5시에 기상해서 명상 및 책을 읽고, 하루를 계획합니다. 대체로 아침 7시 정도에 출근합니다. 보통 아침에는 전날 미국 및 유럽시장 동향을 파악하고, 기업 뉴스와 이메일을 확인합니다. 증권사와 은행 쪽 세일즈나 애널리스트랑 통화할 수 있습니다. 주문을 넣어야 하는 건 보통 10시 이외로 끝납니다. 11시부터는 보통 리서치 리포트를 읽거나, 금융 모델을 만들고, 사전 모델들을 업데이트합니다. 또 외부 미팅도 일주일에 두세 번 정도 있습니다. 회사를 탐방하거나, 애널리스트를 만나거나 합니다. 1년 동안 보통 출장을 10번 이상 다니고, 100개 이상 기업, 500번 이상의 미팅을 합니다. 이를 통해 발굴하는 투자 아이디어는 100개 넘습니다(보통 포트폴리오에 포지션이 50~60개 되고, 평균 6개월 들고 있다고 계산).

자신의 커리어를 두고 고민하는 독자들을 위해 공유하고 싶은 의견 한마디 부탁드립니다.

헤지펀드는 같이 일하는 사람이 매우 중요합니다. 인터뷰를 볼 때 서로 판단한다고 생각하고, 까다롭게 선택하시길 바랍니다. 투자철학과 성격이 모두 맞아야 한다고 봅니다.

금융 모델을 만들 줄 알거나 잘 다루면, 업무에 도움이 된다고 할 수 있을까요?

물론입니다. 글로벌 금융업계에서, 다양한 금융 모델들을 직접 만들고 수정할 수 있는 능력은 필수 스킬이라고 볼 수 있습니다. 저는 메릴린치에 입사하면서부터 전문 업체를 통해서 모델링 교육을 받았고, IB, 리서치, 헤지펀드에서 다양한 직무를 경험하면서 항상 가치평가 및 투자 매력도의 정밀 분석을 위해서 다양한 금융 모델을 만들었습니다. 다만 금융 모델을 만들 때 한 가지 유의할 점은, 모델 속에 들어가는 가정이 중요하다는 사실입니다. 정교하고 논리적인 모델을 만들 수 있는 실력은 좋지만, 그 속에 들어가는 가정치를 이해하는 것 또한 매우 중요하다는 뜻입니다.

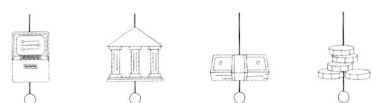

Chapter 5

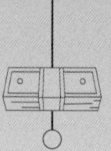

칼라일그룹의 ADT캡스 LBO-케이스 스터디

INVESTMENT BANKING & PRIVATE EQUITY
Valuation, Mergers & Acquisitions, Leveraged Buyouts

칼라일그룹의 ADT캡스 LBO
케이스 스터디

2014년 3월 4일, IB(투자은행) 업계의 예상을 뒤엎고 글로벌 사모펀드 칼라일그룹이 미국 타이코그룹으로부터 국내 2위 보안 업체 ADT캡스를 19억 3,000만 달러(에퀴티 밸류 기준, 한화로 약 2조 1천억 원)에 인수했다. 칼라일을 비롯해 IMM, KKR, 어피니티, 베인캐피탈, 한앤컴퍼니, SC PE 등 다양한 한국 및 글로벌 사모펀드들이 눈독 들인 이 딜을 분석해보자.

(참고로 책의 appendix에 가면, 각종 정보를 취합한 S&P Capital IQ 페이지들의 스크린샷을 볼 수 있다. S&P Capital IQ 외에도, 각종 국내외 신문기사와 DART에 공시된 자료들을 사용해 이번 챕터를 작성했다.)

INVESTMENT BANKING & PRIVATE EQUITY

M&A 배경

타이코그룹은 미국의 보안전문 기업이다(참고로 타이코그룹 미국 본사는 이 한국 딜이 체결되고 2년 후, 2016년 미국의 존슨컨트롤스에 17조 원 정도에 매각되었음). 타이코그룹의 보안전문 자회사 ADT는 1999년 IMF 당시 1971년 설립된 한국보안공사(캡스)의 지분을 100% 매수하며 코스닥에서 상장폐지시켰고 사명을 ADT캡스로 변경했다.

10년이 넘는 기간 동안 타이코그룹은 ADT캡스의 성장을 이어가며 국내 2위 보안 업체로 자리매김했지만, 결국 2012년부터 매각을 고민하다 2013년 11월 정식으로 M&A 시장에 매물로 내놓았다. 그 전에 SC PE에게 바로 매각하는 옵션도 고려했지만, ADT캡스의 사업 특성과 1조 원이 넘을 딜 규모를 감안했을 때, 한국에 다양한 전략적, 재무적 투자자의 관심이 있을 것이라 예상해 결국 경쟁입찰 방식으로 선회했다는 후문이 있다.

미국의 타이코그룹은 1999년 캡스를 인수한 이후, 10년 넘게 연평균 매출 10%가량, 영업이익 20%가량 증가시키는 엄청난 성적을 이루었다. 눈여겨볼 점은 이러한 좋은 자회사를 매각하는 이유가 '모회사의 현금 부족'이 아니라, '비핵심 자산매각'에 있다는 것이다. 즉, '아직 모회사, 자회사 모두 건전하지만, 비싼 가격을 받을 수 있는 경우에 한해서 한국 ADT캡스를 매각한다'는 전략을 세운 것이다.

이러한 전략적 M&A 판단은, 한국의 재벌 그룹들이, 그룹 전반에 경영-재무 환경에 무리가 생기면 그때야 급하게 자회사를 M&A 매물로 내놓거나, 혹은 경영승계의 한 도구로 M&A를 사용하는 모습들과는 확연히 차이가 났다. 물론 이 10년의 투자 기간 동안 미국의 타이코그룹은 한국의 ADT캡스를 통해 상당한 배당이익을 받았으며, 이번 2014년 매각에서도 조 단위 차익을 거두었다.

딜 진행 과정

2013년 11월에 타이코그룹이 처음 ADT캡스 매각 의사를 발표할 때만 해도, IB(투자은행) 업계 관계자들은 무인보안 업체와 시너지를 낼 확률이 높은 KT, SK텔레콤 그리고 LG유플러스를 유력한 전략적 투자자로 꼽았다. 특히 KT는 이미 KT텔레캅이라는 국내 3위 보안 업체를 자회사로 두고 있었으며, SK텔레콤은 이러한 무인보안 업체 경쟁에 취약한 상황이어서, '이미 진출해 있는 무인보안 분야를 키우려는 쪽'과 '경쟁사의 사업에 새롭게 진출하려는 쪽' 양측의 경쟁이 예상되기도 했다. 하지만 이런 예상과는 달리, 전략적 투자자 SK텔레콤과 KT는 일찌감치 입찰을 포기했다.

전략적 투자자들이 모두 입찰에 참여하지 않았지만, 다양한 재무적 투자자들, 특히 사모펀드들의 관심은 매우 뜨거웠다. 한국의 경제 규모와 M&A 시장 상황을 고려했을 때, 특별한 이유가 없으면, 1조 원이 넘는 매물의 희소성 때문에 사모펀드들의 관심을 받을 수밖에 없기 때문이다. 실제로 ADT캡스는 2008년 금융위기가 시작된 이래, 당시까지 가장 큰 M&A 매물이었다.

어쨌든 ADT캡스 딜은 6개의 사모펀드 및 컨소시엄의 입찰을 받았고, 6개 입찰자들 모두가 최종 입찰 전까지 탈락하거나 포기하지 않았다는 사실은 예상보다 높게 측정된 최종 인수가와 더불어 사모펀드들의 강력한 인수 의지를 드러내는 또 다른 신호였다.

2014년 2월 20일, 매각자문을 맡은 모건스탠리는 어피니티, KKR 그리고 칼라일그룹에게만 재입찰을 받겠다는 메시지를 보냈다. 나중에 알게 된 사실이지만, 칼라일그룹은 M&A 딜 보안을 위해 홍콩에서 비밀리에 최종 입찰 및 계약을 통해서 ADT캡스 인수자로 낙찰되었으며, 이러한 사실은 3월 3일 미국 타이코그룹의 미국 공시를 통해서야 비로소 시장에 공개되었다.

칼라일그룹이 지불한 19억 3,000만 달러는 IB 업계의 예상가를 상회했지만, 아직 이 가격이 '너무 높았는지'에 대한 판단을 하기에는 시기상조이다. 확실한 결론은 칼라일그룹이 언제, 어느 가격에 ADT캡스를 매각하는지 봐야 확실히 알 수 있을 것이다. 하지만 당시에 시장에 공개된 정보만으로, '

칼라일그룹이 왜 이렇게 높은 인수가격을 지불했는지' 추론해볼 수 있으며, 이러한 분석은 다음 섹션에서 이어질 것이다.

칼라일그룹

워싱턴 DC에 본사를 두고 있는 칼라일그룹은 1987년 5명의 창업자에 의해 설립됐다. 보통 M&A 베테랑들로 구성되는 일반적인 뉴욕 사모펀드 창업 파트너들과는 다르게, 칼라일그룹은 지미 카터 대통령의 정책보좌관처럼 정부나 일반 미국 기업 쪽에 연이 있는 인물들로 구성되었으며, 데이비드 루벤스타인(David Rubenstein)이 가장 널리 알려진 칼라일의 창업자다.

칼라일그룹은 이러한 정계 인맥을 바탕으로 초창기에 방산 산업 투자들에서 큰 이익을 낸 걸로 알려져 있다. 1997년 미국의 대형 방산 업체 United Defense를 인수하고 결국 뉴욕증시에 상장시켜 큰 차익을 거둔 게 대표적인 방위, 군수 분야의 투자다.

현재는 이러한 산업 특성을 벗어나, 일반적인 LBO, 부동산, 에너지-발전 등의 다양한 펀드를 갖추어 거의 모든 산업군에 글로벌한 투자를 집행하고 있으며, 그 투자자산 규모는 수백조 원에 달한다. 우리에게도 잘 알려진 던킨도너츠, 베스킨라빈스를 소유한 던킨브랜즈, 카 렌탈 업체 허츠(Hertz) 등의 회사들도 칼라일그룹의 손을 거쳤다.

칼라일은 과거 한국에서도 2000년 9월 한미은행을 4억 5,000만 달러에 인수해, 2004년 2월 씨티은행에 매각해 7,000억 원가량의 차익을 거둔 경험이 있다. 7,000억 원이라는 절대적 이익 규모도 놀랍지만, 연간수익률로 환산해도 30%가 넘는 매우 성공적인 투자였다.

이러한 성공적인 투자 이후에 칼라일그룹은 한국에서 추가적인 투자 실적이 없었는데, 그 이유는 당시 칼라일그룹의 아시아 대표를 맡은 김병주 사장이 2005년 3월 MBK파트너스라는 또 다른 사모펀드를 설립하며 떠났기 때문이라는 주장이 우세하다.

딜 구조와 밸류에이션

먼저 ADT캡스 딜에서 알아야 할 것은, 칼라일이 IB 업계에서 예상한 1조 5,000억 원가량을 훨씬 상회하는 높은 가격에 ADT캡스를 인수했다는 점이다. 재무수치를 분석해봐도, 이 딜의 EV/EBITDA 비율은 11~12x 정도로 높은 수치이고, EV/EBIT으로 본다면 멀티플은 20x에 근접하기 때문에, 칼라일은 매우 비싼 값을 치르고 ADT캡스를 인수했다고 볼 수 있다.

보통 사모펀드들의 LBO 투자는 많은 차입금을 사용해 투자자의 자본 수익률을 극대화하기 때문에 일반적인 M&A보다 복잡한 자본구조를 띠게 된다. 칼라일이 ADT캡스를 인수하기 위해서 높은 가격을 제시할 수 있었던 이유 중 하나는, 높은 레버리지 비율이다.

Debt(차입금) ~1조 3,000억 원	**선순위차입** 외환은행, KB국민은행, 중소기업은행, 한국투자증권 ~9,400억 원
	후순위채권 UBS ~3,600억 원
Equity(자본) ~7,650억 원	**칼라일그룹 출자** ~7,650억 원

위 표는 칼라일이 ADT캡스 인수금액을 어떻게 조달했는지 분석한 것이다. 외부 차입금 중 9,400억 원가량은 선순위차입금으로 한국외환은행, KB국민은행, 중소기업은행, 한국투자증권 등이 주선해 국내 금융권에서 신디케이트론을 조성해 마련되었다. 후순위채권 3,600억 원가량은 UBS가 국내 연기금과 보험사 등 기관 투자가들을 대상으로 high yield bond를 발행했다는 얘기도 있고, 홍콩에

서 해당 투자금을 모았다는 얘기도 있다.

단순하게 차입금을 딜의 총규모로 보면(LTV), 총가격의 63% 정도를 차입금으로 조달했는데, 이는 일반적인 국내 LBO 딜의 40~50% LTV 비율보다 높은 비율이다. Debt/EBITDA 비율로 봐도 4~5x에 달할 정도로 매우 높은 레버리지 비율이다.

이렇게 레버리지 비율을 높일 수 있었던 이유를 두 가지로 나누어보면 첫 번째는 칼라일이 글로벌 사모펀드로서 저렴하게 차입을 조달하기에 좋은 평판과 더불어 2014년 당시의 매우 낮은 시장금리 때문이다. 시장에 공개된 정보에 의하면, 이 딜에 사용된 선순위, 후순위 차입금의 이자율은 각각 5.7%, 9.5% 정도였다. 한편 가중평균 차입금조달 비용—부채의 가중평균 비용이 6.8% 정도인 것은, 많은 차입금을 사용했음에도, 칼라일의 부채조달 비용이 높지 않았다고 볼 수 있다.

두 번째 이유는 ADT캡스의 비즈니스 모델 때문이다. 일반적인 ADT캡스의 고객군은 작은 식당, 가게를 운영하는 사영업자, 중소형 창고, 공장을 운영하는 중소업자들, 그리고 사무실을 운영하는 은행, 대기업 등이 있다. 이런 다양한 고객들은, 일반적으로 3개의 국내 보안 업체 중 한 군데를 선정해서 초기에 설치비용을 지불하고, 그 이후에는 지속적으로 월정액을 납부한다. 어떤 사업이든, 기본적인 보안 시스템은 필수로 인식되기 때문에, 해당 사업이 완전히 망하지 않는 한, ADT캡스로 일정한 현금이 매달 입금되는 것이다.

또한 초기 설치비용 때문에 특별한 이유가 없지 않고서는, 어차피 3개의 주요 보안 업체들 사이에 차별성도 크지 않기 때문에, 고객이 굳이 각종 수고와 비용을 감당하면서 갑자기 다른 보안 업체로 변경할 이유도 없다. 만약 한 식당이 장사가 잘 되지 않아 문을 닫고, 그 같은 부지에 새로운 카페가 들어오는 경우에도, 결국 그 카페도 보안 업체를 선정해야 하고, 그 선택은 ADT캡스가 포함된 3개의 업체 중 하나일 확률이 매우 높기 때문에, 전체적인 고객 숫자가 급격히 하락할 이유도 매우 낮다.

이러한 비즈니스 모델의 특성상 현금흐름이 일정하고, 안정적이라는 것을 알 수 있으며, 이는 실제 ADT캡스의 과거 안정적인 영업 현금흐름을 통해 확연히 드러난다. 이런 안정적인 현금흐름은 큰 규모의 부채를 감당하기에 매우 적합하며, 칼라일그룹은 이러한 사업적 특성을 높은 레버리지를 사용한 LBO 투자를 통해서 적극 활용했다고 볼 수 있다.

INVESTMENT BANKING & PRIVATE EQUITY

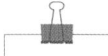

LBO 모델
요약 버전

거의 모든 투자가 그렇지만, 실제 투자의 매각 결과가 나올 때까지 그 투자의 성공, 실패 여부를 정확히 예측하기란 거의 불가능하다. 특히나 이번 LBO 투자처럼 비상장사의 M&A 투자는 외부자 입장에서 정보가 부족하기 때문에 더욱 평가하기가 어렵다.

하지만 아무리 이런 어려움이 있더라도 DART 공시와 시장에 떠도는 각종 뉴스 기사와 기업정보를 가지고 기본적인 분석을 해봄으로써, 4~6년 후에 투자금을 회수할 사모펀드의 투자 성적을 대략 예측해볼 수는 있다. 이렇게 제한적인 정보로, 일방적인 가정을 기반해서 간단하게 모델을 하는 것을 BOE(Back Of the Envelope) 분석이라고 하며, 이어서 저자들이 공개된 정보에 기반해 만들어본 BOE LBO 분석을 첨부했다.

자세히 하나씩 설명할 수는 없지만, 몇 가지를 설명하자면 다음과 같다.

- 인수가격, 인수금융구조와 차입금조달 비용 등은 실제 딜의 숫자를 사용했다.
- 미래현금흐름의 주요 척도인 EBITDA의 경우, 이번 인수 건 이전에 미국 타이코그룹으로 송금되던 연간 내부비용 250억 원가량을 조정한 금액을 사용했다.
- EBITDA 성장률 5%는 과거 실제 성장률 대비 보수적인 수치다.
- 매각은 인수 이후 5년이라고 예상했으며, 최근 선진국에서는 IoT 산업에서 보안 산업이 재조명을 받고 있기 때문에 이를 반영해, 투자를 회수할 때 전략적 투자자가 9x 정도의 EV/EBITDA 멀티플을 낼 거라고 예상했다.
- 간단히 계산해보면, 5년 후 칼라일은 1조 5,000억 원에 가까운 투자 이익을 거두고, IRR도 25%에 달할 것으로 예상된다.

- 만약 투자회수 시 9x 멀티플을 달성하지 못해도, IRR은 20%에 가까울 것으로 보인다.

OB맥주 사례처럼 정밀한 모델을 만들지는 않았지만, 다음과 같이 간단한 금융 모델 및 분석으로도 일련의 가정치와 그 수치들을 반영했을 때의 IRR을 계산해볼 수 있다. 참고로 해당 LBO 모델도 OB맥주 모델과 같은 사이트에서 다운로드할 수 있다.

Paper LBO 조건 (백만 원)

1. 인수가격		2,065,000	4. Other assumptions		
			EBITDA 성장률(p.a.):	5.0%	
			Capex (p.a.):	70,000	
2. 자본구조			D&A 비중 (Capex 대비 %):	140.0%	98,000
	Equity	765,000	Change in working capital:	(10,000)	
	Debt	1,300,000	Tax rate:	24.2%	IoT SI 매각 가정
	Interest rate	6.8%	추가 exit multiple(Entry multiple대비):	1.0x	
3. Tyco 본사로 송금된 금액 (p.a.):		250,000	Exit year:	5	

Paper LBO

(KRW in millions, except per share)	2015	2016E	2017E	2018E	2019E	2020E
EBITDA	249,948	262,445	275,567	289,346	303,813	319,004
(+) D&A	102,422	98,000	98,000	98,000	98,000	98,000
(-) Interest expense	-	(88,400)	81,896	74,381	65,768	55,966
EBT	147,526	76,045	95,671	116,965	140,045	165,038
(-) Tax	(35,701)	(18,403)	(23,152)	(28,305)	(33,891)	(39,939)
Net income	111,825	57,642	72,519	88,659	106,154	125,099
		0.96				
(+) D&A	102,422	98,000	98,000	98,000	98,000	98,000
(-) Change in working capital	(10,000)	(10,000)	(10,000)	(10,000)	(10,000)	(10,000)
(-) Capex	(70,000)	(70,000)	(70,000)	(70,000)	(70,000)	(70,000)
FCFF	154,246	95,642	110,519	126,659	144,154	163,099
Debt balance						
Beginning balance:	-	1,300,000	1,204,358	1,093,839	967,180	823,026
(+) Drawdown:	1,300,000	-	-	-	-	-
(-) Amortization:	-	(95,642)	(110,519)	(126,659)	(144,154)	(163,099)
Ending balance:	1,300,000	1,204,358	1,093,839	967,180	823,026	659,927

Exit

Exit year EBITDA	319,004	Exit $ to PEF	2,294,598	사모펀드 투자 차액	1,501,884
(x) Entry multiple	8.3x			MOIC	3.0x
(x) Exit multiple	9.3x			IRR	24.6%
Exit EV	2,954,525				

마지막으로 이런 재무, 계량적 분석 외에도 한국 보안 산업의 장단점을 분석해보았다.

한국 보안 산업 및 해당 딜의 장단점 분석

장점

- 3개의 상위 업체가 85% 넘는 시장을 독점하고 있는 구조(S1 50%, ADT캡스 20%, KT 텔레캅 15%)

- '위기 시 대응하는 사립경찰'이라는 특성상, 해당 보안 브랜드에 대한 인지도와 신뢰도가 중요하며, 위 3개의 업체는 상당한 브랜드를 쌓았다고 평가됨

- 위 모델에서는 5%의 성장률을 예상했지만, 실제 과거에는 연평균 10% 정도 성장을 이어왔으며, 단순 보안뿐만 아니라 IoT 산업의 인프라로 사용될 수도 있는 가능성을 가지고 있기 때문에, 실제 성장률은 과거보다 높아질 수도 있음

- 국내 보안 산업의 시장 보급률은 25%가량인데, 기타 선진국은 30% 정도. 국내 시장이 해외 평균을 따라간다고 가정하면 앞으로도 20%가량의 추가적인 산업 전체 성장이 가능할 것으로 판단

- 2014년 당시의 한국 경제구조를 보았을 때, 보안 시장의 주요 고객층인 자영업자가 줄어들 요인이 특별히 보이지 않음

- 향후 사모펀드가 투자금을 회수할 때, 2014년 딜에 참여하지 못한 SK나 LGU+ 같은 대기업이나, 기타 인터넷 회사들도 충분히 관심을 가질 만한 사업 내용과 규모

단점

- SK텔레콤의 IT 인프라와 브랜드 파워를 고려했을 때, 독단적으로 보안 산업에 진출할 가능성도 있음

- 미국의 최근 트렌드는 경비병력을 최소화하는 순수 사물인터넷에 대한 의존도가 높아지고 있으므로, 이럴 경우 기존에 경비병력을 갖춘 3개 회사의 경쟁력이 상대적으로 작아질 우려

- 이렇게 새로운 경쟁자나 새로운 기술이 활성화된다면, 높은 레버리지를 사용한 칼라일, ADT캡스에게는 큰 부담이 될 수 있음(이자비용 및 원금상환의 부담이 크기 때문에 공격적 투자가 어려움)

현업자 인터뷰 #5

이정일

現 Credit Suisse-사모펀드 투자 PI 부서(홍콩)
前 Credit Suisse-주식 리서치 RA(서울)
New York University-Leonard N. Stern School of Business 졸업

현재 본인이 하는 업무, 역할에 대해 간단하게 설명 부탁드립니다.

저는 현재 홍콩 크레디트스위스의 자기자본투자 부서에서 애널리스트로 근무하고 있습니다. 은행 내 사모펀드와 같은 개념으로 개발도상국(동남아시아 위주)을 중점적으로 다양한 분야의 기업에 중장기 지분투자를 하는 부서입니다. 저는 이 팀에서 기업-산업 분석, 가치평가, 금융 모델링 등을 담당하고 있습니다

본인의 업무 중 어떤 부분이 매력적인가요?

대학에서 금융, 재무를 공부할 때부터 M&A와 사모펀드에 관심이 있었는데 실질적으로 cross-border 딜들에 직접 관여하는 것 자체에 큰 흥미를 느낍니다. 또한 홍콩이라는 아시아 금융허브에서 동남아시아 등 개도국 위주의 다양한 산업을 접할 수 있다는 점이 저에게는 큰 매력으로 느껴집니다. 또한, 크레디트스위스의 글로벌 네트워크를 이용해 딜을 추진하기 때문에, 좀 더 한정된 지역에 특화된 독자적인 사모펀드 대비 더욱 폭넓은 딜을 접할 수 있는 점 또한 매력적입니다.

업무의 단점이나 독자가 해당 업무를 지원하기 전에 알아두면 좋은 것들이 있을까요?

제가 종사하는 업무 분야의 단점이라면 다양한 국가와 산업, 기업을 보기 때문에 항상 새로운 딜이 시작될 때마다 모든 업무를 처음부터 시작해야 하며 업무량이 상당하다는 점을 들 수 있을 것 같습니다. 또한, 어떤 딜이 언제 어떻게 진행될지 몰라 개인적인 스케줄을 짜는 데 어려움이 있다는 점을 느낍니다. 라이브 딜이 한창 진행 중일 때는 높은 스트레스와 시간적 압박감을 견뎌내야 할 때도 많습니다.

어떻게 현재까지의 커리어를 쌓게 되었나요?

저는 M&A 등 투자은행 부서가 아닌 주식 리서치 분야에서 약 2년 반 동안 근무했습니다. 딜 프로세스 경험이

없다는 점이 사모펀드 분야 쪽 면접을 준비하는 데 조금 불리한 점을 느꼈지만 제가 관심이 있던 분야라 열심히 따로 준비했습니다. 하지만 리서치 업무를 하며 쌓은 주식시장과 개별주식 분석에 관한 노하우도 결국에는 이직에 도움이 된 것 같습니다.

일반적인 하루 또는 1년 스케줄은 어떻게 되시나요?

일과는 매일 달라서 정의하기 어려운 것 같습니다. 여러 딜이 동시에 진행돼 항상 다양한 기회를 분석하며, 맡은 딜의 경과에 따라 업무(기업-산업 분석, 금융 모델링, 실사, 투자심사 등)가 달라집니다.

금융-재무 모델을 만들 줄 알거나 잘 다루면, 업무에 도움이 된다고 할 수 있을까요?

물론 좋습니다. 제가 종사하는 분야에서 전문적인 금융 모델링(DCF, LBO 등) 실력은 필수라고 생각됩니다. 아직 한국에는 비교적 잘 알려지지 않았지만, 대학교 금융동아리에서 만드는 정도의 모델과 실무에서 금융 현업자들이 사용하는 모델에는 큰 차이가 있습니다. 금융 전문성을 높이고 싶은 분들께는 꼭 글로벌 스탠더드에 부합하는 금융 모델링 스킬과 LBO 분석 능력을 키우는 것을 추천합니다. 이미 금융업계에 있더라도 금융 모델링 실력은 기회가 되는 대로 향상시켜 놓는 것이, 갑자기 찾아올 수 있는 좋은 이직 기회를 잡는 데 도움이 되는 것 같습니다.

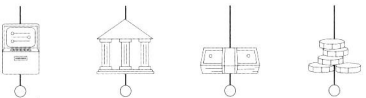

Chapter
6

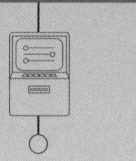

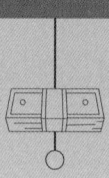

Comparable Companies Analysis
(유사기업비교법)

INVESTMENT BANKING & PRIVATE EQUITY
Valuation, Mergers & Acquisitions, Leveraged Buyouts

Comparable Companies Analysis
유사기업비교법

유사기업비교법(comparable companies 혹은 trading comps)은 회사 전체, 혹은 회사의 특정 사업이나 자산을 가치평가하는 가장 기본적인 방법 중 하나다. 이 기법은 금융 실무자가 일정 시점에서 기업의 가치를 평가할 수 있게 해준다. 다른 가치평가 기법과 비교했을 때 상대적으로 그 절차가 간단하고, 논란의 여지도 적은 편이어서 광범위하게 응용된다. 가장 대표적으로 사용되는 용도는 인수합병(M&A), 기업공개(IPO), 구조조정(restructuring), 그리고 사모펀드-헤지펀드 같은 투자자들의 투자 의사결정 등이 있다.

Trading comps는 '비슷한 기업들은 대상 기업의 가치평가에 있어 주요 사업, 재무상의 특징, 실적 요인, 리스크 등이 유사하다'고 가정한다. 따라서 금융 실무자는 유사 기업들 사이에서, 평가 대상인 회사의 상대적 위치를 파악할 수 있다. 이 가치평가 기법의 핵심은 비교 가능한 적절한 유사 기업들을 선정하는 것이다. 이러한 유사 기업들과 평가 대상 회사는 다양한 재무통계나 재무지표, 핵심 영업지표 등을 통해 서로 비교한다. Trading multiple(멀티플)은 대상의 평가 범위의 추론을 위해, 유사 기업의 재무지표를 사용해 계산한다. 여기서 도출된 멀티플 범위는, 대상의 재무숫자에 특정 비율이나 배수를 적용함으로써 가치를 계산할 때 사용한다.

산업별로 가치평가지표가 다를 수도 있지만, 이 장은 가장 광범위하게 사용되는 멀티플들에 초점을 뒀다. 엔터프라이즈 밸류(EV, Enterprise Value, 기업가치) 대비 EBITDA(이자비용, 세금, 감가상각비용 제외 전 영업이익), PER(P/E, Price Earnings Ratio, 주가이익배수) 등의 멀티플들은 가치평가 척도를 분자에, 재무지표를 분모에 둔다. EV에 기반한 멀티플들은 기업의 자본구조나 영업활동과 관계되지 않은 다른 요인들(예를 들어 세금 체계의 차이, 특정한 회계방침)로부터 독립적이기 때문에 M&A 전문 투자자들이 주로 이용한다. PER는 금융뿐만 아니라 다른 산업에서 가장 일반적으로 사용된다.

Trading comps는 현재 시장의 상황과 분위기에서 가치평가를 가능하게 해준다. 따라서 현금흐름할인법과 같은 절대가치 평가법들보다 시장 상황을 더 잘 반영한다. 하지만 동시에, 시장 멀티플들은 때로는 가치를 너무 높거나 너무 낮은 방향으로 왜곡하는 투자자의 비이성적인 심리에 영향을 받을 수도 있다. 뿐만 아니라, 두 개의 회사가 완전히 같을 수는 없기 때문에, 비슷한 회사의 멀티플을 통한 가치평가는 회사의 실제 가치를 정확하게 평가할 수 없을 수도 있다.

따라서 trading comps는 반드시 이 책에서 언급될 다른 가치평가 기법과 함께 사용되어야 한다. 만약 서로 다른 가치평가 기법에서 도출된 가치들의 차이가 매우 크다면, 아마 그것은 가치평가에 사용한 주된 가정이나 계산을 다시 해봐야 한다는 신호일 수도 있다. 따라서 trading comps를 통한 가치평가를 할 때는 과정 리뷰나 결과 검증을 위해 중요한 정보나 가정들을 부지런히 기록하는 작업이 반드시 수반되어야 한다.

하지만 단순히 여러 방법 사이의 가치평가 결과가 다르다는 이유만으로, 특정 가치평가 방법에 오류가 있었다고 단정 지을 수는 없다. Trading comps는 가장 최신 정보가 반영된 주식시장에 의존하는 방법이고, 특정 이벤트로 인해 내재가치가 급격히 변하는 회사들이 있기 때문이다. 예를 들어 제약 회사가 연구, 개발 중이던 신약이 미국 FDA 같은 기관에서 통과되었다면 그 회사의 가치가 실제로 몇 배로 늘어날 수도 있다. 이런 경우들을 모두 일반화할 수 없기에, 금융 실무자들은 맹목적인 방법론보다는, 해당 회사나 산업의 상황도 고려하며 가치평가를 해야 한다.

이번 장에서는 trading comps를 통한 가치평가의 상세한 단계별 방법과 어떻게 이 가치평가 기법이 실무에서 적용되는지 예시와 함께 수록했다. 단계적인 접근을 통해 이러한 큰 틀이 정립되면, 가치평가 대상 기업인 OB맥주에 유사기업비교법을 적용해보도록 하자.

유사기업비교법의 단계적 접근 순서

STEP 1	비교 대상이 될 유사 기업 선정
STEP 2	필요한 재무정보 수집
STEP 3	주요 재무비율, 재무통계, 멀티플 나열
STEP 4	비교 대상 회사 벤치마크
STEP 5	평가가치 결정

Step 1 | 비교 대상이 될 유사 기업 선정

가치평가 대상이 될 유사 기업을 선정하는 것은 유사기업비교법을 위한 가장 기초적인 작업이다. 이 작업은 어떤 산업군에서는 매우 간단하고 직관적이지만, 유사 기업이 명확하지 않은 특정 기업에 대해서는 상당히 어려워질 수도 있다. 유사한 사업과 재무 특성을 가진 기업을 판별하기 위해서는 먼저 가치평가 대상에 대한 올바른 이해가 필요하다.

실무자는 동료나 상급자들에게 내부적으로 정리된 유사 기업의 리스트 유무를 먼저 논의한다. 한국, 서울 오피스에 잘 정돈된 리스트가 없더라도, 해외 팀에서 비슷한 조사를 했을 확률도 상당히 크기 때문에, 바로 리서치에 들어가기보다는 사전 리스트나 관련 경험자를 찾는 편이 결과적으로 시간을 절약할 수 있다.

만약 그런 사전 리스트나 관련 경험자들이 없는 상태라면, 금융 실무자는 먼저 비교 대상이 될 가능성이 있는 유사 기업들을 최대한 많이 추려내야 한다. 다음으로, 광범위한 유사 기업 리스트에서 점점 범위를 좁히면서, 최종적으로는 가장 비슷한 유사 기업으로 간추려낸다. 가치평가 대상의 경쟁사인 상장기업들을 조사하는 것은 가능성이 있는 유사 기업을 추리는 작업의 좋은 시작점이다.

1. 가치평가 대상 리서치

올바른 비교 대상 기업을 선정하는 결정에 있어서, 평가 대상 기업의 상세한 '스토리'를 알아보는 과정은 반드시 철저하게 이루어져야 한다. 이를 위해, 금융 실무자는 회사나 산업군에 대해 최대한 상세하게 분석해야 한다. 실제 비교 대상이 될 유사 기업을 선정하는 것은 이러한 분석을 끝낸 후에야 제대로 시작할 수 있다.

가치평가 대상이 상장기업일 경우에는 사업보고서와 반기-분기보고서, 주식과 채권 리서치 리포트, 보도자료, 실적발표회(IR) 자료, 투자설명회, 그리고 회사 웹사이트에서 주요 사업 및 재무에 관한 정보들을 찾아볼 수 있다.

비상장기업일 경우는 금융 실무자가 직접 회사 웹사이트나 산업 리서치, 보도자료, 업계 저널 등을 통해 기업에 대한 기본적인 정보를 얻을 수 있지만, 상대적으로 제한적인 정보만을 얻을 수 있기에 어려움이 따른다. 또 다른 경로는, 비상장기업의 경쟁 기업 중, 상장된 회사의 정보를 찾는 것이다. 이러한 경쟁사의 DART 공시, 리서치 리포트와 투자설명 자료가 간접적으로라도 도움이 될만한 정보를 제공해줄 수도 있다. 다행히 일반적인 M&A(인수합병) 과정에서는, 대상에 대한 자세한 사업설명과 재무정보들을 매각 회사나 매각자문을 하는 투자은행이 투자설명서(investment memorandum) 등을 통해 제공한다. 또한 S&P Capital IQ와 같은 금융 데이터 서비스 회사를 통해서도 비상장기업 정보를 구할 수 있다. 금융 실무자가 직접 여기저기 알아보는 과정에서 놓칠 수 있는 부분을 이와 같은 데이터 서비스는 이미 수집했을 수도 있기 때문이다.

2. 비교를 위한 대상의 주요 특성을 구분

사업과 재무정보에 따른 프레임

A. 사업적 프레임	B. 재무적 프레임
1. 산업군	1. 규모
2. 상품과 서비스	2. 수익성
3. 고객과 최종시장	3. 성장성
4. 유통채널	4. 투자수익률(ROI, Return on Investment)
5. 위치	5. 신용등급

대상을 공부하고 비교 대상을 선정하는 방법에 대한 간단한 프레임은 앞의 표에 나와 있다. 이 프레임이 세부적인 디테일까지 완벽하다고 할 수는 없지만, 관련 회사 자료수집 및 주요 사업과 재무 특성들을 파악할 수 있는 기본이자 필수이다.

1) 사업적 프레임

주요한 사업과 특성들이 비슷한 기업들은 서로 좋은 비교 대상 기업이 된다.

(1) 산업군

산업군은 회사가 운영되는 산업이나 시장을 일컫는다(예를 들어 소비재, 금융, 의료, 공업, 정보기술 등). 또한 회사의 이러한 산업군에 따른 분류는 평가 대상 기업과 가장 유사한 기업을 찾기 위해 보다 세부 산업 구분으로 나누어진다. 예를 들어 공업 부문에는 수많은 세부 산업군이 있는데, 제조업, 방산, 자동차부품, 항공우주 산업 등이 그 대표적인 예시다. 여기서 더 나아가, 그러한 세부 산업군도 다시 한번 분류될 수가 있는데, 자동차부품 산업을 예로 들면 냉각장치를 생산하는 컴프레서 섹터, 자동차의 외각 부품을 생산하는 유리 및 철강 섹터, 엔진을 생산하는 섹터 등 다양한 세부 산업군으로 분류 가능하다. 만약 서로 다른 산업을 가진 회사들을 살펴볼 때는 이러한 세부 산업군에 따라 가장 적합한 유사 기업들을 추려내는 것이 가치평가의 핵심이 될 수도 있다.

회사의 산업군은 주요 핵심변수나 리스크, 새로운 사업 기회 등을 알아보는 데 중요한 역할을 한다. 예를 들어, 석유 및 가스 같은 시황 산업일 경우에는 2014년에 시작된 유가폭락 같은 급격한 시장 변화의 영향을 직접적으로 받을 수 있기 때문에, 생필품 같은 필수 소비재 기업에 비해 수익에 많은 변동성이 있을 것이다. 하지만 시황 산업은 안정적이거나 이미 통합된 산업군에서는 불가능한 성장 기회를 안겨다 줄 수도 있다. 이러한 기업들의 올바른 산업군과 세부 산업군의 분류는 유사 기업들을 찾는 과정에 있어 필수이다. 참고를 위해 189쪽에 '유사 기업 가려내기' 섹션과 Appendix에 산업군 및 세부 산업군 분류에 대한 추가정보가 있다.

(2) 상품과 서비스

회사의 상품과 서비스는 비즈니스 모델을 파악하는 데 가장 핵심적인 부분이다. 따라서, 비슷한 상품을 팔거나 비슷한 서비스를 제공하는 기업들은 좋은 유사 기업이 된다. 상품은 회사가 개발하여 생산하거나, 개선해서 판매하는 등 부가가치를 부여한 제품을 일컫는다. 회사가 생산하는 상품의 예로는 일반 소비자에게 판매되는 전자기기, 자동차, 식품 등을 꼽을 수 있고, 다른 회사에 판매되는 상품으로는 철강부품, 중공업 장비, 석유화학 원자재 등이 있다. 서비스는 편의를 판매하는 것이고, 그 예로는 교육, 컨설팅, 법률 서비스, 장비의 설치와 관리, 물류 운반 등이 있다. 많은 회사들이 상품과 서비스를 함께 제공하지만, 상품만 단독으로 판매하거나 서비스만을 제공하는 기업들도 있다. 또한 다양한 제품이나 서비스를 제공하는 기업들이 있는 반면, 특정 세부 제품이나 서비스에 초점을 맞춘 기업들도 있다. 이렇게 각 기업이 제공하는 상품이나 서비스가 조금만 달라도 그 경제성에 큰 차이가 있을 수 있기에, 상세한 분석과 이해가 필요하다.

나아가, 한 산업군이나 세부 산업군 안에서 판매상품과 제공 서비스에 따라 유사기업을 추가적으로 구분할 수 있다. 예를 들어, IT 산업에서는 일반 범용 소프트웨어를 판매하는 기업보다 국방 혹은 보안 관련 특수 소프트웨어 서비스를 제공하는 기업이 상품을 더 높은 가격에 팔 수가 있다. 이러한 이유로, 오라클과 같은 IT 기업들은 다양한 IT 기업들과 차별되는 보다 세부적인 유사 기업 분류에 자주 속하게 된다. 물론 범용 소프트웨어를 개발하는 기업들도 역시 그들이 속한 세부 섹터가 존재할 것이다.

(3) 고객과 최종시장

① **고객** 회사의 고객은 회사가 생산한 제품이나 제공하는 서비스를 구매한 소비자를 일컫는다. 비슷한 고객을 가진 회사들은 유사한 리스크와 기회를 가지는 경향이 있다. 예를 들어 한국의 현대와 기아차의 특정한 자동차 모델에 맞춰진 부품을 주로 생산하고 공급하는 자동차부품 업체는, 현대-기아차의 구매 패턴이나 그들의 영업 성적에 직접적인 영향을 받는 경우가 많다.

회사 입장에서 고객의 수와 다양성은 매우 중요하다. 일부 기업들이 특정한 소비자나 틈새시장에 주력하는 반면, 어떤 기업들은 보다 넓은 고객층을 확보하기 위해 노력한다. 앞에 예를 든 국내 자동차부품 업체들은 대부분의 부품들이 현대-기아차에서만 쓰이기 때문에, 만약 현대-기아차가 국내외 소비자들에게 외면받는다면, 그만큼 하청 업체의 생산-판매량도 직격탄을 맞을 수 밖에 없으며, 이러한 리스크를 줄이기 위해서 부품 업체들은 다른 글로벌 자동차 회사들을 고객으로 확보하고자 노력한다.

일반적으로 리스크 관리 측면에서 넓은 고객층을 보유하는 것이 장점으로 여겨지지만, 미래의 매출성과 관점에서 볼 때는 안정적이면서 성장성 있는 확실한 고객층을 확보하는 것이 훨씬 도움될 수도 있다. 예를 들어 대만의 홍하이 폭스콘(Hon Hai Foxconn)이라는 전자제품 제조회사는, 애플의 아이폰을 주로 생산함으로, 지난 10년간 매우 빠르게 성장할 수 있었다.

② **최종시장** 회사의 최종시장은 회사가 상품을 판매하거나 서비스를 제공하는 근본적이고 넓은 범위의 잠재시장을 일컫는다. 예를 들어 컴프레서 부품을 생산하는 중공업 업체의 최종시장은 자동차, 에어컨, 생산설비, 건설 등의 산업이 될 수 있다.

회사의 성과는 최종시장에 관련된 경제적, 비경제적 요인에 직간접적인 영향을 받는다. 예를 들어 해외여행 자문 서비스를 제공하는 여행사는 시장에 영향을 미치는 금리, 실업률 등의 경제적 요인과 영토분쟁, 정치 상황, 외교관계 등의 비경제적 요인에 큰 타격을 받을 수 있다. 따라서, 같은 최종시장에 상품을 팔거나 서비스를 제공하는 기업들은 비슷한 성과를 내게 되고, 이것은 유사 기업을 선정하는 데 있어 중요한 척도가 된다.

(4) 유통채널

유통채널은 회사가 상품과 서비스를 판매하는 주된 통로다. 따라서 유통채널은 경영전략, 성과, 더 나아가 회사의 가치를 판단하는 데 필요한 핵심 동인이다. 예를 들어, 도매가 주된 유통채널인 기업과 기업의 자본구조는 소매 유통을 중심으로 하는 기업들과는 확연히 다를 것이다. 이마트, 홈플러스 같은 대형 슈퍼마켓이 소비자를 상대로 영업하는 데 필요한 인프라, 판매 인력, 물류 시스템 등은 신세계푸드, 현대그린푸드의 특수한 도매업-식자재 형태의 유통을 하는 사업과 확연히 다르다.

어떠한 회사들은 앞서 얘기한 도매, 소매, 소비자에게 직접 판매하는 유통채널을 모두 가지고 있기도 하다. 자동차를 생산하는 회사를 예로 들어보면 일반 소비자에게 소매로 자동차를 판매하기도 하지만 일부 대규모 물류 및 대중교통 업체들에게 도매로 트럭과 버스 등의 차량을 판매할 수도 있다.

마지막으로, 최근 들어 더욱 가속화되고 있는 인터넷-모바일의 유통혁신을 눈여겨봐야 한다. 수십 년간 안정적인 유통채널을 보유하던 산업들도, 모바일, IoT, 인공지능 등의 힘을 빌려 완전히 새로운 유통혁신을 가져오는 비즈니스 모델에 취약할 수 있기 때문이다.

(5) 위치

서로 다른 지역 혹은 국가는 회사들의 성장률, 거시 경제적 환경, 경쟁 상황, 시장법, 영업과 자본구조와 같은 요소에 영향을 준다. 현지의 인구 통계, 규제체계, 소비자의 선호도와 구매 패턴, 문화 규범 등에서 비롯된 이러한 차이는 나라마다, 그리고 대륙마다 아주 크게 다를 수 있다. 아직 성장세를 이어가고 있는 초대형 아시아 국가인 중국과 이미 고성장의 단계를 지나친 유럽국가 프랑스에서 사업을 하는 것은 큰 차이가 있을 것이다. 결과적으로 다른 지역이나 나라에 위치한 비슷한 회사들도 이러한 요인들 때문에 가치의 차이가 생길 수 있다.

따라서 유사 기업들을 선정하는 과정에서 금융 실무자들은 설사 기본적인 사업 모델들이 같더라도 미국(북미) 기반 회사들, 유럽 기반 회사들, 아시아 기반 회사들을 따로 분류하는 경우가 많다.

예를 들어, 금융 실무자가 유럽대륙에 기반한 소매기업의 유사 기업을 찾을 때는 주로 유럽대륙에 기반한 유사 기업에 주안점을 두고, 연관 있는 외국 회사들로부터 참조점을 찾는다. 이러한 지역에 기반한 분류는 지역적인 요소의 영향력이 적은 철강과 같은 글로벌 원자재 산업, 혹은 전 세계를 대상으로 전자 제품을 판매하는 애플이나 삼성과 같은 기업을 고려할 때는 덜 실용적일 수 있다. 하지만 이런 산업에서조차 지역적 요소에 따른 가치평가의 차이는 여전히 존재한다.

2) 재무적 프레임

주요 재무적 특성들은 가치평가 대상을 이해하고, 또한 그에 맞는 가장 좋은 유사 기업을 찾는 두 가지 관점에서 검토해야 한다.

(1) 규모

회사의 규모, 가치는 보통 엔터프라이즈 밸류(EV, Enterprise Value)나 에퀴티 밸류(equity value)를 사용하며, 매출, 매출총이익, EBITDA, EBIT, net income과 같은 주요 재무지표를 기반으로 측정된다. 같은 산업군에서 비슷한 규모를 가진 회사들이 규모 차이가 큰 다른 회사들 대비 비슷한 멀티플을 가질 확률이 높다. 그 이유는 규모의 경제, 구매력, 시장 가격 영향력, 고객군, 성장 잠재력 등의 근본적인 차이가 존재하고, 주식시장에서의 거래 유동성 측면에서도 차이가 나기 때문이다.

그 결과, 일반적으로 규모의 차이는 가치평가의 차이를 불러온다. 이러한 이유에서 유사 기업들은 규모에 따라 자주 분류된다. 예를 들어 1조 원 이상의 엔터프라이즈 밸류나 에퀴티 밸류 혹은 1조 원 이상의 매출을 내는 회사와 그렇지 않은 회사들은 보통 서로 다른 그룹으로 분류한다. 물론 이러한 분류를 위해서는, 각 규모에 따른 분류에 의미가 있으며, 각 규모별로 충분한 숫자의 유사 기업들을 찾았다는 것을 전제로 해야 한다.

(2) 수익성

회사의 수익성은 회사가 동일한 매출로부터 얼마만큼의 이익을 창출해낼 수 있는가에 대한 능력을 판별한다. 수익성 비율(마진, margin)은 EBITDA, EBIT, net income과 같은 수익을 분자로, 그리고 매출을 분모에 넣고 계산한다. 일반적으로 같은 산업군에서는, 다른 모든 조건이 같다면 마진율이 높을수록 수익성이 보다 높게 평가된다.

상황에 따라 다른 지표들을 계산할 수도 있는데, 한 예로, 대형마트를 운영하는 회사를 본다면, 1개의 대형 점포당 나오는 영업이익을 기반으로 비교할 수 있으며, 게임 회사의 경우, 한 명의 유저당 회사가 일으키는 매출을 비교할 수도 있다.

(3) 성장성

회사의 성장은 과거뿐만 아니라 미래에 예측되는 재무성과에 의해 결정되는 만큼 면밀한 검토가 필요하며, 가치평가에 있어 중요한 역할을 수행한다. 주식 투자자들은 고성장의 기업들을 저성장하는 경쟁사들보다 높은 멀티플로 평가한다. 또한 투자자들은 회사가 본연의 사업을 통해 성장하는지, 아니면 M&A를 통해 성장하는지도 주의 깊게 살펴본다.

회사의 성장성을 평가하는 데 있어서, 과거와 미래의 성장에 따라 예측되는 매출, EBITDA, EPS(주당순이익) 등의 다양한 재무지표가 분석에 사용되는데, 어느 정도 성숙한 상장기업들의 경우에는 EPS 성장률이 가장 의미 있다. 이와 반대로 새로운 기업들이나 매우 작은, 혹은 수익이 아예 없는 기업들은 매출이나 EBITDA 성장률을 사용하기도 한다. 인터넷 회사들의 경우, 이러한 재무적 성장추세 외에도 사용자 수를 측정하는 MAU(Monthly Active Users), 총가입자 수 등을 사용할 수 있다.

(4) 투자수익률(ROI, Return on Investment)

투자수익률은 투자된 자본에 대비해서 얼마만큼의 수익을 낼 수 있는지를 측정하는 지표다. ROI 비율은 EBIT, NOPAT, net income 등의 수익성을 나타내는 비율을 분자에, 자본을 나타내는 투자자본(invested capital), 주주 지분(equity)이나 총자산(total assets) 같은 숫자를 분모에 두고 계산한다.

가장 광범위하게 사용되는 ROI 비율은 투자자본순이익률[Return on Invested Capital(ROIC)], 자기자본이익률[Return on Equity(ROE)], 그리고 총자산이익률[Return on Assets(ROA)]이다. 배당수익률(dividend yield)은 회사의 주주가 보유한 지분 한 주당 받게 되는 배당금을, 현재 그 주식의 시가로 나누어서 측정하는 것으로, 또 다른 투자수익률 지표 중의 하나다.

(5) 신용등급

회사의 신용등급은 그 회사가 채무불이행으로 빠질 가능성을 평가해 부여한 등급을 말한다. 이러한 신용등급은 보통 회사의 전반적인 부채비율(레버리지 비율, leverage ratio), 부채에 대한 이자 상환능력(커버리지 비율, coverage ratio) 등으로 측정이 된다.

스탠더드 앤드 푸어스(S&P), 무디스(Moody's), 피치(Fitch)사가 가장 대표적인 독립된 신용등급을 제공하는 글로벌 평가기관이며, 한국에서는 3개의 신용 평가기관(한국기업평가, 한국신용평가, NICE신용평가)이 대부분의 회사 및 채권의 신용등급을 제공한다.

3. 유사 기업 가려내기

가치평가 대상의 기본적인 사업과 재무 특성에 대해 조사하고 이해하고 나면, 금융 실무자는 다양한 자료를 활용해 비교 가능한 유사 기업들을 가려낸다. 처음에는 비슷한 사업을 가진 회사를 찾아내는 것에 초점을 맞추어 업무를 진행한다.

일반적으로 투자은행들은 산업군별로, 분기별로 업데이트되는 멀티플 및 재무정보의 목록을 가지고 있다. 그러나 때때로 금융 실무자가 직접 아무것도 없는 상태에서 그러한 목록을 만들어야 한다. 이런 경우, 평가 대상의 경쟁 상장기업들부터 조사하는 것이 가장 좋은 방법이다. 경쟁 업체들은 보통 비슷한 사업과 재무 특성들을 가지고 있고, 대면한 리스크와 기회도 유사한 경우가 많기 때문이다. 상장기업들의 경우 사업보고서 등의 공시자료나 투자설명회에서 경쟁 기업을 언급할 수도 있으며, 한 걸음 더 나아가 기업분석보고서, 그중에서도 initiating coverage라고 불리는 보고서들에서는 주식 애널리스트이 생각하는 비교 가능 유사 기업이나 경쟁 업체들을 명시한다. 비상장기업을 평가해야 할 때는, 경쟁 상장기업의 사업보고서, 투자설명회, 산업보고서 등이 도움이 될 것이다.

금융 실무자는 평가 대상과 한국표준산업 분류코드(미국의 경우 SIC, NAICS 등의 분류)에서 찾아볼 수 있는 동종 산업군에 있는 기업들도 살펴볼 필요가 있다. 또한 S&P Capital IQ는 일반적으로 널리 사용되는 산업군 분류에서 가져온 포괄적인 분류뿐만 아니라, MSCI와 함께 자체적으로 개발 및 관리하는 글로벌표준산업코드인 GICS(Global Industry Classification Standard)를 따라 4단계 산업 분류를 기준으로 해서, 추가적으로 자체 기준에 의해 7단계까지 분류된 PICS(Primary Industry Classification Standard)까지 제공한다. 이런 상세한 분류는 상장기업뿐만 아니라, 비상장기업의 분류에 따라 유사 기업을 추천해주는 기능이 있다(appendix 참조). 이러한 분류들은 1차적인 광범위한 유사 기업 선정,

혹은 간과하고 있는 잠재적 유사 기업을 찾기 위해서 사용된다.

또 다른 출처는 S&P, Moody's, Fitch 등의 신용평가사, 그리고 한국의 3대 신용평가사에서 발간한 산업조사보고서다. 이런 신용평가보고서는 산업 자체를 분석한 보고서도 연간 혹은 반기마다 발표하며, 해당 평가사의 웹사이트에서 상당한 정보를 무료로 볼 수도 있다. 특히 비상장기업의 경우에, 주식 리서치보고서는 없겠지만, 신용평가보고서는 있는 경우가 많기 때문에 도움이 될만한 유사 기업들의 목록과 분석을 찾을 때 유용하다.

앞에서 언급한 자료들 외에, 어쩌면 상당한 경력이 있는 금융 실무자들이 비교 가능한 유사 기업들을 찾는 데 있어서 가장 가치 있는 정보를 알 수도 있다. 그들은 산업군에 대한 깊은 이해와 다년간 축적된 경험과 지식을 가지고 있기 때문에, 그들과 잠깐 대화하는 것만으로도 자료 작성을 위한 충분한 정보를 얻을 수 있다. 보통 신입 금융 실무자들이 다양한 비교 대상 유사 기업들을 선정하고, 경력 있는 금융 실무자들이 필요한 회사나 정보들을 가감하는 방식으로 진행된다.

이 과정들이 모두 끝나면, 일부 기업들을 검토 대상에서 제외하고, 최종적으로 선정된 기업들을 규모, 주요 사업, 지역 등의 구분에 따라 분류할 수 있을 것이다.

Step 2 | 필요한 재무정보 수집

Step 1의 과정을 통해 비교 대상 유사 기업들이 추려지면, 금융 실무자는 필요한 재무정보들을 분석하기 위해 알맞은 곳에 위치시키고(나열)[1] 재무비율, 재무통계 그리고 멀티플들을 계산한다. 이러한 것들을 계산하는데 필요한 기초적인 정보들은 S&P Capital IQ 같은 데이터 공급자나 DART 공시[2], 회사의 실적발표, 투자-IR 설명회, 주식 리서치 컨센서스, 기타 보도자료들을 비롯한 다양한 곳에서 가져올 수 있다.

Trading comps에서의 가치평가는 LTM(Last Twelve Months, 최근 12개월) 재무성과 같은 과거 수치와 컨센서스 수치 같은 NTM(Next Twelve Months, 다음 12개월) 예상치를 통해 결정된다. 회사의 미래 재무성과 예측은, 특정 산업군이나 특정 산업주기의 시점에 따라 그 효용성이 더 커질 수 있다. NTM 재무성과 예측은 일반적으로 주식-산업 리서치 리포트나 S&P Capital IQ 추정치 컨센서스 등에서 참고한다. 만약 인수합병이나 부채 발행을 통한 자본확충이 있었을 경우, 실제 LTM 재무성과가 거래 정보를 확인하기 위해 더 중요할 것이다. LTM 재무정보는 회사의 공시자료에 기반한 데이터를 통해 계산되며, S&P Capital IQ 같은 데이터 제공자들도 이러한 LTM 계산을 제공하고 있다.

---

1) '나열'한다는 개념은 마이크로소프트 엑셀(Excel)과 같은 스프레드시트 프로그램에서 계산하는 것을 의미한다.
2) 금융감독원 전자공시시스템(Data Analysis, Retrieval and Transfer System, 약칭 DART, 다트)은 상장법인 등이 공시서류를 인터넷으로 제출하고, 이용자는 제출 즉시 인터넷을 통해 공시서류를 조회할 수 있도록 하는 기업공시 시스템이다.

1, 주식 리서치(Equity Research)

1) 리서치 리포트

리서치 리포트는 회사의 미래에 예상되는 선행(forward looking) 멀티플들을 계산하기 위해 필요한 애널리스트의 견해와 예상치를 보여준다. 다양한 정보와 논리적인 근거를 토대로, 미래 분기 및 연도의 매출, EBITDA 혹은 EBIT, EPS 등의 추정이 나와 있다. 좀 더 정교한 리서치 리포트들은 손익계산서나 대차대조표, 현금흐름표의 추정치를 포함하며, 주식 애널리스트의 금융 모델에서 도출된 재무정보 예상치들도 담고 있다. 또한, 이러한 보고서들은 사업 부문별 매출과 영업이익과 같은 세부적인 예측치도 포함하는 경우가 많다.

특정 리서치 리포트는 pro forma(인수 후) 재무 항목 조정과 재무정보를 일반화하는 데 필요한 일회성 비용(non-recurring items) 분리, 최근 성사된 M&A 분석, 자본시장 거래 정보(capital market transactions) 등에 대한 요약과 해설을 제공한다. 또한 해당 산업군이나 시장에 관련된 정보뿐만 아니라 애널리스트 개인이 생각하는 비교 가능 유사 기업의 목록들도 제공하는 경우가 있다. 특히 initiating coverage 보고서들은, 해당 산업이나 회사를 처음으로 커버하는 리포트를 지칭하며, 이런 리포트는 주기적으로 발간되는 보고서들보다 더 포괄적인 정보를 담고 있다. 처음 분석하는 산업이나 회사의 재무, 시장환경, 경쟁력 분석을 위해선 이런 보고서들을 살펴보는 것을 추천한다.

리서치 리포트는 S&P Capital IQ의 investment research 같은 추가 서비스를 통해 이용할 수 있다(appendix 참조). 리서치 리포트를 찾기 위해 사용되는 다른 서비스는 톰슨(Thomson), 팩셋(FactSet), 블룸버그(Bloomberg), 에프앤가이드(FN Guide) 등이 있으며, 네이버 증권 게시판에서는 국내 증권사의 리서치 리포트를 제한된 양이지만 무료로 찾아볼 수 있다.

2) 컨센서스 수치

컨센서스 수치는 두 가지 방법으로 구할 수 있는데, 첫 번째는 S&P Capital IQ 추정치나 Thomson IBES와 같은 매체에서 컨센서스를 차용하는 것이다(appendix 참조). 이러한 서비스는 특정 기업을 커버하는 모든 증권사 애널리스트 발표 값의 모든 중간값을 컨센서스로 제공한다. 두 번째 방법은, 금융 실무자가 스스로 몇 개의 주식 리포트들을 추려서, 각 항목별로 최저, 최고, 평균 및 중간값을 구하는 것이다. 이는 회사가 너무 작아서 금융 서비스 매체 컨센서스 수치가 없거나, 특정 애널리스트의 의견만 따로 수집하기 위해서 사용되는 방법이다. 두 번째 방법은 조금 더 시간과 노력이 들어가지만, 이러한 수집 과정에서 애널리스트들이 추정하는 값에 대한 논리와 근거를 볼 수 있다.

2. 보도자료와 취재자료

주식회사는 수익발표, 배당정보, 경영진 교체, 인수합병이나 자본시장 거래와 같은 중요한 정보가 있을 때 공시를 낸다. 회사들은 의무는 아니나 분기나 사업보고서 발표 전 DART를 통해 실적을 발표하기도 한다. 따라서 금융 실무자는 trading comps를 가장 최신의 정보로 갱신하기 위해, 최신 공시를 통해 제공된 재무정보들을 이용한다.

또한 회사는 분기실적 발표 외에도 투자설명회를 하기도 하는데, 이러한 설명회는 주요 재무정보들을 파악하거나, 그간 파악하지 못한 새로운 관점이나 경영진의 의견을 들을 수 있는 좋은 기회다. 만약 기업이 공개하는 실적발표 자료에 특정한 재무정보가 발표되지 않는 경우, 금융 실무자는 보다 확실한 정보를 위해 사업보고서나 반기보고서, 분기보고서가 발행될 때까지 기다려야 할 수도 있다. 이러한 보도자료나 최근 뉴스들은 회사의 웹사이트나 S&P Capital IQ를 통해서 볼 수 있다.

Step 3 | 주요 재무비율, 재무통계, 멀티플 나열

앞의 과정들을 통해 금융 실무자는 비교 대상 유사 기업에 대한 주요 재무비율, 재무통계, 멀티플을 나열하는 데 필요한 raw data를 갖추었다. 이것들을 나열하며 엔터프라이즈 밸류나 에퀴티 밸류와 같은 시장에 기반한 가치와 손익계산서의 주요 항목인 EBITDA, EBIT, net income 등을 계산해야 한다. 이 단계에서 서로 다른 재무비율과 지표들을 통해 기업의 이익률, 성장률, 수익이나 신용등급을 측정하는 작업도 이루어진다. 이러한 재무지표는 멀티플 계산에도 사용된다.

이 과정의 일부로, 금융 실무자는 재무지표를 최근 12개월 데이터 형식으로 바꾸는 LTM 계산이나, 일회성 비용(non-recurring items)을 조정하는 등 다양한 개념을 숙지하고, 여러 기법들을 사용해야 한다. 이러한 조정들은 보다 정확하게 유사 기업들과의 절대적 비교나 상대적 비교를 수행하기 수반되어야 한다(Step 4 참조).

1. 주요 재무통계 및 비율 계산

여기에서는 우리가 Step 1에서 정립한 틀에 따라 주요 계산들을 분류해보았다.

- 규모-시장가치(Equity Value, Enterprise Value)
- 재무정보(매출, EBITDA, EBIT, NOPAT, Net Income)
- 수익성(순수익, EBITDA 마진, EBIT 마진, Net Income 마진)
- 성장 정보[과거 성장률과 미래에 예상되는 성장률, YoY(연도별) 및 QoQ(분기별)]
- 투자 대비 이익(투자수익률-ROIC, ROE, ROA, 배당수익률)
- 부채 관련(부채비율, 커버리지 비율, 신용등급)

1) 규모-시장가치

이번에는 회사의 규모를 파악할 수 있는 에퀴티 밸류와 엔터프라이즈 밸류를 어떻게 계산하는지 알아보겠다. 이러한 가치들을 정밀하게 계산하려면, 각종 조정 작업들이 필요할 수도 있는데 여기서는 실무에서 사용되는 주요 조정 작업들도 예제로 설명했다.

(1) 에퀴티 밸류(Equity Value, 자기자본가치 혹은 시가총액)

에퀴티 밸류는 현재 시장에 거래되는 총주식의 시장가치로 회사의 완전희석발행주식 수(fully diluted shares outstanding)에 현재 시점의 주가를 곱해 계산한다.

서로 다른 기업들을 비교할 때, 에퀴티 밸류 한 가지만으로는 상대적인 규모에 대한 정보밖에 제공하지 못한다. 따라서 절대적 그리고 상대적 시장 상황에 대한 이해가 필요하며, 절대적인 현재 가치를 알아볼 때는 지난 52주간의 최고 주가대비 현재 가격이 몇 퍼센트인지 파악하는 방법이 대표적으로 쓰인다. 이러한 방법이 그 기업과 해당 산업군 전체를 평가하는 데 있어, 가치평가와 현재 시장 상황을 가장 잘 반영하기 때문이다.

만약 주어진 회사의 52주 최고가 대비 현재 주가의 퍼센트가, 유사 기업들보다 지나치게 낮게 나온다면, 아마 회사가 예고했던 수익지침(earnings guidance)을 달성하지 못했다거나, 경쟁사에 비해 경영성과가 좋지 않았다거나, 경영진의 경영승계같이 그 회사가 처한 특수한 환경 때문일 가능성이 크다.

(2) 총희석발행주식 수의 계산

회사의 총희석발행주식 수(fully diluted shares outstanding)는 기본유통주식 수(basic shares outstanding)에 내가격 옵션(in-the-money options, 옵션의 행사가가 주가보다 낮아서 실제로 옵션을 행사할 금전적 인센티브가 있는 경우)과 전환증권(convertible securities)을 더해 계산한다.

회사의 최근 기본유통주식 수에 대한 정보는 일반적으로 회사의 최신 사업보고서나 반기, 분기보고서의 '주식의 총수'에서 찾아볼 수 있다. 하지만 때로는 '자사주매입 공시 및 기타경영사항에 관한 공시'를 통해 보다 최신의 정보가 제공될 경우도 있기 때문에, 앞에서 언급한 자료들과 함께 살펴봐야 할 것이다. 회사의 옵션과 신주인수권(warrants)에 대한 자세한 정보는 일반적으로 사업보고서에서 찾아볼 수 있다. 내가격 옵션과 신주인수권에 따른 증가된 주식 수인 총희석발행주식 수는 자기주식법(TSM, Treasury Stock Method)이라는 방법을 통해 계산할 수 있다.

(3) 옵션과 신주인수권 - 자기주식법(TSM, Treasury Stock Method)

TSM은 모든 내가격 옵션과 신주인수권의 트랜치(tranche)가 가중평균 권리가격에 행사될 것이라는 가정을 한다. 이후 option proceeds(옵션이 행사될 때 회사로 유입되는 현금)를 사용해 현재 주가에 자사주를 매입한다는 가정을 한다. 내가격 옵션과 신주인수권은 그 행사가격이 현재 시점의 상응하는 주식의 시장가격보다 낮은 경우를 말하며, 행사가격이 시장가격보다 낮은 만큼, 자사주로 매입될 주식의 수가 행사되는 옵션으로부터 추가되는 주식 수보다 적어지게 된다. 결과적으로 주식 수는 늘어나고, 주주들에게 돌아가는 주당 가치는 희석되게 된다.

다음 TSM 계산을 통해 총희석주식 수를 계산하는 방법을 보여준다.

Treasury Stock Method를 이용한 희석주식 수 계산

($와 주식 수는 백만 단위)

가정	
현재 주가	$20.00
Basing Shares Outstanding	100.0
In-the-Money 옵션	5.0
가중 평균 행사 가격	$18.00

TSM을 이용한 총 희석 주식 수 계산	
옵션 Proceeds	$90.0
/ 현재 주가	$20.00
옵션 Proceeds에서 매입 된 자사주	4.5
In-the-Money 옵션으로부터의 주식 수	5.0
(-) 옵션 Proceeds에서 매입 된 자사주	(4.5)
옵션으로부터의 순 주식 수	0.5
(+) Basic Shares Outstanding	100.0
총 희석 주식 수	100.5

- = In-the-Money 옵션 * 행사 가격
- = 5백만 * $18.00
- = 옵션 Proceeds / 현재 주가
- = $9천만 / $20.00
- 현재 주가 $20.00 > 행사 가격 $18.00
- = In-the-Money 옵션 - 매입 된 자사주
- = 5백만 - 4백5십만
- = 옵션으로부터의 순 주식 수 + Basic Shares Outstanding
- = 5십만 + 1억

표에서 보는 것처럼, 500만 개의 옵션이 행사가격 18달러고, 20달러인 현재 주가보다 낮으므로, 내가격이 된다. 이것은 옵션의 보유자가 회사의 주식을 주당 18달러에 사서, 20달러에 팔 수 있는, 2달러의 차익 실현할 수 있는 권리를 가지고 있다는 의미가 된다. TSM 안에서, 옵션의 행사로 얻게 될 주당 18달러의 현금은 현재 20달러에 거래되는 자사주를 매입하는 데 쓰는 것을 전제로 한다. 따라서, 매입되게 될 자사주는 옵션의 90%(18달러/20달러), 즉 450만 주(90%×500만)라고 할

수 있다. 새로운 순 주식 수(net new shares)의 계산은, 500만 개의 옵션에서 450만 주를 빼서, 50만 주가 된다. 이 주식들은 회사의 기본유통주식 수(basic shares outstanding)에 더해지고, 여기에서 총희석주식 수인 1억 50만 주가 도출된다.

(4) 전환사채와 주가연계증권

　유효한 전환사채와 주가연계증권 또한 총희석주식 수의 계산 과정에 포함되어야 한다. 전환사채와 주가연계증권은 전통적인 부채와(debt) 자기자본(equity)의 성격을 모두 가지고 있다. 이러한 것들은 다양한 종류의 상품을 포함하는데, 대표적으로 전통적인 현금지불(cash-pay) 전환사채, 전환 하이브리드 증권(convertible hybrids), 영구전환우선 증권(perpetual convertible preferred) 및 의무전환 증권(mandatory convertibles) 등이 있다.

　여기에서 우리는 전통적인 현금지불(cash-pay) 전환사채가 가장 간단하고 자주 사용되는 만큼 현금지불 전환사채에 주안점을 두고 설명을 할 것이다. 현금지불 전환사채는(이하 전환사채), 특정한 조건에 따라 정해진 발행인의 주식으로 교환될 수 있는 에퀴티 콜옵션(equity call option)을 가진 부채 상품이다. 콜옵션을 내재하는 전환사채는 동일한 수준의 일반 채권보다 상대적으로 금리가 낮을 수도 있다. 일반적으로 채권을 발행하게 되면 이자비용이 발생하게 되며 이것은 결국 부채를 차입하는 비용으로 해석된다. 일반 채권 같은 경우에는 차입의 이자비용(쿠폰)을 현금으로만 상환하지만, 전환사채에는 콜옵션(주식으로 출자전환을 할 수 있는 옵션)이 내재하기 때문에 채권을 투자한 채권자에게 추가적인 가치가 제공된다. 따라서 일반 채권과 전환사채가 동일한 신용조건이라면 전환사채는 채권자에게 콜옵션 가치를 제공하기 때문에 이자비용(쿠폰)이 상대적으로 낮다. 콜옵션의 행사가격(전환가격)은 전환사채가 주식으로 교환될 때의 가격을 말하는데, 일반적으로 현재 시점의 회사의 주가에 프리미엄을 얹어 설정된다.

　Trading comps를 하기 위한 목적으로는, 먼저 회사의 전환사채가 내가격, 즉 현재 주가가 전환가격보다 높은지 알아보는 것이 총희석주식 수를 계산하는 데 필요하다. 현금지불 전환사채는 상황에 따라 전환 여부나, net share settlement를 통해 추가적인 주식으로 전환된다. 이와는 반대로 외가격(out-of-money)은 부채로 남아 있게 된다. 전환사채에 관한 계산을 위해서 회사의 연간 보고서나 사업설명서의 각주를 유심히 살펴보는 것이 필수적이다.

(5) If-Converted

Trading comps를 할 때, 전환 여부에 따라, 내가격 전환사채는 전환사채의 액수를 전환가격으로 나누어서 추가적인 주식으로 전환된다. 전환되면, 전환사채는 주식처럼 취급되며, 회사의 총희석주식 수와 에퀴티 밸류의 계산에 포함된다. 에퀴티 밸류의 전환사채 부분은 전환 과정에서 구해진 새로운 주식 수에 회사의 현재 주가를 곱해서 계산한다. 이에 따라서 전환사채는 회사의 총부채 계산에서 반드시 제외되어야 한다.

다음 표에서 보는 것처럼, 회사의 현재 주가인 20달러는 전환가격인 15달러보다 높고, 총 1억 5,000만 달러의 전환사채가 내가격인 것으로 판단했다. 따라서 전환사채의 가격은 간단히 1억 5,000만 달러를 15달러로 나누어지게 됨으로써 1천만 개의 주식으로 전환된다. 전환에서 생성된 추가적인 주식은 회사의 주식 수인 1억 주에 더해지고, 내가격의 50만 주와 함께 계산된 1억 1,050만 주의 총희석주식 수를 도출하게 된다.

내가격 전환사채의 전환은 전환사채의 쿠폰(coupon)으로 지급된 과거의 이자비용이 더 이상 발생하지 않기 때문에 회사의 순이익을 증가시키는 쪽으로의 수정이 필요하다. 또한, 순이익이 수정되기 전에 반드시 세제효과를 반영해줘야 한다. 따라서, 전환은 일반적으로 추가되는 주식 수에 의해 EPS에 영향을 주지만, 수정된 후의 순이익은 전보다 높게 된다.

If-Converted를 이용한 총희석주식 수 계산

($ 와 주식 수는 백만 단위)

가정	
회사	
현재 주가	$20.00
Basing Shares Outstanding	100.0
전환 사채	
Amount Outstanding	$150.0
가중 평균 행사 가격	$15.00

If-Coverted	
Amount Outstanding	$150.0
(÷) 전환 가격	$15.00
주식의 추가분	**10.0**
(+) 옵션으로부터의 주식 수	0.5
(+) Basic Shares Outstanding	100.0
총 희석 주식 수	**110.5**

= Amount Outstanding / 전환 가격
= 1억5천만 달러 / $15.00

= 전환에서의 추가분 + 옵션으로부터의 순 주식 수 + Basic Shares Outstanding
= 1천만 + 5십만 + 1억

(6) 엔터프라이즈 밸류(EV, Enterprise Value)

엔터프라이즈 밸류는 채권자나 주주들이 회사의 자산에 대해 가지고 있는 모든 가치의 합이다. EV는 회사의 에쿼티 밸류(equity value), 총이자부채, 우선주, 비지배지분의 합에서 현금 및 현금성 자산을 뺀 것으로 정의된다. 여기서 에쿼티 밸류에 대한 부분은 우리가 앞에서 계산했던 것처럼 희석을 고려한 방법으로 이루어진다.

일반적으로 엔터프라이즈 밸류는 자본구조로부터 독립적이라고 여겨지는데, 그 이유는 회사 자본구조의 변화가 엔터프라이즈 밸류에 영향을 끼치지 않기 때문이다. 예를 들어, 회사가 부채를 더 발행해도, 늘어난 현금과 부채가 서로 상쇄되는 효과가 있기 때문에 엔터프라이즈 밸류가 변하지 않는다. 다시 말해 순부채는 변하지 않는다(다음 표의 1번 시나리오 참조).

또 다른 예로, 회사가 주식을 더 발행하고, 유입되는 현금을 부채상환에 쓰게 되면, 증가한 자본금만큼 부채가 감소하기 때문에, 그 효과는 상쇄된다(다음 표의 2번 시나리오 참조). 따라서 엔터프라이즈 밸류는 이러한 종류의 자본구조 변화로부터 독립적이다.

자본구조의 변화가 엔터프라이즈 밸류에 미치는 영향

($ 는 백만 단위)

	1번 시나리오: 부채 발행		
	실제 2016	수정 +	수정 −	Pro Forma 2016
Equity Value	$750.0			$750.0
(+) 전체 부채	250.0	100.0		350.0
(+) 우선주	35.0			35.0
(+) 비지배지분	15.0			15.0
(−) 현금 및 현금성 자산	(50.0)		(100.0)	(150.0)
Enterprise Value	**$1,000.0**			**$1,000.0**

	2번 시나리오: 부채 상환을 위한 주식 발행		
	실제 2016	수정 +	수정 −	Pro Forma 2016
Equity Value	$750.0	100.0		$850.0
(+) 전체 부채	250.0		(100.0)	150.0
(+) 우선주	35.0			35.0
(+) 비지배지분	15.0			15.0
(−) 현금 및 현금성 자산	(50.0)			(50.0)
Enterprise Value	**$1,000.0**			**$1,000.0**

1번 시나리오와 2번 시나리오 모두에서, 자본구조 변화에도 불구하고 회사의 엔터프라이즈 밸류는 변하지 않았다. 이런 관점에서 볼 때, 유사 기업들 또한 자본구조의 차이와는 상관없이 일정한 엔터프라이즈 밸류 멀티플들을 가진다고 예상할 수 있을 것이다. 한 가지 대표적인 예외가 있다면 차입금 비율이 매우 높은 기업들인데, 이런 기업들은 재무 위기의 가능성과 제한적인 성장에 대한 우려로 인해 보다 저렴한 가격에 거래될 수 있기 때문이다.

2) 규모-주요 재무정보

(1) 매출 (Sales, Revenue)

매출은 손익계산서의 최상위 항목이다. 매출은 일정 기간 상품이나 서비스를 판매함으로써 회사가 인식한 금액을 말하는데, 매출의 규모와 동향은 경쟁 기업 사이에서 회사의 상대적인 위치를 가늠할 수 있는 주요 요인들이다. 다른 모든 조건이 같다는 전제하에, 매출 규모가 더 큰 회사들은 시장점유율, 원자재 구매력, 고객군 다양화를 달성해 진입장벽을 설정하기 때문에 상대적으로 매출 규모가 작은 기업들보다 높은 가치평가를 받는다.

(2) 매출총이익

매출에서 제조원가를 뺀 값으로, 상품이나 서비스의 생산에 직접 연결된 비용들을 뺀 이익을 일컫는다. 매출총이익은 가격 결정력과 영업 효율성을 나타내는 중요한 지표로 여겨지고, 보통 매출 대비 비율(gross profit margin)로 표시된다. 예를 들어, 회사가 100만 원에 물건을 팔았고, 제품의 원료, 생산, 임금 등에 70만 원이 들었다면, 매출총이익은 30만 원이고, gross profit margin은 30%가 될 것이다.

(3) EBITDA

비록 EBITDA는 일반적인 손익계산서 항목이 아니고, 상장기업들에 의해 항상 공시되지 않지만 수익성을 확인할 수 있는 중요한 척도다. 이는 EBIT에 현금흐름표상의 감가상각비용을 더해주는 방법으로 계산되며, 상품과 서비스의 생산에 이용된 현금의 결과물을 의미하기 때문에, 영업 현금흐름을 논할 때 광범위하게 사용된다. EBITDA는 또한 같은 산업군에 있는 유사 기업들을 비교할 때 사용되는데, 기업의 자본구조, 세금, 회계규정 차이에서 오는 변동을 어느 정도 제거해주기 때문이다.

(4) EBIT

EBIT은 DART 공시에서 '영업이익'이라는 용어로 불린다. EBITDA와 같이 자본구조와 세금에서 오는 차이를 반영하지 않기 때문에, 서로 다른 자본구조를 가진 기업을 비교할 때 유용하게 쓰인다. 감가상각은 서로 다른 회사들의 자본지출 및 감가정책과 인수합병에서 오는 영업권의 상각까지도 반영하기에 중요한 항목이라고 볼 수 있는데, 이런 관점에서 볼 때, 감가상각비가 포함된 EBIT은 EBITDA보다는 사용 빈도가 떨어진다. 하지만 또 다른 관점에서, 감가상각이 비현금 비용(non-cash expense)이지만, maintenance capex 등으로 인해 지속적으로 발생할 수도 있기 때문에 EBITDA보다 EBIT을 선호하는 경우도 종종 있다.

(5) Net Income

Net income은 회사에 필요한 모든 비용을 지불하고 남은 이익이다. 즉, 회사의 공급 물품, 서비스사용료, 임금, 공공요금, 임차료, 채무비용과 세금 등을 모두 지불하고 남은, 주주들에게 분배 가능한 이익을 뜻한다. 실무에서는 net income을 EPS와 같은 주당 기준으로 평가하는 것이 일반적이다.

3) 수익성

(1) Gross Profit Margin

Gross profit margin(gross margin)은 매출에서 매출원가를 제외하고 남은 금액을 매출로 나누어 퍼센트로 표현한 값을 나타낸다. 이것은 원재료, 생산비, 노동자들의 임금과 같은 회사의 단위당 직접비용에 의해 결정되는데, 고정적인 특성을 가지는 기업의 일반적인 비용과는 달리 대체로 가변적이다. 따라서 회사는 보다 효율적인 공급망관리(SCM) 시스템의 구축, 가격 결정력 강화, 생산운영관리의 효율성 개선을 통해 gross profit margin을 높이려 한다.

Gross Profit Margin 수식

$$Gross\ Profit\ Margin = \frac{Gross\ Profit(Sales - COGS)}{Sales}$$

(2) EBITDA, EBIT Margin

EBITDA, EBIT Margin 또한 회사의 영업수익성을 측정하기 위한 기준이며, 이 수치들은 경쟁 기업뿐만 아니라 다양한 산업군들 사이에서 기업의 상대적인 영업성과를 측정하기 위해 사용된다.

EBITDA, EBIT Margin 수식

$$EBITDA\ Margin = \frac{EBITDA}{Sales}$$

$$EBIT\ Margin = \frac{EBIT}{Sales}$$

(3) Net Income Margin

Net income margin은 회사의 영업수익성이 아니라, 자본구조 및 세금정책까지 반영된 포괄적인 수익성을 측정한다. 이 수치는 회사의 자본구조에 따라 받는 이자비용까지도 계산에 포함하기 때문에, 비슷한 영업수익성을 가진 회사라도, net income margin은 부채비율에 따라 상당한 차이가 날 수 있다. 게다가 net income은 세금에도 영향을 받기 때문에, 유사한 산업과 영업수익성을 가진 회사들이라도 세금 체계의 차이로 net income margin이 다를 수 있다.

Net Income Margin 수식

$$Net\ Income\ Margin = \frac{Net\ Income}{Sales}$$

4) 성장 정보

회사의 성장 정보는 가치평가를 위해서 매우 중요한 변수다. 금융 실무자는 일반적으로 과거의 성장률과 미래의 예측되는 성장률, 그리고 Compound Annual Growth Rates(CAGR, 연평균 성장률) 등을 통해 회사의 성장 정보를 조사한다. 과거의 연도별 EPS는 일반적으로 DART에 공시된 과거 사업보고서나 S&P Capital IQ와 같은 금융정보 제공 서비스를 통해 조회할 수 있다. 다른 모든 재무통계와 같이, 과거 EPS는 일시적인 항목들을 수정해야만 더 의미 있는 수치가 된다. 이러한 회사의 미래 1년, 2년 그리고 더 장기적인 EPS 성장률의 예측치는, 시장 컨센서스를 통해 구할 수 있다.

과거와 미래 예상되는 희석 주당순이익의 성장률

		회계연도 마감일 - 12월 31일					
	2011A	2012A	2013A	CAGR ('11 - '13)	2014E	2015E	CAGR ('13 - '15)
희석 주당 순이익	$1.00	$1.15	$1.30	14.0%	$1.50	$1.65	12.7%
성장률		15.0%	13.0%		15.4%	10.0%	

= (끝 값/시작 값) ^ (1/끝 연도 - 시작 연도) - 1
= ($1.30 / $1.00) ^ (1 / (2013 - 2011)) - 1

5) 투자수익률(Return on Investment)

(1) ROIC

Return on Invested Capital(ROIC)는 회사에 제공된 모든 자본에 대한 수익이다. 따라서 ROIC는 EBIT이나 NOPAT, EBIAT 등으로도 알려진 세후 EBIT을 분자에, 차입금과 자본금을 모두 반영하는 수치를 분모에 두고 계산한다. 이때, 일반적으로 분모에 들어가는 값들은 과거 1년 치와 가장 최근 수치의 평균치를 사용한다.

Return on Invested Capital 수식

$$ROIC = \frac{EBIT}{Average\ Net\ Debt + Equity}$$

(2) ROE

Return on Equity(ROE)는 회사의 주주들에 의해 제공된 자본금에 비례한 수익률을 측정한다. 따라서 ROE는 이자비용까지 차감한 net income과 같은 수익 지표를 분자에, 그리고 평균 자본금을 분모로 놓고 계산한다. 회사는 주주들에게 수익을 되돌려주는 것을 우선으로 하기에, ROE는 주가 관리를 위한 매우 중요한 지표가 된다.

Return on Equity 수식

$$ROE = \frac{Net\ Income}{Average\ Shareholders'\ Equity}$$

(3) ROA

Return on Assets(ROA)는 회사의 자산에 대한 수익을 측정하기 때문에, 회사의 자산이 얼마나 효율적으로 사용되는지를 알아볼 수 있는 지표라 할 수 있다. 참고로 net income은 주주들에게만 해당하는 수치이고, 자산은 주주와 채권자 모두에게 해당하기 때문에 이 지표는 투자대비 수익률을 측정할 수 있는 지표로 정확하지는 않지만 기업의 성과를 전체적으로 분석할 때 사용된다.

Return on Assets 수식

$$ROA = \frac{Net\ Income}{Average\ Total\ Assets}$$

(4) 배당수익률

배당수익률 또한 주주들에게 돌아가는 수익을 측정하기는 하지만, 앞에서 언급된 지표들과는 약간 다른 개념이다. 배당수익률은 주가 대비 회사로부터 현금이나 추가적인 주식으로 주주들에게 제공되는 연 배당을 나타낸다. 배당금은 분기나 반기마다도 지급될 수 있기에, 배당수익률 계산을 위해서는 반드시 1년으로 환산해야 한다. 예를 들어 회사가 분기당 500원의 배당을 지급하고, 주식이 현재 1만 원에 거래된다고 하자. 이 경우에 주식 한 주당 그 해의 배당금은 2,000원이 되겠고, 현재 주식이 1만 원에 거래되므로 배당수익률이 20%가 된다. 한국에서도 연 1회보다 더 자주 배당을 지급하는 회사가 늘어나기 때문에 이런 계산이 더 많이 사용될 것으로 예상된다.

Implied Dividend Yield 수식

$$Implied\ Dividend\ Yield = \frac{Most\ Recent\ Quarterly\ Dividend\ Per\ Share \times 4}{Current\ Share\ Price}$$

6) 신용등급

(1) 레버리지

레버리지는(leverage) 회사의 차입 정도를 나타낸다. 이것은 일반적으로 debt/EBITDA나 debt/total capitalization(총자본) 등의 비율로 나타낸다. 레버리지가 재무정책, 리스크, 성장능력 등을 판단하는 데 중요한 역할을 하는 만큼 채권 투자자나 지분 투자자 모두 회사의 레버리지를 눈여겨 살펴본다. 일반적으로 레버리지가 높을수록, 그와 관련된 이자와 원금상환에 현금이 많이 지출되기 때문에, 재무 리스크가 높다고 판단한다.

(2) Debt/EBITDA

Debt/EBITDA는 말 그대로 회사의 EBITDA 대비 부채의 비율을 의미하며, 앞에서 언급한 바와 같이 높은 Debt/EBITDA 비율이 더 높은 레버리지를 나타낸다. 이 비율은 일반적으로 LTM 재무통계를 기준으로 계산되고, Debt/EBITDA, 선순위담보부채(Senior Secured Debt)/EBITDA, Total Debt/(EBITDA – capex) 등의 다양한 변형이 있다. EBITDA가 영업현금흐름을 대략적으로 나타내는 만큼, 이러한 EBITDA 비율들은 회사가 부채상환을 위해 실제 얼마만큼의 시간이 걸릴지를 알려주는 척도로 볼 수 있다. Debt는 기준에 따라 총부채나 순부채 둘 다 사용할 수 있다.

Leverage Ratio 수식

$$Leverage = \frac{Debt}{EBITDA}$$

(3) Debt/Total Capitalization

Debt/Total Capitalization은 회사의 부채가 Total Capitalization(부채, 우선주, 비지배지분, 주주지분)의 몇 퍼센트인지를 측정하는 비율이다. 이 비율은 상황에 따라 장부가치나 시장가치 기반의 두 가지 방법으로 계산될 수 있다. Debt/EBITDA와 마찬가지로 높은 debt/total capitalization 비율은 높은 부채비율로 재무리스크가 높다는 것을 의미한다.

Capitalization Ratio 수식

$$Debt\ to\ Total\ Capitalization = \frac{Debt}{Debt + Preferred\ Stock + Noncontrolling\ interest\ + Equity}$$

(4) 커버리지

커버리지(coverage)는 회사의 이자 지급 능력을 판단하는 넓은 범위의 용어다. 커버리지 비율은 영업현금흐름(LTM EBITDA)과 같은 재무통계를 분자에, 이자비용(LTM interest expense)을 분모에 놓는 방식으로 계산되며, 그 종류로는 EBITDA/interest expense, (EBITDA – capex)/

interest expense, EBIT/interest expense 등이 있다. 커버리지 비율이 높을수록 회사가 부채상환 능력이 있고, 보다 건전한 신용등급을 가지고 있다는 것을 알 수 있다.

Interest Coverage Ratio 수식

$$Interest\ Coverage\ Ratio\ =\ \frac{EBITDA, (EBITDA - Capex),\ or\ EBIT}{Interest\ Expense}$$

(5) 신용등급

신용등급은 독립적인 평가기관이 부채의 올바른 상환에 대한 회사의 능력과 의사를 판단해 제시한 의견이다. 회사가 시장이나 금융기관을 통해서 차입할 때, 일반적으로 신용평가 기관의 독립적인 평가를 필요로 한다.

가장 대표적인 국제 신용등급 평가기관은 S&P, Moody's, Fitch이다. 대부분의 공채를 발행하는 주체들이 위의 기관들로부터 신용등급을 평가받는다. Moody's는 알파벳순에 따라 신용평가 등급을 표기하고, S&P와 Fitch는 알파벳에 +와 -기호를 더해 표기한다.

7) 추가적인 재무개념과 계산

(1) LTM 재무정보의 계산

한국의 공시 대상자들은 매 회계연도 말에 보고되는 1년 전체의 보고서와 함께, 분기별로 재무성과를 보고해야 한다. 따라서 LTM 재무정보를 알아보기 위해서 가장 최근 4개 분기의 정보가 합산되어야 한다. 이러한 재무정보는 회사의 가장 최신 사업보고서나 반기, 혹은 분기보고서에서 찾아볼 수 있다.

Trading comps를 위해 이러한 회사의 각종 발표 자료를 이용해야 한다. 다음의 수식이 보여주는 것처럼, LTM 재무정보는 과거 회계연도 전체의 데이터에, 최근 YTD(연초부터 현재까지)의 데이터를 더해주고, 과거 연도의 YTD 데이터를 차감해 계산된다.

LTM 재무정보 계산

$LTM = Prior\ Fiscal\ Year + Current\ data - Prior\ data$

만약 가장 최근의 분기가 회사의 회계연도상의 4분기일 경우에는 그 보고서가 그 회계연도 전체의 정보를 담고 있으므로 LTM을 따로 계산하지 않아도 된다.

(2) 재무정보의 시점조정

공시자료를 제출하는 대부분의 회사들의 회계연도는 실제 달력 연도와 같은 12월 31일을 기준으로 재무성과를 발표한다. 그러나 일부 회사들의 경우는 회계연도가 9월 30일에 끝나는 식의 약간 다른 방법을 사용한다. 올바른 벤치마킹을 위해 이러한 회사들을 유사 기업으로 사용할 경우 반드시 수정이 필요하다. 그렇지 않으면, 멀티플들은 서로 다른 기간에 기반한 정보가 될 것이고, 따라서 올바른 비교의 방법이 되지 못할 것이다.

보다 명확한 비교를 위한 목적으로 시점을 통일하는 절차를 통해 유사 기업 간의 회계연도의 차이를 반영하는 것이 필수적이다.

(3) 일시적인 항목의 수정

금융업계에서는 보통 특정 기준을 기반으로 분석 대상인 회사의 재무정보를 일부 수정하는 경우가 있다. 만약 수정 과정들을 거치지 않으면, 가치평가를 왜곡시키는 재무비율이나 멀티플이 도출될 수 있다. 여기서 이러한 수정들은 일시적 비용이나 수익을 더하거나 제거함으로써 회사의 직접적으로 경영과 관련된 비즈니스를 평가할 수 있게 도와준다.

이러한 비용의 예로는 공장-점포 폐쇄나 임직원 감원 등의 구조조정, 자산매각으로부터의 손실, 회계방침의 변화(예를 들어 한국의 IFRS 도입 같은), 유형자산 평가절하, 영업권 손실, 부채의 상환, 소송으로 인한 손실 등이 있고, 수익의 예로는 자산매각에서의 수익, 소송합의에서의 수익, 세무조정 등이 있다.

일시적인 항목들은 보통 사업보고서, 반기, 분기보고서와 같은 공시 자료의 경영진단 및 분석의견 항목이나 재무제표상의 주석, 혹은 실적발표 자료에서 찾아볼 수 있다. 이러한 일시적인 항목들은 'non-recurring, extraordinary, unusual, one-time' 등과 같은 이름으로 불리며, 따라서 금융 실무자는 공시자료의 전자문서 버전을 통해, 이런 항목들을 찾아보아야 한다.

보통 일시적인 항목들은 손익계산서나 현금흐름표상에서 별도의 항목으로 기재된다. 리서치 리포트들은 일시적인 항목들을 따로 분류하고, 발생한 이유나 기타 정보에 대해서 언급을 해주기 때문에 이를 활용하는 것이 도움이 된다.

그러나 대부분의 경우에는 금융 실무자 재량으로 일시적인 항목들로 여겨지는 것들이 회사의 영업에 일반적으로 필요한 항목인지 아닌지를 판단해야 한다. 일시적인 항목이 어떤 회사들에게는 영업에 필요한 항목일 수도, 다른 회사들에게는 아닐 수도 있기 때문이다. 때로는 각종 금융정보 제공 서비스들이 보고서를 통해 일시적인 항목들에 대한 수정을 보여주지만, 최종 결정은 상황에 따라 금융 실무자가 직접 해야 한다.

일시적인 항목들을 수정할 때는 세전 금액과 세후 금액의 구분이 필요하다. 세전의 구조조정 비용을 예로 들면, 세전의 금액이 그대로 '수정-EBIT' 및 '수정-EBITDA'의 계산에 반영된다. 하지만 '수정-net income'의 계산에서는, 수정되기 전에 세전의 구조조정 비용이 세금 계산의 적용을 받아야 한다. 반대로, 세후 금액의 계산에서는, 세후 그대로의 금액을 net income에 더해주지만, EBIT과 EBITDA를 위해서는 회사의 세율을 적용해 수정한 금액을 더해주어야 한다. 참고로 다음 예제에서는 미국에서 일반적으로 사용되는 40% 세율 가정을 적용했다. 한국에서는 24.2%가 더욱 적합하기 때문에, OB맥주 모델에는 한국 세율을 적용했다.

보고된 손익계산서

($는 백만 단위, 주당 값은 제외)

손익계산서	2017 보고서
매출	$1,000.0
(-) 매출원가	610.0
매출이익	$390.0
(-) 판관비	230.0
(-) 구조조정 비용	20.0
영업이익	$140.0
(-) 이자비용	35.0
세전이익	$105.0
(-) 법인세	42.0
순이익	$63.0
가중평균 희석 주식 수	18.0
희석 주당 순이익	$3.50

앞의 표는 2017 회계연도의 사업보고서에서의 손익계산서를 보여준다. 이 손익계산서의 각주에 각각 세전 금액 기준 1,000만 달러의 재고 평가절하, 세전 금액 기준 1,500만 달러의 판매직원 정리 비용을 지출되었음을 언급하고 있다고 가정하자. 이러한 비용들은 일시적인 것들이므로, 수정 EBIT, 수정 EBITDA와 희석 EPS 계산을 위해서는 수정을 통해 조정되어야 할 것이다.

수정된 손익계산서

($는 백만 단위, 주당 값은 제외)

손익계산서	2017 보고서	수정 +	수정 -	2017 수정본	
매출	$1,000.0			$1,000.0	
(-) 매출원가	610.0		(10.0)	600.0	재고 평가 절하
매출이익	$390.0			$400.0	
(-) 판관비	230.0			230.0	
(-) 구조조정 비용	20.0		(15.0)	5.0	판매인력 감원에 대한 해고 비용
영업이익	$140.0			$165.0	
(-) 이자비용	35.0			35.0	= (재고 평가 절하 + 구조조정 비용) * 한계세율
세전이익	$105.0			$130.0	= ($1천만 + $1.5천만) * 40%
(-) 법인세	42.0	10.0		52.0	
순이익	$63.0			$78.0	
영업이익	$140.0	25.0		$165.0	일시적인 항목 $2천5백만이 다시 더해짐
감가상각비	50.0			50.0	
EBITDA	**$190.0**			**$215.0**	
가중평균 희석 주식	18.0			18.0	
희석 주당 순이익	$3.50			$4.33	

표에서 보이는 것처럼, 수정-EBIT과 수정-EBITDA 계산을 위해 세전으로 총 2,500만 달러를 다시 더해주었다. 이로 인해 수정-EBIT은 1억 6,500만 달러, 수정-EBITDA는 2억 1,500만 달러가 되었다. 하지만 수정-net income과 희석 EPS를 구하기 위해서는, 총 2,500만 달러의 세전 이익 증가분에 대한 세금을 빼줘야 한다. 세율이 40%라 가정하면, 2,500만 달러에 대한 세금은 1,000만 달러가 되고, 수정-net income은 7,800만 달러가 된다. 이 금액을 총희석주식 수인 1,800만 주로 나누게 되면 주당 4.33달러만큼의 수정-희석 EPS 값을 도출해낼 수 있다.

(4) 최근에 회사에 있었던 사건들에 대한 특정 항목들의 수정

회사의 재무들을 일반화하는 과정에서 금융 실무자는 인수합병이나 자금조달 활동, 전환증권의 전환, 주식 분할, 자사주 매입과 같은 항목들에 대한 조정을 해야 한다. 따라서 trading comps를 진행하기 전에, 금융 실무자는 회사가 위와 같은 행동을 취했는지, DART 공시 및 보도자료들을 통해 확인해봐야 한다.

(5) 주요 멀티플들의 계산

주요 재무통계들이 정리되면, 금융 실무자는 유사 기업들의 멀티플을 계산한다. 각 산업군들이 특화된 산업 고유의 멀티플들도 사용하겠지만, 가장 일반적이고 광범위하게 이용되는 멀티플들은 엔터프라이즈 밸류와 에쿼티 밸류 같은 시장가치를 분자에, EBITDA나 net income 같은 재무적 성과를 분모에 두는 방식으로 계산된다.

엔터프라이즈 밸류에 기반한 멀티플 계산을 위해서는 분모에 채권 보유자와 지분 보유자 모두에게 해당되는 매출, EBITDA, EBIT 같은 재무수치를 이용한다. 에쿼티 밸류에 기반한 멀티플의 경우, 분모는 주주에게만 해당되는 net income이나 희석 EPS 같은 수치들을 분모에 사용해야 한다. 이러한 비율들 중에서 EV/EBITDA와 P/E 배수가 가장 광범위하게 사용된다.

여기에서는 M&A 혹은 LBO딜에서 가장 광범위하게 사용되는 에쿼티 밸류와 엔터프라이즈 밸류에 기반한 멀티플들을 자세히 살펴볼 것이다.

① **에쿼티 밸류 멀티플** Price to earnings(equity value/net income): P/E 멀티플은 가장 많이 사용되는 멀티플로, 현재 주가를 희석 EPS로 나누어 계산한다. 총주식 수가 일정하게 유지된다는 가정하에 equity value, net income도 같은 계산방식이다. 또한, 이 비율은 투자자가 현재나 미래의 회사가 창출하는 1달러의 수익을 얼마에 구매할지를 알아보는 지표로도 생각할 수 있다. 투자자들이 미래의 성장에 주목하는 만큼, P/E 멀티플은 보통 다음 연도의 EPS[1년 선행(year forward) EPS]를 반영하고 있다.

P/E 멀티플은 수익을 지속적으로 성장시킬 능력을 가진 성숙한 기업들에 유용하다. 그러나 P/E 멀티플이 많이 사용되고 받아들여지지만 뚜렷한 한계점들도 가지고 있다. 예를 들어 이 비율은 이익이 매우 적거나 이익이 없는 회사가 분모로 들어갈 경우, 0이나 음수값이 나오는 경우도 있다. 게다가, 전에 얘기했듯이, net income(EPS도 마찬가지)이 이자비용의 영향을 받기 때문에 자본구조의 영향을 받는다. 따라서, 규모와 영업 마진이 같은 회사의 net income 마진과 P/E 멀티플이

레버리지의 차이로 굉장히 다르게 평가될 수도 있다. 또한, 유사 기업 간의 감가상각이나 세금 같은 회계상의 차이도 상당한 P/E 멀티플의 차이를 불러올 수 있다는 단점이 있다.

기타 에퀴티 밸류 멀티플 PER 외에도 PBR, PSR 등이 주식 투자에 있어서 종종 언급되지만, 실제 M&A에서는 이러한 장부가에 의존할 필요 없이, 상세하게 투자 대상을 분석할 수 있기에, 금융회사 M&A에 적용되는 PBR 외에는 거의 사용되지 않는다.

② 엔터프라이즈 밸류 멀티플 엔터프라이즈 밸류는 채권자와 주주 모두에게 해당하는 수치이기 때문에, 부채를 따로 배제하지 않은(즉, 이자비용이나 원금상환이 빠지지 않은), 매출, EBITDA, EBIT 같은 재무수치의 멀티플로써 쓰인다. 엔터프라이즈 밸류 중 가장 광범위하게 사용되는 것들은 EV/EBITDA, EV/EBIT, EV/revenues 등이 있다. P/E 멀티플과 마찬가지로, 일반적으로 엔터프라이즈 밸류 멀티플들도 LTM 재무정보뿐만 아니라 예상되는 미래의 수치들도 사용한다.

EV/EBITDA와 EV/EBIT 멀티플 EV/EBITDA는 거의 모든 산업군에 대한 가치평가의 척도로 쓰인다. 이 멀티플은 회사의 자본구조와 세금뿐만 아니라, 회사 간 감가상각 차이가 나더라도 활용할 수 있다. 예를 들어 한 회사는 최근 몇 년간 새로운 기계들과 장비들을 구매해서 감가상각비가 많이 증가하고, 다른 회사는 추가적인 자본지출을 보류했다고 하자. 이러한 상황에서 두 회사의 EBIT 마진은 차이가 나겠지만, EBITDA 마진은 감가상각비에서 오는 차이를 반영하지 않기에 비교 가능성이 높아진다.

앞에서 언급한 이유에 근거해서 봤을 때, EV/EBIT은 M&A 및 유/무형자산 투자와 관련된 상각의 영향을 받으므로, EV/EBITDA보다 덜 사용된다. 하지만 EV/EBIT은 상장기업의 사업 부문을 평가하는 등 감가상각비를 알 수 없는 상황이나, 자본지출이 많은 회사의 가치를 평가할 때 사용될 수 있다.

EV/Rev. 멀티플 EV/revenues(Rev.)은 일반적으로 앞에서 언급한 멀티플들보다는 자주 사용되지 않지만, 가치평가에 가끔 사용된다. 매출은 규모에 대한 이해를 제공해줄 수는 있지만, 중요한 동인인 수익성이나 현금 창출에 대한 부분을 설명하지는 않는다. 따라서, EV/Rev.은 보통 수익에 기반한 멀티플들을 다시 한번 확인하는 용도로만 사용된다.

그러나 일부 특정 산업군이나, 이익이 적거나 손실을 보고 있는 기업에게는 EV/Rev.가 가치평가에 중요한 참조점을 제공해준다. 예를 들어, EV/Rev.은 공격적으로 매출을 증대시키지만, 아직 영업이익이 없는, 초기 단계의 스타트업 회사의 가치평가에 유용하게 쓰일 수 있다.

③ **산업 특화 멀티플** 앞에서 언급한 전통적인 가치평가 멀티플들에 추가로 각 산업의 독특한 멀티플들을 이용하기도 한다. 이러한 멀티플들은 시장평가 지표들을 분자에, 산업군별 특수 재무, 영업, 생산, 재고 지표들을 분모에 두고 계산된다. 이런 산업 특화 정보들은 보통 사업보고서의 주석이나 산업 통계를 사용해 찾아야 하기에 재무정보보다 더 많은 노력이 들어간다. 하지만 S&P Capital IQ의 경우, 리테일, 헬스케어, 항공사 등 총 17여 개 산업에 대한 특수 비율들을 제공하기 때문에 20년이 넘는 방대한 회사별 산업 데이터를 손쉽게 구할 수 있다(예제는 appendix 1의 끝에서 볼 수 있다).

다음은 산업군별로 자주 사용되는 몇몇 멀티플들을 정리해보았다. 앞에 소개된 멀티플들과 마찬가지로, 엔터프라이즈 밸류는 자본구조의 영향을 받지 않는 기업가치만을 포함하기 때문에 이러한 영업 자체와 연관된 숫자들을 멀티플로 사용할 수 있다. 가끔 신문기사에 시가총액 대비 이러한 영업 수치들을 사용한 멀티플을 사용하는 것을 볼 수 있는데, 잘못된 비교방법이다. 매출은 주주와 대주 모두에게 적용되는 수익이고, 시가총액은 주주 입장만 반영하기 때문이다. 따라서 주주와 대주의 입장을 잘 확인한 후 사용해야 한다.

산업군별 특수한 가치평가 지표

가치평가 지표	산업군
기업가치(Enterprise Value)	
Earnings Before Interest Taxes, Depreciation, Amortization, and Rent Expense(EBITDAR) (EBITDA에서 렌트비용을 제하기 전)	식당, 카지노, 일반상점, 서점같이 렌트비용 비중이 큰 경우
Earnings Before Interest Taxes, Depreciation, Amortization, and Exploration Expense(EBITDAX) (EBITDA에서 자원발굴비용을 제하기 전)	Oil & Gas 회사의 회계상, Exploration이라는 탐사비용의 경우 2가지 회계규정 중 회사재량으로 선택할 수 있기 때문에 차이를 없애기 위해 사용
매장된 천연자원의 총량	Oil & Gas 및 천연자원 회사의 경우, 매장된 천연자원의 가치가 워낙 중요하기 때문에 사용(회사의 청산가치와도 비슷)
면적	부동산(특히 REITs) 유통업(비슷한 유통회사 간의 비교)
구독자/시청자	케이블, 미디어, 잡지/신문사
월간 활성 사용자(MAU) Monthly Active Users	온라인 사이트, Social Media(SNS)
주주가치(Equity Value)	
장부가치(주당 장부가)	금융회사들의 경우 장부상의 자산 및 부채의 가치가 현실과 근접한 경우가 많기 때문에 사용됨 건설사의 경우도, 완성된 건물이나 아직 진행 중인 건설 현장들도 비교적 원래의 가치와 크게 차이가 없기 때문에 사용
배당가능한 현금(CAFD) Cash Available For Distribution	일반적으로 배당율이 높은 REITs나 MLP같은 에너지/인프라회사에 적용

Step 4 | 비교 대상 회사 벤치마크

유사기업분석법의 다음 단계는 비교 대상 회사들의 상대적인 순위를 매기고 평가 대상과 가장 유사한 기업을 찾기 위해서 유사 기업들을 보다 깊게 알아보는 과정이다. 이 과정에서 금융 실무자는 보통 Step 3에서 평가 대상과 유사 기업들의 재무비율과 지표들을, 보다 쉬운 비교를 위해 스프레드 형식으로 늘어놓는데, 이것을 벤치마킹이라고 한다.

벤치마킹은 가치평가 대상 대비 평가 대상 기업의 상대적인 강점을 알아보는 데 쓰인다. 예를 들어 비교 대상과 가치평가 대상의 규모, 성장률, 이익률, 레버리지에서의 유사점과 차이점들을 보다 자세히 검증한다. 이러한 분석은 회사들의 상대적인 위치와 그 회사들의 가치평가를 위한 가장 알맞은 가이드라인의 기반을 제공한다. 멀티플들도 여기에서 벤치마킹을 위해, 스프레드 양식에 나열된다.

1. 재무통계와 비율의 벤치마크

벤치마킹 분석의 첫 단계는 평가 대상과 유사 기업들의 주요 재무성과 지표를 확인하며 시작한다. Step 1, Step 3의 재무정보 프레임에서 본 것처럼, 이러한 비율들은 규모, 수익성, 성장, 수익, 신용정보 등을 담고 있다. 이러한 것들은 가장 핵심적인 가치 동인이며, 일반적으로 상대적인 가치평가에 큰 영향을 준다.

벤치마킹 분석의 결과물은 스프레드 형식의 아웃풋 페이지에 회사들을 비교하기 쉽게 나타낸 양식으로 정리되어 있다. 이 페이지들은 유사 기업들의 선정된 재무통계와 비율의 평균, 중간값, 최댓값, 최솟값 등도 함께 담고 있다.

깊이 있는 벤치마킹 분석은 단순히 유사 기업들의 재무지표에 대한 숫자 비교만으로 끝나지 않는다. 평가 대상의 상대적인 강점을 파악하기 위해서는 금융 실무자는 모든 유사 기업에 대한 깊은 이해가 있어야 한다. 예를 들어, 특정 회사의 높거나 혹은 낮은 성장률과 이익률 등에 대한 이유, 회사가 시장 주도 기업인지 지지부진한 기업인지, 시장점유율을 늘리고 있는지 빼앗기고 있는지, 회사가 설정한 전략계획이나 수익 목표치를 달성했는지, 최근 발표된 인수합병 건에서 눈에 띨만한 지분변화나 경영진 교체가 있었는지 등의 각종 사항을 이해하고 있어야 한다. 이러한 것들을 앞에서 언급한 재무분석과 함께 이해하는 것이야말로 유사 기업들의 성과를 포괄적으로 파악하고, 평가 대상의 상대적인 위치를 결정하는 데 가장 중요한 것들이다.

2. 멀티플의 벤치마크

보다 쉬운 비교와 분석을 위한 유사 기업들의 멀티플 또한 스프레드시트 형식의 아웃풋 페이지에 나열한다. 이것은 금융 실무자가 보다 폭넓은 범위의 멀티플들과 각각의 유사 기업에 대한 상대적인 가치를 파악하게 해준다. 멀티플의 범위에 대한 재무통계와 비율, 평균, 중간값, 최댓값, 최솟값들이 계산되어, 평가 대상의 평가가치에 대한 대략적인 기준을 제시해준다.

멀티플들을 분석한 다음에 유사 기업들을 좀 더 세세하게 분류하는 작업을 한다. 이 작업의 결과에 따라, 일부 아웃라이어들은 분석에서 제외되고, 일부 회사들은 규모나 세부 산업군 등의 좀 더 세밀한 기준에 따라 다시 분류된다.

Step 5 | 평가가치 결정

유사 기업들의 멀티플은 대상의 평가가치 범위를 결정하는 기반이 된다. 가치평가는 금융 실무자가 일반적으로 관련 있는 멀티플(EV/EBITDA 등)의 평균치와 중간값을 통해 기초적인 범위를 추론하는 것에서부터 시작된다. 유사 기업들의 높거나 낮은 멀티플은 상한선이나 하한선에 대한 보다 적합한 가이드라인을 제공한다. 가장 세밀하고 알맞은 범위에 도달하는 방법은 가장 유사한 기업의 멀티플을 지표로 삼는 것이다. 결과적으로, 신중하게 선정된 일부 회사들이 가치평가의 절대적인 기반이 되고, 보다 넓은 범위의 나머지 유사 기업들은 추가적인 검증 기준을 제공하게 되는 것이다. 이 과정은 기술적인 부분뿐만 아니라 직감적인 부분도 요구하는 만큼, 일반적으로 시니어급 실무자들과의 회의에서 최종 결정의 가이드라인을 제공받는다. 여기서 선택된 범위는 관련 있는 재무지표에 적용되어 대상의 가치평가 범위를 결정한다.

유사기업비교법의 주요 장단점

장점

+ **시장에 기반함** 독립적인 견해뿐만 아니라, 시장 전반의 분위기나 상황이 가치평가에 고려됨
+ **상대성** 수많은 다양한 기업들과 비교가 가능함
+ **빠르고 간편함** 몇 안 되는 간편한 입력에 의해 도출됨
+ **현재성** 평가가치를 도출해내기 위해 사용된 정보들, 특히 분자에 들어가는 엔터프라이즈 밸류와 에퀴티 밸류는 실시간으로 시장에서 거래되는 가격을 기반으로 계산되기 때문에 가장 최신 정보를 사용하는 방법

단점

- **시장에 의한 왜곡 가능성** 가치평가의 수치들이 시장의 의견에 기반함으로 시장의 비이성적인 상승기나 하락기 때 평가가치가 왜곡될 가능성이 있음
- **비교 가능한 기업의 결여 가능성** 완벽하게 유사한 기업은 찾기가 어렵거나, 그러한 기업이 존재하지 않을 가능성이 있으며, 틈새 산업군의 경우에는 trading comps에 기반한 가치평가 자체가 무의미할 수 있음
- **현금흐름과의 분리** 현재 시장에 기반한 가치평가는 DCF와 같은, 회사의 예상되는 현금흐름에 기반한 가치평가와는 연결되지 않는 부분이 있음
- **특정 회사의 특별 사안 고려가 힘듦** 대상의 가치평가가 다른 기업의 가치평가에 기반하게 되므로, 평가 기업만의 고유한 강점, 약점, 기회나 리스크를 명확히 포착하는 데 부족할 수 있음

OB맥주 적용
Comparable Companies Analysis

책의 도입부에서 얘기한 것 같이, 이번 장에서 배운 comparable comps 가치평가 기법을 실제 회사인 OB맥주에 적용해보겠다. KKR과 어피니티가 LBO 방식으로 OB맥주를 인수한 것이 2009년이 므로, 완벽하지는 않지만, 최대한 그 당시의 정보로 밸류에이션을 진행했다.

Step 1. 비교 대상이 될 유사 기업 선정

가장 먼저 투자 대상을 분석해야 하지만, OB맥주를 이해하는 건 한국인이라면 어렵지 않을 것이다. OB와 하이트로 양분된 한국 맥주 시장에서 수입 맥주보다 상대적으로 저렴한 맥주를 생산하고, 일반 적으로 잘 알려진 브랜드이기 때문이다.

간단한 영업, 재무 수치들을 보면, 2008~2009년 당시 한국의 맥주 소비량은 연평균 3% 정도로 소주 4%와 엇비슷하게 성장하고 있었다. 매출은 연평균 9%가량 상승하고 매출총이익률(Gross Profit Margin)의 경우 56%, 영업이익률의 경우 20%가량으로, 세계적인 맥주회사들의 평균치인 51%, 15% 를 이미 상회하고 있었다. 한국 맥주 시장 자체가 수입 주류에 대한 높은 관세와 단지 2개의 국내 업체로 한정되어 있었기 때문에 이러한 높은 수익률이 설명된다. 하지만 자본의 효율성은 떨어져서, 당시 OB맥주의 ROIC는 19%로 세계적인 맥주회사 평균 24%보다 떨어졌으며, ROE로 보더라도 OB맥주의 20%는 글로벌 업계 평균 30%보다 많이 낮은 수준이다.

이러한 상반되는 수치들은 당시 OB맥주가 한국의 맥주 시장 구조상, 상당히 유리한 위치에서 소비자에게 높은 수익률에 맥주를 팔 수 있었지만, 투하되는 자본의 효율성으로 보면 경쟁이 심한 글로벌 시장에서 장사하는 해외 업체들보다 오히려 자본대비 수익률은 떨어짐을 보여준다. 참고로 이러한 자본대비 수익률은, 2009년 이후에 KKR과 어피니티가 인수한 이후에 지속적으로 향상되었다 (2010~2016년 OB맥주 ROIC 31% vs 동기간 글로벌 업체 ROIC 24%).

다음은 유사 기업들을 선정해야 하는데, 저자들이 모델에 넣은 유사 기업 리스트는 다음과 같다. 하이트진로, 일본의 아사히 그룹, 중국의 칭다오, 덴마크의 칼스버그, 네덜란드의 하이네켄, 캐나다의 몰슨 그리고 미국의 보스턴 맥주다. 지면의 한계로 저자들이 선택한 회사들을 하나하나씩 상세히 설명하기는 어렵지만 이러한 회사들을 선정하는 데 있어서 두 가지 툴을 사용했다. 첫 번째는 다음 스크린샷 캡처에서 보이는 바와 같이, S&P Capital IQ에서 'Quick Comps' 기능을 사용하면, OB맥주와 사업의 내용, 기업 규모, 지역 등을 고려해 10개 정도의 회사가 자동으로 추천된다. 이 리스트로 손쉽게 기업가치, 매출, EBITDA, 지역 등의 주요 정보를 참고하며 하이트진로, 아사히 그리고 보스턴 맥주 3개사를 선택할 수 있었다.

S&P Capital IQ의 Quick Comps기능 스크린샷

S&P Capital IQ

Oriental Brewery Co., Ltd. > My Oriental Brewery Co., Ltd. Q

Company Name	Enterprise Value	LTM Revenue	LTM EBITDA
United Breweries Limited (BSE:532478)	433.8	236.7	31.5
Grupa Zywiec S.A. (WSE:ZWC)	1,661.2	934.7	200.1
Hitejinro Holdings Co., Ltd. (KOSE:A000140)	1,293.3	950.1	217.9
Chongqing Brewery Co.Ltd (SHSE:600132)	1,695.1	307.6	50.8
Royal Unibrew A/S (CPSE:RBREW)	365.2	592.8	22.9
East African Breweries Limited (NASE:EABL.O)	704.6	336.1	119.5
Guangzhou Zhujiang Brewery Co., Ltd (SZSE:002461)	-	468.0	17.4
The Boston Beer Company, Inc. (NYSE:SAM)	305.5	398.4	28.5
Carlsberg Brewery Malaysia Berhad (KLSE:CARLSBG)	188.2	215.6	25.1
Heineken Malaysia Berhad (KLSE:HEIM)	356.0	285.9	46.1
Asahi Group Holdings, Ltd. (TSE:2502)	7,319.0	8,628.9	1,237.5
Oriental Brewery Co., Ltd.	-	661.0	199.6

두 번째로는, 소비자 브랜드인 맥주 산업의 특성상, 저자들은 인터넷 검색으로 비교적 쉽게 세계적인 맥주회사 리스트를 얻을 수 있었으며, 그 리스트에서 추가할 회사들을 선정했다. 중국의 칭다오는 해당 국가에서 메이저급 브랜드를 갖춘 아시아 맥주회사라는 이유로 추가했고, 칼스버그와 하이네켄은 글로벌 브랜드를 대표해서 넣었다. 마지막으로 캐나다의 몰슨은 아사히처럼, 10조 원 이하의 기업가치를 가졌고, 칼스버그나 하이네켄보다는 상대적으로 특정 지역에서 집중적으로 소비되는 브랜드

라는 이유에서 선정했다. 이렇게 따로 회사를 선정할 때도, 기본적인 재무수치들이 OB맥주와 얼마나 차이가 나는지 정도는 체크해주면 좋다.

동남아, 아프리카 같은 지역의 로컬 맥주회사들은 추가하지 않았는데, 그 이유는 한국의 맥주 시장이 유럽, 북미, 일본 같은 선진국의 소비패턴과 더 비슷하다는 가정 때문이었다. 개발도상국의 맥주회사들은, 미래 성장에 대한 기대감이 주가에 포함되어 있을 거라 생각이 들었고, OB맥주는 이런 고성장기는 지났다는 판단 때문이었다. 이렇게 한국회사 1개, 아시아회사 2개, 유럽회사 2개, 그리고 북미회사 2개의 리스트가 완성되었다.

Step 2. 필요한 재무정보 수집

OB맥주 Comparable Company Analysis ("Trading Comps") - Input								
Market Data Inputs (Reported currencies in millions, except per share data)		Korea		Asia		Other Markets		
		Korea KRW Oriental Brewery	Korea KRW HITE JINRO	Japan JPY ASAHI GROUP	China CNY TSINGTAO BREWERY	Denmark DKK CARLSBERG	Netherlands EUR HEINEKEN	Canada USD MOLSON COORS	USA USD BOSTON BEER
Company Name									
Ticker		OB	KRX 000080	TYO 2502	SEHK 168	CPSE CARL B	ENXTAM HEIA	NYSE TAP	NYSE SAM
Date of latest quarter		2009-12-31	2009-12-31	2009-12-31	2009-12-31	2009-12-31	2009-12-31	2009-12-31	2009-12-31
Date of latest fiscal year end		2009-12-31	2009-12-31	2009-12-31	2009-12-31	2009-12-31	2009-12-31	2009-12-31	2009-12-31
Latest quarter		Q4	Q4	Q4	Q4	Q3	Q4	Q4	Q4
Stock price on current date			39,950	1,732	16.48	396.10	35.81	22.96	47.53
Corporate tax rate (marginal tax rate)		24.2%	24.2%	40.7%	25.0%	25.0%	25.5%	39.2%	39.2%
Currency conversion rate to KRW on the date below		1.00	1.00	12.68	170.70	224.06	1,680.31	1,171.58	1,171.58
Share price date			2010-01-01	2010-01-04	2010-01-02	2010-01-04	2010-01-04	2010-01-04	2010-01-04

OB맥주 모델을 참고해보면, 유사 기업별로 재무분석에 필요한 재무정보가 길게 나열된 모습을 input 탭에서 볼 수 있을 것이다. 회사별로 가장 상세하고 정확한 재무분석을 위해서는 각 회사의 공시자료를 직접 하나씩 발췌해서 보는 것이 바람직하다. 물론 실제로 M&A나 IPO 딜이 진행되는 과정이라면 조금이라도 정확한 분석을 위해 이런 노력도 마다치 않지만, 아직 딜이 확정되지 않았거나, 시간의 압박이 있는 경우에는 S&P Capital IQ, 블룸버그, FactSet, KISLINE 등에서 요약된 재무정보들을 사용하는 경우도 많다.

정교한 데이터 서비스들의 경우, 일련의 조정항목도 추천해주는 경우가 있는데, 일반적으로는 이런 추천 조정 수치들을 적용하되, 실제 회사의 공시자료를 참고함으로써, 각 조정의 타당성을 확인한다.

Market Data Inputs

(Reported currencies in millions, except per share data)

Company Name	Korea		Asia	
	Korea KRW Oriental Brewery	Korea KRW HITE JINRO	Japan JPY ASAHI GROUP	China CNY TSINGTAO BREWERY
Non-GAAP exclusions				
Restructuring	0.0	0.0	0.0	0.0
Other unusal items	0.0	0.0	0.0	190.4
Excluded operating (expense) / income	0.0	0.0	0.0	190.4
Merger	0.0	0.0	0.0	0.0
GW impairment	0.0	0.0	0.0	0.0
Gain (Loss) on sale of invest.	(238.2)	0.5	(887.0)	(1.8)
Gain (Loss) on sale of assets	871.4	(11,854.2)	6,914.0	(39.8)
Asset Writedown	(96.0)	(6,545.3)	(8,318.0)	(67.9)
Affiliate	0.0	0.0	8,512.0	0.0
Currency	(3,222.3)	(213.1)	1,815.0	3.5
Other non-op	0.0	0.0	(862.0)	(11.4)
Excluded nonoperating (expense) / income	(2,685.1)	(18,612.1)	7,174.0	(117.4)
Tax effect of non-GAAP exclusions	649.8	4,504.1	(2,919.1)	29.4
Normalized (Non-GAAP) financials				
EBIT	196,305.7	150,892.5	82,777.0	1,520.7
Depreciation and amortization expense	55,129.8	36,878.6	58,372.0	544.8
EBITDA	251,435.4	187,771.1	141,149.0	2,065.4
Pretax income	180,252.5	173,338.6	80,904.0	1,666.3
Tax benefit / (expense)	(43,621.1)	(41,947.9)	(32,919.8)	(416.6)
Net income	136,631.4	131,390.6	47,984.2	1,249.7

이런 조정작업을 할 때 항목의 이름만 가지고 판단하면 오류를 범할 수도 있다. 예를 들어 미국의 스타벅스는 과거에 '구조조정' 비용을 따로 분류해서 공시했다. 이런 구조조정 비용은 일반적으로 일회성 항목이라는 이유로, pro forma EBITDA 혹은 EBIT 계산에서 제외하는데, 스타벅스는 반복적으로 이런 구조조정 비용을 인식했다. 만약 구조조정이 주기적으로 일어난다면 그것을 일회성 비용으로 간주하기 어려우며, 이런 경우에는 아무리 항목의 이름이 '구조조정'이어도, 영업이익 계산에 포함하는 것이 타당하다. 이런 이유에서, 과거 1개 연도의 재무정보만 보기보다는 여러 연도의 수치들을 보는 것이 좋으며, 단순히 재무제표만 보는 것이 아니라, 관련 뉴스나 리서치 애널리스트들의 의견에도 귀 기울이는 것이 좋다.

Step 3 & 4. 주요 재무비율, 재무통계, 거래비율 나열 & 비교 대상 회사 벤치마크

이번 단계에선 모델의 'Trading Comps_Output' 탭을 참고하면 된다.

OB맥주
Comparable Company Analysis ("Trading Comps") - Output
(Reported currencies in millions, except per share data)

재무정보 요약

Name	Ticker	Market cap (mm)	Enterprise value	Last Fiscal Year (LTM)				Year 1 Forecast - Calendar Year			
				Revenues	EBITDA	EBIT	EPS	Revenues	EBITDA	EBIT	EPS
Place target in first position											
Oriental Brewery	OB	0.0	0.0	816,110.2	251,435.4	196,305.7	6,629	840,593.5	258,978.5	202,194.8	6,828
HITE JINRO	KRX: 000080	1,676,853.9	1,720,000.5	979,806.6	187,771.1	150,892.5	3,130	976,000.0	181,000.0	143,000.0	2,360
ASAHI GROUP	TYO: 2502	806,123.9	1,184,147.9	1,022,318.0	141,149.0	82,777.0	103	1,022,300.0	143,020.0	82,900.0	125
TSINGTAO BREWERY	SEHK 168	21,676.9	17,888.8	18,026.1	2,065.4	1,520.7	0.95	18,566.9	2,127.4	1,566.3	0.98
CARLSBERG	CPSE CARL B	60,461.1	101,784.1	59,382.0	13,433.0	9,664.0	34.25	61,163.5	13,836.0	9,953.9	35.28
HEINEKEN	ENXTAM:HEIA	17,490.2	25,968.2	14,701.0	2,672.0	1,777.0	1.90	14,700.0	2,610.0	1,890.0	2.53
MOLSONCOORS	NYSE: TAP	4,233.8	5,225.8	3,032.4	641.2	433.2	1.05	3,030.0	645.0	429.0	3.76
BOSTON BEER	NYSE: SAM	705.6	650.1	415.1	72.2	55.3	2.27	415.0	73.0	55.0	2.25

결과 멀티플

Name	Ticker	Last Fiscal Year (LTM)				Year 1 Forecast - Calendar Year			
		EV / Revenues	EV / EBITDA	EV / EBIT	P/E	EV / Revenues	EV / EBITDA	EV / EBIT	P/E
Oriental Brewery	OB								
HITE JINRO	KRX: 000080	1.8x	9.2x	11.4x	12.8x	1.8x	9.5x	12.0x	16.9x
ASAHI GROUP	TYO: 2502	1.2x	8.4x	14.3x	16.8x	1.2x	8.3x	14.3x	13.9x
TSINGTAO BREWERY	SEHK 168	1.0x	8.7x	11.8x	17.3x	1.0x	8.4x	11.4x	16.8x
CARLSBERG	CPSE CARL B	1.7x	7.6x	10.5x	11.6x	1.7x	7.4x	10.2x	11.2x
HEINEKEN	ENXTAM:HEIA	1.8x	9.7x	14.6x	18.9x	1.8x	9.9x	15.4x	14.1x
MOLSONCOORS	NYSE: TAP	1.7x	8.2x	12.1x	21.8x	1.7x	8.1x	12.2x	6.1x
BOSTON BEER	NYSE: SAM	1.6x	9.0x	11.8x	20.9x	1.6x	8.9x	11.8x	21.1x
High		1.8x	9.7x	14.6x	21.8x	1.8x	9.9x	15.4x	21.1x
Median		1.7x	8.7x	11.8x	17.3x	1.7x	8.4x	12.0x	14.1x
Low		1.0x	7.6x	10.5x	11.6x	1.0x	7.4x	10.2x	6.1x
Mean		1.5x	8.7x	12.3x	17.2x	1.5x	8.6x	12.5x	14.3x

가장 상단의 '재무정보 요약'에서는 Input 탭에서 모으고 계산한 재무수치들을 끌어오며, 바로 아래에 '결과 멀티플' 부분에서는 각 유사 기업의 과거 12개월(LTM)과 앞으로 1년 선행 멀티플을 계산한다.

'Vlookup' 함수

Input에서 정보를 가져오는 과정에서는 'Vlookup'이라는 함수를 사용했다. Vlookup 함수는 V(Vertical) lookup으로, 원하는 정보를 수직으로 검색해 데이터를 불러오는 함수를 의미한다.

Vlookup 함수의 구조는 =Vlookup(lookup_value, table_array, col_index_num, [range_lookup])으로, 네 가지 인수를 입력해야 한다. 첫 번째, lookup_value는 원하는 검색 범위이고, 두 번째, table_array는 원하는 데이터 범위이다. 세 번째, col_index_num은 원하는 값의 열의 순서이며, 마지막 [range_lookup]에서는 'True' 혹은 '1'을 입력하면 해당 데이터 범위에서 정확히 찾는 값이 없을 때 근삿값을 찾아주며, 'False' 혹은 '0'을 입력하면 정확하게 일치하는 값을 찾아준다.

이때 기본 데이터 시트에서 검색 대상의 값이 가장 첫 번째 열, 즉 A열에 있어야 한다는 점을 주의해야 한다.

Hlookup 함수는 H(Horizontal)lookup으로, Vlookup 함수와 유사한 논리의 함수로, 원하는 정보를 수평으로 검색해 데이터를 불러오는 함수다. 수직, 수평의 차이만 있기 때문에 전체적으로 Vlookup 함수와 방법이 동일하다. 다만 세 번째 입력 인수에 열의 순서를 입력하는 대신 행의 순서를 입력해야 한다는 점에서 차이가 있다.

OB맥주 예제에는 가장 일반적인 EV/Rev., EV/EBITDA, EV/EBIT 그리고 PER을 사용했다. 계산된 값을 통해서 OB맥주의 EV와 주가를 역산해볼 수 있고, 이는 다음에 설명했다.

Step 5. 평가가치 결정

마지막으로, 결과 멀티플들의 최고, 최저, 그리고 중간값을 사용해, 적절한 가치의 범위를 계산할 수 있다. 마지막으로, 이러한 밸류에이션 결과를 더욱 쉽게 눈에 들어오도록 풋볼 필드(football field)라는 그래프를 그릴 수 있다.

다음에 보이는 바와 같이, OB맥주의 2조 3,000억 원 인수가는 대략 2조 원과 3조 원 사이로 보이는 멀티플 적정가에서 약간 낮은 편에 속한다는 것을 알 수 있다.

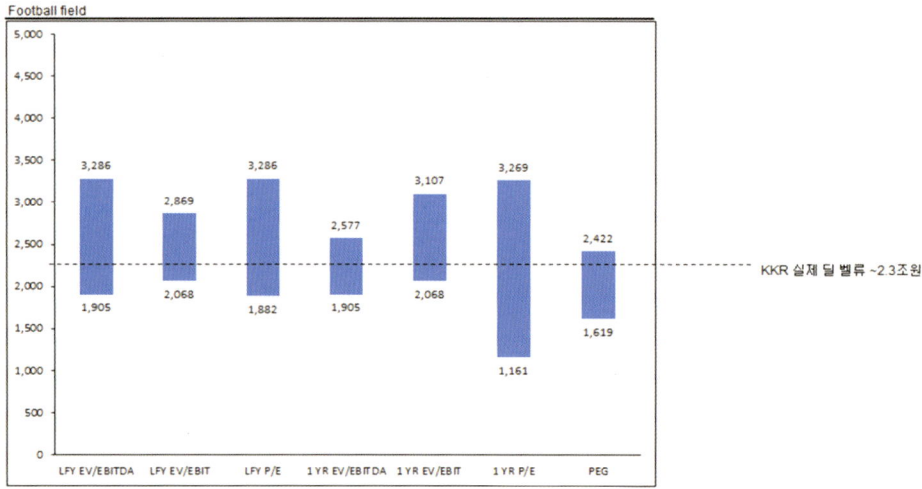

현업자 인터뷰 #6

이종석

現 Credit Suisse Investment Banking Division(서울)
서울대학교 졸업

현재 본인이 하는 업무, 역할에 대해 간단하게 설명 부탁드립니다.

저는 현재 투자은행 크레디트스위스 서울지점의 투자금융부(IBD)에서 애널리스트로 근무하고 있습니다. 저희 부서에서는 대기업이나 사모펀드들의 M&A 및 상장(IPO)에 대해 자문하는 것을 주요 업무로 하고 있습니다. 그 중에서 애널리스트는 마케팅 자료 및 회의 자료를 만들고 재무 모델을 작성, 분석하는 실무적인 업무를 주로 담당합니다.

본인의 업무 중 어떤 부분이 매력적인가요?

제가 투자은행의 애널리스트로 느끼는 가장 매력적인 부분은 크게 두 가지입니다. 첫 번째는 M&A의 중요 과정 및 의사 결정들을 직접 경험하고 비교적 큰 책임감을 가지고 일할 수 있다는 점입니다. 비교적 어린 나이임에도 불구하고 기업의 주요 의사 결정에 대해 폭넓게 경험함으로써 많은 것을 배울 수 있습니다. 그리고 이러한 경험은 다른 곳에서는 쉽게 배울 수 없는 소중한 자산이라고 생각합니다.

두 번째는 다양한 산업 및 기업을 분석, 경험할 수 있다는 점입니다. IBD에서는 다양한 산업의 딜을 경험하고 다양한 클라이언트의 요청에 대응해야 하므로 비교적 짧은 기간 내에 다양한 산업에 대한 업무를 진행하게 됩니다. 특히, 각 클라이언트 및 M&A마다 다른 문제를 가지고 있기에 매번 M&A 거래에서 보고 배우는 것이 다르며, 생각보다 훨씬 유동적인 업무 경험을 쌓을 수 있습니다.

업무의 단점이나 독자가 해당 업무를 지원하기 전에 알아두면 좋은 것들이 있을까요?

업무의 단점 중 하나는 많은 분들께서 이미 짐작하시겠지만 많은 업무량 및 업무 시간이라고 생각합니다. 당연히 이를 극복하기 위한 체력도 필수적인 부분이지만, 더욱 중요한 부분은 그러한 업무량 속에서도 본인의 업무를 끝까지 책임지는 책임감이라고 생각합니다. 늦은 시간 쌓여있는 많은 업무를 보면 나도 모르게 '이 정도면 충분하지 않을까?'라며 자신과 타협하려는 마음이 들기 쉽습니다. 이를 이겨내고 마지막까지 본인이 만들어낸 결과물에 대해 한 번 더 검토하고 생각하는 책임감이 특히 애널리스트 직급에게는 매우 필요한 부분이라고 생각합니다. 이러한 자세는 단순히 결과물뿐만 아니라 향후 본인의 커리어를 위해서도 필수적인 과정 및 자세라고 생각합니다.

어떻게 현재까지의 커리어를 쌓게 되었나요? 업무 처리와 커리어 준비의 노하우나 비결이 궁금합니다.

저는 학부 4학년이 되며 기업금융, 재무 관련 커리어에 관심을 가진 뒤, 관련된 정보를 학생 수준에서 가장 가까이서 접할 수 있도록 학교 내 관련 동아리 활동을 하면서 관련 지식 및 정보를 얻었습니다. 그 후 자산운용사, 사모펀드 등 다양한 분야에서 인턴 경험을 쌓았으며, 다른 분야보다 Investment Banking Division에 관심을 두게 되었고, 좋은 기회가 주어져 현재 재직 중인 회사에서 인턴을 하게 되었습니다. 6개월간의 인턴 활동 뒤 운 좋게 정규 애널리스트로 채용되어 현재까지 해당 부서에서 업무를 지속하고 있습니다.

제가 짧은 업무 경험을 통해 금융 지식 외에 중요하다고 느낀 부분은 시간 관리를 효율적으로 하는 것입니다. 물론 시간 관리는 어느 직장에서나 중요한 측면이지만, 특히 복수의 프로젝트를 동시에 진행하기도 하는 IBD의 애널리스트에게는 매우 중요한 부분입니다. 저에게 주어지는 여러 개의 업무에 대해서, 이 업무를 내가 처리하는 데 어느 정도의 시간이 소요될지와 각 업무의 데드라인을 비교해 업무의 우선순위를 정하고 작업을 진행하는 것이 필요합니다. 이 부분은 당연히 업무 경험이 쌓이면서 본인에 대해 잘 알고, 업무의 특성에 대한 파악이 이루어질수록 더욱 원활하게 진행될 것입니다. 항상 이런 부분에 대해 고민한다면 더욱더 원활하게 업무를 진행할 수 있고, 팀에 더욱 도움되는 애널리스트가 될 수 있을 것입니다.

일반적인 하루 또는 1년 스케줄은 어떻게 되시나요?

애널리스트의 일과는 딜의 진행 상황 및 클라이언트의 요청 사항에 따라서 유동적으로 구성됩니다. 회의가 많이 있는 날의 경우 애널리스트임에도 일과 시간에 주로 외부에서 업무 및 회의를 진행한 뒤 밤에 와서야 나머지 업무를 처리하는 경우도 있으며, 반대로 종일 사무실에서 컴퓨터로 작업을 진행하는 날도 있습니다. M&A가 전체적인 과정의 구성은 비슷해 보이나 딜마다 성격이 매우 다양하고 서로 다른 문제 들을 보유하고 있기에, M&A에 관련된 업무는 매우 다양한 성격을 지니고 있습니다.

자신의 커리어를 두고 고민하는 독자들을 위해 공유하고 싶은 의견 한마디 부탁드립니다.

저는 금융 분야에서 커리어를 시작할 때, 다른 부분보다 단기적인 목표뿐만 아니라 중장기적인 목표를 가지고 커리어를 고민하는 것이 필요하다고 생각합니다. 당장 눈앞의 일을 처리하는 데만 몰두하게 된다면 단순히 일을 처리하는 기계가 될 뿐이며 나중에 되돌아보았을 때 정작 나에게 중요한 것들을 갖추지 못한 애널리스트가 되기 쉽다고 생각합니다. 따라서 앞으로 내가 어느 분야에서 어떤 역할을 하고 싶은지에 대해 목표를 가지고 그 부분에 대해 어떻게 달성해야 할지 생각하면서 커리어를 구상하고 향후 업무를 수행하는 자세가 필요하다고 생각합니다. 특히, 이 부분은 단순히 커리어를 시작한 뒤에 고민할 문제는 아니라고 생각합니다. 자신의 커리어를 고민하는 순간부터 중장기적으로 내가 어떠한 사람이 되고 싶은지 고민해야 앞으로 어느 분야에서든 본인의 역할을 150% 달성해낼 수 있다고 생각합니다. 또한, 많은 분들께서 이미 아시겠지만 금융 분야에도 IBD, 세일즈, 리서치 등 정말 다양한 분야가 존재하며, 부서마다 처리하는 일의 범위 및 필요로 하는 업무도 매우 다릅니다. 따라서, 장기적으로 정말 내가 이 분야에서 얻고 싶은 것이 무엇인지 고민하고 그것에 맞추어 공부하고 진로를 준비하는 것이 매우 중요하다고 생각합니다.

Chapter 7

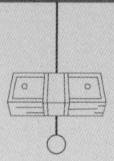

Precedent Transactions Analysis
(과거거래분석법)

INVESTMENT BANKING & PRIVATE EQUITY
Valuation, Mergers & Acquisitions, Leveraged Buyouts

INVESTMENT BANKING & PRIVATE EQUITY

Precedent Transactions Analysis
과거거래분석법

Precedent Transactions Analysis(과거거래분석법, precedent transactions, transaction comps, M&A comps라고도 불림)는 앞에서 살펴본 유사기업비교법과 마찬가지로 멀티플에 기반해 대상이 되는 회사나, 사업 부문, 자산 등을 가치평가 하는 방법이다. 이때 사용되는 멀티플들은 과거에 실제로 체결된 M&A(인수합병)에서 사용된 재무수치들을 기반으로 사용하는 것이 가장 큰 특징이다. 참고로, 꼭 지분의 100%가 거래된 바이아웃(buyout) 딜이 아니어도, 의미 있는 지분, 특히 경영권이 거래되었다면 과거거래분석법에 포함될 수 있다. M&A comps는 상당히 광범위하게 응용될 수 있는데, 가장 흔하게는 적절한 기업의 매각가격을 정하는 것부터, 그 기업의 인수합병이나 구조조정 등에도 사용된다.

알맞은 과거의 인수 건을 선택하는 것이 M&A comps를 수행하는 것의 가장 기본이자 핵심인데, 이 과정들은 앞에서 살펴본 comparable companies를 선정하는 것과 비슷한 접근 방식을 사용한다. 가장 유사한 인수 건은 일반적으로 가치평가 대상 기업과 주요 사업, 재무 특성 등을 공유하는 기업들이 피인수 기업인 M&A들이다.

Trading comps와 마찬가지로, 적합한 유사 M&A 딜을 찾는 것은 상당히 어려운 작업이다. 이 과정들은 금융 실무자로서 일정수준의 창의성과 인내를 요구한다. 예를 들어, M&A 딜을 생각할 때 조금은 다르더라도 '연관된 산업군에 속해 있고, 유사한 소비시장, 유통채널, 비슷한 재무상태를 가진 딜'들을 살펴보아야 한다. 일반적으로 가장 최근의 거래(근래 2~3년 내 일어난)가 유사한 시장 상황을 반영할 가능성이 상대적으로 크기 때문에, 가장 연관 있는 인수 건으로 여겨질 가능성이 크다. 하지만, 때때로는 더 오래된 인수 건들을 살펴보는 게 더 적합한 경우도 있는데, 이것은 대상의 산업주기나 거시경제 상황도 고려해야 하기 때문이다.

M&A comps 기법이 trading comps에 비해 보다 높은 멀티플들을 도출하는 경우가 많은데, 이유

는 다양할 수 있지만, 가장 대표적인 원인은 인수자가 다른 회사를 인수할 때 경영권 프리미엄을 지불하기 때문이다. 이 프리미엄의 대가로 인수자는 회사의 사업, 투자, 배당 등을 결정할 수 있는 권한을 가지게 된다. 따라서 이러한 권한을 매수하기 위해, 보다 높은 가격을 지불한다는 뜻이다. 또한 인수자가 전략적 투자자일 경우 기존 사업을 인수한 이후 시너지 효과를 달성해 원가절감, 신성장동력 발굴 같은 이점을 얻게 된다.

잠재적 인수자는 유사한 인수 건에 지불된 가격의 멀티플을 주의 깊게 살펴본다. 따라서 금융 실무자와 투자자들은 담당하는 산업군에 대한 과거 유사 M&A 딜들의 멀티플을 알아두는 것이 필요하다. 여기에서는 trading comps에서 한 것처럼, precedent transaction의 각 단계를 살펴보고, OB맥주의 가치를 M&A comps 방법으로 평가해볼 것이다.

Precedent Transactions Analysis의 단계적 접근 순서

STEP 1	비교 대상 유사 M&A 딜 선정
STEP 2	M&A 관련 일반 정보와 재무정보 수집
STEP 3	주요 재무통계, M&A에서 사용된 멀티플 나열
STEP 4	비교 대상 M&A 벤치마크
STEP 5	평가가치 결정

INVESTMENT BANKING & PRIVATE EQUITY

Step 1 | 비교 대상 유사 M&A 딜 선정

비교할 유사 M&A 딜을 찾는 것은 M&A comps를 통한 가치평가에 있어 가장 기초적인 단계이다. 비교 대상 유사 기업을 찾는 것처럼, 이 작업은 대상과 산업군에 대한 깊은 이해를 요구하기 때문에 쉽지 않다. 시작점으로 금융 실무자는 일반적으로 동료나 경력자들에게 내부적으로 정리된 유사한 M&A 딜 리스트가 있는지를 알아본다. 만약 그러한 정보들이 없는 상태에서 시작하는 경우에는, S&P Capital IQ, 블룸버그(Bloomberg), 머저마켓(Merger Market), 톰슨 로이터(Thomson Reuter), FactSet 등의 데이터베이스를 통해 대상이나 유사 기업들의 인수합병 기록들을 살펴보고, 유사 기업들의 각종 공시자료 들을 통해서 파악해야 한다. 가치평가 대상 기업이나 그 유사 기업들의 공개된 리서치 리포트, 채권보고서나 산업보고서, 저널들 또한 관련된 재무정보와 함께, M&A 관련 정보를 제공한다.

이때 금융 실무자는 각각의 거래에 대한 특정한 상황을 가능한 한 많이 알아보아야 한다. 이것은 유사 M&A 딜을 주어진 조건에 맞게 추리기 위해 가장 중요한 업무이며, 결과적으로는 가장 좋은 유사 인수 건을 선정하는 것에도 영향을 미친다.

1. 비교 대상 인수 건 가려내기

비교 대상 인수 건을 가려내는 것의 1차 목표는 일단 최근 연관성이 있는 가능한 많은 M&A 딜 정보를 찾아내는 것이다. 그리고 나서 그것들을 평가회사와 최대한 조건이 맞는 리스트로 추려내야 한다. 다음 페이지에 비교 대상 M&A의 목록을 만드는 데 도움이 될만한 몇 가지 방법들을 적어두었다.

- 해당 국가나 정보제공 기관에 따른 산업 분류, 거래 규모, form of consideration(거래방식: 주식 혹은 현금 거래), 거래 시점, 지역 등과 같은 다양한 조건에 따른 분류를 지원하는 인수합병 데이터베이스 찾아보기(S&P Capital IQ나 Merger Market 등이 일반적으로 많이 사용됨, 부록 참조)
- 대상의 과거 인수합병 기록을 살펴보고, 사업을 인수하거나 매각할 때, 지불하거나 받은 멀티플 파악하기
- Trading comps에서 분석한 대상의 유사 기업들의 과거 인수합병 기록 살펴보기
- 상장기업인 대상이나 그 유사 기업의 주식이나 채권보고서, 산업보고서 등에서 유사 M&A 딜과 그와 연관된 재무정보를 확인해보기

2. 기타 사항 고려

앞의 과정을 통해 1차 비교 대상 인수들이 폭넓게 선정되면, 다음 단계는 금융 실무자가 각 M&A만의 특징적인 사항들을 파악하는 것이다. 인수 배경과 그 과정을 이해하는 것은 금융 실무자가 어떠한 이유로 해당 딜에서 해당 멀티플들이 사용됐는지를 이해하는 데 도움을 줌과 동시에, 평가하는 대상과의 연관성을 파악하는 중요한 정보가 된다. 분석의 다음 단계는 시장 상황과 deal dynamics(M&A 세부사항) 등의 요소들을 파악하는 것이다.

1) 시장 상황

시장 상황은 M&A가 이루어질 때의 사업과 경제, 그리고 자본시장의 상황을 말한다. 이러한 것들은 반드시 산업군, 그리고 산업주기별 상황과 함께 검토되어야 한다. 시장 상황은 인수금액조달 비용과 직접 연관되어 있어, 인수자가 지불 가능한 금액에 영향을 미치고, 인수자와 피인수자의 거래에 대한 확실성에도 영향을 미친다.

예를 들어, 미국에서 2000년도 초중반부터 2007년 초까지 일어난 주택, 부동산 시장의 과열과 함께 찾아온 시장 전반의 버블은, 수많은 회사들이 전례 없는 인수 멀티플에 거래되는 상황을 만들어냈다. 회사들의 주식이 기록적인 가격에 거래되었고, 당시 미국 연방준비제도이사회의 의장이었던 앨런 그린스펀은 이자율을 낮게 유지함으로써, 수십조 원에 달하는 초대형 LBO 투자들을 가능하게 했다. 그러다 2008년 금융위기와 함께 금융시장의 거품이 꺼지자 2008~2009년 동안에는 인수합병이 눈

에 띄게 줄어들었고, 인수 멀티플들도 크게 하락했다. 이에 따라, 이 버블 시기의 인수합병에서 이용된 멀티플들이 다가오는 시기의 가치평가에서 연관성이 크게 떨어지는 상황이 발생했다.

이 책에서 메인 케이스로 사용하고 있는 OB맥주 M&A 딜 역시, 2008년 금융위기에 영향을 받았다. 2008년 말, 브라질의 3G Capital이라는 사모펀드 창업자들이 경영하고 있는 맥주회사 AB인베브는 미국의 앤호이저-부시라는 미국 맥주회사를 대규모 차입금을 사용해 인수했다. 하지만 당시 금융시장은 매우 혼란스러웠기 때문에 신용이 메마른 채권시장에서 수십조 원의 인수금융을 조달하기는 쉽지 않았다. 그렇기 때문에 M&A 딜이 성사된 직후, AB인베브는 한국의 OB맥주 그리고 유럽과 기타 지역의 비교적 소규모 브랜드들을 매각해 인수금융 차입금을 갚은 것이다. 만약 2008년 같은 금융위기 중에 AB인베브 합병이 이루어지지 않았다면, 3G Capital 경영진들은 독점금지법에 걸리지 않는 이상 굳이 한국의 OB맥주를 급하게 매각하지 않았을 것이다.

2) Deal Dynamics

Deal dynamics란 특정 M&A 고유의 상황을 통틀어서 이르는 말로, 다음과 같은 사항들이 있다.

- 인수자가 전략적 투자자였나 재무적 투자자였나?
- 인수자나 매도자가 M&A를 진행한 주된 이유가 무엇이었나?
- 대상이 경매 방식(auction process)을 통해 판매되었나 아니면 개별협상을 통한 판매였나?
- M&A가 피인수자의 동의에 기반했나, 아니면 적대적 인수였나?
- 인수금액 지불이 어떤 방식이었나?(i.e. 현금 혹은 주식)
- 행동주의자(activist)나 정부기관 같은 제3자의 개입이나 이슈가 있었나?

이러한 정보들이 인수자가 지불한 가격에 영향을 미친 요소들을 파악하는 데 도움이 될 수도 있다.

3) 전략적 투자자 vs 재무적 투자자

전통적으로 전략적 투자자들은 M&A에서 오는 시너지 효과나 더 낮은 자본조달 비용과 목표수익률로 인해, 재무적 투자자들보다 높은 인수금액을 지불할 수 있었다. 만약 낮은 이자율과 안정적인 신용대출 시장이 형성된다면 사모펀드 같은 재무적 투자자들에게 M&A 시 레버리지를 통해 더 높은 인수금액을 지불할 수 있게 해준다. 그 결과, 이러한 기간에는 전략적 투자자들과의 가격 경쟁에서 재무적 투자자들이 더 강력하게 대치할 수 있는 기반이 마련될 수 있다. 반대의 경우, 신용경색이 일어나면 재무적으로 건전하고 신용등급이 좋은 전략적 투자자들이 인수비용을 조달하기가 상대적으로 유리해짐에 따라, 가격 경쟁에서 재무적 투자자에 비해 우위에 설 수 있게 된다.

물론 이런 전략적 투자자와 재무적 투자자와의 경쟁 상황은 비단 미국뿐만 아니라, AUM이 수조 원에 달하는 메가펀드들이 활성화되는 한국에서도 일어나고 있다. 2012년, 1조 2,000억 원에 매각된 웅진코웨이 M&A 사례만 봐도, GS리테일이라는 재벌기업과 MBK파트너스라는 사모펀드가 경영권을 두고 끝까지 경쟁했고, 결국 사모펀드가 인수에 성공한 것은 눈여겨 볼만하다.

4) M&A 동기

인수자와 매도자의 구매 및 판매 동기 또한 인수가격의 배경을 알아보는 데 있어 중요한 역할을 수행한다. 예를 들어, 전략적 투자자 입장에서는 괄목할 만한 시너지효과가 예상되거나, 피인수 기업의 자산이 전략적인 회사의 계획에 필수 불가결할 경우, 일반적인 금액보다 더 높은 가격을 지불하게 된다. 더군다나 한 투자 대상을 가지고 2개 이상의 전략적 투자자들이 경쟁한다면, 가격은 매우 높게 치솟을 수도 있다. 이와 비슷하게 재무적 투자자 또한 기존 포트폴리오 회사와 시너지 효과가 크다고 생각거나, 특수한 이유에서 레버리지 비율을 높게 가져갈 수 있다는 판단이 서면, 매우 공격적으로 베팅하기도 한다.

매도자 입장의 동기 또한 최종 인수가에 큰 영향을 미친다. 현금이 당장 필요한 기업이 비핵심 사업을 매각하는 경우, 거래의 속도나 인수의 확실성이 다른 구조적인 사항들보다 최우선으로 된다. 결국, 이런 상황은 사업을 비교적 싼 값에 매각하게 되는 이유가 되기도 한다.

5) 매각 방식과 매각 혹은 합병 여부

매각 방식과 매각인지 혹은 합병인지의 여부 또한 반드시 살펴봐야 한다. 예를 들어, 복수의 잠재적 구매자들에게서 구매 의사가 타진되는 경매 방식은, 경쟁을 부추겨서 가장 높은 가격의 인수 제안을 받는 것을 목표로 한다.

일반적인 인수가 아닌, 주식교환으로 이루어지는 합병에서는, 양측이 단기적인 이익보다는, 합병회사의 장기적인 성장 기대감 등이 예상되는 시너지의 규모와 시기 등이 합병비율 조정에 영향을 줄 수도 있다.

인수금액의 상당 부분을 주식으로 지불하는 경우는, 모든 금액을 현금으로 지불하는 경우에 비해 지불가치가 낮게 평가되는 경향이 있다. 이 상황에 대해 여러 설명이 있을 수 있지만 그중 한 가지는, 가치가 확실한 현금을 직접 받는 것보다 미래의 가치가 불확실한 주식을 받고, 또 그 주식을 시장에 특정 가격에 팔 수 있을 거라는 확신이 없기에, 주식으로 값을 치르면 디스카운트를 받는다고 볼 수도 있다.

INVESTMENT BANKING & PRIVATE EQUITY

Step 2 | M&A 관련 일반 정보와 재무정보 수집

이 과정은 상장, 비상장기업들의 인수합병 건에 관련된 전반적인 정보와 재무수치들을 수집하는 것에 초점을 둔다. 유사 M&A 딜의 정보를 찾는 것은, DART 공시를 통해서 정보를 제공하거나 시중에 거래되는 회사채를 가진 기업의 경우가 그렇지 않은 경우보다 더 수월하다. 하지만 경쟁상의 이유로, 상장된 인수자의 경우 때때로는 이러한 정보들을 외부로 유출하지 않고, 법이나 규제에 해당하는 최소한의 정보만 공시한다. 공시 대상이 아닌 비상장기업의 경우에는 멀티플을 결정하기 위해 쓰인 재무정보를 찾기조차 몹시 어렵고, 때로는 불가능하기도 하다.

그렇지만 실무에서는 언론 보도자료와 다양한 데이터베이스를 이용해서 관련 정보를 찾아야 한다. 해당 스텝은 가상의 설명보다는, 이번 장의 맨 뒤에 소개되는 OB맥주 실제 분석 부분을 참고 바란다.

Step 3 | 주요 재무통계, M&A에서 사용된 멀티플 나열

M&A와 관련된 정보들이 모두 수집되면, 각각의 선정된 M&A에 대한 정보들을 나열할 준비가 되었다고 할 수 있다. 이 단계에서 할 일은 M&A와 관련된 가격에 영향을 미치는 정보들, 인수금액의 지불 방식, 대상의 재무통계 등을 M&A와 관련 있는 멀티플들이 계산되는 input 페이지에 넣는 것이다. 이러한 input 페이지들은 각각의 M&A 딜마다 만들거나, 한 페이지에 요약해서 만들 수 있다. 여기에 입력된 데이터들이 결국 output 페이지로 연결되고, 이것들이 가치평가를 위한 벤치마킹의 기반이 된다.

1. 주요 재무통계와 비율 계산

M&A comps를 위해 다른 수치들과의 비율을 나열하는 것은 앞의 trading comps와 상당 부분 유사하다. 따라서, 이 단계에서 중요한 것은 현금인수 방식인지 주식교환을 통해 인수하는 방식인지 등의 시나리오에 따라 에퀴티 밸류와 엔터프라이즈 밸류를 계산하는 것이다. 물론 프리미엄과 시너지에 대한 언급도 포함해야 한다.

1) 에퀴티 밸류

상장기업이 평가 대상일 때, 에퀴티 밸류 계산은 comparable companies 때와 비슷한 방법으로 이루어진다. 하지만 이때 주식시장에서 거래되는 가격이 아니라 실제 인수가격을 참고해야 한다. 즉, 피인수 기업이 주식시장에서 거래되고 있다면, 해당 날짜의 주식 가격이 아니라, M&A에서 인수자가 제시한 가격인 주당 인수가격을 사용하는 것이다(뒤에 나오는 사례 부분의 추가 설명 참고). 상장기업의 에퀴티 밸류를 계산하기 위해서는 주당 발표 인수가격에 대상의 총희석주식 수를 곱해주는 방법이 이용된다. 예를 들어, 인수자가 대상의 주주들에게 주당 2만 원을 제시했고, 5천만 주가 총희석주식 수라면, 에쿼티 밸류는 1조 원이 될 것이다. 참고로, 총희석주식 수를 계산하기 위해 TSM 방법을 사용할 때도, 기존의 시장가격 대신, 주당 발표 인수가격을 사용해야 하는 것을 명심해야 한다.

100% 인수가 아닐 경우, 피인수 기업이 지불한 인수금액을 에쿼티 가치의 총액으로 사용하면 기업의 가치를 과소평가하게 되는 오류가 발생할 수 있다. 따라서 만약 특정 M&A 거래가 피인수 기업의 100% 지분을 인수하는 경우가 아니라면, 인수자가 지불한 금액과 인수한 지분의 비율을 반영해 기업의 전체적 에쿼티 가치를 산정해야 할 것이다.

2) 엔터프라이즈 밸류

엔터프라이즈 밸류는 대상의 지분에 대해 인수자가 제안한 총금액뿐만 아니라, 순부채에 대한 가정이나 리파이낸싱(refinancing)도 포함한다. M&A comps에서도 trading comps와 마찬가지로, 엔터프라이즈 밸류는 에쿼티 밸류, 순부채, 우선주와 비지배지분의 합으로 계산된다.

2. 과거 M&A 딜의 주요 멀티플 계산

과거 M&A의 주요 멀티플들은 trading comps에서 사용된 멀티플들과 상당히 유사하다. 에쿼티 밸류는 인수 대상의 주주가치를 의미하는 만큼 net income의 멀티플로 사용이 되고, 엔터프라이즈 밸류는 EBITDA, EBIT, 그리고 빈도가 적긴 하지만 매출의 멀티플로 사용이 된다. M&A comps에서 이러한 멀티플들은 대부분 trading comps의 멀티플보다 큰 값을 지니는데, 이것은 경영권에 대한 프리미엄이나 인수합병 후의 시너지 효과를 예상한 인수자들이 시장가격보다 높은 인수 가격을 제안하기 때문이다.

M&A comps에서 사용되는 멀티플들은, 일반적으로 인수 발표 시점에서의 LTM 재무정보를 사용하게 된다. 그러나 인수자가 인수가격을 결정하기 위해서 사용한 인수 대상의 예측치는 거의 공개되지 않으며, 기밀유지 합의에 저촉을 받는 항목이다. 따라서 주식 리서치 리포트가 상장기업인 대상의 미래성과에 대한 예측을 조금이나마 제공할 수는 있지만, 인수자가 인수 결정을 내릴 때 예측한 수치를 정확하게 아는 것은 사실상 불가능하다. 게다가 인수자는 대부분의 경우, 다른 인수하는 기업들이나 피인수 기업이 몰랐던 부분을 시장에 알려줌으로써 가치가 재평가되는 것을 막기 위해 본인이 예측한 재무성과를 최대한 비밀로 유지한다.

전에 언급한 것처럼 대상의 LTM 재무정보들을 계산하기 위해서는 DART 공시나 다른 공개 자료들을 찾아봐야 한다. Trading comps와 마찬가지로 LTM 재무정보 또한 일시적 항목들과 최근 기업에 있었던 특수 상황들에 대한 수정이 이루어진 후에 멀티플을 계산해야 한다. 주의해야 할 점은 거래가 일어난 시점을 기준으로 LTM을 계산해야 하는 것이다.

1) 에퀴티 밸류에 기반한 멀티플

주당 인수가격/LTM 주당순이익(equity value/LTM net income): 에퀴티 밸류에 기반한 멀티플들 중 가장 광범위하게 이용되는 것은 P/E 멀티플이다. 이것은 이름 그대로 주당 인수가격을 LTM의 희석 주당순이익으로 나눈 것이다.

Equity Value Multiples

$$\frac{Offer\ Price\ per\ Share}{Diluted\ EPS},\quad \frac{Equity\ Value}{Net\ Income}$$

2) 엔터프라이즈 밸류에 기반한 멀티플

(1) EV/EBITDA, EBIT, 매출

Trading comps처럼 엔터프라이즈 밸류는 채권자와 지분보유자들에게 모두 적용되는 멀티플을 계산할 때 분자에 쓰인다. 가장 흔한 종류의 엔터프라이즈 밸류에 기반한 멀티플은 다음 계산에 보이는 것처럼 EV/EBITDA가 가장 많이 쓰이나, 앞장에서 본 것처럼 특정한 산업군은 그 산업의 특수한 재무지표를 사용하기도 한다. 여기서도 마찬가지로 M&A 시점을 기준으로 LTM 기준의 재무지표를 사용한다.

Enterprise Value Multiples

$$\frac{Enterprise\ Value}{EBITDA},\quad \frac{Enterprise\ Value}{EBIT},\quad \frac{Enterprise\ Value}{Sales}$$

(2) 지불된 프리미엄(Premium Paid)

대상의 M&A 발표 전 주가 대비 얼마만큼의 금액이 더 지불됐는지 나타내는 수치이며, 보통 퍼센트 단위로 나타낸다. 이는 상장기업이 M&A의 대상일 경우에만 이용되는 수치다. 특정 딜의 지불된 프리미엄을 계산할 때는 평가 대상의 원래 주가를 사용한다. M&A 시 시장의 기대나 우려로 주가가 영향을 받을 경우 프리미엄은 왜곡될 수 있기 때문이다.

공식 M&A 발표 하루 전의 종가가 인수 제안의 영향을 받지 않은 주가의 좋은 예라고 할 수 있다. 하지만 인수에 관한 사전 정보유출로 인한 시장의 움직임이 있을 수도 있으며, 아쉽게도 한국에서는 이러한 정보유출이 흔하다. 피인수 기업이 공식적으로 전략적인 다른 대안(이 경우에는 다른 인수자 물색)을 알아보겠다고 발표하거나, 사전에 중대한 정보유출이 있을 경우, 피인수 대상의 주가는 크게 변동하게 된다. 이런 경우 대상의 1일, 혹은 7일 전의 주가조차도 공식적인 인수 발표의 영향에서 독립적이라고 할 수 없다. 따라서 금융 실무자가 사전 발표나 정보유출 등의 사건이 발생하기 전의 주가를 적절한 간격을 두고 premium paid를 확인해야 한다.

Premium Paid 계산

$$\frac{Offer\ Price\ per\ Share}{Unaffected\ Share\ Price} - 1 = \%\ Premium\ Paid$$

$$\frac{\$20.00\ Offer\ Price}{\$16.00\ Unaffected\ Share\ Price} - 1 = 25.0\%$$

(3) 시너지 효과

시너지는 M&A를 통해 예상되는 원가절감, 성장 기회, 세제 혜택이나 다른 재무적, 전략적인 이점들을 일컫는 말이다. 결과적으로 이러한 시너지들은 전략적 투자자들이 자신들의 산업과 관계된 기업들을 인수할 때, 더 비싼 가격을 지불하는 가장 큰 이유가 된다.

시너지는 대상을 인수함으로써 얻어지는 미래의 현금흐름과 이익뿐만 아니라 다른 모든 유형적인 가치를 의미한다. 따라서 잠재적 시너지 효과를 파악하는 것은 인수자가 특정 대상의 인수가격을 결정하는 것에 큰 영향을 미친다. 이론적으로 예상되는 시너지 효과가 더 클수록 인수자가 더 높은 인수가격을 써낸다. 비교 가능한 유사 인수를 분석할 때는 발표된 시너지 효과가 인수가격과 그에 따른 멀티플을 바라보는 중요한 관점을 제시해준다. 참고로 실제 인수가격을 써내는 입찰자들은, 컨설팅 회사들의 도움을 받아, 최대한 상세하고 현실적인 시너지 규모를 측정하려고 노력한다.

인수자가 상장기업일 경우, 인수자가 기대하는 시너지 효과의 규모와 배경에 대한 가이드라인을 제시하기도 한다. 이러한 정보들은 인수를 알리는 보도자료나 투자설명회, 공시자료 등을 통해 제공된다. 주식 리서치 리포트 또한 인수에 따른 시너지에 대한 유용한 해설을 제공하기도 한다.

물론 인수자가 객관적인 조사나 외부 컨설팅 회사의 도움을 받아 긍정적인 시너지 효과를 기대하고 발표하더라도, 시장의 투자자들은 이러한 장밋빛 예측을 더욱 객관적으로 평가한다. 시장의 평가는 대부분 M&A 발표된 즉시 반영되는 경우가 많으며, 긍정적인 견해와 부정적인 견해가 충돌하기 때문에, M&A 발표가 되는 날 특히 인수자의 주가는 크게 변동하는 경우가 많다. 예를 들어 2016년 미래에셋증권이 대우증권의 인수를 발표했을 때, 발표 당일 미래에셋증권의 주가는 9% 상승했으며, 대우증권의 주가는 18% 하락했다.

M&A comps를 위해서 관련 정보가 있을 때마다 각각의 M&A 딜별로 예상되는 시너지를 적어두는 것이 도움된다. 하지만 인수에 사용된 멀티플들은 시너지를 반영하지 않은, 이미 공시된 LTM 재무정보에 의해서만 계산되나, 특정한 멀티플에 대한 깊은 이해를 위해, 예상되는 시너지를 반영한 수정된 멀티플을 계산하기로 한다.

다음 계산에서 1조 2,000억 원의 인수가격, 1,500억 원의 LTM EBITDA, 300억 원의 시너지를 가정한 인수 전과 후의 EV/LTM EBITDA를 계산하는 것을 예로 들었다.

시너지 조정 멀티플(Synergies-Adjusted Multiple)

$$\frac{Enterprise\ Value}{LTM\ EBITDA} = \frac{1조\ 2{,}000억\ 원}{1{,}500억\ 원} = 8.0x$$

$$\frac{Enterprise\ Value}{LTM\ EBITDA\ +\ Synergies} = \frac{1조\ 2{,}000억\ 원}{1{,}500억\ 원 + 300억\ 원} = 6.7x$$

Step 4 | 비교 대상 M&A 벤치마크

Trading comps에서와 마찬가지로, 다음 단계는 가장 적합한 M&A를 고르기 위해 선정된 M&A들을 좀 더 심도 있게 분석하는 것이다. 이 분석의 일부로 M&A에 관련 있는 기업들 각각의 사업정보와 주요 비교 대상과 가장 비슷한 딜을 찾는 데 주안점을 두고 살펴봐야 한다.

M&A에서 사용된 M&A별 멀티플들과 관련 정보들 또한, 보다 쉬운 비교와 벤치마크를 위해서 output 페이지로 함께 연결되어 있다. 각각의 비교 대상 M&A들 또한 가장 유사한 M&A와 더불어 유심히 살펴봐야 하지만, 명백히 관련이 없는 M&A 딜들은 제거해도 좋다. 예를 들어, 산업주기를 고려했을 때 완전히 다른 시기에 이루어졌거나 영향력이 미미한 기업에 의해 이루어진 인수 건보다는, 최근에 체결된 인수나 직접적인 경쟁자들이 행한 인수가 좀 더 연관이 있는 딜이라고 할 수 있다. 좀 더 정교한 분석의 경우 대상의 사업이나 재무정보와 더불어 시장 상황이나 deal dynamics와 같은 다른 요소도 고려돼야 할 것이다.

Step 5 | 평가가치 결정

　M&A comps에서는 유사 M&A에서 사용된 멀티플들을 참고해 대상의 평가가치의 범위를 도출해 내는 데 사용된다. 물론 산업군별로 다르겠지만, M&A comps에서 가장 광범위하게 쓰이는 멀티플은 EV/EBITDA와 equity value/net income이다. 따라서 일반적으로 선택된 M&A 딜들의 이러한 멀티플들의 평균과 중간값을 대상의 평가가치의 범위를 정하는 가장 중요한 부분으로 보고, 다른 최고-최저 멀티플들을 추가적인 참조점으로 삼는다.

　앞에서도 언급한 것처럼 가치평가는 기술적이지만, 또한 상당한 직감도 요구하는 과정이다. 따라서, 멀티플들의 평균과 중간값이 가치평가의 중요한 부분을 담당하지만, 보통 자신이 생각하는 가장 유사한 M&A 딜을 평가 과정에 사용하게 된다.

　예를 들어, 도출해낸 평균 EV/EBITDA가 4배이지만, 가장 유사한 인수들의 값이 5~6배라면, 이 사이의 멀티플이 더 알맞다고 주장할 수도 있다. 따라서 가장 유사한 인수 건을 찾는 것이 중요하다. 여기에서 도출된 멀티플들이 대상의 LTM 수치들에 곱해지고, 앞 장에서 언급한 방법을 통해 대상의 가치평가가 끝나게 된다.

　다른 가치평가 방법과 마찬가지로, 대상에 대한 평가가치의 범위가 정립되면, 평가의 결과와 그에 따른 최종적인 결정을 분석하는 과정이 필요하다. 이 과정에서, M&A comps에서 도출된 가치가 trading comps에서 도출된 가치보다 낮은 경우, 실행한 분석에 대한 주의가 요망된다. 이 경우 반드시 비교 대상으로 선정한 유사 M&A 딜에 대한 가정들을 되짚어 봐야 하며, 멀티플과 연관된 계산들도 다시 확인해야 할 필요가 있다. 하지만, M&A comps에서 도출된 가치가 더 낮다고 해서 그 평가가 무조건 잘못되었다는 것은 아니다. 예를 들어, 특정 산업군이 산업주기상의 가장 높은 지점에 있다면, trading comps에서 도출된 가치가 M&A comps에서 평가된 가치보다 높을 수도 있다. 어떠한 경우에서나 가치평가 결과를 독립적으로 놓고 다시 한번 검토를 해봐야 하며, 시니어나 동료들과 함께 계산해낸 결과가 타당한가를 상의하는 작업도 반드시 수반되어야 한다.

과거거래분석법의 주요 장단점

장점

+ **실제 거래에 기반함** 평가가치를 도출해내기 위해 사용된 정보들이 가상의 추정치가 아닌, 실제 일어난 유사한 기업의 M&A 딜에 기반해 더 현실적임
+ **현재성** 최근에 일어난 인수들의 경우, 인수합병 트렌드, 자본시장 상황, 그리고 전반적인 경제 환경을 잘 대변할 수 있음
+ **빠르고 간편함** 가치가 몇 안 되는 간편한 입력에 의해 도출됨

단점

- **시간적 괴리** 과거에 일어난 인수를 기반으로 하기 때문에, 가장 최근의 딜을 중점적으로 보더라도, 당장의 시장 상황을 완벽하게 반영하지 못할 수도 있으며, 최근 1~2년간 해당하는 M&A 딜이 아예 없을 수도 있음
- **유사 인수의 부재** 일부의 경우에는, 비교가 가능한 유사 M&A 딜을 찾는 것 자체가 매우 어렵거나 아예 불가능할 수도 있음
- **정보의 제한** 여러 M&A에 사용된 멀티플들을 모두 찾기가 어려울 수 있음
- **인수자의 관점에 대한 정보 부재** 인수자에 의해 지불된 멀티플이 재무통계 기반이 아닌 공개되지 않은 내부적인 관점에 의해 도출된 값일 가능성이 있음

OB맥주 적용
Precedent Transactions Analysis

Step 1. 비교 대상 유사 M&A 딜 선정

먼저 맥주나 비슷한 주류사업을 주로 영위하는 회사들이 피인수 대상으로 거래된 M&A 딜을 찾아야 한다. 전 세계 주류 산업과 관련된 정보를 수집하는 산업 전문 리서치, OB맥주의 가장 직접적인 경쟁사인 하이트진로의 주식 리서치 리포트, 혹은 해외 맥주회사들의 리서치 리포트 등을 사용할 수 있다. S&P Capital IQ, Merger Market, 블룸버그, FactSet, 톰슨 같은 금융정보 전문 서비스들도 산업별로 M&A 딜 리스트를 제공하며, 인터넷 검색을 통해서도 맥주 산업의 M&A 리스트를 찾아볼 수 있다.

먼저 인터넷 검색을 통해서 맥주 산업에서의 M&A 트렌드, 실제 주요 M&A에 대한 요약정보 등을 어렵지 않게 찾을 수 있다. 물론 이런 인터넷 정보들은 정확성이 떨어지기 때문에, 이것만을 기반해서 금융실무 수준의 재무분석을 하기에는 무리가 있지만, 맥주 M&A 시장에 익숙하지 않다면 도움될 수 있는 간략한 정보들을 얻을 수 있는 이점이 있다.

▲ 인터넷 검색을 통해 찾은 M&A 딜 정보(https://www.slideshare.net/cadeler/beer-industry)

이런 인터넷 검색이나, 관련성이 높아 보이는(혹은 앞선 trading comps에서 참고한 회사들의) M&A 딜 리스트를 만들고 나서, 각 M&A 딜의 정보를 S&P Capital IQ 같은 금융서비스를 통해서 다운로드할 수 있다. 만약 S&P Capital IQ 같은 데이터 베이스를 사용하지 않는다면, 각 딜의 정보를 해당 기업의 공시, 인터넷 검색, 관련 뉴스 등을 통해서 하나씩 찾아봐야 한다.

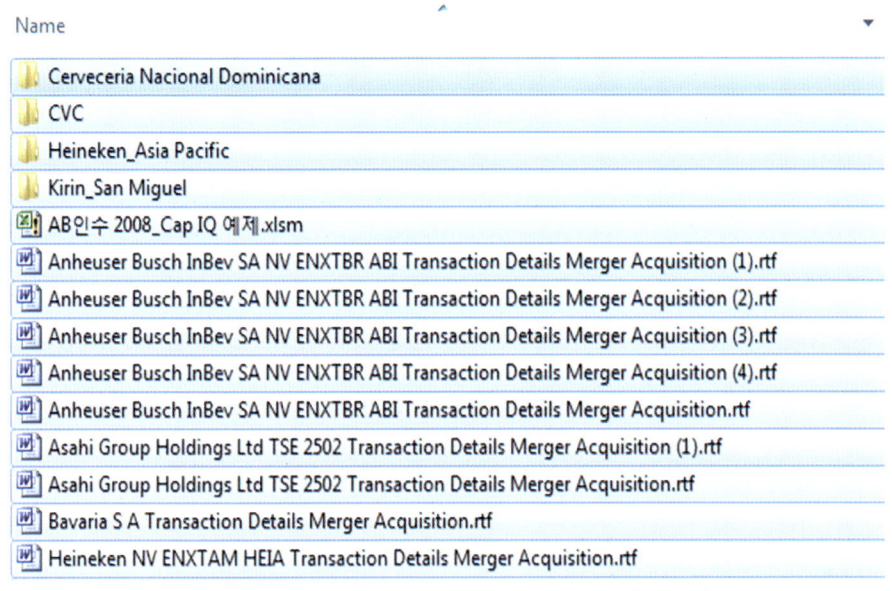

▲ 해외 맥주회사들이 진행한 각 M&A딜 정보를 S&P Capital IQ로부터 다운로드 받은 모습

이렇게 다양한 매체를 통해서 M&A 리스트를 찾은 다음, 가장 OB맥주를 평가할 때 연관성 있어 보이는 딜을 추리는 것이 가장 의미 있는 비교를 위한 핵심역량이다. 이를 위해 먼저 OB맥주 M&A의 특징을 추려볼 필요가 있다. OB맥주 인수자는 KKR과 어피니티라는 글로벌 사모펀드(재무적 투자자, financial investor)였으며, 피인수 기업의 지분 100%를 LBO 방식으로 2조 3,000억 원가량에 인수했다. 피인수 기업은 한국(동북아시아)에서 맥주사업을 영위하는 회사이며, 피인수 기업의 매각 주체는 앤호이저-부시(Anheuser-Busch)라는 글로벌 맥주회사, 즉 재무적 투자자가 아닌 전략적 투자자(strategic investor)였다. 마지막으로 M&A가 일어난 시기는 2009년이었기 때문에, 2009년 초, 혹은 그 이전에 체결된 M&A 딜을 찾으려 했다.

S&P Capital IQ

Anheuser-Busch InBev SA/NV (ENXTBR:ABI) > Transaction Details > Merger/Acquisition

Merger/Acquisition			
Currency: Reported Currency			
Deal Summary			
Status	Closed	Primary Transaction Feature	Acquisition of Equity Stake
Announced Date	Oct-15-2009	Bid Made Date	-
Letter of Intent Date	-	Effective Date	-
Definitive Agreement Date	Oct-15-2009	Closed Date	Dec-02-2009
CIQ Transaction ID	IQTR76513480	Cancelled Date	-
Sell-side Participants			
Company Name:	Anheuser-Busch InBev's Central and Eastern European operations (nka:Molson Coors Central Europe)	Primary Industry:	Brewers
Headquarters:	Czech Republic		
Buy-side Participants			
Buyer Company:	CVC Capital Partners Limited		
Deal Values			
Total Consideration to Shareholders ($ mm)	1,618.00	Total Transaction Size ($ mm)	3,031.00
Implied Equity Value ($ mm)	1,618.00	Implied Enterprise Value ($ mm)	3,031.00
Implied Enterprise Value/LTM Revenue	-	Implied Enterprise Value/NTM Revenue	-
Implied Enterprise Value/LTM EBITDA	-	Implied Enterprise Value/NTM EBITDA	-
Implied Enterprise Value/LTM EBIT	-	Implied Enterprise Value/NTM EBIT	-
Implied Equity Value/LTM Net Income		Offer Price/NTM Earnings	-
Implied Equity Value/Book Value		Offer Price/Forward Book Value	-

Synopsis
Comments
CVC Capital Partners Ltd. signed a definitive agreement to acquire Central European operations of Anheuser-Busch InBev (ENXTBR: ABI) for $2.1 billion on October 15, 2009. As part of the agreement, $1.62 billion will be paid in cash and $448 million will be paid as an unsecured deferred payment obligation with a six year maturity, which can be automatically extended by up to 2 years in the event of restructuring of the senior debt financing, bearing interest at 8-15% and $165 million in minority interests, assuming market value at close on October 14, 2009. The agreement also includes a contingent payment of $800 million based on CVC's return on its initial investment. CVC also agreed to brew and/or distribute Stella Artois, Beck's, Löwenbräu, Hoegaarden, Spaten and Leffe in Central European countries under license from Anheuser-Busch InBev. Anheuser-Busch InBev will retain rights to brew and distribute Staropramen in several countries including Ukraine, Russia, the US, Germany and the UK. Anheuser-Busch InBev will have a right of first offer to reacquire the business should CVC decide to sell it in future. As part of the transaction, CVC raised approximately $1 billion of senior debt financing from a group of international and regional banks. The transaction includes a 72.69% stake in Trebjesa a.d. Niksic. As reported, CVC will make a buyout offer for the remaining securities of Trebjesa. On November 18, 2009, CVC extended the offer for remaining securities of Trebjesa to December 2, 2009.

이 스크린샷은 2009년에 사모펀드 CVC가 앤호이저-부시로부터 유럽의 맥주회사를 인수한 내용으로, 여러모로 OB맥주와 완벽한 비교 대상이었지만, 아쉽게도 재무정보가 충분히 공개되지 않았기 때문에 OB맥주 M&A comps에는 사용하지 못했다. 이렇게 실제 M&A 딜은 매우 다양하고 많지만, 공개되는 정보가 제한돼서 충분한 재무분석을 하지 못하고. 결국 M&A comps에도 적용하지 못하는 경우가 매우 많다. 이런 M&A를 집행한 회사, 즉 M&A 투자자의 입장에서는, 이러한 재무정보들을 전략상 비공개로 하는 것이 일반적으로 유리하기 때문이다.

하지만 이렇게 마음에 드는, 다양한 유사조건을 갖춘 M&A 딜을 하나라도 찾았다면, 유용하게 사용할 수 있는 것이 '유사 M&A 딜 검색' 기능이다. 다음 스크린샷에서 보이는 바와 같이, 마음에 드는 딜 1개를 기준으로 해, 비슷한 딜을 찾아주는 기능들을 각종 금융 데이터 제공자들이 제공한다.

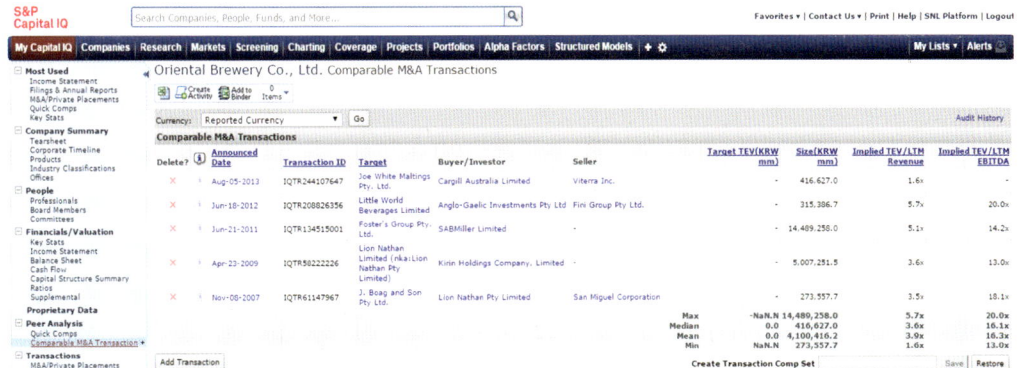

▲ S&P Capital IQ가 자동으로 스크리닝해준 비교 대상 M&A 딜의 모습—Appendix에 더 자세히 볼 수 있다.

이렇게 다양한 딜을 다양한 출처를 통해 한 가지 리스트로 만들고, 이 리스트에 있는 딜의 정보를 하나씩 조사하는 것이 가장 일반적인 방법이다. 이러한 단계들을 빠르고 수월하게 진행하는 방법은 글로벌 금융정보 공급자들이 제공하는 'M&A 딜 스크리닝 기능'을 참고하는 것이다. 다음의 스크린샷에는 S&P Capital IQ를 사용해 산업(맥주), 딜 종류(M&A), 지분거래(60% 이상), 날짜(2004~2009년), 지역(아시아 태평양) 그리고 딜의 규모(원화로 3,000억 원 이상)까지 상당히 세부적인 디테일을 넣어서 한 번에 수많은 딜을 스크리닝할 수 있다. 맥주회사가 개입된 딜은 2,183개에 달하지만, 각 스크리닝을 추가할 때마다 모든 조건을 충족시키는 딜의 수가 줄어, 결국 최종적으로 오른쪽에 보이는 5개의 유사거래가 추려진 것을 확인할 수 있다.

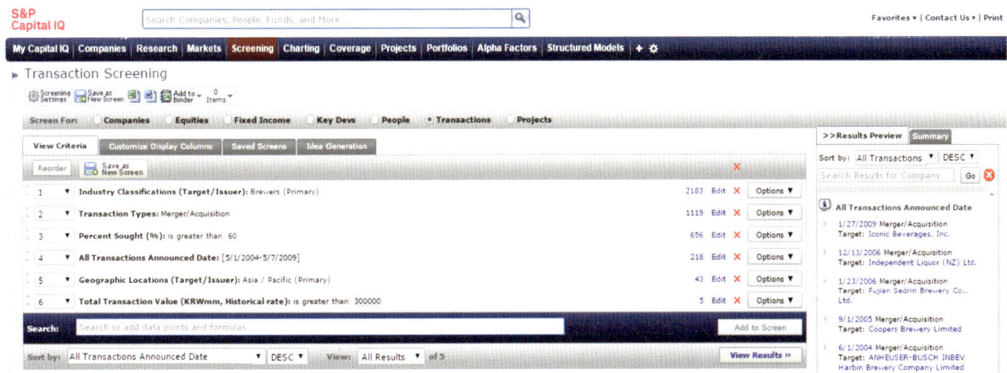

실무에서는 앞에 나열된 특정 방법에만 의존하는 것이 아니라, 일반적으로 앞의 모든 방법을 다 적용해 30개가량의 딜을 찾고, 그 딜들 하나하나의 공개된 정보의 양, 딜의 배경 등을 고려해 최종적

으로 10개 이내의 딜을 추려내게 된다. OB맥주 모델에는 최종적으로 7개의 M&A 딜을 선정해, 다음 단계로 넘어갔다.

Step 2. M&A 관련 일반 정보와 재무정보 수집

OB맥주
Precedent Transactions Analysis - Input

Transaction Information							
General Transaction Information							
	Transaction 1	Transaction 2	Transaction 3	Transaction 4	Transaction 5	Transaction 6	Transaction 7
Target	Tsingtao Brewery	San Miguel Brewery	Asia Pacific Breweries	Grupo Modelo	Eugenie Patri Sebastein	Scottish & Newcastle	Anheuser-Busch
Acquirer	Asahi Group Holdings	Kirin Holdings	Heineken International	AB InBev	AB InBev	Carlberg & Heineken	InBev
Calculation of Offer & Transaction Value							
Offer value (purchase price) (Target Currency)	¥23,018.9	₱136,386.1	$13,690.4	$396,933.3	44,333.3	7,515.2	50,333.0
Override							
Total offer value (purchase price)	23,018.9	136,386.1	13,690.4	396,933.3	44,333.3	7,515.2	50,333.0
Net Debt							
Source document							
Period ending							
ST debt	527.4	0.0	69.8				
LT debt	1,157.5	0.0	354.6				
Noncontrolling interests	335.4	0.0	171.3				
Preferred stock	0.0	0.0	0.0				
Gross debt	2,020.3	0.0	595.7				
Less: Cash & Cash equivalents	2,415.2	6,041.0	128.4				
Net debt	(394.9)	(6,041.0)	467.3	(2,698.4)	38,059.4	2,012.0	9,063.2
Transaction Value	22,623.9	130,345.1	14,157.7	394,234.9	82,392.7	9,527.2	59,396.2

 이 단계는 trading comps의 두 번째 단계와 거의 동일하게, 피인수 기업의 재무정보를 다양한 채널들을 통해 모으고, 이를 엑셀에 일목요연하게 정리하고, 최종적으로 필요하다고 생각되는 항목들을 조정해주는 과정을 거친다.

 유일한 차이점은 trading comps에서는 특수 상황을 겪지 않는 회사의 재무정보를 사용했지만, M&A comps에서는 M&A 상황에서의 피인수 기업 재무상태를 본다는 것이다. 만약 피인수 기업이 아무런 변화 없이 100% 인수되었다면 상관없겠지만, 더 복잡한 상황들이 있는 경우가 다반사다. 예를 들면 과거 두산그룹이 버거킹을 분할 매각하는 딜을 유사 M&A 딜로 분석한다면, 두산그룹의 재무상태를 분석하는 것이 아니라, 분할된 순수 버거킹만의 자산과 영업성적을 그 M&A 거래 가격과 상황과 관련지어 재무분석을 진행해야 한다.

Step 3. 주요 재무통계, M&A에서 사용된 멀티플 나열

멀티플을 구할 때 주의할 점은, 피인수 기업의 시가총액이나, M&A 딜 전의 기업가치를 사용하는 것이 아니라, 해당 M&A에서 거래된 금액을 사용한다는 것이다. 즉, 시총 10조 원짜리 기업의 지분 80%가 9조 원에 거래되었다면, 해당 기업의 주주가치는 시가총액인 10조 원이 아닌 거래가격이 암시하는 11조 2,500억 원이 되는 것이다.

OB맥주
Precedent Transactions Analysis - Output

거래 당시의 재무정보와 그에 기반한 멀티플

Target	Acquirer	Announce date	Offer value / share	Offer value	Transaction value
Tsingtao Brewery	Asahi Group Holdings	2009-01-23	2.55	23,018.9	22,623.9
San Miguel Brewery	Kirin Holdings	2009-02-20	0.18	136,386.1	130,345.1
Asia Pacific Breweries	Heineken International	2012-07-20	37.23	13,690.4	14,157.7
Grupo Modelo	AB InBev	2012-06-29	9.15	396,933.3	394,234.9
Eugenie Patri Sebastein	AB InBev	2009-07-14	38.63	44,333.3	82,392.7
Scottish & Newcastle	Carlberg & Heineken	2007-10-25	16.39	7,515.2	9,527.2
Anheuser-Busch	InBev	2008-06-11	70.00	50,333.0	59,396.2

이런 부분만 조심하면, 실제 멀티플의 종류는 trading comps와 크게 다르지 않다. OB맥주 예제에서는 LTM과 1년 선행 기준으로, EV/Rev., EV/EBITDA, EV/EBIT 그리고 Equity Value/Net Income을 계산했다. M&A comps 시, EV는 TV(Transaction Value)로 표기하기도 한다.

OB맥주
Precedent Transactions Analysis - Output

거래 당시의 재무정보와 그에 기반한 멀티플

Target	Acquirer	Premium paid	LTM multiples				Year 1			
			TV / Revenue	TV / EBITDA	TV / EBIT	Offer price / EPS	TV / Revenue	TV / EBITDA	TV / EBIT	Offer price / EPS
Tsingtao Brewery	Asahi Group Holdings	37.6%	1.41x	12.91x	18.86x	22.67x	1.36x	12.41x	18.14x	21.80x
San Miguel Brewery	Kirin Holdings	22.4%	2.67x	7.50x	8.34x	12.18x	2.62x	7.35x	8.18x	11.94x
Asia Pacific Breweries	Heineken International	26.2%	4.31x	17.89x	19.66x	23.79x	4.15x	17.20x	18.90x	22.87x
Grupo Modelo	AB InBev	6.5%	4.04x	12.93x	15.26x	31.42x	3.92x	12.56x	14.82x	30.51x
Eugenie Patri Sebastein	AB InBev	NM	5.43x	10.96x	13.93x	26.06x	5.27x	10.64x	13.52x	25.30x
Scottish & Newcastle	Carlberg & Heineken	NM	5.90x	16.18x	19.68x	25.13x	5.79x	15.86x	19.30x	24.64x
Anheuser-Busch	InBev	NM	3.51x	13.07x	16.77x	23.87x	3.42x	12.75x	16.36x	23.29x

Step 4. 비교 대상 M&A 벤치마크

결과 멀티플	Premium paid %	LTM multiples				Year 1			
		TV / Revenue	TV / EBITDA	TV / EBIT	Offer price / EPS	TV / Revenue	TV / EBITDA	TV / EBIT	Offer price / EPS
High	37.6%	5.9x	17.9x	19.7x	31.4x	5.8x	17.2x	19.3x	30.5x
Low	6.5%	1.4	7.5	8.3	12.2	1.4	7.4	8.2	11.9
Median	24.3%	4.0	12.9	16.8	23.9	3.9	12.6	16.4	23.3
Mean	23.2%	3.9	13.1	16.1	23.6	3.8	12.7	15.6	22.9

유사 M&A 딜의 멀티플을 벤치마크 해본 결과, 보통 23.2% 정도의 프리미엄을 냈고, EV/EBITDA 멀티플은 대략 13x 정도로 나왔다.

Step 5. 평가가치 결정

마지막으로, 멀티플을 OB맥주의 영업성적에 적용하면 M&A comps를 통해 가치가 도출된다. 다음과 같이, OB맥주의 적정가치는 대략 2조 원에서 4조 원 사이라고 추정되는데, 2009년의 실제 KKR/어피니티의 OB맥주 인수는 2조 3,000억 원가량으로, 상당히 낮은 가격으로 인수했다고 볼 수 있다.

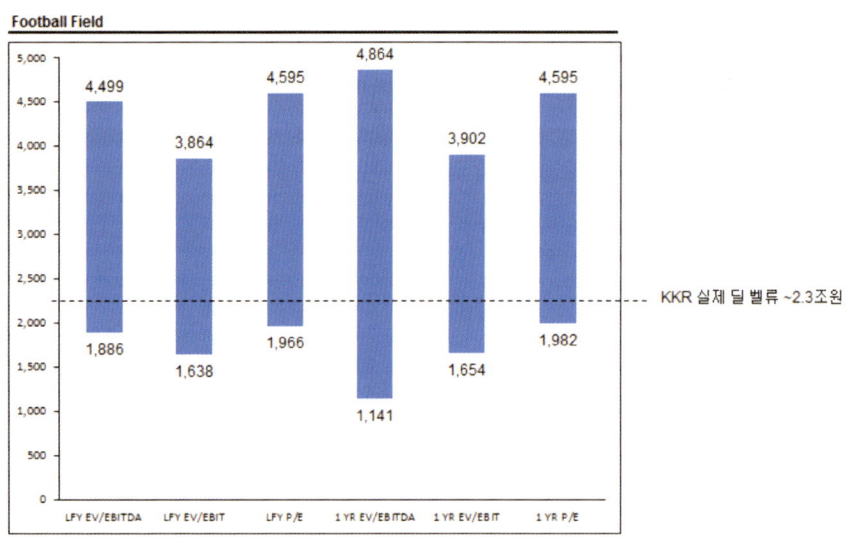

INVESTMENT BANKING & PRIVATE EQUITY

OB맥주 분석과 총평

이번 섹션에서는 이 책 처음부터 반복적으로 사용된 OB맥주 케이스를 전반적으로 정리해보려 한다. 가장 먼저 짚고 넘어가야 할 점은, 아무리 고수익을 추구하는 LBO 투자라고 해도, KKR과 어피니티가 해당 LBO 투자를 통해서 올린 이익률과 이익의 규모는 엄청나다는 것이다.

KKR과 어피니티는 OB맥주를 2009년 중반에 2조 3,000억 원에 인수해, 2014년 초 6조 2,000억 원가량에 매각했는데, 이는 레버리지 효과를 배제하더라도 25%가량의 IRR이다. 하지만 KKR과 어피니티가 인수금의 절반가량을 차입금으로 조달하고, 매각 당시 차입금을 대부분 상환한 실제 상황을 대입해보면, 실제 사모펀드 투자금은 1조 원 정도였고, 4년 반 후에 4조 7,000억 원가량을 받았기 때문에 IRR은 40%에 육박한다. 실제로 KKR과 어피니티는 투자 기간 동안 차입금을 줄였지만, 2013년에 다시 차입금을 늘리며 dividend recapitalization을 통해 2011년부터 2013년까지 수천억 원의 배당금을 받은 것으로 보인다. 결국, IRR을 상승시키는 디테일을 계산에 넣으면 그 이상의 IRR이 나올 것이며 이는 수조 원의 투자금이 집행된 투자라는 사실과 금융위기가 아직 정리되지 않은 시기에 집행된 투자라는 점을 고려했을 때 실제로 놀라운 성적이다(참고로 이러한 IRR 계산은 OB맥주 LBO 모델의 주요 수치들을 조정하며 추정해볼 수 있다).

이런 성공적인 LBO의 비결은 무엇일까? 몇 가지로 나누어본다면 가장 먼저, KKR과 어피니티가 OB맥주를 싸게 인수했다는 점을 들 수 있다. 앞 장에서 trading comps, M&A comps 그리고 DCF를 통해서 보았듯이, 실제로 2009년에 사모펀드들이 AB인베브에 지불한 2조 3,000억 원은 다양한 밸류에이션 범위(valuation range)에서 낮은 편에 속한다. 다양한 가치평가를 적용했을 때, 2조 3,000억 원이 아니라 3조 원이 넘는 금액이 밸류에이션을 통해 계산한 가치이지만, 매각 회사의 제반 상황과 인수자의 협상력 및 투자능력을 통해 낮은 가격으로 인수할 수 있었다.

두 번째 이유는, 수천억 원에서 수조 원에 달하는 대규모 투자를 한 번에 진행하는 사모펀드 투자자들이 항상 강조하는 회수전략(exit strategy)에서 찾을 수 있다. 애초에 KKR과 어피니티에게 OB맥주를 매각할 때 몸집 키우기를 좋아하는 매각자 AB인베브는, 추후에 OB맥주를 되사는 것을 고려해 콜옵션을 가져갔고, 콜옵션은 EV/EBITDA 멀티플 11배라는 비교적 높은 멀티플로 책정되었다. 물론 이런 콜옵션을 매각자가 가져가더라도, 5년이 지난 후에 다시 값비싸게 회사를 되사갈 거란 보장이나 의무는 없다. 하지만, 아무런 회수전략 없이 투자에 들어가는 것보다는, 세계에서 가장 큰 전략적 투자자가 다시 매수해갈 것이라는 옵션을 남겨놓은 것은 분명 사모펀드들 입장에서 현명한 선택이었다.

세 번째 이유로 KKR과 어피니티가 2009년 OB맥주를 인수한 이후부터 다시 AB인베브에 매각할 때까지, 한국 맥주 시장이 탄탄하게 성장한 것을 들 수 있다. 2005년부터 2009년까지 한국 맥주 소비량은 연평균 2.2% 정도 성장했지만, OB맥주 투자가 집행된 4년 동안에는 연평균 4.1%로 과거보다 2배 이상 성장했다. 2014년에는 다시 이러한 성장이 −0.3%로 둔화된 것을 보면 KKR과 어피니티의 투자와 매각 타이밍이 절묘했다고 볼 수 있다. 물론 이러한 맥주 성장을 KKR과 어피니티가 미리 예측했는지, 아니면 단순히 우연이었는지는 알 수 없다. 게다가 OB맥주는 맥주 시장 전체의 규모적 성장만 누린 것이 아니라, 국내 경쟁사인 하이트와 경쟁해 4:6 정도로 불리하던 시장점유율을, 6:4로 역전하는 성과를 이루어내기도 했다. 이러한 성과를 전문성 있게 분석하려면, 실제 OB맥주가 2009년부터 2013년 연말까지 어떻게 점유율 변화를 끌어냈는지 그리고 OB맥주가 잘한 것도 있지만, 혹시 유일한 국내 경쟁사인 하이트진로 쪽에서의 실책이 있었는지 면밀하게 체크하는 것이 좋다.

대규모 LBO 투자를 집행하는 사모펀드 입장에서 높은 수익률을 위해 가장 신경 써야 할 부분은 다음과 같다.

- 너무 비싸게 사지 않으면서 적절한 가격에 팔 수 있는 회수전략을 마련할 것
- 최대한 안정적으로 레버리지 효과를 누릴 수 있는 기업에 투자할 것
- 적절한 운영방법과 투자전략으로 내재가치를 끌어 올릴 것

OB맥주 LBO는 이렇게 사모펀드가 꿈꿀 수 있는 고수익의 3대 요소를 모두 충족시킨 한마디로 홈런과 같은 딜이었다.

마지막으로 M&A comps 부분에서도 설명했지만 처음 AB인베브가 OB맥주를 매각한 것은, 일반적인 자회사 매각이 아닌, 단기적인 필요에 의해 서둘러서 매각해야 했던 특수 상황(special situation)으로 볼 여지가 있다. 2008년 금융위기 중에 많은 차입금을 사용해 미국 맥주회사를 인수해 탄생한 AB

인베브는 빠르게 비핵심 자산을 매각해 차입금 부담을 줄여야 했다. 이런 급박한 시기에 KKR과 어피니티라는, 이미 시장에서 검증된 사모펀드들이 OB맥주를 인수한다면 빠르게 현금을 회수할 수 있을 거라는 기대감이 있었을 것이다. 하루가 다르게 급변하던 당시의 신용시장을 고려해서, AB인베브는 낮은 가격이라도 신속하고 안정적으로 매각하는 것이 현명하다고 판단한 것으로 보인다.

놀라운 사실은 비록 AB인베브는 OB맥주라는 일부 자회사를 싼값에 매각하고 추후에 비싸게 사들였지만, AB인베브나 3G Capital 입장에서 더욱 중요한 AB인베브의 글로벌 통합을 금융위기 와중에도 성공적으로 이루어낸 것이다. 그 결과 2015년 말에 AB인베브는 SAB밀러를 100조 원이 넘는 가치에 합병함으로써, 진정한 초대형 글로벌 맥주회사로 거듭나게 되었다. 결국 OB맥주 M&A는 KKR과 어피니티에는 엄청난 수익률을, 그리고 AB인베브라는 전략적 투자자에게는 적절한 타이밍에 신속한 조 단위 자금을 제공함으로써, 사모펀드라는 재무적 투자자와 전략적 투자자가 어떻게 M&A 시장에서 윈윈하는 상황을 이루어낼 수 있는지 보여주는 사례라고 볼 수 있다.

현업자 인터뷰 #7

김형태

前 UBS Investment Banking 애널리스트(서울)
Boston College 졸업

UBS에서 본인이 맡은 업무와 역할을 간단히 소개해주세요.

저는 외국계 투자은행의 기업금융부에서 애널리스트로 일했으며, 주로 M&A 및 ECM(Equity Capital Market) 자문업무를 담당했습니다. 이러한 딜을 피칭(pitching)하고, 진행하기 위해서 다양한 산업, 회사 피치북(pitch book)부터 실제 딜에 필요한 재무분석, 가치평가 모델링 등의 업무를 진행했습니다.

본인의 업무 중 어떤 부분이 매력적인가요?

수천억 원, 수조 원에 달하는 자본시장 거래를 주도하며 회계사, 변호사, 홍콩의 글로벌 IB팀 등의 다양한 전문가들과 협조하는 일은 매력적인 일입니다. 또한 M&A가 됐든 IPO가 됐든, 딜 하나하나를 깔끔하게 처리하면 정신적으로 큰 보상이 있었습니다.

이 책에도 소개된 칼라일그룹의 ADT캡스 LBO 케이스같이 수십조 원을 운영하는 글로벌 사모펀드 클라이언트와 함께(side-by-side) 일하며 많은 것을 배울 수 있었습니다. 마지막으로 업계 전반적으로 각 인력의 경쟁력을 중요시하다 보니, 같은 회사 동료든 클라이언트든 경쟁사의 애널리스트든, 상당히 높은 전문성을 갖춘 분들과 함께 일함으로써, 제 실력도 더욱 빨리 성장할 수 있었던 거 같습니다.

업무의 단점이나 독자가 해당 업무를 지원하기 전에 알아두면 좋은 것들이 있을까요?

업무의 최대 단점으로, 주니어로 일하게 되면 감당해야 할 긴 업무시간이며, 업무시간 외에도 항상 이메일을 체크해야 하기 때문에 본인 삶과 업무가 분리가 잘 안 되는 점입니다.

어떻게 현재까지의 커리어를 쌓게 되었나요?

먼저 제가 졸업한 보스턴 칼리지의 비즈니스 스쿨은 당시 투자은행 업무를 중시하는 경향이 있었고, 재무와 회계를 전공하며 자연스럽게 투자은행 쪽의 커리어를 준비하게 되었습니다. 사모펀드 그리고 투자은행에서 인턴을 한 경험이 정규직 오퍼를 받는 데 결정적인 역할을 했습니다.

일반적인 하루 또는 1년 스케줄은 어떻게 되시나요?

일정한 스케줄이 있다기보다는, 해당 시기 팀의 필요에 따라 유연하게 업무가 바뀝니다. 라이브 딜(live deal)에 참여하고 있을 때는 딜 사이클(Sell-Side/Buy-Side M&A 과정, IPO 과정 등)에 따라서 일과가 정해지며, 라이브 딜이 없을 경우에는 독점적인 인수 및 매각의 위임(mandate)을 얻기 위해 피치북을 준비하는 편입니다.

자신의 커리어를 두고 고민하는 독자들을 위해 공유하고 싶은 의견 한마디 부탁드립니다.

준비 과정에 있어선, 단순히 자격증을 따거나 남들이 다 하는 준비를 하기보다는, 업계 선배들을 만나고, 실질적으로 일이 어떻게 돌아가는지, 혹은 실무에서 필요한 금융 모델링이나 실제 M&A 사례 등을 공부하는 것을 추천합니다. 마지막으로, 인턴을 직접 경험해보면서 '내가 정말 이 일을 하고 싶은지' 진지한 고민을 하는 것도 추천합니다.

금융, 재무 모델을 만들 줄 알거나 잘 다루면 업무에 도움이 될까요?

금융, 재무 모델을 잘 다루는 것은 단순히 '업무에 도움'되는 것을 넘어서, 투자은행 및 사모펀드 업계에서는 필수적인 능력이라고 할 수 있습니다. 그 예로, top-tier 사모펀드들은 케이스 인터뷰 중에 제한된 시간(2~3시간) 안에 LBO 모델을 엑셀에 직접 만들 것을 지원자들에게 요구하는 경우가 많습니다.

최근에는 국내 금융업계도 더욱 전문성을 갖추면서 몇몇 외국계 증권사에서는 IB부서 면접에서도 기본적인 모델링 스킬을 테스트하고 있는 실정입니다. 그렇기 때문에 M&A 커리어를 고려하신다면 기본적인 산업 지식, CFA 같은 자격증, 금융-회계 이해 외에도, 실무 금융 모델링 스킬을 갖출 것을 추천합니다.

Chapter
8

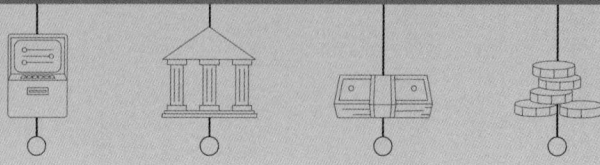

투자은행 관점에서의 M&A

INVESTMENT BANKING & PRIVATE EQUITY
Valuation, Mergers & Acquisitions, Leveraged Buyouts

INVESTMENT BANKING & PRIVATE EQUITY

투자은행 관점에서의 M&A

    M&A 업무에 있어서 밸류에이션 분석도 중요하지만, 실제로 투자를 성사시키기 위해 진행되는 업무프로세스를 이해하는 것도 필요하다. 이번 장에서는 투자은행 관점, 즉 M&A 프로세스를 주도적으로 진행하는 입장에서 M&A의 절차, 종류, 기타 고려사항들에 대해 알아보기로 한다.

    회사나 그 부서, 사업이나 자산들(대상)의 매각은 주주, 경영진, 임직원, 그리고 채권자 등 모든 이해 당사자에게 중대한 영향을 미치는 이벤트다. 자산-기업 매각 절차는 높은 강도와 많은 시간이 요구되며, 중대한 이해관계가 걸린 문제이므로, 빨라도 몇 개월, 늦으면 1년이 넘는 시간이 소요되기도 한다. 따라서 매각자는 매각의 주요한 목적들을 충족시키고, 만족할 만한 결과를 도출해내기 위해, 보통 투자은행과 그에 속한 M&A 전문가(매각자문사)를 고용한다. 일반적으로 클라이언트는 투자은행에, 적용 가능한 다양한 전략적 대안에 대한 종합적인 재무분석을 맡긴다. 이러한 분석의 결과로 도출될 수 있는 옵션들은 회사 전체 및 일부 사업-자산의 매각, 경쟁사 인수, 자본 재구조화, 기업공개, 상장폐지, 현상유지 등이 있다.

    매각 측에서는 분석을 위해 먼저 이 책에 언급된 가치평가 방법들을 모두 적용해, 적절한 예상 매각가격을 아는 것이 중요하다. 이에 더해, 특정한 전략적 투자자가 얼마의 가격을 지불할 수 있는지 보기 위해 합병 분석(merger analysis 혹은 M&A model)이라고 불리는 인수합병 모델을 만들기도 한다. 이러한 가치평가 분석은 매각자가 예상할 만한 매각대금, 최종 인수자 목록, 납득할 만한 인수 제안의 가이드라인, 수령한 인수 제안의 평가, 그리고 궁극적으로 최종 매각대금의 협상 등에 이용된다.

    일단 매각하는 방향으로 결정 나면, 매각자문사(IB)들은 매각자를 위해 이상적인 조합의 가치 극대화, 빠른 매각 과정, 매각 완료의 확실성을 비롯한 기타 세부 사항 등을 조사한다. 따라서 시작부터 매각자의 우선순위를 파악하고 맞춤화된 매각 절차를 구상하는 것이 매각자문사의 의무다. 만약 매각자가 비밀유지, 타이밍, 사업상의 혼란 등에 대해 크게 신경 쓰지 않는 편이라면, 자문사는 가능한 한 인수에 관심이 있는 많은 이해 당사자에게 접근하는 폭넓은 입찰 경쟁(broad auction)을 고려할 수도 있다. 상대적으로 인수자가 누군지에 대해 크게 상관하지 않는 이 과정은, 바이어 사이의 경쟁을 유도함으로써 가장 높은 가격을 써낼 인수자를 찾는 것을 주목적으로 한다.

이와는 반대로, 만약 매각의 속도, 비밀유지, 특정한 거래의 구조, 경영진과의 조화 등이 매각자에게 중요한 문제라면, 정해진 몇몇 잠재적 인수자에게만 접근하는 특정 대상자 제한 입찰(targeted auction)이나 어느 하나의 이해 당사자에게만 접근하는 협상매각(negotiated sale) 등이 될 수도 있다. 일반적으로, 소수의 이해 당사자와의 협상매각 방식보다 입찰 방식이 좀 더 많은 인원, 절차, 기간, 자원 등을 필요로 한다.

입찰 방식
Auction

입찰은 매각 대상 회사(IB의 클라이언트)가 여럿의 잠재적인 인수자에게 인수 제안을 받는 단계적인 매각 절차다. 올바르게 진행된 입찰은 경쟁적인 인수환경을 조성하기 때문에, 인수 제안자들에게 그들이 생각하는 최고의 가격과 최상의 조건을 제안하게 하고, 매각의 속도도 한결 빠르게 진행된다. 여러 인수자들의 입찰가격을 보면서 최종 매각가를 결정하기 때문에, 매각 측은 입찰 방법을 통해, 매각사업-자산의 내재가치에 대한 확신을 가질 수도 있다.

하지만 동시에, 입찰은 입찰자에 의한 시장으로의 정보유출, 매각사업 임직원 사기에 부정적인 영향, 입찰자 간의 결탁, 우선협상자가 선정되었을 때의 축소된 협상력, 입찰이 수포로 돌아갔을 때의 매각 회사의 오점 등을 포함한 잠재적인 문제점이 있다. 게다가, 특정한 잠재적 인수자들은 그들이 인수 경쟁에서 이길 가능성을 낮게 보고, 시간과 자원의 낭비를 방지하기 위해 여럿이 참여하는 폭넓은 입찰에는 아예 참여하지 않을 수도 있다.

입찰을 성공적으로 하기 위해서는 상당한 자원, 경험, 전문성이 필요하다. 우선적으로, 매각자문의 딜팀은 설득력 있는 마케팅 자료, 잠재적인 매각의 리스크 파악, 경영진 준비 과정, 알맞은 잠재적 인수자의 목록 추리기 등을 통해 매각 과정의 기반을 닦는다. 입찰이 본격적으로 시작되면, 매각자문사는 매각 과정을 효율적으로 운영해야 하는데 이를 위해서 다양한 업무들을 세밀하게 분담하고 실행하는 것이 필요하다.

성공적인 매각을 위해서, 투자은행은 거래 과정의 일거수일투족을 담당하는 M&A 및 해당 산업-국가팀(coverage)을 배치한다. 또한, 입찰은 마케팅 자료를 준비하는 것과 인수자의 실사(온라인 Q&A, 경영진 프레젠테이션, 현장 방문, 데이터룸 관리, 인수자의 특정 요청)를 준비하는 면에 있어 매각 대상의 경영진과 실무자와 많은 시간 커뮤니케이션을 필요로 한다. 이런 프로세스를 총괄하는 것은 투자은행의 딜팀이지만, 궁극적인 내부 영업-재무정보는 매각 회사 측이 관리하기 때문이다.

입찰의 다음 단계에서는, 투자은행에서 경험이 많은 매각자문의 딜팀이 가장 좋은 가격과 계약조건을 받아내기 위해, 잠재적 인수자와 직접 협상을 하게 된다. 이 최종 협상 부분은 철저한 재무분석과 더불어 수많은 딜 경험으로 터득하는 감각과 심리전이 중요하기 때문에, 매각자는 투자은행을 선정할 때 많은 협상 경험을 가졌는지, 해당 산업의 전문성을 갖추었는지, 인수자와의 관계나 인수자 상황에 대한 충분한 이해를 하고 있는지 꼼꼼히 따져봐야 한다.

일반적인 공개입찰 과정은 매각 결정부터 입찰 경쟁에서 이긴 입찰자와 주식매매계약서를 작성하기까지 보통 3~6개월 정도 걸린다. 입찰의 종료 시점은 입찰 과정과는 직접적인 관계가 없는 규제위원회의 승인 여부나, 제삼자의 합의, 자금조달, 주주 동의 등에 의해 달라질 수도 있다. 전체의 입찰 과정은 여러 단계로 나뉘고, 각 단계마다 별개의 세부적인 일정이 있다. 이러한 구조는 매각자문사가 상황에 따라 알맞게 변경할 수 있다.

1. 매각자의 목적과 알맞은 매각 과정 확립

입찰의 시작으로, 매각자문사는 매각자와 함께 목표, 알맞은 매각 과정 확립, 과정에 대한 세부 지침 등을 결정한다. 자문사는 반드시 매각자의 우선순위에 대해 분명한 이해를 함으로써, 이에 따른 매각 과정을 알맞게 정하는 데 힘을 쏟아야 한다. 아마 가장 기본적인 결정은 얼마나 많은 수의 잠재적 인수자에게 접근하는가 일 것이다.

다양한 인수자와 협의하는 broad auction이 매각자에게 더 구미가 당길 수도 있지만, targeted auction이 매각 과정의 진행속도, 비밀유지의 신뢰성, 맞춤화된 거래구조, 사업 방해 리스크의 감소 등 부수적인 요건을 만족시키는 데 유리할 수도 있다. 이때 매각 회사의 경영진은 broad auction을 취할 것인지 targeted auction을 취할 것인지를 결정하는 과정에서 신의성실(상대방의 신뢰에 반하지 않도록 성의있게 행동할 것을 요구하는 원칙) 의무를 다해야 한다. 이 시점에서 딜팀은 초기 작업, 최종 입찰, 계약, 매각 종료와 같은 특정한 마일스톤에 대한 목표 일정, 구체적인 매각 과정과 그 계획서(로드맵)를 작성하게 된다.

2. 매각자문사 실사와 예비 가치평가 분석

본격적인 매각 과정의 준비는 매각자문사의 광범위한 실사 중, 매각 대상의 경영진과 심도 있는 대화를 통해 시작된다. 매각자문사는 마케팅 자료를 사용해 잠재적 인수자와 소통하기에 앞서, 반드시 대상의 사업과 경영진의 사업구상에 대한 종합적인 이해를 하고 있어야 한다. 실사는 매각자문사가 대상을 올바르게 포지셔닝하고, 투자 매력도를 분명하게 하는 데 도움을 준다. 또한, 실사를 통해 잠재적 인수자가 가질 지속적인 성장, 수익성의 추세, 고객분산도, 환경규제 이슈, 노사 관계 등과 같은 잠재적인 우려 사항들을 반드시 파악해야 한다.

매각자문사의 실사는 경영진이 예측하는 재무수치를 뒷받침하는 일련의 근거들을 준비함에 초점을 둔다. 그 이유는 경영진이 예측한 재무수치들을 추후에 잠재적 인수자들이 하나씩 따져볼 것이며, 그에 대한 타당하고 합리적인 근거가 뒷받침돼야 하기 때문이다. 이 과정은 입찰 과정에서 잠재적 인수자에 의해 실행될 가치평가 작업의 기반이 되기 때문에 특히 중요하다. 따라서 매각자문사는 대상의 미래 재무성과를 예측하는 데 있어, 잠재적 인수자의 관점에서 접근해야 하고 해당 영업성적의 변수, 트렌드, 주요 가정 등의 타당성을 따져보아야 한다.

뛰어난 매각자문사는 잠재적 인수자가 그들의 분석에 이용할 가치평가 기법(유사기업비교, 과거거래 분석법, DCF, LBO 분석)을 모두 이해하고, 이것을 먼저 직접 시행함으로써, 가치평가 범위에 대한 벤치마크를 미리 정립한다. 특정한 상장기업이 잠재적 인수자일 경우, 인수합병 모델(merger model) 또한 그들이 매각대금을 합리적으로 지불할 수 있는지를 알아보기 위해 사전에 실시되기도 한다.

3. 잠재적 인수자의 선정

매각 준비단계에서 올바른 잠재적 인수자를 선택하고, 이들의 연락처 정보를 모으는 것은 매우 중요하다. Broad auction에서 잠재적 인수자의 목록은 일반적으로 전략적 투자자와 재무적 투자자 모두를 포함하고 있다. 매각자문사는 각각의 잠재적 인수자가 대상을 납득 가능한 가격에 인수할 수 있는지 없는지를 다양한 관점에서 평가해야 한다.

전략적 투자자를 평가할 때 전략적인 관점에서 잠재적인 시너지 효과 등을 포함하고, 인수자에게 '전략적으로 맞는 거래인지'를 가장 중요하게 생각해야 한다. 또한, 인수대금을 지불할 여력이 있는지도 재무분석을 통해 살펴봐야 한다. 이 밖에도, 회사 간의 문화 차이, 과거의 M&A 기록과 성향 같은 부수적인 정보들도 함께 고려한다.

재무적 투자자를 평가할 때는, 투자전략, 산업의 전문성, 규모, 인수대금조달 여부 등에 중점을 두게 된다. 일반적으로 전략적 투자자는 M&A를 통한 시너지 효과를 기대할 수 있기 때문에 재무적 투자자보다 높은 가격을 적어낼 수 있지만, 채권 및 대출 시장의 상황에 따라 인수 제안가격이 변할 수도 있다. 이러한 과정을 통해, 매각자문사가 잠재적인 인수자를 추려내게 되면, 인수 제안을 위한 매각자의 최종 동의를 받게 된다.

4. 홍보 자료의 준비

홍보 자료는 잠재적 인수자에게 인수 대상을 공식적으로 소개하는 첫 단계라고 할 수 있다. 따라서, 잠재적 인수자의 흥미를 유발하고, 좋은 첫인상을 남기는 데 필수적이다. 효율적인 홍보 자료는, 대상의 투자 매력도를 간결하게 알림과 동시에, 그를 뒷받침하는 증거들(경영, 재무상의 정보와 중요한 사업 정보들)을 갖추고 있어야 할 것이다.

입찰의 첫 단계에서 가장 주된 홍보 자료는 티저(teaser)와 투자제안서(CIM, Confidential Information Memorandum)다. 매각자문사는 매각 대상 경영진들의 도움을 받으며, 투자은행의 주도하에 이런 자료들을 만들게 된다. 내부 법률팀들은 잠재적인 문제들을 사전에 방지하고자, 이러한 마케팅 자료들과 경영진 프레젠테이션에 대해 컴플라이언스 준수 여부를 확인한다.

1) 티저(Teaser)

티저는 일반적으로 1~3페이지로, 회사의 개요, 투자 매력도, 요약 재무정보 등을 포함한다. 또한, 매각자문사의 연락처도 기재됨으로써, 관심 있는 잠재적 인수자가 연락을 취할 수 있게 되어 있다. 티저는 매각 대상, 대상이 속한 산업, 매각 과정, 매각자문사, 그리고 잠재적인 매각자의 요청 사항 등에 따라 형식이나 내용이 바뀌게 된다.

2) CIM(Confidential Information Memorandum)

CIM은 일반적으로 50페이지가 넘으며, 때에 따라 수백 페이지까지도 될 수 있는 매각 과정의 주된 홍보자료다. 딜팀은 매각 대상의 경영진들과 협력해 CIM을 작성하는 데 많은 시간과 자원을 소비한다. 티저처럼 CIM 또한 상황에 따라 그 형식이나 내용이 바뀌게 된다. 일반적으로 전략적 투자자에게 배포될 CIM의 수정본은 매각자가 경쟁사에게 기밀정보들을 유출하지 않는 목적으로 작성될 것이다(참고로 한국에서는 CIM을 IM이라고도 많이 부른다).

CIM은 과거의 실제 재무지표, 미래에 예상되는 재무성과의 추측치와 또한 설명과 함께 제공되며, 여기서 제공되는 정보들이 잠재적 인수자가 가치평가를 하는 기반이 된다.

딜팀은 CIM의 재무정보 섹션 작성에 있어서, 대상 기업의 최고재무책임자(CFO), 회계 담당자, 재무팀과 함께 많은 시간을 할애해야 한다. 이 과정에서 일시적인 항목, 인수, 사업 분할 등의 비경상적인 항목을 제외한 normalized 숫자들을 계산한다. 미래에 대한 예측치는 보통 5년 정도 들어가는데, 이 예측치가 가치평가를 하는 데 매우 중요하므로, 잠재적 인수자는 이 예측치에 대해 철저하게 검토한다. 따라서 매각자문사는 반드시 예측치들이 현실적인지 확인하고, 잠재적 인수자의 질문에 방어할 수 있는 충분한 이해와 논리적 근거를 가져야 한다.

5. 비밀유지계약서(Confidentiality Agreement) 준비

비밀유지계약서(CA)는 매각 대상과 잠재적 인수자 간 오고 가는 기밀정보를 제삼자와 공유하지 않겠다는 법률적 계약이다. 보통 CA는 매각 대상 측의 법률자문가가 초안을 준비해서 티저와 함께 잠재적 인수자들에게 제공되지만, 잠재적 인수자들도 법률자문가를 통해서 CA의 세부 사항 등을 조율하는 경우도 많다. 일반적인 CA는 다음과 같은 규정들을 포함하고 있다.

정보사용(Use of Information) 매각자에 의해 제공되는 모든 정보는 전달방식에 상관 없이 기밀로 유지되고, 제안된 인수 건의 결정을 위해서만 사용되어야 함

공개 가능 범위(Permitted Disclosures) 어떠한 상황에서 누구에게 잠재적 인수자가 제공된 기밀정보의 공개가능 여부 그리고 매각자와 잠재적 인수자의 협상 사실 공개가능 여부

유효기간(Term) 기밀유지에 대한 규제가 언제까지 유효한지 정의

- **불가침 협정(Standstill Agreement)** 상장기업이 대상인 경우, 잠재적 인수자가 unsolicited offer, 대상의 주식 구매, 대상의 경영진, 이사진, 정책들을 움직이거나 영향을 미치는 등의 행위를 하지 못하게 하는 것

- **딜 관련 협업 제한(Restrictions on Clubbing)** 대상의 허락 없이, 잠재적 인수자가 다른 잠재적 인수자와 다른 재무적 투자자 등과 협업하는 것을 제한

- **고용 제한(Non-solicitation/No Hire)** 잠재적 인수자가 대상의 임직원을 고용하거나 고용을 제안하는 것을 정해진 기간 동안 방지

- **비밀정보 반환 및 폐기(Return of Confidential Information)** 잠재적 인수자가 매각 과정이 종료될 경우 제공된 모든 자료를 반환 혹은 폐기한다는 조건

6. 잠재적 투자자에게 연락하기

이렇게 준비가 완료되면, 본격적인 매각 과정이 시작된다. 첫 단계는 잠재적 투자자에게 연락해 입찰의 시작을 알리는 것으로 시작된다. 이 과정은 일반적으로 매각자문사인 투자은행이 전화나 이메일을 통해서 티저와 CA를 전달하는 방식으로 진행된다. 매각자문사는 일반적으로 접촉한 기록을 남겨서(contact log라고 불림), 잠재적 인수자와의 모든 대화에 대한 기록을 보관하는 방법으로 매각 과정의 진행 상황과 잠재적 인수자의 행동을 살핀다.

7. CIM과 초기 제안 입찰절차안내서(Process Letter)의 배부

CA 협의를 마친 잠재적 인수자들은 구속력 없는 가격 제안(non-binding bids)을 하기 전에, 먼저 CIM을 검토하고, 대상과 대상이 속한 산업 파악, 기본적인 재무분석을 위해 몇 주간의 시간을 갖게 된다. 그동안 매각자문사는 잠재적 인수자와의 대화를 기록하고, 종종 상황에 따라 추가적인 자료나 방향성 등을 제공한다.

잠재적 인수자가 흥미를 보이는 정도에 따라, 인수자들은 이 단계에서 투자은행(M&A 인수자문사 혹

은 인수금융조달자) 그리고 컨설턴트들을 고용해 실사에 참여시킨다. 인수자문사는 고객들이 전략적 투자자이건 재무적 투자자이건 관계없이, 피인수 기업의 가치를 평가하고 경쟁력 있는 초기 입찰가격을 결정하는 데 도움을 준다. 컨설턴트들은 해당 사업과 관련 시장에 대한 조사 그리고 잠재적인 리스크와 경영상의 실적 증진기회 등을 위한 계획을 제공한다.

이 단계에서 CIM과 함께 제안서 제출기한이 명시된 초기 제안 절차 설명서(initial bid procedures letter)가 제공된다. 또한 인수 의지가 있는 잠재적 인수자들이 제출하는 1라운드 제안서(first round bids)에 포함해야 하는 다음과 같은 정보들도 명시되어 있다.

- 예상 인수가(indicative purchase price) 지불방법(form of consideration)
  (예를 들어 현금, 주식 혹은 복합)
- 제안된 가격을 도출해낸 주요 가정들
- 딜의 구조와 기타 고려사항
- 인수자금의 출처
- 경영진과 임직원의 처우
- 딜 종료와 실사(due diligence)의 시점
- 계약과 최종 인수 체결의 주요 조건
- 요구되는 인수 절차
- 잠재적 인수자의 연락처

8. 경영진 프레젠테이션 준비

경영진 프레젠테이션은 매각자문사와 함께 준비한 슬라이드쇼와 배부될 출력물로 이루어진다. 주요 전달 사항이나 잠재적인 질문들에 대한 대비는 철저해야 하며, 프레젠테이션의 리허설 과정이 때로는 매우 엄격할 수도 있다. 프레젠테이션 슬라이드쇼는 실제 구매자와 미팅이 시작되는 2라운드(second round)의 시작까지 완료돼야 한다. 프레젠테이션은 CIM과 비슷하지만, 좀 더 간략하고, 후에 이어질 경영진과의 미팅이나 실사에 도움이 될 추가적인 정보, 분석 등이 있는 경우가 많다.

9. 데이터룸(Data Room) 준비

　VDR(Virtual Data Room)은 매각 과정의 2라운드에서 인수자 정밀실사의 중추적인 역할을 수행한다. 콘텐츠 협업 전문 기업인 Intralinks(인트라링크스)에서 제공하는 VDR은 기업의 중요 문서들을 인덱싱해 저장, 입찰자들에게 제공되는 가상의 공간이다. VDR에는 일반적으로 재무정보와 영업정보, 인사 및 법무, 고객정보 및 계약자료와 같은 회사의 중요한 경영정보들이 강력한 보안 기능을 통해 안전하게 공유된다. 일반적인 회사 거래에서도 물론 보안이 중요하지만, 수천억, 수조 원의 가치가 달린 M&A에서는 회사 내부 정보가 잠재적 인수자에게 모두 공개되어야 하기 때문에 정보 보안은 특히나 민감한 사항이다. 말 그대로 M&A를 통해 한 회사의 운명이 완전히 바뀔 수 있기 때문이기도 하고, 혹시나 딜이 좌초될 때의 정보 보안도 염두에 두어야 하기 때문이다.

　VDR은 잠재적 인수자가 대상에 대해 충분히 파악한 후 투자 결정을 내릴 수 있도록 세부적인 정보들을 유출 위험 없이 제공하는 것에 주요 목적이 있다. 잘 정리된 VDR은 효율적인 인수자 실사를 가능하게 하고, 매각 과정이 일정에 맞게 진행되도록 도와주며, 입찰자들이 매각 측에 대해 신뢰를 갖게 해준다.

　기존에는 이 모든 과정이 물리적으로 공간을 통해 진행되었다. 즉, 매도자가 필요한 문서를 하드카피로 만들어 놓고 회의실과 같은 공간을 마련해 놓으면 매수자가 와서 살펴보는 방식이었는데, 이제는 M&A와 같이 철통 보안이 요구되는 기업 간 거래에 가상의 공간이 물리적 공간을 대체하고 있다.

　이는 VDR이 다양한 장점을 가지고 있기 때문인데, 우선 시간과 비용이 크게 절감된다. VDR을 통해 정보를 공유하면 전문 인력들이 직접 출장을 갈 필요가 없으므로 항공료 및 숙박비 등 출장비와 고용 비용을 절감할 수 있고, 촉각을 다투는 M&A 딜에서는 이러한 시간도 효과적으로 사용할 수 있다. 또한, 이전처럼 문서를 확인하고 추가로 요청하는 프로세스를 계속 반복할 필요 없이 실시간으로 요청 사항들을 교환할 수 있으며, 여러 입찰자가 참여하더라도 VDR에 각각의 그룹별로 관리할 수 있다.

　VDR을 통해 데이터의 보안과 컴플라이언스, 가시성도 향상시킬 수 있다. 인트라링크스처럼 검증된 VDR을 통해 문서를 제공하면 매각자에 의해 승인된 IRM(정보권한관리)이 가능해져 기밀문서의 생성과 배포, 수거까지 할 수 있는데, 상대방이 파일을 다운로드한 후에도 클릭 한 번으로 액세스 권한을 없앨 수 있다. 또한, VDR은 실사 과정 중 발생하는 모든 활동의 추적이 가능하므로, 이메일이나 웹하드를 사용하거나 물리적인 공간을 이용하는 방식에 비해 잠재적인 실수를 최소화할 수 있다.

　매각자문사의 투자은행은 법률자문사와 회계자문사 및 대상 기업의 직원들과 함께 VDR을 정리하고, 데이터를 업로드하고 새로운 권한을 유저들에게 부여하게 된다. 매각 과정에서 VDR의 문서들은 계속 업데이트되고 새로운 정보들이 추가될 것이지만, 기본적인 문서들은 2라운드의 시작 전에 모두 업로드해야 한다. VDR의 접근 권한은 일반적으로 1라운드 준비부터, 입찰 후에도 계속 거래를 진행하는 경우나, 경영진 프레젠테이션에 참석하기 전, 혹은 참석한 후에 잠재적 인수자에게 부여된다.

실사의 모든 과정이 끝나고 계약조건에 합의한 뒤 양측이 계약서에 사인하게 되면 VDR은 아카이브(archive)하고 닫는 것이 일반적인데, 인트라링크스에서는 VDR의 모든 파일과 폴더를 저장하는 데이터 아카이브와 모든 접속 및 열람 기록까지 저장하는 컴플라이언스 아카이브의 두 가지 옵션을 제공한다. 최근에는 실사뿐 아니라 합병 후 통합(post-merger integration 혹은 PMI) 과정에서도 딜팀과 전략 컨설턴트를 포함한 통합추진팀이 성공적으로 PMI 프로그램을 착수할 수 있도록 데이터를 안전하게 공유하기 위해 VDR을 사용하는 사례가 늘어나고 있다. 인수자 입장에서 M&A 체결은 끝이 아니라 새로운 시작이기 때문에 이러한 체계적인 데이터 관리는 순조로운 PMI에 기여할 수 있다

데이터룸 사용의 장단점

장점

- 해외 및 국내 원거리에 있는 바이어들도 언제 어디서나 실사 작업에 참여 가능

- 새로운 정보를 쉽고 빠르게 업데이트

- 접근 권한을 계속 관리할 수 있으며, 프린트-다운로드 금지 등의 옵션을 사용해 중요 문서가 복사되거나 유출되는 것을 방지

- 바이어들이 어떤 정보를 보고 있는지 확인할 수 있으므로 협상 전략에 도움이 됨

- 딜 프로세스 및 공개 문서에 대한 전체 감사 기록을 확보, 발생할 수 있는 법정 분쟁에 대비

- 물리적 공간 유지보다 훨씬 저렴한 비용

단점

- 인터넷 속도가 느린 경우 업로드 및 다운로드에 시간이 오래 걸릴 수 있음

- VDR 관리자가 관리를 잘 하지 않을 경우 업무에 영향을 줄 수 있음

- 사용량 및 기간에 따른 VDR 사용료 발생

해외 M&A에서는 폭넓게 사용되고 있지만, 한국에서는 아직도 생소할 수 있는 VDR 사용 방법을

간단히 설명하기 위해 인트라링크스의 VDR인 딜스페이스(Dealspace)를 예로 들겠다. 매각자문사들은 VDR에 대한 모든 권한을 갖고 통제할 수 있어야 하며, 잠재적 인수자별로 관리할 수 있어야 한다. 이에 매각자문사들은 'Manager+'라는 사용자등급으로 실사 준비를 하게 되는데, 이는 최상의 관리자 등급으로서 크게 다음 5가지의 메뉴를 관리한다.

문서 모든 폴더 및 파일에 인덱스를 부여하고 하위 폴더를 생성해 열람하기 쉽도록 구성할 수 있다. 'IL Designer'라는 프로그램을 사용하면 데스크톱의 폴더를 그대로 drag-and-drop 해 VDR에 쉽게 업로드가 가능하다.

권한 파일별로 열람-다운로드-프린트 권한을 설정할 수 있는데, 이는 잠재적 인수자 그룹별로 다르게 지정할 수 있다.

보고서 감사 등의 목적에 따라 사용자-그룹별 파일 열람 및 인쇄 기록을 확인할 수 있다.

Q&A 잠재적 인수자 그룹이 질문을 제출하면 매각자문사의 Q&A 코디네이터에게 전달되며, 지정된 담당자로부터 답변을 받을 수 있다.

사용자-그룹 사용자는 이메일주소를 바탕으로 등록되며, 인트라링크스를 사용해본 사용자의 경우 시스템에 등록되어 있어 추가 절차 없이 사용할 수 있다.

VDR 상의 파일 열람 및 인쇄 시 워터마크 설정이 가능해 보안을 한층 강화할 수 있으며, 실사가 끝나고 VDR을 닫기 전에 모든 내용을 아카이브해서 받아볼 수 있어 향후 법적분쟁 등을 방지할 수 있다. 인수자 그룹의 경우 일반적으로 '검토사(reviewer)' 등급을 갖게 되며, 파일별 접근 권한은 매각 측에서 지정한 대로 따르게 된다. 다운로드가 금지된 파일의 경우 개인 PC에 받아두더라도 인트라링크스에 접속해야만 열람이 가능하며, 파일 수정 및 저장이 불가능하기 때문에, 민감한 정보의 유출 가능성을 낮출 수 있다. VDR 사용 중 테크니컬한 문제가 발생했을 경우 서포트팀을 통해 언제든 답변을 받을 수 있기 때문에 1분 1초가 중요한 M&A에서는 매우 편리하다.

다음은 대표적인 VDR 서비스 업체인 인트라링크스의 스크린샷이다. 일반적인 클라우드 저장고 같아 보이지만, 접근성이 높은 인터넷 브라우저상에서도, 위에 설명된 대로 민감한 M&A 자료들에 대한 특별한 보안이 가능하며, 실제 M&A 상황에서 유용하게 사용되는 각종 기능을 제공한다.

10. 1차 입찰제안서 검토 후 2라운드 진출자 선택

1차 입찰 마감일에 매각자문사는 잠재적 인수자들로부터 관심이 있다는 의사 표시를 받게 된다. 그 후 며칠간 딜팀은 받은 제안에 대해 가격, 주요 사항 그리고 다른 명시된 조건에 대한 철저한 분석 과정을 거치게 된다. 이 시점에서 몇 가지 사항들을 확정하기 위해서 특정 잠재적 인수자와 대화가 오갈 수도 있다.

효율적인 매각자문사는 어떠한 제안이 실제로 의미 있는 제안인지 파악할 수 있을 것이고, 더 나아가 어떤 잠재적 인수자가 진지하게 인수를 진행하지 않고, 매각 대상을 파악하려고만 하는지도 알아챌 수 있을 것이다. 전에 언급한 것처럼 매각자문사의 과거 자문 경험, 산업의 전문성, 잠재적 인수자에 대한 사전지식 등이 이 판단에 매우 중요하다.

이러한 분석들이 일단락되면, 어떤 잠재적 인수자를 2라운드로 진행시킬지에 대한 추천이 매각자에게 전달될 것이다. 잠재적 인수자와 협상을 계속할 것인지는 매각자문사의 조언이 핵심적인 역할을 하지만, 최종 결정은 매각자가 직접 내린다.

11. M&A 입찰-2라운드 시작

M&A 입찰에서 2라운드는 잠재적 인수자가 세부적인 실사와 분석을 함으로써, 마감일까지 최종적인 입찰을 하는 것을 중점에 둔다. 실사 과정은 대상의 규모, 산업, 지리적 특성이나 소유권 등에 따라 몇 주가 소요되고, 매우 고된 과정일 수밖에 없다.

매각자문사는 경영진 프레젠테이션, 시설방문, 데이터룸 관리, 또한 잠재적 인수자와의 의사소통 전담 등을 담당함으로써 2라운드에서도 중추적인 역할을 담당한다. 2라운드 동안, 각각의 잠재적 인수자는 실사의 주춧돌이라고 할 수 있는 최고경영진들과의 면담 시간이 주어진다. 또한 잠재적 인수자들은 데이터룸의 정보들을 살펴보고, 현장을 방문하고, 회사의 주요 담당자들과 실사 미팅을 진행하며, 세부적인 재무 및 산업 분석 등을 실시하며 가치평가 모델도 업데이트한다. 잠재적 인수자는 실사, 인수금융 확정, 최종 입찰의 가격과 구조, 구속력 있는 제안서 등의 모든 과정을 완료할 시간을 부여받는다. 민감한 정보와 높은 가치가 오가는 M&A이지만 항상 시간적 여유가 있는 것이 아니기 때문에, 실사와 입찰이 진행 중일 때 대부분 매우 급박하게 상황이 돌아간다.

동시에, 매각자문사는 실사 가능한 시간, 경영진들과의 접촉 등을 조율-제한하고 입찰자들을 정해진 일정에 맞게 움직이게 함으로써 경쟁적인 입찰 환경을 조성하기 위해 노력한다.

가치평가의 관점 – 전략적 투자자 vs 재무적 투자자

사모펀드를 포함한 재무적 투자자는 LBO 분석과 IRR, 현금수익률, 그리고 이 책에서 언급된 다른 가치평가 기법의 결과에 기반해 그들의 인수 제안가격의 범위를 설정한다. CIM의 재무 예측치와 초기의 이용 가능할 것으로 예상되는 인수금융 구조가 재무적 투자자의 1차 입찰의 기반이 된다. 이와 동시에, 매각자문사 또한 재무적 투자자의 입찰을 잠재적 인수자의 관점에서 보기 위해서 LBO 모델을 직접 만드는 것이 일반적이다.

전략적 투자자도 이 책에서 다룬 가치평가 기법들을 이용해 잠재적인 인수 대상에 대해 평가가치 범위를 정하지만, 그들은 일반적으로 몇 가지 추가적인 테크닉을 더 이용한다. 따라서 매각자문사들도 이런 전략적 투자자들과 비슷한 분석을 직접 함으로써, 특정 잠재 전략적 투자자가 최대 얼마를 지불할 수 있는지를 알아보려고 할 것이다. 이 과정은 각각의 잠재적 인수자의 재무 상황과 인수금융조달 비용뿐 아니라 M&A 후의 시너지에 대한 가정도 필요로 할 것이며, 이러한 정보는 merger model(혹은 M&A model)이라는 금융 모델로 계산한다.

실사의 기간이나 특성은 대부분 잠재적 인수자가 누구냐에 따라 크게 달라진다. 예를 들어 대상과 직접적인 경쟁 관계에 있는 전략적 투자자가 잠재적 인수자인 경우, 그 사업에 대한 깊은 이해가 있기에 대상의 특징적인 점에만 초점을 맞추게 된다. 하지만 대상과 대상이 속한 산업군에 대한 사전 이해가 없는 재무적 투자자일 경우, 실사 기간은 보다 오래 소요될 수 있다. 따라서 재무적 투자자는 대부분의 경우 컨설턴트, 경영자문 그리고 다른 산업 전문가들에게 전문적인 조언을 보다 적극적으로 구함으로써 실사를 해나간다.

12. 경영진 프레젠테이션 실시

경영진 프레젠테이션은 일반적으로 2라운드의 시작을 알리며, 보통 하루를 전부 소모한다. 프레젠테이션에서 사업, 산업군, 재무정보부터 경쟁우위, 미래전략, 성장 기회, 시너지를 비롯한 회사에 대한 세부적인 정보를 잠재적 인수자에게 선보인다. 프레젠테이션은 보통 CEO, CFO, 주요 사업의 책임자 등이 담당하게 되며, Q&A도 활발하게 진행된다. 잠재적 인수자는 그들의 인수자문사, 인수금융 제공자, 산업 전문가, 변호사, 컨설턴트 등을 대동함으로써 보다 세부적인 실사를 위해 노력한다.

경영진 프레젠테이션은 잠재적 인수자의 입장에서 경영진과 만나는 첫 번째 미팅이고, 이에 따라 회사와 그 산업에 대해 가장 잘 아는 전문가들에게 의견을 듣는 중요한 장이다. 또한, 이 경영진들은 회사의 가치에 중요한 부분을 차지하기 때문에 그들 비즈니스와 매각에 대한 충분한 이해가 이루어져야 할 것이며, 인수자 입장에서는 자신들이 경영진들과 맞는지 파악할 수 있는 기회가 된다.

13. 현장 방문

현장 방문은 인수자의 실사에서 매우 중요한 부분으로 대상의 경영에 대한 직접적인 파악이 가능해지는 단계다. 대부분 경영진 프레젠테이션을 현장 인근에서 함으로써, 현장 방문을 같은 날 바로 진행하게 된다. 잠재적 인수자는 대상의 사업과 자산에 대한 보다 깊은 이해를 목적으로 다른 현장의 방문을 요청할 수 있다.

일반적인 현장 방문은 대상의 주요 시설인 생산공정, 물류센터, 영업부 등으로 구성된다. 실사는 현장의 담당자, 최고경영진의 일부, 그리고 매각자문사의 인원과 함께한다. 실사 과정 중에 구매자의 대표자들인 인수자문사, 컨설턴트 등은 실사를 대상의 경영에 대한 좀 더 심도 있는 질문을 할 기회로 이용하기도 한다. 일반적으로 매각자는 일부 최고경영진을 제외한 임직원들에게 현장 방문의 목적을 밝히지 않음으로써, 회사가 매각 과정에 있다는 것을 모르게 한다.

14. 데이터룸 이용 권한 제공

경영진 프레젠테이션, 현장 방문과 함께, 잠재적 인수자는 추가적인 VDR의 이용 권한을 받게 된다. VDR은 회사에 대한 모든 분야의 정보(사업, 재무, 회계, 세금, 법률, 보험, 환경, 정보기술, 자산 등)가 들어 있기 때문에, 진지하게 인수를 고려하는 잠재적 인수자는 그들의 시간과 자산을 가능한 한 세세한 실사를 위해 투자한다. 그들은 일반적인 경우, 회계사, 변호사, 컨설턴트와 각 전문가들을 고용해서 VDR에 올라온 회사의 데이터에 대한 종합적인 조사를 실시한다. 철저한 데이터 분석과 해석을 통해, 잠재적 인수자는 대상에 의해 제시된 중요한 기회와 리스크를 판단하게 되고, 그에 따른 인수의 이유나 투자논리를 정립하게 된다.

일부 VDR은 사용자가 자료들을 다운로드할 수 있게 하지만, 일부는 화면으로만 볼 수 있게 해둔다. 출력 가능 여부는 상황에 따라 다르며, 인트라링크스의 딜스페이스 같은 전문 VDR을 사용하는 매각 대상자가 직접 이러한 세세한 권한을 조정할 수 있다. 비슷하게, 실물 데이터룸의 경우 일부 매각자는 자료들의 사진 촬영을 허용하지만, 일부는 간단한 기록만 허용한다. 데이터룸의 접근 권한은 일부의 입찰자 혹은 심지어 입찰 팀의 특정 인원들에게만 허용될 수도 있다(법률고문에게만 허용되는 경우 등). 예를 들어, 전략적 투자자가 대상과 직접적인 경쟁 관계에 있는 잠재적 인수자인 경우, 민감한 정보들(고객과 공급처 연락처 등)은 최종 우선협상자가 정해질 때까지 접근이 허용되지 않을 수도 있다. 매각자문사는 특정한 항목의 접근 권한 등을 포함한 VDR의 전반적인 접근 권한을 매각 과정 동안 관리한다. 인트라링크스 같은 서비스는 매각자문사가 잠재적 인수자의 인수에 대한 흥미도와 그에 따른 의사 결정을 내리는 것을 VDR 내에서의 활동을 보면서, 간접적으로 파악할 수 있게 도와준다.

15. 최종 입찰절차안내서와 최종 계약서 초안 송부

2라운드에 진출한 잠재적 인수자들에게 최종 계약서의 초안과 함께 최종 입찰절차안내서가 배부된다. 잠재적 인수자는 최종 계약서의 수정안과 최종 입찰절차안내서에 명시된 항목들에 대한 그들의 상세한 요구 사항을 명시해서 매각자문사에게 최종 전달한다.

1) 최종 입찰절차안내서(Final Bid Procedures Letter)

1라운드의 최초 입찰절차안내서와 비슷하게, 최종 입찰절차안내서는 최종적인 그리고 법률적 구속력이 있는 입찰 패키지 제출을 위한 정확한 날짜와 가이드라인을 명시하게 되며, 다음과 같은 정보가 들어간다.

- 정확한 가격과 인수자금 지불 형식 등을 포함한 인수가격의 세부 사항
- 인수자가 서명하기 원하는, 매각자에 의해 제시된 최종 계약서 초안의 수정안
- 인수금융조달 방식과 출처 그리고 계획

- 실사를 완료했다는 확인(혹은 매우 적은 실사만이 남아 있다는 확인)
- 인수 제안에 구속력이 있고, 정해진 기간 동안 제안은 열려 있다는 확인
- 요구되는 규제 승인과 완료될 때까지의 스케줄
- 이사진의 승인(필요할 경우)
- 거래의 날인과 자금납입(financial closing)이 예상되는 시간
- 잠재적 인수자의 연락 정보

2) 최종 계약서(Definitive Agreement)

최종 계약서는 법적으로 구속력이 있는 매각자와 잠재적 인수자 간의 계약으로, 거래 조건 등을 세부적으로 확정한다. 초안은 매각자의 법률 자문과 매각자문사에 의해 작성되고, 2라운드 실사 과정 마지막에 잠재적 인수자에게 배부된다. 잠재적 인수자의 변호사들이 초안에 대해 구체적인 의견을 제시하고, 수정안을 최종 입찰서의 일부로 제출한다.

3) 최종 입찰 접수

2라운드 종료에 앞서, 잠재적 인수자는 매각자문사에게 최종 입찰 서류에 명시된 기한까지 그들의 최종 입찰서를 제출하게 된다. 이때 추가적인 실사나 금융 약정을 확정하는 것에 대한 요구 조건들을 최소화해 머지않아 딜이 마무리될 것이라는 기대감을 준다. 실무에서 매각자문사는 두 차례의 라운드 동안, 인수 가능성이 있다고 생각되는 잠재적 인수자와 최종 입찰서 제출 이전에 입찰을 확정하려고 한다.

4) 최종 입찰 평가

매각자문사는 매각자와 그들의 법률자문과 함께 최종 입찰가, 구조, 조건 제한 등에 대한 세세한 분석을 하게 된다. 인수가격은 1차 입찰의 상황과 대상의 최근 재무성과, 그리고 매각자문사에 의해 실시된 가치평가 등에 의해 기반해 책정하게 된다.

각각의 최종 입찰 서류에 포함된 법적 관련 사항들 역시 최종 입찰의 장점을 평가하기 위해 신중하게 고려된다. 예를 들어, 인수가격이 매우 높더라도, 중요한 제한 조건들이 많다면, 가격이 좀 더 낮지만 제한사항이 적은 제안이 더 매력적으로 간주될 수도 있다. 이에 대한 분석이 완료되면, 매각자는 최종 계약서를 위해 협상할 우선협상대상자를 선정하게 된다.

16. 우선협상대상자(Preferred Buyer)와의 협상

매각자문사는 매각자에게 한 인수자 혹은 그 이상과 협상하는 것을 제시한다. 특히, 제안받은 패키지가 상대적으로 비슷하거나, 더 높은 가격을 제시한 쪽의 최종 계약서 초안에 이슈가 있었을 경우는 더더욱 그렇다. 이 단계에서, 매각자문사의 숙련된 협상기술은 최종 입찰을 매우 의미 있게 향상 시킬 수 있다. 방법은 매우 다르지만, 매각자문사는 다른 한쪽에 특혜를 주지 않음으로써, 최종 절차에서 경쟁적인 환경을 유지하고자 한다.

17. 낙찰자(Winning Bidder) 선정

매각자문사는 낙찰자와 최종 계약서를 협상하게 되고, 이는 다시 매각 대상의 임원들에게 승인을 얻기 위해 넘겨진다. 모든 입찰이 성공적인 거래를 의미하지는 않는다. 일반적으로 매각자는 매각 과정의 모든 단계에서 일부 혹은 모든 인수 제안을 거절할 수 있는 권리를 가진다. 비슷하게, 모든 잠재적 인수자 또한 최종 계약서 합의 이전의 어떠한 시점에서라도 인수절차에서 철회할 수 있는 권리를 가지고 있다.

18. 이사회 승인 및 최종 계약서 집행

매각자의 이사들이 계약을 허가하기로 하면 최종 계약서가 매각사와 인수자에 의해 체결된다. 양측이 합의한 공식 거래 발표는 상황에 따라 공개하기로 합의한 주요 거래 정보들을 위주로 다룬다. 그다음에 양측은 규제 및 주주 승인을 포함한 거래의 마감 조건을 모두 충족시키기 위한 업무를 진행한다.

19. 자금조달과 결산(Financing and Closing)

　최종 계약서에 명시된 모든 필수 승인과 동의를 얻음과 동시에, 인수자는 거래를 종료하고, 대금을 지불할 자금조달에 나서게 된다. 이 자금조달 과정은 상대적으로 즉각적일 수도 있고(인수자가 필요한 현금이나 리볼버를 사용 가능한 경우), 자본시장(은행, 채권, 주식시장 등)에서 모집하는 것은 수주에서 수 개월이 소요될 수도 있다. 마지막 절차에서 인수자는 최종 계약서에 사인하기 전에 자금조달에 대한 마케팅 과정을 시작함으로써, 최종 계약서의 명시된 자금 납입 기한 대로 자금을 조달하기 위한 준비를 하게 된다. 인수자는 영구채(permanent debt)나 자기자본을 출자하기 전에 브릿지 파이낸싱(bridge financing)을 통해 자금을 모집하고 거래를 종료시킬 수도 있다. 자금이 조달되고, 최종 계약서의 선결조건들이 충족되면, 거래에 자금이 투입되고 M&A 절차는 종료된다.

INVESTMENT BANKING & PRIVATE EQUITY

협상매각
Negotiated Deal/Sale

입찰 방식은 사모펀드의 확산과 더불어 놀랍도록 일반적인 매각 방식이 되었지만, 아직도 상당한 비율의 M&A가 입찰이 아닌 협상 방식으로 진행되고 있다. 협상매각에서 매각자는 여러 잠재적 인수자가 경쟁하는 입찰 방식보다 상대적으로 적은 협상력을 갖는다는 것을 인지해야 한다. 따라서 매각자와 인수자는 일반적으로 가격, 구조, 이사진, 경영진 구성과 같은 경영권 등과 같은 주요 협의 사항에 대해 우선적으로 합의하게 된다.

협상매각(negotiated sales)은 특히 전략적 투자자가 분명하고 시너지와 전략적 목적이 부합할 경우, 서로에게 매력적인 방안이 된다. 뒤에서 추가로 설명하겠지만, 시너지는 인수자가 매각 대상의 현재 수준 평가가치보다 더 높은 금액을 지불할 수 있는 근거가 된다. 예를 들어, 시너지가 DCF 분석의 기존 현금흐름에 더해질 경우, 실질적 평가가치를 증가시키게 된다. 비슷하게, 과거 M&A 딜의 멀티플에 기반한 접근법에서 봐도, 예상되는 연간 시너지 금액을 이익이 반영된 분모에 더하는 것은 지불된 실질적 멀티플을 감소시키는 효과가 있다.

협상매각의 준비 과정은 정식 M&A 절차보다 훨씬 앞서서 시작된다고 할 수 있다. 초기 연락은 일반적으로 잠재적 인수자의 최고경영진이 매각자의 최고경영진과 전화나 회의로 소통하는 방식으로 진행된다. 초기 의논의 결과에 따라, 양측은 잠재적 거래를 평가하기 위해 필요한 추가 정보를 교환하는 것을 가능하게 하는 CA를 체결하기로 결정할 수도 있다.

많은 협상매각에서 투자은행은 공식적인 절차가 시작되기 전에 아이디어를 제공하거나, 매수나 매각 측의 의중을 떠보는 중개인으로서 중요한 역할을 한다. 예를 들어, 적극적인 투자은행은 잠재적인 인수 대상에 대해 전략적 이득, 예상매각금액과의 차액, 인수금융의 효율성 등의 분석을 제시해 M&A 딜을 고려하게 한다. 이상적으로는 투자은행이 주요 회사들의 이사진, 최고경영진의 연락 정보를 가지고 있어 잠재적 인수자와 매각자의 담당자들에게 첫 미팅을 주선해줄 수도 있다.

많은 협상매각의 과정들은 입찰의 방식과 같지만, 훨씬 제한적인 스케줄 안에서 이루어진다. 매각자문사는 여전히 인수 대상에 대한 철저한 실사, 인수 대상으로서의 매력 파악, 경영진의 예상 재무성과에 대한 이해와 관점 제공, 잠재적 인수자의 주요 우려사항 파악, 그리고 홍보 자료 등을 준비해야 한다. 또한, 매각자문사는 데이터룸을 설정하고 관리해서, 경영진에게 접근 권한을 부여해야 하고, 현장 방문과 추가적인 실사도 준비해야 한다. 이에 더해, 인수자에게 적절한 압력을 주고, 혹시 모를 불이익을 받는 것을 방지하기 위한 수단으로 매각자문사는 양사가 합의에 이르지 못할 경우 입찰 방식으로 전환하겠다는 압력을 가하기도 한다.

일부의 경우, 협상매각은 입찰 방식보다 사전준비, 잠재적 인수자 연락, 그리고 마케팅 과정이 상당 부분 생략됨에 따라 훨씬 빨리 진행될 수도 있다. 이것은 특히 전략적 투자자가 대상과 같은 사업을 해, 요구하는 산업 지식과 회사의 특정 부분을 배우는 과정이 줄어들게 되고, 실사의 뒷부분을 빠르게 할 수 있는 경우 더욱 그렇다. 또한 협상매각 과정은 일반적으로 입찰 방식보다 더 유연하고, 단 하나의 잠재적 인수자만 연관이 되어 있는 경우 그에 맞게 수정될 수도 있다. 하지만 잠재적 인수자와 매각자의 관계, 규모, 정보, 거래의 종류 등에 따라 협상매각은 입찰만큼 강도가 높아질 수도 있다. 특히 '비공식 준비 과정'은 때에 따라 몇 년이 될 만큼 길어질 수도 있다.

이상적인 협상매각에서 매각자는 잠재적인 리스크와 입찰의 단점을 피하면서 매각 대상의 공정하고, 잠재적인 모든 가치를 인정받을 수도 있다.

INVESTMENT BANKING & PRIVATE EQUITY

M&A의 시너지(Synergy)

시너지는 두 회사의 합병에서 오는, 예상되는 원가절감, 성장 기회나 다른 재무적인 이익을 말한다. 시너지는 M&A 거래에서, 특히 주요 사업이나 유사한 사업군에 있을 때 주로 발생하는 가치 증가 요인 중 하나다. 이러한 효과는 인수자의 판단에 따라 인수가격을 결정짓는 요인이 되며, 이에 따라 인수를 통해 더 큰 효과를 예상하는 회사의 경우 더 높은 가격을 제시할 수 있게 된다. 결과적으로, 조직화된 매각 과정에서 대부분의 경우 전략적 투자자가 재무적 투자자보다 더 높은 가격을 제시할 수 있게 된다.

시너지가 밸류에이션과 함께 잠재적으로 거래의 성사 여부를 결정짓게 되므로, 매각자문사는 기대되는 시너지의 명확한 본질과 그 규모 그리고 시너지가 실제로 나타나는 타이밍까지도 파악해야 한다. 인수자문팀은 예상되는 효과들이 재무 모델과 M&A 분석에 정확히 반영됨과 동시에 공개시장에서 어떻게 받아들여지는지도 반드시 살펴봐야 한다.

인수의 발표에 앞서 상장기업인 인수자는 투자자 그룹에 예상되는 시너지를 가이던스(guidance)와 함께 제공한다. 투자자들이 발표된 시너지를 어떻게 받아들이는지는 인수 발표 다음 날 주가에 반영될 것이다.

이렇게 M&A 당시에 예상된 시너지의 성공적인 달성은 경영진들에게도 특히 중요하다고 할 수 있는데, 경영진의 신용도와 실력과 직결되는 문제이기 때문이다. 본인들이 예측하고 발표한 시너지를 충족시키지 못하면 주가가 하락하고, 추후의 인수 건에 대해, 주주와 채권자, 신용평가사로부터 적절한 평가를 받지 못하는 경우가 생길 가능성도 크다.

회사나 산업군에 따라 성공적인 시너지 달성은 그 정도에 차이가 있지만, 특정한 패턴들은 어느 정도 정립이 되어 있다. 예를 들어, 인수자가 주요 사업이나 그것에 연관된 사업을 인수했을 경우, 보다 큰 효과가 발생하는 경향이 있다. 이러한 경우 불필요한 중복이 발생할 위험이 적고, 인수자 또한 산업과 시장의 핵심 요인에 대한 지식을 활용할 수 있으므로 더욱 성공적인 결과를 끌어낼 수 있다. 추가 종업원 수 감소나 시설 통합 등의 숫자로 직접 표현되는 원가절감 효과의 경우 매출 상승효과보다 더 실현 가능성이 크다. 이에 따라 원가절감 효과는 시장에서 주가 상승으로 보상받는다. 다른 시너지로는 인수 대상의 영업손실을 흡수함으로써 얻는 세제 혜택과 같은 재무 혜택이나 규모 확대, 다각화, 병합된 회사의 시장점유율 확대에서 오는 적은 자본조달 비용을 들 수 있다.

1. 원가절감 효과

원가절감 측면에서 일반적인 효과는 종업원 수 감소, 중복된 시설의 통합, 증가된 구매력에서 오는 원재료 구매 비용의 절감 등이 있다. 회사가 통합될 경우, 중복된 일을 담당하는 종업원이 필요 없게 된다. 회사가 커짐에 따라 기존 제품이나 새 제품에 대해 고정 비용인 간접관리 비용이나 마케팅 비용, 생산 및 판매 인력 규모-비용을 줄일 수 있다. 또한, 확대된 규모를 바탕으로 원재료 공급자로부터 좀 더 좋은 조건으로 계약을 끌어낼 수 있는 효과도 달성할 수 있는데, 이를 구매력 상승효과라고 한다. 이러한 요소들이 합쳐져 규모의 경제를 달성하게 해주고, 확대된 규모는 여러 제품과 배열에 공통 생산요소를 분배할 수 있게 하는 범위의 경제도 실현할 수 있게 해준다.

2. 매출 상승효과

매출 상승효과는 두 회사의 사업 합병으로 예상되는 매출 성장의 기회를 말한다. 일반적인 매출 상승효과는 대상 기업이 기존에 영위하고 있는 시장에 대한 잠식 없이 인수한 회사의 제품을 인수자의 유통채널을 통해 판매하는 것이다. 다른 선택지로는 핵심 제품을 대형 유통 업체를 통해 파는 회사가 시장으로의 접근성을 확대하기 위해 전문가와 도급업자 채널을 통해 제품을 파는 회사를 인수하는 것이다.

매출 시너지는 원가절감 효과보다 추정에 근거하는 경향이 크다. 따라서, 밸류에이션과 M&A 분석은 매출 상승효과에 대해 보다 보수적인 가정치를 사용한다. 투자자와 대출기관 또한 매출 상승효과를 원가절감 효과보다 회의적인 시각으로 바라보는 경향이 있다.

3. 자본비용 감소

회사가 합병이나 흡수로 규모가 커지게 되면 증권의 유동성을 증가시켜 자본비용을 낮출 수 있는 기회가 생긴다. 우리나라 증권시장에 있어서 소규모 기업이 발행한 상장주식은 거래가 부진하며 극히 낮은 주가수익률을 보이고 있다. 규모가 커지는 만큼 대규모 자금조달을 할 수 있는 가능성도 늘어나게 되어, 자금조달을 위한 단위당 발행비용을 감소시킬 수 있다.

INVESTMENT BANKING & PRIVATE EQUITY

M&A의 종류

M&A(Mergers & Acquisitions)는 합병 및 인수로 번역된다. 합병은 독립적인 두 기업이 하나의 기업으로 합해지는 경우를 말하며, 인수는 기업의 경영권을 매입하는 것을 말한다.

1. 합병(Merger)

합병은 큰 기업이 작은 기업을 흡수하는 흡수합병(statuary merger)과 두 기업이 새로운 기업을 창립하는 신설합병(statuary consolidation)이 있다. 합병은 사업의 성격에 따라 '수평적 통합'과 '수직적 통합'이 있다. 수평적 통합은 가치 사슬상에서 비슷한 규모의 회사를 인수하는 것이다. 수직적 통합은 일반적으로 기존의, 혹은 잠재적 공급자를 인수하는 것으로 공급망의 확대를 도모하거나, 기존의 혹은 잠재적 고객사를 인수함으로 전방을 확대하는 것이다. 다른 예로는 '다각적 통합'을 들 수 있는데, 이는 서로 관계없는 영역에 있는 회사를 인수하는 것을 의미한다. 이 경우, 인수자는 전혀 관계없는 회사를 한 경영진 아래 두는 방법으로, 일반적으로 리스크를 분산함과 동시에 수익성이 있는 사업으로 진출할 기회를 얻을 수 있다.

1) 수평적 통합(Horizontal Integration)

수평적 통합은 동일한 형태의 사업활동을 하는 두 기업이 합병을 통해 규모의 경제를 실현시키는 것을 말한다. 인수자는 지리적 접근성, 생산 공정, 서비스를 향상시키며, 유통채널을 확장할 수 있고, 규모의 경제를 실현해 시장지배력을 증가시킬 수 있다.

구체적으로 역할이 중복되는 인력을 정리하고, 인수자의 기존 인프라와 간접비를 활용함으로써 의미 있는 원가절감 효과를 낸다. 또, 합병으로 인해 더 커진 규모는 공급자와 고객사와의 관계를 확대하는 효과도 낼 것이다. 수평적 통합은 유통채널, 고객, 기술 등의 활용을 통해 추가적인 효과도 창출하지만, 독점 금지 이슈 등의 리스크도 있을 수 있다.

2) 수직적 통합(Vertical Integration)

수직적 통합은 생산공정상 전후 관계에 있는 기업이 합병하는 형태로, 공급망의 핵심 구성요소의 통제를 통해 비용 절감 효과와 잠재적인 성장 기회를 찾는 것을 목적으로 한다. 회사가 그들의 공급자를 인수하는 경우 후방통합이라 불리며, 고객사를 인수하는 경우 전방통합이라고 한다.

수직적 통합을 통해 기업은 우선 조달비용을 절감할 수 있다. 또한 수직적인 통합으로 원재료의 안정적인 공급이 가능해지고, 가격변동 위험이 클 때 효과적으로 대응할 수 있다. 조달물량도 타사와 장기계약을 맺는 경우보다 유연하게 조정할 수 있다. 둘째, 고객수요를 신속하게 파악할 수 있다. 고객수요와 같은 복잡한 정보를 기업 간에 주고받는 데는 시간이 걸린다. 따라서 기업 간의 벽을 제거하고 하위의 정보를 신속히 파악하기 위해 수직 통합이 실행되는 경우가 있다. 셋째, 수요 환기에 의해 시너지 효과가 발생한다. 수직 통합이나 다각화로 인해 복수사업 사이에 상승작용이 발생할 수 있음을 의미한다. 그러나 외부의 값싼 공급원을 무시하고 값비싼 자사소유의 공급원을 고집함으로써 원가 측면의 이점이 약점으로 바뀔 수도 있다. 또한 기술이 빠른 속도로 변화할 때 수직적 통합은 기술 진부화의 위험에 직면할 수 있다. 수직적 통합이 심할수록 기업은 상대적으로 기술변화에 신속히 대응하기 어렵다. 기존의 공급원과 분배시스템에 집착함으로써 새롭게 변화하는 기술에 필요한 새로운 공급원과 분배시스템을 신속하게 개발하기 어렵기 때문이다.

3) 다각적 통합-대기업화(Conglomeration)

다각적 통합은 일반적으로 판매하는 제품과 서비스가 서로 관련 없는 회사들을 한 기업체의 지배에 두는 것이다. 주요 목적은 다양한 사업을 영위함으로써 리스크를 분산시키고, 포트폴리오 다변화의 이점을 통해 이익을 추구하며, 더 높은 성장 부문에 투자할 수 있는 유연성을 획득하는 것이다.

다각적 통합은 넓은 범위의 사업을 유용하게 이용하기 위해 경영팀, 인프라, 그리고 대차대조표의 통합뿐만 아니라 사업적 접근, 실무까지 통합한다.

2. 인수(Acquisition)

인수는 주식의 상당분을 획득함으로써 경영권을 취득하는 주식매수와 대부분의 자산을 매입하는 자산매수, 그리고 대상 기업을 담보로 부채를 일으켜 인수하는 LBO가 있다.

주식매수의 경우 대상 기업의 경영진 반발 정도에 따라 우호적 매수와 적대적 매수로 구분된다. 주식매수는 인수 대상의 채무도 같이 넘겨받아 이에 책임이 있으나 자산매수는 자산만을 인수하는 것이므로 이에 책임이 없다. LBO는 차입을 통해 인수하는 것으로 높은 수익을 추구하는 것이 특징이다.

현업자 인터뷰 #8

안영욱

現 SkyLake Investment 사모펀드
前 Boston Consulting Group
서울대학교 경영학과 졸업

현재 본인이 맡은 업무와 역할을 간단히 설명 부탁드립니다.

저는 SkyLake Investment라는 국내 독립계 사모펀드에서 근무하고 있습니다. AUM은 약 2조 원 수준이며, 주로 국내 기업들을 대상으로 buyout 및 growth capital 투자를 하는 펀드입니다. 저의 주요 업무는 투자 대상 회사 발굴, 기업가치 평가, 투자구조 설계, 실사 및 투자 대상 회사와의 협상 등이며 투자한 이후에는 회사의 경영 참여까지 진행하고 있습니다.

본인의 업무 중 어떤 부분이 매력적인가요?

자문사에서 업무를 하는 경우와 다르게 buy-side 업무이다 보니, 직접 주도권을 가지고 M&A 업무를 진행할 수 있다는 점이 가장 매력적입니다. 전체 투자 여부에 대한 판단, 투자구조 및 기업의 육성 방향을 직접 설계하고, 그를 실행하기 위한 방안을 여러 자문사들과 머리를 맞대고 만들어가는 과정을 겪게 됩니다. 내 생각이 한 기업의 향방에 어떠한 영향을 미치는지를 지켜보는 경험은 정말 매력적입니다.

업무의 단점이나 독자가 해당 업무를 지원하기 전에 알아두면 좋은 것들이 있을까요?

회사와 조직이 작고, 본인이 담당해야 하는 업무의 범위가 매우 넓다는 것이 이 직업의 특징입니다. 따라서 주도적으로 일을 진행하는 성격이 아니라면 업무를 감당하기 힘들 수도 있습니다. 어떠한 작업을 해야 할지를 정의하는 것뿐 아니라, 그 일은 어떤 방법으로 해결해나가야 할지 등 업무의 거의 전 부분을 상세한 가이드 없이 직접 해결해야 합니다. 본인이 만약 그런 상황에서 일을 진행하는 것이 익숙하지 않거나 불편하다면 사모펀드에서 일하는 것에 적합하지 않습니다. 또한, 대규모 조직을 갖추고 있지 않기 때문에 트레이닝 등의 지원 체계도 부실한 경우가 많습니다. 이러한 특징은 주도적으로 업무를 진행하는 성격이 아닌 사람들에게 부적합한 부분입니다.

어떻게 현재까지의 커리어를 쌓게 되었나요? 업무를 수행하거나 본인의 커리어를 준비하면서 노하우나 비결은 무엇입니까?

사모펀드로 이직하기 전에는 외국계 컨설팅 회사(BCG)에서 5년 가까이 근무했습니다. 이 과정에서 각 산업, 기업이 어떠한 logic과 system으로 돌아가는지에 대해서 많이 생각해보고 경험해볼 수 있었습니다. 이 부분이 투자를 위해서 새로운 대상 회사를 분석하기 시작할 때, 회사에 대해서 빠르고 정확하게 판단하고 이해하는 데 큰 도움이 되었습니다. 또한, 그 생각들을 체계적으로 정리하고 다른 사람에게 communication 하는 과정도 사모펀드 업무에서 매우 중요한데, 자연스럽게 컨설팅 업무를 하면서 의사소통 능력도 향상시킬 수 있었습니다.

일반적인 하루 또는 1년 스케줄은 어떻게 되시나요?

투자 진행 상황에 따라, 매번 변경되어서 정확하게 스케줄을 전달해드리기 어렵습니다. 다만 Live deal이 진행 중이 아니라면 평균적으로 9시 출근, 7시 퇴근이 이루어지고 그 과정에서는 대상 회사 발굴, 기존 투자회사에 대한 관리 등이 주요 업무입니다. 신규 투자가 진행 중일 경우는 대상 회사 및 산업에 대한 각종 정보 분석, 실사 자료 확인, investment committee 자료 준비, valuation modeling 작업 등을 진행하느라 늦은 시간까지 업무를 진행하는 경우가 많습니다.

자신의 커리어를 두고 고민하는 독자들을 위해 공유하고 싶은 의견 한마디 부탁드립니다.

사모펀드는 다양한 차원에서 매력적인 커리어입니다. 다만 진입 기회가 많지 않고, 안에서 성공적인 커리어를 지속해나가기는 쉽지 않다는 단점이 있습니다. 대부분의 사람들이 IBD, 컨설팅, 회계사 등의 자문사 역할을 하면서 사모펀드의 진입 기회를 찾고 계실 것으로 생각합니다. 이런 경우에는 참여하는 많은 M&A 관련 프로젝트에서 본인 reputation을 잘 쌓아가는 것이 중요한 것 같습니다. 또한, M&A 영역에서 각 자문사의 역할은 특정 부분으로 한정되어 있습니다. 본인이 담당하는 역할 외에도 M&A 과정에서 어떤 일들이 벌어지는지, 타 자문사의 역할에 대해서도 관심을 갖고 지켜보는 것이 좋을 듯합니다.

Chapter
9

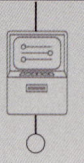

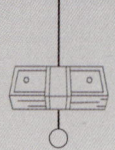
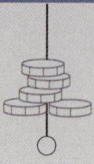

사모펀드 투자 절차

INVESTMENT BANKING & PRIVATE EQUITY
Valuation, Mergers & Acquisitions, Leveraged Buyouts

사모펀드 소개

사모펀드란 사모의 방식(private)으로 자금을 모집하고 투자하는 집합투자기구를 통칭한다. 비상장지분(private equity)은 사모펀드의 투자 대상인 금융자산으로 주식과 채권 모두를 통칭하며, 시장(public market)에서 거래되는 자산보다는 시장 외에서 매수자 매도자의 계약으로 주로 체결되는 성격을 지닌다. 사모펀드는 공모펀드와 달리 소수의 투자자를 대상으로 자금을 모집하므로 감독 당국의 규제 개입 필요성이 낮고, 투자자 구성, 보상, 투자 등의 운영방식을 공개할 의무가 없다. 사모펀드를 운용하는 회사는 GP(General Partners, 무한책임사원)로 채무에 대한 무한책임을 지며, 펀드에 출자한 투자자는 LP(Limited Partners, 유한책임사원)로 투자 한도 내에서만 책임을 진다.

사모펀드는 회사의 경영 및 재무상의 문제를 해결하고 기업가치를 향상시키며, 다양한 금융 기법으로 비상장지분과 채권에 투자하기 때문에 높은 금융지식과 투자능력을 요구한다.

사모펀드의 업무는 크게 펀드조성 절차를 거치고, 해당 펀드의 자금을 활용해 투자를 진행한다. 투자 후 기업가치를 제고해 투자회수(exit)를 통해 수익을 창출한다. 이번 장에서는 사모펀드(PEF, Private Equity Fund) 업무에 대해 간략하게 설명한다.

펀드조성(Fundraising) 절차

사모펀드를 설립하기 위해서 펀드조성 업무를 진행하는 것은 초기 단계의 사모펀드에서 가장 중요한 업무다. 펀드조성 업무는 펀드로 투자할 자금을 확보하는 것이고, 하나의 회사를 설립하는 업무에 준하는 노력이 필요하다.

일반적으로 펀드에 출자하는 기관은 연기금, 보험사, 은행 등이 있으며, 해당 기관에 마케팅을 진행한다. 주로 출자기관들이 검토하는 요소들은 사모펀드의 과거 투자실적, 주요인력, 투자전략, 투자 대상(deal pipeline) 등을 점검한다. 펀드의 마케팅 업무는 펀드의 규모와 성격에 따라서 3개월에서 1년 정도가 걸리며, 해당 펀드의 출자에 관심이 있는 기관들은 사모펀드에 대한 실사를 진행한다. 관련 실사 내용은 해당 펀드의 모집 규모, 무한책임 사원의 출자약정 비율, 해당 회사의 타 펀드와의 이해관계 사항들을 시작으로, 투자전략과 출자 조건, 운용역들의 과거 이력 및 회사의 운영인력 관리 사항 등을 확인한다.

이후 최종 목표 금액에 이르거나 모집 시간이 마감되면 펀드조성 절차를 종결한다.

INVESTMENT BANKING & PRIVATE EQUITY

투자 절차

사모펀드가 투자를 실행하기에 앞서 모든 펀드는 펀드출자금액 모집 전부터 투자전략을 수립하고 있다. 투자하는 산업에 따라 테크, 바이오, 부동산, 에너지 등이 있으며, 투자하는 자본구조에 따라 우선주, 보통주, 메자닌, 부실채권으로 나뉜다. 펀드에서 최초로 투자하거나 모집한 연도를 빈티지 연도(vintage year)라고 부르며, 사모펀드는 빈티지 연도로부터 정해진 투자 기간 내 어느 정도를 투자했는지 현황을 확인하며, 정해진 기간 내 펀드 가이드라인에 맞는 투자를 집행한다.

사모펀드들은 각 펀드별 전략에 맞게 투자 대상을 발굴하며, 투자프로세스를 진행해나간다.

사모펀드 투자 절차

STEP 1	투자 대상 발굴
STEP 2	기업가치 평가(Valuation)
STEP 3	실사(Due Diligence)
STEP 4	계약(Contract/Documentation)
STEP 5	투자가치 제고(Add Value) 전략
STEP 6	투자회수 시 고려사항

Step 1. 투자 대상 발굴

투자 대상 발굴은 운용인력들의 네트워크를 통해서 투자 대상을 소개받는 경우가 통상적이다. 크게 투자 대상 발굴 원천은 펀드 직원의 개인적인 인맥, 기존 투자기업의 경영진, 투자은행, 법무법인, 회계법인, 경영컨설팅, 기타 브로커 회사 등이 있다.

투자 대상은 가져오는 방식에 따라 크게 auction deal과 private deal이 있다. Action deal은 투자은행과 회계법인이 매각을 주관하는 것으로, 주관하는 회사에서 CIM(Confidential Information Memorandum)과 sell-side financial modeling을 만들어서 잠재 투자자들에게 공유하며 진행된다. Private deal은 아직 M&A 시장에 드러나지 않은 딜을 일컬으며, 개인적인 네트워크 등을 통해 매도자와 협상을 통해 진행되는 딜이다. 이렇게 회사가 투자할 수 있는 회사 및 자산의 리스트를 딜 파이프라인이라고 한다. 해당 딜 파이프라인 중 사모펀드는 투자할 만한 회사를 선별해야 하며 선별 기준은 수익률, 산업 내 경쟁 관계 및 매력도 등을 여러 각도로 살펴보며 판단한다.

Step 2. 기업가치 평가(Valuation)

사모펀드에서는 우선 인수 대상에 대한 리서치를 통해 투자 대상이 산업 내에서 전략적으로 중요한지, 경쟁 관계는 어떻게 되어 있는지, 이 산업의 성장성은 있는지 등을 판단한다. 그리고 밸류에이션을 자체적으로 진행하며 회사가 저평가되어 있는지, 수익성과 현금창출력이 있는지 등을 판단한다. 그뿐만 아니라 사모펀드는 헤지펀드와 다르게 경영권을 취득하며 투자할 수 있기 때문에 회사가 효율적으로 운영될 수 있는지, 구조조정이나 턴어라운드 할 수 있는지 등도 파악해야 하며, 실제로 인수 후 어떤 전략을 구사할지도 설정해야 한다.

Step 3. 실사(Due Diligence)

회사를 선별한 다음 적극적 투자 의지가 있으면 회사의 기록들이 적정한지, 실제로 회사와 산업의 전망은 어떠한지, 실제 사모펀드가 구사하는 전략이 실현 가능한지, 투자와 관련된 위험요인은 무엇인지 파악하기 위해 실사를 진행한다.

실사는 크게 재무-회계, 법률, 전략, 및 기타 전문 실사(보험, 환경, 기술 등)가 있다. 실사를 위해선 투자은행, 회계법인, 법무법인, 컨설팅 회사 등이 한 팀을 꾸려서 업무를 한다. 관련 실사는 보통한 달에서 두 달 동안 실시하며, 매각주간사와 협상의 진행경과에 따라 그 이상이 걸릴 수도 있다. 기본적으로 실사는 매각주간사로부터 수령한 정보를 통해 예비실사를 우선 진행하고, 사모펀드가 우선협상자로 선정이 되면 회사를 직접 찾아가 자료를 살펴보며, 인수 대상 회사와의 인터뷰를 통해 본실사를 진행한다.

실사는 크게 재무-회계 실사, 법률실사, 전략실사로 구분된다.

1) 재무-회계

재무-회계 실사는 사모펀드 투자 검토를 위한 가장 필수적인 실사다. 주로 투자은행이 수행하며, 적정가치는 얼마인지, 그 가격으로 회사를 인수했을 때 운영은 제대로 할 수 있는지, 인수 후 해당 전략을 구사했을 때 회사의 손익은 어떻게 되는지, 회사를 몇 년 뒤에 매각한다고 했을 때 수익률은 얼마인지 판단하는 기초가 된다. 뿐만 아니라 회계법인에서는 자산이나 부채가 적절하게 반영되어 있는지, 과거의 이익이 제대로 장부에 기장되어 있는지, 세금은 얼마가 나올 것으로 예상이 되는지 실사를 수행한다. PEF 내부에 관련 전문인력이 있는 경우, 실사 작업을 자체적으로 수행하기도 한다. 재무-회계 실사를 통해 발견된 사항들을 토대로 주식매매계약서와 관련된 가격조정 방식, 진술 및 보증, 손해배상과 관련된 조항들의 구체적인 기준을 정하는 데 참고가 된다.

2) 법률실사

법률실사는 보통 법무법인이나 M&A 전문 변호사를 고용해 인수 관련 계약서를 검토한다. 초반에 검토하는 부분은 보통 투자 시 회사 관련 법규나 인수 대상이 속한 시장의 제도적인 위험 요인을 분석하는 것이다. 여기서 파악한 이슈들을 계약서에 반영해 투자 시 법적인 위험을 최소화한다.

법률실사 시, 비중 있게 다루는 이슈는 인수계약 체결 및 이행에 지장을 초래할 수 있는 법률상의 규제 및 제한 사항, 인수가격에 영향을 미칠 수 있는 사항, 인수계약 시 매각자에게 진술 및 보증을 요청해야 할 사항, 인수 이후 대상 회사의 재무, 영업 상황에 지장을 초래할 수 있는 사항 등이 있다. 특히 회사 인수 효력일과 실제 인수금액을 지불하는 기간 사이에 변동되는 수익과 비용의 주체를 협의하는 과정에서 주로 이슈가 발생한다. M&A 시, 이러한 작업을 'locking the box'라고 부른다. 법률실사 결과를 정리하면서 사모펀드의 운용역은 발견된 주요 위험요인이 재무 상황에 어떻게 영향을 미치는지 밸류에이션 모델에 반영해 파악해야 한다. 이러한 분석은 매도자와 계약서 협상 시 주요 협의사항이 된다.

3) 전략실사

전략실사는 투자 대상 회사가 속한 산업과 회사에 대한 심층적인 분석이 필요할 경우 관련 분야의 컨설턴트를 고용해 보고서를 작성한다. 주로 파악해야 하는 사항은 회사가 속한 산업의 투자 매력도와 향후 성장성, 수익성, 그리고 산업 내 회사의 위상과 성장 가능성 등이며, 이러한 환경 내에서 이 회사는 어떠한 전략으로 가야 수익성을 증대시킬 수 있는지 점검한다. 사모펀드 내에 전문인력들은 자체적으로 실사를 진행하는 경우도 많다. 전략실사는 회사의 영업과 중장기 전략에 따른 실적 추정을 목표로 주로 진행한다. 주로 전략실사를 통해 파악하는 사항은 주요 성과지표, 사업부별 과거-현재 상품의 종류와 규모, 각 사업부별 추정 재무제표, 산업 전망, 경쟁 현황 및 회사의 경쟁력 분석, 향후 경영계획과 신규 사업 관련 투자계획 및 내부사업성 검토 등이 있다.

Step 4. 계약(Contract/Documentation)

회사의 주식을 인수할 때, 주식매매계약서(share purchase agreement)와 주주간계약서(shareholders' agreement)를 체결한다. 메자닌이나 대출을 투자하는 경우는 대출계약서(credit agreement)와 대주간계약서(intercreditor agreement)를 체결한다. 관련 계약은 실사에 참여한 법무법인의 자문을 통해 진행되며, 주로 매각자가 먼저 초안을 작성하고(anchoring), 그에 대해 수정(mark-up)해 협의를 진행한다.

Step 5. 투자가치 제고(Add Value) 전략

회사를 인수하기 전 사모펀드는 인수 후 어떤 전략을 적용할지 결정해야 한다. 투자가치를 제고하기 위한 전략은 컨설턴트들이 주로 자문해주며, 장-단기 전략으로 나누어 전략을 수립한다. 인수 후에도 회사의 통합작업(post merger integration)을 어떻게 진행할지 구체적인 계획까지 세워야 한다.

Step 6. 투자회수 시 고려사항

대부분의 투자자들은 LP에게 수익금 분배를 위해 투자 시점으로부터 5년 안에 인수한 기업을 엑시트하거나 현금화하는 것을 목표로 한다. 엑시트는 보통 다른 유사회사에 매각하거나(전략적 판매), 재무적 투자자들에게 매각하거나 IPO를 통해 실현된다. 투자자는 엑시트 이전에 차입을 통해 높은 배당을 분배하는 dividend recapitalization을 통해 수익의 일부를 실현하기도 한다.

인수한 기업을 언제 엑시트하거나 유동화할지 정하는 최종적인 결정은 회사의 영업성과뿐 아니라 시장의 제반 상황도 고려해야 한다. 만약 기업의 성과가 좋거나 시장 상황이 좋을 경우, 엑시트는 2년 안에 일어나기도 한다. 반대로 투자자의 경영성과가 좋지 않거나 시장 상황이 좋지 않을 경우에는 목표한 엑시트 시점보다 미뤄지는 경우가 생길 수도 있다.

목표로 잡은 엑시트 시점에 투자자가 기대할 수 있는 이상적인 상황은 내부성장, 추가 인수, 수익성 증대로 EBITDA를 증가시키고, 부채 부담을 경감하는 방법을 통해 기업의 가치를 증가시키는 것이다. 또한, 매력적인 엑시트 멀티플을 달성하는 데도 초점을 맞춘다. 보다 높은 엑시트 멀티플을 달성하는 데는 기업의 규모 향상, 영업성과 향상, 리포지셔닝을 통한 산업 내 점유율 확대, 기업의 내부적인 성장 및 수익성 향상, 경제가 호황기일 때 엑시트하는 방법 등이 있다.

INVESTMENT BANKING & PRIVATE EQUITY

투자회수(Exit, 엑시트)

1. 사업매각(Sale of Business)

사업매각은 일반적으로 투자은행이 경매(auction)를 진행하거나 사적으로 인수자를 구해 매각한다. 경매 역시 소수에 집중하거나 제한적인 입찰을 받는 방식 등 다양한 방식이 있고, 매각 회사의 매력도와 시장 상황 등을 고려하며, 매각 시 높은 가치, 매각의 확실성, 매각의 비밀성 등 여러 요인을 고려해 방식을 결정한다.

2. 상장, 기업공개(Initial Public Offering)

투자자는 기업공개를 통해 기업의 지분 중 일부를 공개시장에 매각한다. 기업공개는 주식시장에 상장하기 위해 기업의 정보를 공개하며 신규로 주식을 발행하거나, 기존 주식을 다수의 투자자들에게 매각하는 방식을 말한다. 주로 경영권 매각과 관련이 없는 소수지분 투자일 경우 기업공개를 진행한다. 증권거래소의 유가증권시장을 통해 기업공개를 하려면 규모, 주식 수, 경영성과, 지분의 분산 등 여러 상장요건을 충족해야 한다. 또한, 기업공개를 통한 매각을 고려할 경우, 과거 IPO 사례들을 면밀히 검토해야 하고, 매각 전부터 시장 상황을 주시하고 있어야 한다.

3. Dividend Recapitalization

엑시트 전략은 아니지만, dividend recapitalization(dividend recap)은 투자자가 엑시트 전에 투자금액의 일부를 현금화할 수 있게 해주는 방법 중 하나다. Dividend recap은 인수 회사가 추가대출이나 기존의 잉여현금을 통해 주주들에게 배당금을 지급하는 형태이다. 방식은 기존의 대출이나 채권에서 추가 금액을 대출할 수도 있고, HoldCo 레벨[1]에서 추가대출을 받거나(일반적으로 mezzanine), 기존의 대출을 리파이낸싱하면서 기존대출보다 더 많은 금액을 대출하며 진행할 수도 있다. Dividend recap은 지분을 매각하는 것이 아니기 때문에 추후 기업가치가 상승해 매각을 진행하거나 IPO를 할 수 있는 기회들도 열려 있다. 배당의 규모에 따라 투자자는 처음에 투자한 자본 혹은 그 이상의 금액도 받을 수 있다. 그러나 LBO를 진행했으면 대출계약서상 recap에 대한 제한 조건이 있을 수 있고, 과다한 차입으로 투자회수를 진행할 경우 이사회의 배임 이슈가 발생할 수 있다. 해외의 dividend recap의 사례로는 2004년 KKR이 PanAmSat를 43억 달러에 인수한 직후 단기부채를 일으켜 2억 5천만 달러의 배당을 지급했던 것 등이 있다.

기타 회수 방식으로는 최대주주에게 다시 지분을 매각하는 지분 재매각(buyback) 등이 있다. 가장 흔하게 재매각하는 방식은 주주 간 계약을 통해 매수 청구권(put option)을 확보해 특정 시점, 특정 가격에 최대주주에게 매각하는 것이다.

---

[1] 투자자는 최종 인수 회사를 몇 차례 비이클을 통해서 인수할 수 있으며, 최종 인수 회사는 'OpCo'라고 불리며, 중간의 비이클 회사는 'HoldCo'라 부른다. OpCo는 기존대출이나 채권이 있을 경우, 일반적으로 추가적인 차입이 불가능한 covenant가 있기 때문에, HoldCo 레벨에서 대출해 divident recap.을 진행할 수 있다.

INVESTMENT BANKING & PRIVATE EQUITY

기타 인수 시 고려사항

1. 자금조달 출처와 방법(Form of Financing)

자금조달의 형태는 인수대금 지불을 위해 필요한 자금의 내부 혹은 외부로부터의 조달로 나눠진다. 성공적인 인수는 일반적으로 시장에서 조달 가능한 차입금, 보유 투자금액(dry powder)을 통한 충분한 자금의 가용 여부에 달려 있다.

인수자가 사용 가능한 자금조달의 형태는 인수 대상의 사업규모, 대차대조표의 상태, 그리고 신용상태와 같은 요소에 달려 있다. 외부적인 요소인 자본시장이나 거시경제 상황 등도 물론 중요한 영향을 미친다.

인수자는 일반적으로 자본의 비용, 재무제표의 유연성, 신용평가사의 주요 관심사항, M&A 진행의 속도와 확실성 등에 기반해서 최상의 자본구조를 설정해 투자한다. 비용적인 측면에서 봤을 때, 차입금을 통한 자금조달은 주식만을 투자하는 것보다 저렴하다. 하지만 다른 관점에서 보면, 주식만을 통한 조달은 이자비용과 같은 의무적인 현금지출이 없고 원금상환으로부터의 압박에서 자유롭고 부채약정도 없다. 또한, 신용 평가사로부터 긍정적인 평가를 받을 수도 있다.

투자은행은 클라이언트 회사가 증권의 종류, 부채비율, 비용, 유연성 등의 자금조달 옵션을 고려해서 이상적인 인수금융구조를 설계하는 것을 자문하게 된다. 궁극적으로, 최상의 자금조달 조합은 앞에서 언급한 모든 요소의 이상적인 균형에 달려 있다.

2. 기타 정성적 요소

M&A는 단순한 재무적 이벤트가 아니라, 회사의 가치를 향상시키거나 저하시킬 수 있는 막대한 과

제임을 인지하는 게 중요하다. 따라서 M&A는 일반적으로 짧게는 몇 개월, 길게는 몇 년간 추진될 수 있으며, M&A 거래를 체결하기 전에 고려해야 할 사항들 역시 다양하다. 특히 M&A가 적대적 인수 과정을 통해 진행되거나 M&A의 목적이 재무적 곤경을 겪고 있는 기업을 구제하기 위한 것이라면 시너지가 발생하기는커녕 기존 사업의 가치를 저하시킬 위험이 있다.

특히 1990년대에 독일의 다임러와 미국의 크라이슬러가 합병한 케이스는 M&A가 신중하게 추진되어야 할 필요성을 보여준다. 지난 1998년도에 합병한 두 회사는 서로의 조직문화, 경영철학, 목표 등을 조율하는 데 문제를 겪게 되어 시너지 효과를 달성하지 못했다. 두 회사는 2000년대 당시 대규모 영업손실을 입었으며, 2007년도에 결국 다임러가 크라이슬러를 매각하고 나서야 추가적 손실을 회피할 수 있었다. 이처럼 유사한 사업군에 속한 두 개 기업이 합병하게 되어도 재무 외적인 요인(인력의 저항, 조직문화 갈등, 기존 고객의 불만족 등)을 고려하지 않으면 시너지 효과를 달성하는 게 어려울 수도 있을 것이다. 따라서 M&A를 추진할 때 향후 예상되는 재무적인 이익을 측정하기에 앞서 각 기업들의 상황을 신중하게 파악해야 할 것이다.

3. M&A 관련 법

1) 한국의 M&A 관련 법안

국내에서 M&A를 진행할 경우 확인해야 할 관련 법안은 자본시장법, 상법, 공정거래법 등이 있고, 만약 해외기업을 인수할 경우에는 외국환관리법의 규제를 받는다.

국내에서는 1998년 2월 14일 증권거래법 개정에 의해 외국인의 국내주식 소유가 50% 이상으로 대폭 확대됨에 따라 M&A의 여건이 조성되었다. 해당 증권거래법은 2007년 공표되고 2009년 2월 시행된 자본시장법(자본시장과 금융투자업에 관한 법률)으로 흡수되었다. 해당 법안은 지분 5% 이상을 보유하게 되는 경우 준수해야 할 사항에 대해 규정하고 있다.

상법은 합병 절차에 대해서 엄격한 규제를 하고 있고, 신주발행, 전환사채, 신주인수권부사채, 주식매수청구권 등에 대해 규제사항을 다루고 있다. 공정거래법(독점규제 및 공정거래에 관한 법률)은 기업결합을 제한하고 경제력 집중을 억제하기 위해 기업의 합병, 주식의 취득, 결합 등에 대해 규제하고 있다.

2) 미국의 M&A 관련 법안

미국에서는 연방법과 관련 주의 주법을 준수해야 한다. 연방법은 SEC(증권거래위원회)가 규제하는 증권거래법, FTC(연방공정거래위원회)와 법무부가 규제하는 독점금지법, 재무성 산하 국세청에서 규제하는 세법, 각 주에서 관할하는 주법이 있다.

증권거래법은 1933년과 1934년 제정되었으며, 1968년 윌리엄스법(Williams Act)의 등장으로 주식 대량보유와 거래소 밖에서 주식을 대량으로 매수하는 공개매수(tender offer)에 대한 제한을 가하게 되었다.

독점금지법은 셔먼 반독점법(Sherman Antitrust Act of 1980)을 시작으로 수평적 결합을 통한 독점을 막기 위한 클레이튼법(Clayton Act of 1914)이 제정되었고, 해당 법을 보완하기 위해 셀러-카보비법(Celler-Kefauver Act of 1950)이 등장했으며, 이 법에 의해 자산 구입을 통한 독점적 기업합병 및 매수가 금지되었다.

주법은 외부기업의 공개매수를 제한하는 제1세대 주법에서 한층 강화된 델러웨어 주법을 중심으로 주내의 기업 간 합병도 규제대상으로 하는 제2세대 주법으로 발전했다. 2세대 주법은 공정가격 조항(Fair Price Provision), 인수 후 일정 기간 동안 매각할 수 없는 사업결합 조항(Business Combination Provision), 인수 전에 기존 주주에게 동의를 받아야 하는 지배주식 조항(Control Share Provision), 일정비율 이상의 주식을 취득할 경우 나머지 주식에 대해서도 처음의 구매조건과 같은 조건으로 매입해야 하는 현금지불 조항(Cash-out Statute)이 있다.

현업자 인터뷰 #9

주종륜

現 미국 Tigercub Special Situations 헤지펀드(뉴욕)
前 Allard Partners-Hedge Fund Analyst(홍콩)
前 미래에셋자산운용-중국펀드 운용/ BRICS 자산배분 담당(홍콩/서울)
Columbia MBA 졸업

현재 본인이 하는 업무와 역할에 대해 간단히 소개 부탁드립니다.

저는 현재 미국계 헤지펀드에서 애널리스트 업무를 하고 있습니다. 주로 한국을 비롯한 아시아 시장 주식을 보고 있고 전문 섹터 없이 여러 섹터들을 두루두루 보는 제너럴리스트(generalist) 포지션을 맡고 있습니다.

본인 업무 중 어떤 부분이 매력적인가요?

크게 세 가지로 나눌 수 있습니다. 첫째, 끊임없이 배울 수 있는 직업이라는 점입니다. 지속적으로 새로운 산업, 새로운 기업들을 연구하고 배우면서 돈을 벌 수 있는 직업이 펀드매니저, 애널리스트라는 직업인 것 같습니다. 둘째, 책임감이 상당히 많이 주어집니다. 비교적 젊은 나이에 기업들 임원진들과 만나면서 수많은 딜을 할 수 있는 기회가 주어집니다. 다른 직업에 비해 비교적 큰 규모의 자금을 운용 혹은 커버할 수 있다는 점도 장점입니다. 셋째, 운용업계에서 성공하려면 운, 인맥도 상당히 중요하지만, 능력 부분의 가중치가 상당히 높은 편인 것 같습니다. 본인의 수익률이 정확한 수치로 평가되기 때문에 투자판단 능력이 상당히 중요한 업계입니다.

업무의 단점이나 독자가 해당 업무를 지원하기 전에 알아두면 좋은 것들이 있을까요?

업무의 단점이라고 한다면 주식시장이 열려 있는 한, 휴일을 많이 낼 수 없다는 점이겠죠. 항상 수익률 고민을 해야 하기 때문에, 감정의 기복이 심하신 분들이 일하기 좋은 업계는 아닐 것입니다. 정말 이 업에 확신이 있고, 주식 분석 자체에 굉장한 관심과 열정을 가지지 않으면 살아남기 어려운 업이라고 생각합니다.

어떻게 현재까지의 커리어를 쌓게 되었나요? 특별한 노하우나 비결이 있는지 궁금합니다.

저는 처음에 셀사이드(Sell-Side, 증권사) 애널리스트로 커리어를 시작했습니다. 그 후, 몇 개월 후에 운 좋게 국내 대형 운용사로 운용 커리어를 시작했고, 글로벌 주식들을 분석하고 운용하는 업무를 하게 되었습니다. 가치투자에 관심이 많아 미국 컬럼비아대에서 MBA를 수료했고, MBA 와중에 가치투자 프로그램을 수료해 가치투자에 대한 전문성을 보다 깊이 키울 수 있었습니다. 몇 개의 헤지펀드를 거치면서 현재의 위치에 있게 되었습니다.

특별한 노하우는 아니고, 본인의 꿈이라고 생각한다면 거기에 맞춰 모든 것들을 준비해나가면 된다고 생각합니다. 물론 계획대로 100% 되는 것은 없습니다만, 실력과 능력을 키우신다면 기회는 언제든지 온다고 생각합니다.

일반적인 하루 또는 1년 스케줄은 어떻게 되시나요?

아침 일찍 일어나 하루를 계획하는데 회사에는 주로 아침 9시 출근해 밤 11시 정도에 퇴근합니다. 토요일에도 출근하고, 일요일에는 가족과 교회에서 시간을 보냅니다. 1년 스케줄은 좋은 주식들을 5개 정도 추가로 찾아서 투자하는 것입니다. 다양한 기회를 지속적으로 분석하지만, 그렇다고 모든 기회에 투자하는 것이 아니기 때문에, 산업과 회사를 분석하는 일 자체에 흥미를 느끼는 것이 중요한 거 같습니다.

자신의 커리어를 두고 고민하는 독자들을 위해 한마디 부탁드립니다.

화려한 직업을 찾기보다는 본인이 보람을 느낄 수 있는 직업을 택하십시오. 또한, 평생 배울 수 있고 열정을 가지고 할 수 있는 직업을 택하면 좋을 것 같습니다. 한 가지 예로 세계적인 투자자인 워런 버핏은 86세의 나이라도 여전히 매일 출근하며 열정을 느끼며 일을 사랑하고 있습니다.

금융-재무 모델을 만들 줄 알거나 잘 다루면, 업무에 도움이 될까요?

금융 모델에 능숙하면 여러모로 좋습니다. 저도 MBA 전부터 국내 대형 증권사에서 수년간 주식 분석 및 운용을 해왔지만, 사실 금융 모델을 전문적으로 다루지는 못했었습니다. 하지만 미국에서 전문적인 금융 모델링 교육기관을 통해서 공부할 기회가 있었고, 이는 추후에 홍콩의 헤지펀드로 이직할 때 큰 도움이 됐습니다. 국내와는 다르게 해외에서는 완성도 높고 정교한 금융 모델을 다양한 분야에서 필수적으로 사용하며, 한국도 점차 LBO 딜, 해외 대체투자, 프로젝트 파이낸싱, 롱쇼트 투자 등이 늘면서, 금융 모델링의 수요가 늘어나는 실정입니다.

다만 한 가지 주의할 점은, 금융 모델 자체는 하나의 툴이기 때문에, 항상 모델에 들어가는 가정들에 신경을 많이 써야 합니다. 모델은 'garbage in, garbage out'이기 때문에 탄탄한 금융 모델링 실력 위에 실질적인 산업 지식도 갖추어야 한다는 뜻입니다.

Chapter 10

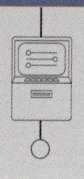

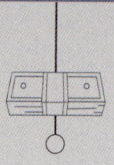
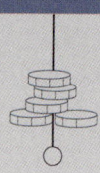

ADT캡스 Exit M&A & SK텔레콤/맥쿼리 컨소시엄

INVESTMENT BANKING & PRIVATE EQUITY
Valuation, Mergers & Acquisitions, Leveraged Buyouts

ADT캡스 2차 M&A 가격

　이번 개정판 전에 5장에서 이미 글로벌 사모펀드 칼라일그룹이 집행했던 ADT캡스 인수 건에 대해, 간략한 LBO모델과 케이스스터디로 설명한 바 있다. 당시 매각을 가정한 금액은 2.95조 원이었는데, 이후 실제 거래 금액은 2.97조 원으로 매우 정확한 예측이 이루어졌다.

　이번 개정판에서 추가된 내용으로, 전략적 투자자(SI) SK텔레콤과 또 다른 글로벌 사모펀드 맥쿼리의 ADT캡스 M&A분석을 더해 보았다.

INVESTMENT BANKING & PRIVATE EQUITY

SK텔레콤/맥쿼리 컨소시엄의 ADT캡스 M&A 케이스스터디

2018년 5월 8일, SK텔레콤이 '극적인 버저 비터'(농구에서 경기 종료를 알리는 벨이 울리기 바로 직전의 슛으로 승부가 결정되는 경우를 뜻함)를 터뜨리며 국내 2위 보안 업체 ADT캡스를 약 2.97 조원(Enterprise Value 기준)에 인수했다. 고작 3달 전, 2018년 2월 M&A절차 마지막 라운드에서 CVC-브룩필드 컨소시엄만이 단독 입찰을 했지만, 끝내 5월 SK텔레콤-맥쿼리 컨소시엄이 최종 인수자로 뒤바뀐 것이다.

2014년 ADT캡스를 LBO방식으로 인수했던 칼라일에게는 소위 '대박 수익률'을 안겨준, M&A막판까지 글로벌 사모펀드들과 국내 대기업이 경합을 벌인 이 인수 건에 대해서 더 알아보자.

1. M&A 배경

SK텔레콤은 국내 2위 보안업체 ADT캡스 지분 100%를 주식가치(Equity Value) 1조2,760억 원에 인수했다. 금융부채를 포함한 기업가치(Enterprise Value)는 2조9,700억 원이다. 칼라일그룹이 2014년 ADT캡스를 인수한 가격(2조1,000억 원)보다 9,000억 원가량 오른 금액이다.

4년 새 기업가치 1조를 올린 비결의 공은 최진환 ADT캡스 사장에게 돌아갔다. 영업지표로만 보아도, 2014년 취임 이후 직원 일인당 관리 고객 수는 25% 늘어났으나 고객 불만 건수는 오히려 90% 감소했다. 보안 서비스 해약 사유 가운데 '서비스 불만족' 비율도 기존 30%에서 6%대로 떨어졌다. 이러한 고객 만족도 향상은 2014년 인수 이후 3년간 매출이 연 4.1% 성장하는 결과로 이어졌다. 영업이익률도 2017년 20% 수준으로 다른 업계와 비교해 1위의 수익성을 유지시켰다.

칼라일그룹은 사업 영역을 확대해 EBITDA를 늘린 후 단기간에 회사를 되팔아 최대한의 수익을 올리는 사모펀드의 일반적인 전략을 사용했다. EBITDA마진이 2013~2014년에 비해서 2015~2017년까지 37%를 달성할 정도로 급속하게 증가했다.

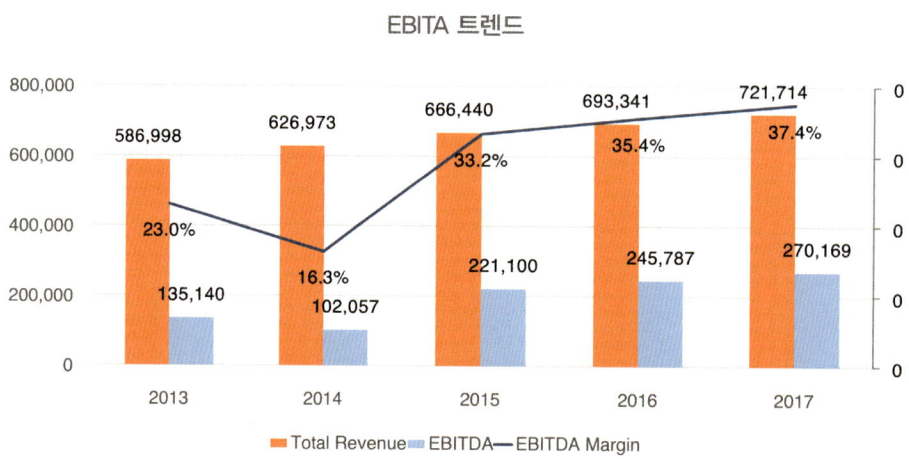

또한, LBO를 통해 회사를 인수해 기업 가치를 올린 후 4년 만에 되팔아 매각에서 9,000억 원을 회수해, 투자 원금 8,000억 원 대비 100%가량의 차익을 실현 했다. 정확한 IRR 계산을 위해서는 2014년도에 979억 원, 2015년도에 514억 원을 칼라일그룹에 배당해 상당한 이익 실현한 것까지 고려해야 한다.

칼라일그룹은 전형적이지만 성공적인 사모펀드의 LBO투자 엑시트(exit)를 보여줌으로써, 최근 몇 년간 한국에서 추가적인 투자 실적(Track Record)이 저조했음에도 불구하고 분위기 반전의 계기를 마련하게 되었다.

2. 딜 진행 과정과 비하인드 스토리

최초의 M&A로 다시 되돌아가보면, 2013년에 미국 타이코그룹(Tyco International)이 ADT캡스를 M&A 매물로 내놓았다. 당시 무인보안 업체 경쟁에서 삼성과 KT에 뒤처지고 있던 SK텔레콤이 인수전에 참가할 것이란 시장의 예상과는 달리, SK그룹 내부 사정으로 인해 일찌감치 입찰을 포기했다. 대신 SK텔레콤은 2014년 2월에 국내 4위 출동 경비 보안업체인 네오에스네트웍스(NSOK)를 인수했다.

2014년 타이코그룹의 매각자문을 맡았던 모건스탠리가, 2017년 9월에는 칼라일그룹을 고객으로 해서 다시 한번 ADT캡스의 매각자문을 맡게 되었다. 하지만 2017~2018년에 일어난 M&A딜은 2013~14년과는 사뭇 다른 양상으로 펼쳐졌다. 칼라일그룹은 ADT캡스의 매각 절차를 본격적으로 시작하기 전부터 꾸준히 SK그룹에 ADT캡스 매각을 위한 협상을 진행해 왔다고 전해진다. 하지만 칼라일그룹이 매각가로 3조 원 정도를 원해서 가격 이견이 컸다. 수요조사(Tapping) 과정에서 LG유플러스와 태광(티브로드)도 관심을 보였으나 협상 단계에서 무산되었다는 얘기도 있었다.

본격적으로 2017년 11월에 모건스탠리가 ADT캡스 매각 작업의 시작을 알리는 투자안내서(Teaser Letter)를 내보낼 때만 해도, 무인보안 업체와 시너지를 낼 확률이 높고 가장 유력한 인수 후보였던 SK텔레콤에는 티저레터가 발송되지 않아서 IB(투자은행) 업계 관계자들은 예상 밖의 사건이라 놀라워했다. 3조 원 규모의 M&A를 1순위 인수 후보인 SK텔레콤을 배제한 채 시작한 셈이기 때문이다.

하지만 그 내막은 칼라일그룹이 기획한 고도의 심리전으로 생각할 수 있다. SK텔레콤이 어떤 형태로든 인수전에 들어올 것으로 확신하고 옮긴 행동이기 때문이다. 즉, '초청장 배제'라는 파격수는 SK텔레콤의 조바심을 불러일으키기 위한 전략이었다. '다른 인수 후보도 얼마든지 있다'는 자신감을 내비친 것이기도 하다.

SK텔레콤도 순순히 칼라일그룹에게 일방적으로 끌려다니지 않았다. 인수전 참여 여부를 묻는 IB 업계 관계자들에게는 관심 없다는 식의 대응을 했다. 이는 칼라일그룹의 기대를 낮추기 위한 신경전이었다. 실제로는 박정호 SK텔레콤 사장을 비롯해 M&A 담당 인원들은 언제든지 인수전에 뛰어들기 위해 매각 작업의 진행 상황을 유심 있게 지켜보았을 것이다.

2017년 12월 예비 입찰에 앞서 매각주간사와 비밀유지확약서(CA)를 맺고 투자설명서(IP)를 받아 간 사모펀드와 기업들은 20여 곳에 달했고, CVC캐피털, 어피니티, 골드만삭스와 맥쿼리가 예비 경매(Preliminary Auction)에 입찰한 것으로 알려졌다. 예비 입찰 전부터 영국계 글로벌 사모펀드 운용사 CVC캐피털은 유력한 인수 후보자 중 하나로 꼽혔는데, 이유는 정명훈 CVC캐피털 한국 대표가 칼라일그룹 재직 당시 ADT캡스 인수를 주도했던 만큼, 경쟁사들보다 유리한 고지에서 인수전에 나서기 때문이다.

SK텔레콤은 2017년 12월 예비 입찰과 2018년 2월 본입찰에도 모습을 드러내지 않았다. 본입찰에 단독으로 참여한 CVC 캐피털과 캐나다 대체투자 운용사인 브룩필드애셋매니지먼트 컨소시엄의 승리가 기정사실화된 것처럼 보였다. 또 다른 인수 후보인 맥쿼리는 국내 대기업 한 곳과 컨소시엄 구성

협상이 늦어지면서 본입찰에 참여하지 못했다. 칼라일은 맥쿼리의 지각입찰 가능성을 염두에 두고 단독 입찰 후보인 CVC와 먼저 협상을 시작하되 우선협상대상자 선정은 다소 늦출 것으로 예상되었다.

SK텔레콤이 전격적으로 인수전에 참여한 건 본입찰 일주일이 지나도록 우선협상대상자가 발표되지 않아 거래 무산 가능성이 제기되던 시점이었다. 예비 입찰에 참여한 맥쿼리 뒤에 전략적 투자자(SI)가 있다는 이야기가 나왔으나 실체 없는 소문이라는 시각이 지배적이었다. 결국 SK텔레콤이 맥쿼리라는 '트로이의 목마'를 앞세워 인수전의 깊숙히 파고든 셈이다.

한번 참여를 결정한 후 SK텔레콤은 정면 돌파를 선택해 2주 만에 실사를 마무리하고, CVC캐피털이 도저히 쫓아오지 못할 수준의 인수가격과 조건을 제시했다. CVC캐피털은 ADT캡스 인수를 위해 1년여간 준비를 해온 것으로 알려져 있었다. 두어 차례 인수가격을 올렸지만 SK텔레콤의 의지를 꺾기에는 역부족이었다. CVC캐피털은 끝내 중도 하차함으로써 투자수익률(IRR)을 우선적으로 고려해야 하는 재무적 투자자(FI)와, 사업 시너지 효과를 명목으로 더욱 높은 가격을 써낼 수 있었던 전략적 투자자(SI)와의 대결에서 SK텔레콤이 승리를 거둔 순간이었다. 처음 합의한 인수가격은 2조 9,900억 원이었으나 '3조 원은 안 된다'는 SK텔레콤의 주장에 최종 인수가격은 약 2조 9,700억 원으로 확정되었다.

SK텔레콤이 지불한 2조9,700억 원은 IB업계의 예상가를 상회했지만, 아직 이 가격이 '너무 높았는지'에 대한 판단을 하기에는 시기상조이다. 확실한 결론은 SK텔레콤이 언제, 얼마나 높은 공모가를 산정해, 어떤 시가총액 달성이라는 성적표를 받아들일지 IPO를 한 후 시간이 흘러야 알 수 있을 것이다. 하지만 당시에 시장에 공개된 정보만으로도 'SK텔레콤이 왜 이렇게 높은 인수가격을 지불했는지' 추론해볼 수 있으며, 이러한 분석은 다음과 같다.

3. 인수자 입장 (전략적 앵글)

보안은 크게 통신(소프트웨어)에 대한 정보 보안과 장비(하드웨어)에 대한 물리 보안으로 나뉜다. 하지만 AI, IoT, 5G 등의 등장으로 이 두 영역 사이의 경계가 모호해지면서 융합 보안의 필요성이 커지고 있다. 예컨대 IoT가 적용된 주택의 보안을 위해서는 IoT 해킹 차단(정보 보안)은 물론, 실제 침입자에 대한 경비(물리 보안)도 필요하다. 이러한 시대/기술의 변화를 고려한 SK텔레콤의 ADT캡스 인수 이유 및 전략을 SK 측에서 제공한 브리핑과 함께 살펴보도록 하자.

맥쿼리그룹 (Macquarie Group)

호주에 본사를 두고 있는 맥쿼리그룹은, 1969년 영국에 본사를 둔 금융회사 Hill Samuel의 호주 경영인 스탠 오웬스(Stan Owens)가 본사의 허락을 맡고 호주 지사를 시드니에 설립한 것이 시초가 되었다. 1981년, 호주의 금융 시장 규제가 완화됨에 따라 이 법인은 호주 지사가 아닌 독립 법인으로 전환하고자 인가 절차에 돌입했고, 1985년 맥쿼리은행(Macquarie Bank)으로 전환하는 데 성공한다.

은행을 포함한 맥쿼리그룹은 총 4개의 그룹으로 구성되어 있는데, 그중 맥쿼리자산운용그룹(MAM)은 맥쿼리그룹의 자산운용 사업그룹으로, 2개의 사업 부문으로 구성되어 있다. 하나는 맥쿼리 투자 운용(Macquarie Investment Management)으로 채권, 외환, 헤지펀드 등 다양한 투자 운용 전문 서비스를 제공하고 있으며, 다른 하나는 맥쿼리 인프라스트럭처 및 실물자산(Macquarie Infrastructure and Real Assets, MIRA)으로 세계 최대 인프라 자산운용사의 타이틀을 얻게 해준 핵심 사업부문이다(2020년 3월 경영참여형 사모투자기구인 맥쿼리코리아오퍼튜니티즈매니지먼트(MKOM)를 흡수해, 업무집행사원 업무도 포함하고 있다). 맥쿼리는 일반 사모펀드 운용사와 일반 바이아웃 펀드에 비해 장기적 시각을 갖고 투자를 하는 편이다. ADT캡스 인수전에서도, 물리보안시장을 일종의 인프라 투자로 판단해 '오랜 기간에 걸쳐 안정적 수익을 실현할 수 있다'고 보고 SK텔레콤과 손을 잡은 것이다. MIRA는 MKOF 3호 및 4호로 2018 코리아 베스트 M&A로 선정되기도 했다.

MIRA는 또한 대한민국 최대 규모의 상장 인프라펀드인 맥쿼리한국인프라투융자회사(MKIF)를 통해 광주 제2순환도로, 인천국제공항 고속도로, 우면산터널 등에 투자해 지분율을 갖고 통행료수입 환수 및 보장을 받으며 투자자들에게 안정적인 수익을 제공하고 있다.

이 상장 펀드는 2018년에는 행동주의 펀드와의 주주총회 표대결로 진통을 겪었으며, 2020년에는 제3연륙교(청라~영종) 개통으로 인한 인천대교고속도로 통행료 감소에 따른 수입 손실금 보상에 관한 국토부와의 국제소송에서 승소를 올리기도 했다.

1) 첫째, 한국 보안시장은 7.5% 수준의 안정적 미래성장이 기대되는 시장이다.

- 국내 보안시장은 Home(가정용)과 Commercial(상업용 : 간단히 회사용) 영역에서 보안 수요가 지속적으로 증가 중이며 미국, 일본 등 주요 국가 대비 보급율이 현저히 낮아 향후 성장 가능성이 높다고 평가된다.

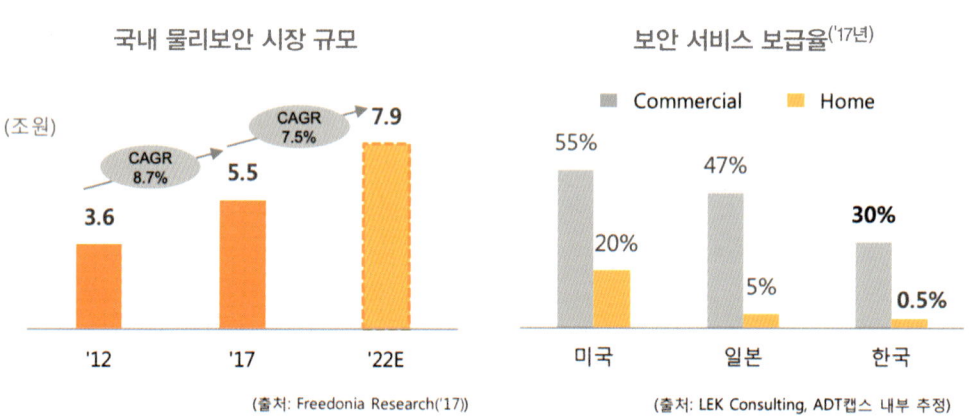

2) 둘째, Global ICT 사업자의 보안사업 진출이 활성화되고 있는 시점이다.

- 보안은 New ICT 기술이 핵심 경쟁요소인 기술집약적 산업으로 진화 중이다.
- 또한, 'Next Platform'으로 부상한 Home 시장 주도권을 확보하기 위해 이미 많은 Global ICT 사업자들이 보안사업에 진출해 있다.

Global ICT 사업자의 보안 사업 진출

- 보안솔루션사 iControl 인수('16년)
- '11년 Home 보안 사업 개시 후 '17년 가입자 110만 확보

Google
- Nest 통해 보안 장비사 Dropcam 인수('14년) 보안 사업 본격 진출

AT&T
- 영상보안사 Xanboo 인수('10년)
- 'Digital Life'(Home IoT+보안) 출시, 가입자 50만 수준 확보

- IoT Doorbell 제조사 Ring 인수를 기반으로 Home 출입보안 시장 진입 ('18년)

SK그룹은 미국의 AT&T, Amazon과 같은 글로벌 ICT 사업자들도 M&A를 통해 보안사업 역량을 강화해 4차 산업혁명을 주도하고 새로운 사업 기회가 되는 것을 주목한 것으로 보인다.

3) 셋째, ADT캡스 M&A를 통해 기대되는 효과는 New ICT 기반 차세대 보안 사업자로 진화하는 것이다.

- AI, Big Data, IoT, 블록체인 등 NEW ICT를 활용한 통합 보안 인프라를 구축해 지능형 통합 관제 및 출입통제 등 혁신적 서비스를 확장한다.
- 'AI 무인매장 솔루션', 'IoT 기반 노약자 Care 서비스' 등 신규 사업모델을 발굴할 예정이다.
- 향후 양자암호통신 기술, SK ICT의 정보보호 역량을 결집해 '온·오프라인'을 아우르는 융합보안 영역까지 사업을 확장할 계획이다.

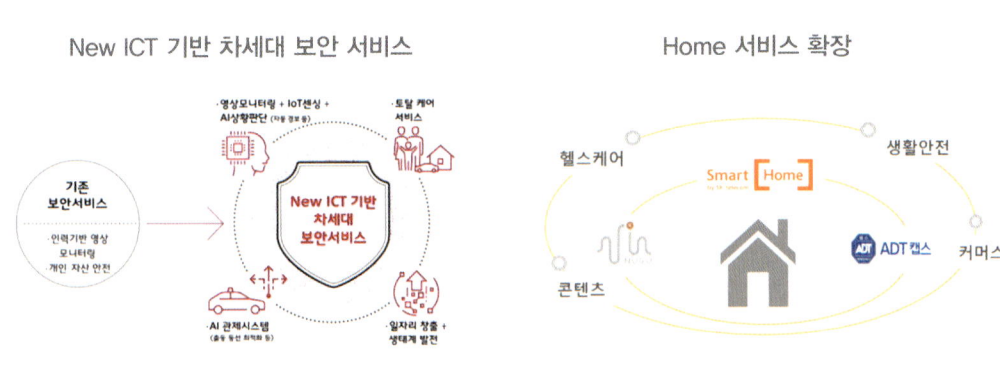

SK텔레콤은 AI를 활용해 사고 발생 가능성이 높은 지역을 AI가 예측해 미리 ADT캡스 경비 인력과 차량을 배치하고 사고가 났던 인근 지역을 분석해서 인력 동선을 최적화할 수 있을 것이다. 또한 예를 들어, 부모가 퇴근하기 전까지 집을 지키는 어린이나 혼자 사는 어르신의 건강 케어 서비스를 생각해 볼 수 있다. 이상 행동 패턴이 영상을 통해 AI에 감지되고, 열 감지 센서로 체온 변화가 확인되면 보호자에게 자동으로 경고를 보내고 필요시 ADT캡스 인력이 신속히 위급 상황에 대응할 수 있게 된다.

SK텔레콤은 NEW ICT 역량을 활용해, 차세대 보안 사업자로의 진화를 통해 2021년까지 보안사업 기업가치(Enterprise Value) 4조 원 달성을 목표로 한다고 밝혔다(향후 ADT캡스 LBO모델에서, 이 SK의 목표가 얼마나 현실성 있는 것인지도 한번 체크해볼 예정이다).

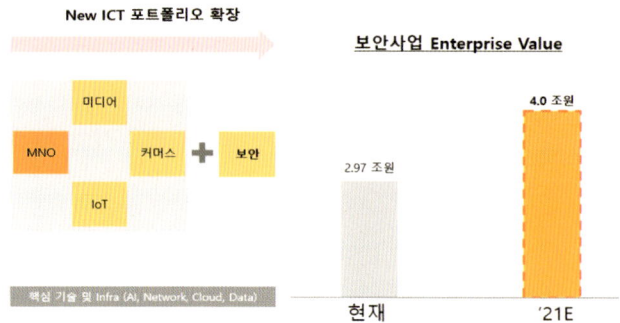

4. 딜 구조(Deal Structure)와 밸류에이션

　먼저 2018 ADT캡스 M&A의 특징은 칼라일그룹이 요구한 3조 원에 육박한 높은 가격에 ADT캡스를 인수했다는 점이다. 이는 SK텔레콤이 2014년에 2조 원이라는 상대적으로 낮은 가격에 인수하지 못한 것과는 사뭇 대조된다. SK텔레콤은 맥쿼리그룹과 공동으로 칼라일그룹으로부터 사이렌홀딩스코리아 지분(이하 'ADT캡스'로 사이렌인베스트먼츠코리아의 100% 모회사이며 사이렌인베스트먼츠코리아는ADT캡스 지분율 100% 보유) 100%를 1조 2,760억 원에 인수를 결정했다. SK텔레콤은 7,020억 원을 투자해 ADT캡스 지분 55% 및 경영권을 확보하고, 맥쿼리는 5,740억 원을 투자해 지분 45%를 보유하는 구조이다.

M&A멀티플로 본다면, 이 딜의 EV/EBITDA 비율은 11x 정도로 경쟁사들의 시장거래배수(trading multiple)의 9~11배 수준과 비교한다면 높은 편에 속하고, 과거 국내외 주요 보안기업 M&A거래배수(11.7배)와 비교한다면 적합한 수준이라고 볼 수 있다.

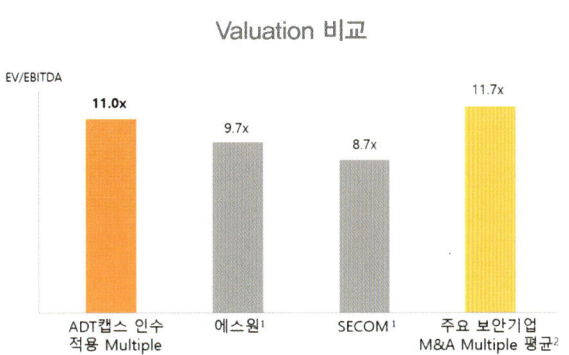

Valuation 비교

SK텔레콤의 LBO 투자는 많은 차입금을 사용해 일반적인 M&A보다 복잡한 자본구조를 띠게 되었다. 맥쿼리 입장에서는 보통 사모펀드들이 M&A를 할 때 LBO 투자를 하는 것과 같이 자본수익률을 극대화할 수 있다는 장점이 있다. SK텔레콤 입장에서는 ADT캡스를 인수하기 위해 높은 레버리지 비율 덕에 높은 가격을 제시할 수 있었다.

Debt(차입금) ~1조 9,000억 원	선순위 대출 보험사 등 기관투자가 ~1조 7,500억 원	
	후순위 대출 교직원공제회·행정공제회·군인공제회·신협 등 ~1,500 억 원	
Equity(자본)* ~1조 3,000억 원	SK텔레콤 ~7,020 억 원	
	맥쿼리 PEF ~5,740 억 원	

* SK텔레콤 손자회사 캡스텍을 인수하기 위해 교공 등에서 자본 조달한 2,000억 원

앞의 표는 SK텔레콤과 맥쿼리가 ADT캡스 인수금액을 어떻게 조달했는지 나타낸 것이다. 외부 차입금 중 1조 7,500억 원가량은 선순위 대출로 약 4%의 금리 수익을 달성하기 위해 보험사 등 보수적인 기관투자가가 맡기로 했다. 이보다 위험하나 금리가 7%로 높은 후순위 대출 1,500 억 원과 지분 45%에 대한 투자, 약 5,700억 원은 맥쿼리 컨소시엄이 맡은 가운데 교직원공제회·행정공제회·군인공제회·신협 등을 포함한 여러 기관 투자가가 투자했다.

기관투자가들은 그 밖에 2,000억 원의 자금을 추가로 투입해 지주회사법상 SK텔레콤이 손자회사인 캡스텍을 자회사로 인수할 때도 자금을 지원하기로 했다. 단순히 차입금을 딜의 총규모로 보면(LTV), 총가격의 약 60% 정도를 차입금으로 조달했는데, 이는 일반적인 국내 LBO 딜의 40~50% LTV 비율보다 높은 비율이다.

눈에 띄는 점은 국내 3대 공제회가 7,500억 원을 공동 투자했다는 점이다. 특히 안전자산 투자를 선호하는 공제회들이 안정성과 SK텔레콤이 채권 회수 선순위를 양보한 점이 보수적 투자자인 공제회의 베팅을 이끌어냈다. 국민연금에 이어 두 번째로 큰 교직원공제회가 지분투자와 중순위 대출에 대한 투자 2,000억 원을 확정했다. 3위권 공제회인 행정공제회와 군인공제회·신협도 같은 구조로 투자를 결정했다.

보안업 자체 특성상 기관 투자가들에게 매력을 사로잡을 수 있었다. ADT캡스는 한번 설치한 고객이 변경하기 어려운 사업구조이고, SK텔레콤이 직접 7,000억 원을 새로 투입해 의욕적으로 인수한 회사라는 점에서 경영자의 의지를 믿을 수 있었다고 기관 투자가들이 밝혔다. 또한, SK텔레콤은 ADT캡스가 만약 법정관리로 넘어가더라도 동등한 주주인 SK텔레콤과 교직원공제회 등 기관 투자가 중 기관 투자가가 먼저 채권을 회수할 수 있도록 배려했다.

공제회는 최근 국내 인수합병 시장에서 지분 투자보다는 원리금이 보장되는 대출성 투자인 인수금융에 돈을 투입해왔다. 따라서 이번 투자는 흥행에서 크게 성공했다는 게 업계의 설명이다.

5. LBO 모델 (요약 버전)

다음은 실제 매각을 통해 투자금을 회수한 칼라일그룹의 수익률 중심 결과와 예상 모델 사이 비교를 해보았다. 이와 더불어, DART 공시와 각종 뉴스 기사 및 기업 정보를 가지고 아직 IPO를 하지 않은 SK텔레콤 및 맥쿼리 컨소시엄의 매각 결과를 모델링을 해서 ADT캡스 인수자 입장에서의 투자 성적 또한 예측해보았다. 그러나 실제 IPO 를 하기 전까지 이 투자의 성공, 실패 여부를 단정하기는 불가능하다.

참고로 이 약식 LBO 모델의 엑셀 파일은 파이낸스프레소(financepresso.co.kr) 혹은 월스트릿트레이닝(wstbm.com) 웹사이트에서 다운로드 가능하다.

1) 매각자 입장(수익률 중심)

칼라일 Exit 분석

(백만 원)

1. 인수가격		2,065,000
	2014년 말에 인수된 것으로 가정	
2. 인수금융 부채		1,300,000
	사모펀드 투자금	765,000
	이자비용	5.5%

4. Other assumptions

	최초 예상치	실제
연간 EBITDA 성장률 :	5.0%	6.0%
Capex는 매년	70,000	139,702.9
D&A비중 100% :	140.0%	87.7%
세율 :	24.2%	10.1%
원래 산 multiple보다 높게 매각 :	1.0x	3.8x
매각 연차 :	5	4

Paper LBO

KRW in millions, except per share

	2015	2016	2017	2018	2019	2020E
EBITDA		249,947.7	245,786.7	270,169.2	245,889.9	315,792.5	334,803.5
D&A		102,421.9	115,471.0	126,545.7	145,368.8	184,364.2	98,000.0
Interest		71,500.0	68,526.0	66,538.7	63,188.4	60,626.7	0.0
EBT		76,025.8	61,789.7	77,084.8	37,332.7	70,801.6	236,803.5
Tax		7,695.9	6,254.8	7,803.1	3,779.1	7,167.1	23,971.0
Net income		68,329.9	55,534.9	69,281.7	33,553.6	63,634.5	212,832.5
D&A		102,421.9	115,471.0	126,545.7	145,368.8	184,364.2	98,000.0
Change in working capital		10,000.0	10,000.0	10,000.0	10,000.0	10,000.0	10,000.0
Capex		(126,679.9)	(144,872.9)	(144,912.0)	(142,346.8)	(191,687.5)	(70,000.0)
FCF		54,071.9	36,133.0	60,915.4	46,575.6	66,311.2	250,832.5
Debt balance B		0.0	1,300,000.0	1,245,928.1	1,209,795.1	1,148,879.8	
A	1,300,000.0	0.0	0.0	0.0	0.0	
S		0.0	(54,071.9)	(36,133.0)	(60,915.4)	(46,575.6)	
E	1,300,000.0	1,245,928.1	1,209,795.1	1,148,879.8	1,102,304.2	

Exit

Exit year EBITDA		245,890	Exit $ to PEF		1,867,696
Entry multiple		8.3x	**MOIC**		**2.4x**
Exit multiple		12.1x	**IRR**		**25.0%**
회수금액 (exit EV)		2,970,000			

매각자인 칼라일그룹의 Exit 분석 몇 가지를 설명하자면, 매각 차액은 1조 1,000억 원 정도 발생하고 사모펀드의 성과 측정 지표인 IRR은 25%였던 것으로 추정된다. 예상보다 IRR이 더 높았던 이유는 첫째, 통상적인 LBO투자의 5년 이후 매각이 아닌 그보다 빠른, 약 4년 만에 이루어졌기 때문이다. 둘째, 인수 시 멀티플이 약 8.3x였으나 매각 멀티플이 약 12x로 많이 상승했다. 이는 SK텔레콤이 높은 가격을 지불했다는 방증이다. 마지막으로, 연간 미래현금흐름의 주요 척도인 EBITDA의 성장률이 기존 보수적으로 예상했던 5.0%보다 높은 약 6.0%대로 형성이 되었다.

인수자 입장 (SK 및 맥쿼리)

SK와 맥쿼리의 Entry 분석 (백만 원)

1. 인수가격	2,970,000		4. Other assumptions	예상
2019년 말에 인수된 것으로 가정			연간 EBITDA 성장률	7.5% — SK PPT. 국내 물리보안시장 규모의 CAGR.
2. 인수금융 부채	1,900,000	64.0%	Capex는 매년:	191,687 — 2019년도 실제로 SK가 집행한 Capex수준의 유지 가정.
사모펀드 투자금	1,070,000		D&A비중 100%:	100.0%
이자비용	6.0%		세율:	24.2%
			Multiple expansion:	0.0x
			매각 연차:	5 — 맥쿼리 입장에서의 exit 타이밍 가정.

Paper LBO

KRW in millions, except per share

	2018	2019	2020E	2021E	2022E	2023E
EBITDA	245,889.9	315,792.5	339,477.0	333,927.7	328,378.4	353,006.7
D&A	145,368.8	184,364.2	191,687.5	191,687.5	191,687.5	191,687.5
Interest	63,188.4	60,626.7	110,021.3	108,303.6	106,760.2	105,399.0
EBT	37,332.7	70,801.6	37,768.1	33,936.5	29,930.7	55,920.3
Tax	3,779.1	7,167.1	9,139.9	8,212.6	7,243.2	13,532.7
Net income	33,553.6	63,634.5	28,628.2	25,723.9	22,687.4	42,387.6
D&A	145,368.8	184,364.2	191,687.5	191,687.5	191,687.5	191,687.5
Change in working capital	0.0	0.0	0.0	0.0	0.0	0.0
Capex	(142,346.8)	(191,687.5)	(191,687.5)	(191,687.5)	(191,687.5)	(191,687.5)
FCF	46,575.6	66,311.2	28,628.2	25,723.9	22,687.4	42,387.6
Debt balance B		0.0	1,900,000.0	1,833,688.8	1,805,060.5	1,779,336.6	1,756,649.2
A	1,900,000.0	0.0	0.0	0.0	0.0	0.0
S		0.0	(66,311.2)	(28,628.2)	(25,723.9)	(22,687.4)	(42,387.6)
E		1,900,000.0	1,833,688.8	1,805,060.5	1,779,336.6	1,756,649.2	1,714,261.6

Exit

Exit year EBITDA	353,007		Exit $	2,549,557
Entry multiple	12.1x		**MOIC**	**2.4x**
Exit multiple	12.1x		**IRR**	**19.0%**
회수금액 (exit EV)	4,263,819			

SK의 경영 계획/예상치 분석

2021년 EV 목표값	4,000,000
2021년 EBITDA	333,928
Implied EV/EBITDA 멀티플	12.0x

SK텔레콤과 맥쿼리 컨소시엄의 인수자 입장에서 미래 예상 수익을 분석하기 전 주요 가정들을 세웠다. 첫째, 연간EBITDA 성장률은 SK가 발표한 경영자료에서 예상한 국내 물리보안시장 규모의 CAGR인 7.5%를 활용했다. 둘째, Capex는 SK가 실제로 인수 이후에 2019년에 집행한 공격적인 Capex를 지속한다고 가정했다. 셋째, 매각은, 맥쿼리 입장에서의 Exit타이밍을 5년으로 가정했다. 넷째, Exit 멀티플은 Entry 멀티플과 동일한 12x수준으로 가정했다.

위 가정들을 토대로 모델링을 한 결과 첫째, IRR이 19% 정도로, 일반적인 사모펀드의 20% 수익률 도달이 수월해 보이지는 않는다. 주요 이유 중 하나는 SK텔레콤과 맥쿼리 컨소시엄의 인수가격이 그만큼 높았기 때문이다. 그나마 이 정도의 IRR을 기대할 수 있는 원인 중 하나는, 레버리지 비율이 일반적인 40~50%를 초과한 약 64%에 도달한 덕분이다.

또한, SK텔레콤 경영계획에서 밝힌, 2021년까지 기업가치(EV) 4조 원에 도달하는 것은 거의 가능한 수준으로 보인다. 하지만 SK텔레콤 인수 지불한 가격이 공격적이기 때문에, 만약 회수 멀티플을 1x낮춘다면 IRR은 15.5%로 하락하게 된다. 결국, IPO의 흥행 여부 및 IPO의 실제 타이밍에 따라서 맥쿼리의 수익률이 크게 변동할 것으로 예상된다.

한국 보안 산업 및 해당 딜의 장단점 분석 (2021년 버전)

장점

- 3개의 상위 업체가 95% 시장을 독점하고 있는 구조(S1 54%, SK ADT캡스 30%, KT 텔레캅 11%)로 높은 진입장벽이 존재해 업황 변동성 적음
- ADT캡스는 글로벌 Top 수준의 물리보안 브랜드 인지도를 통해 고객의 신뢰감 확보
- SKT텔레콤의 네트워크 기반 영상 전송 및 저장 안정성과 영업전담강사 / 교육팀 운영을 통한 고객 친화적 서비스에서의 우위
- 미국과 일본에 비해 한국 보안 산업 도입율이 낮고 특히 주거 지역에서 상대적으로 낮아 반려동물 양육, 맞벌이 가구, 1인 가구 및 노인 가구 등 맞춤형 및 저가 상품 출시로 인한 Home 시장 신규수요
- '코로나 특수'로 언택트 환경이 조성되어 무인매장 등 보안시장이 성장세를 보일 가능성이 큼

단점

- 지난 몇 년간 급속히 보급률이 증가했으나, 이 증가율은 가까운 미래에 더 많은 신규 고객을 유치하기 위한 비용 증가와 함께 줄어들 가능성이 충분히 있어 그 충격을 견딜 수 있는지 여부
- 수요의 대부분이 교체수요로, 교체 시 제공되는 할인 및 지원 서비스 등으로 전반적 ARPU 하락에 기여
- 초기 가정용 상품이 부재했으나 통신서비스 결합상품 및 맞춤형 저가 상품 출시로 가격이 낮아져 ARPU의 지속적 하락
- 코로나 여파로 물리보안 시장 내 20% 수준의 비중을 차지하는 소규모 개인사업자가 문을 닫는 경우가 많아져 잉여현금흐름 생산에 부정적 요인이 될 가능성
- 물리보안 시장 내 60% 내외를 차지하는 중소/중견기업 및 대기업 등 법인사업자와 공공기관이 저성장 중
- 주 52시간제와 최저임금 인상으로 비용 증가

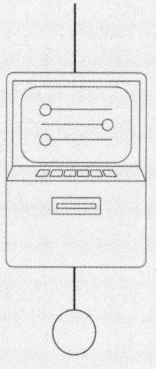
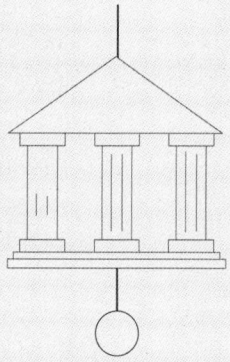

INVESTMENT BANKING & PRIVATE EQUITY

Valuation, Mergers & Acquisitions, Leveraged Buyouts

Appendix

부록에 나오는 예제들은 모두 pdf 형식으로 헬사이트(www.wallstreettraining.co.kr)에 기재되어 있으며, 이 파일을 통해서 각 페이지에 나와 있는 링크를 사용할 수 있다.

부록 A

S&P Capital IQ를 이용한 재무분석

INVESTMENT BANKING & PRIVATE EQUITY
Valuation, Mergers & Acquisitions, Leveraged Buyouts

1. Discounted Cash Flow

Capital Structure Summary여 Details (1)

Apple Inc. (NasdaqGS:AAPL) Financials > Capital Structure Summary

In Millions of the reported currency, except ratios and % of Total values.

Capital Structure Data View As Reported Details View Key Documents

For the Fiscal Period Ending	12 months Sep-26-2015 USD Millions	% of Total	12 months Sep-24-2016 USD Millions	% of Total	3 months Apr-01-2017 USD Millions	% of Total
Currency						
Units [1303]						
Total Debt [4173]	64,341.0	35.0%	87,039.0	40.4%	98,876.0	42.4%
Total Common Equity [1006]	119,355.0	65.0%	128,249.0	59.6%	134,082.0	57.6%
Total Capital [4175]	183,696.0	100.0%	215,288.0	100.0%	232,958.0	100.0%

Debt Summary Data View As Reported Details View Key Documents

For the Fiscal Period Ending	12 months Sep-26-2015 USD Millions	% of Total	12 months Sep-24-2016 USD Millions	% of Total	3 months Apr-01-2017 USD Millions	% of Total
Currency						
Units [1304]						
Total Commercial Paper [21692]	8,499.0	13.2%	8,105.0	9.3%	9,992.0	10.1%
Total Senior Bonds and Notes [21834]	55,701.0	86.6%	78,160.0	89.8%	89,160.0	90.2%
Total Principal Due [21999]	64,200.0	99.8%	86,265.0	99.1%	99,152.0	100.3%
Total Adjustments [22514]	141.0	0.2%	774.0	0.9%	(276.0)	(0.3%)
Total Debt Outstanding [4173]	64,341.0	100.0%	87,039.0	100.0%	98,876.0	100.0%
Additional Totals [1306]						
Total Cash & ST Investments [1002]	41,995.0		67,883.0		67,262.0	
Net Debt [4364]	22,346.0		19,156.0		31,614.0	
Total Senior Debt [21832]	64,200.0	99.8%	86,265.0	99.1%	99,152.0	100.3%
Total Short-Term Borrowings [1046]	8,499.0	13.2%	8,105.0	9.3%	9,992.0	10.1%
Curr. Port. of LT Debt/Cap. Leases [1279]	2,513.0	3.9%	3,507.0	4.0%	4,353.0	4.4%
Long-Term Debt (Incl. Cap. Leases) [21841]	53,329.0	82.9%	75,427.0	86.7%	84,531.0	85.5%
Total Unsecured Debt [21838]	64,200.0	99.8%	86,265.0	99.1%	99,152.0	100.3%
Senior Unsecured Bonds and Notes [41584]	55,701.0	86.6%	78,160.0	89.8%	89,160.0	90.2%
Fixed Rate Debt [41587]	48,958.0	76.1%	71,067.0	81.6%	80,067.0	81.0%
Variable Rate Debt [41588]	6,743.0	10.5%	7,093.0	8.1%	9,093.0	9.2%
Hedging Activities [33515]	389.0	0.6%	724.0	0.8%	149.0	0.2%
Credit Ratios [1307]						
Total Debt/EBITDA [4192]	0.8x		1.2x		1.5x	
Total Senior Debt/EBITDA [21988]	0.8x		1.2x		1.5x	
Net Debt/EBITDA-CAPEX [23314]	0.3x		0.3x		0.6x	
Total Debt/(EBITDA-CAPEX) [23313]	0.9x		1.5x		1.8x	
Total Senior Debt/(EBITDA-CAPEX) [21989]	0.9x		1.5x		1.8x	

Source: Capital Structure Summary from Financials/Valuation of Apple Inc., S&P Capital IQ Platform, S&P Global Market Intelligence, as of 6/22/2017

Capital Structure Summary와 Details (2)

회사가 발행한 채권 하나하나마다 정보를 볼 수 있다.

Apple Inc. (NasdaqGS:AAPL) Financials > Capital Structure Details

<< Return to Capital Structure Summary

Period Type:	Annual
Currency:	Reported Currency
Sources:	A 2016 filed Oct-26-2016
Conversion:	Historical

Principal Due in Millions of the reported currency.
* In cases where an interim filing contains less detailed information on components of debt capital structure, we have carried forward information from the previous annual.

FY 2016 (Sep-24-2016) Capital Structure As Reported Details

Description^	Type	Principal Due (USD)	Coupon/Base Rate	Floating Rate	Maturity	Seniority	Secured	Convertible	Repayment Currency
Commercial Paper	Commercial Paper	8,105.0	0.800%	NA	Apr-01-2018	Senior	No	No	USD
Fixed-Rate 0.35% Notes JPY *	Bonds and Notes	2,081.0	0.350%	NA	2020	Senior	No	No	JPY
Fixed-Rate 0.375% Notes CHF *	Bonds and Notes	895.0	0.375%	NA	2024	Senior	No	No	CHF
Fixed-Rate 0.750% Notes CHF *	Bonds and Notes	384.0	0.750%	NA	2030	Senior	No	No	CHF
Fixed-Rate 0.900% Notes	Bonds and Notes	750.0	0.900%	NA	2017	Senior	No	No	USD
Fixed-Rate 1.00% Notes Due 2018 *	Bonds and Notes	4,000.0	1.000%	NA	2018	Senior	No	No	USD
Fixed-Rate 1.000% Notes *	Bonds and Notes	1,558.0	1.000%	NA	2022	Senior	No	No	EUR
Fixed-Rate 1.05% Notes Due 2017 *	Bonds and Notes	1,500.0	1.050%	NA	2017	Senior	No	No	USD
Fixed-Rate 1.100% Notes	Bonds and Notes	1,150.0	1.100%	NA	2019	Senior	No	No	USD
Fixed-Rate 1.300% Notes	Bonds and Notes	500.0	1.300%	NA	2018	Senior	No	No	USD
Fixed-Rate 1.375% Notes EUR *	Bonds and Notes	1,113.0	1.375%	NA	2024	Senior	No	No	EUR
Fixed-Rate 1.55% Notes *	Bonds and Notes	1,250.0	1.550%	NA	2020	Senior	No	No	USD
Fixed-Rate 1.550% Notes	Bonds and Notes	1,250.0	1.550%	NA	2021	Senior	No	No	USD
Fixed-Rate 1.625% Notes *	Bonds and Notes	1,558.0	1.625%	NA	2026	Senior	No	No	USD
Fixed-Rate 1.700% Notes	Bonds and Notes	1,000.0	1.700%	NA	2019	Senior	No	No	USD
Fixed-Rate 2.000% Notes *	Bonds and Notes	1,250.0	2.000%	NA	2020	Senior	No	No	USD
Fixed-Rate 2.000% Notes EUR *	Bonds and Notes	1,113.0	2.000%	NA	2027	Senior	No	No	EUR
Fixed-Rate 2.10% Notes Due 2019 *	Bonds and Notes	2,000.0	2.100%	NA	2019	Senior	No	No	USD
Fixed-Rate 2.15% Notes *	Bonds and Notes	1,250.0	2.150%	NA	2022	Senior	No	No	USD
Fixed-Rate 2.250% Notes	Bonds and Notes	3,000.0	2.250%	NA	2021	Senior	No	No	USD
Fixed-Rate 2.40% Notes Due 2023 *	Bonds and Notes	5,500.0	2.400%	NA	2023	Senior	No	No	USD
Fixed-Rate 2.450% Notes	Bonds and Notes	2,250.0	2.450%	NA	2026	Senior	No	No	USD
Fixed-Rate 2.50% Notes *	Bonds and Notes	1,500.0	2.500%	NA	2025	Senior	No	No	USD
Fixed-Rate 2.650% Notes	Bonds and Notes	493.0	2.650%	NA	2020	Senior	No	No	AUD
Fixed-Rate 2.700% Notes *	Bonds and Notes	1,250.0	2.700%	NA	2022	Senior	No	No	USD
Fixed-Rate 2.85% Notes AUD *	Bonds and Notes	282.0	2.850%	NA	2019	Senior	No	No	AUD
Fixed-Rate 2.85% Notes Due 2021 *	Bonds and Notes	3,000.0	2.850%	NA	2021	Senior	No	No	USD

Source: Capital Structure Details from Financials/Valuation of Apple Inc., S&P Capital IQ Platform, S&P Global Market Intelligence, as of 6/22/2017

미국 국채 금리

1달 만기채부터 30년 만기채까지 정보를 한눈에 보여주는 그래프와 표

United States Treasury Constant Maturity Interest Rate Profile

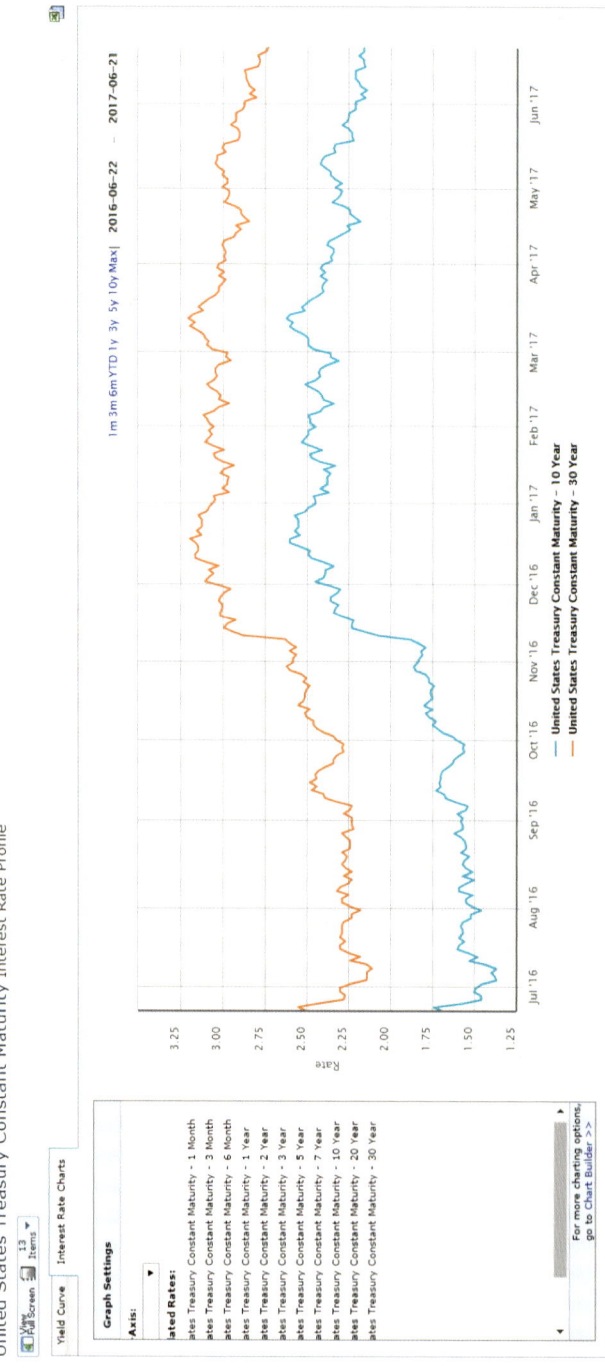

Source: United States Treasury Constant Maturity - 10 Year & 30 Year from Interests Rates, S&P Capital IQ Platform, S&P Global Market Intelligence, as of 6/22/2017

Inflation Indexed 미국 국채 금리

인플레이션율 자동으로 조정해준 미국 국채 금리

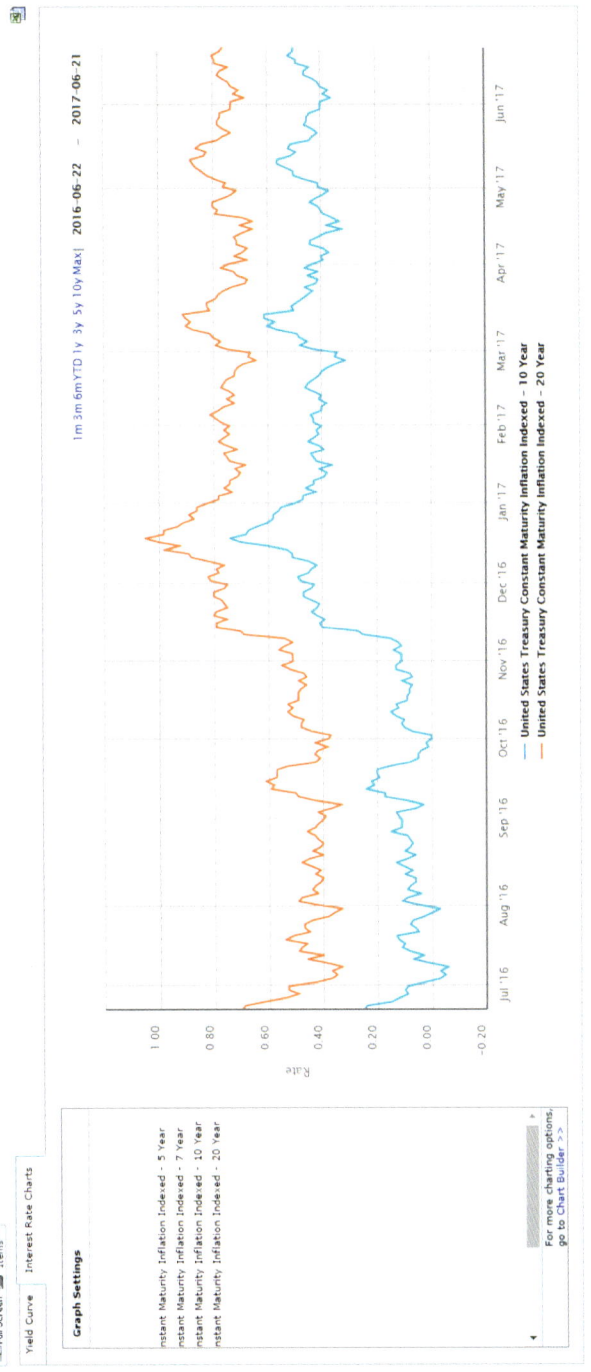

Source: United States Treasury Constant Maturity Inflation Indexed – 10 Year & 20 Year from Interests Rates Overview, S&P Capital IQ Platform, S&P Global Market Intelligence, as of 6/22/2017

S&P Capital IQ로 베타를 찾는다면, Tearsheet나, 엑셀함수[=CIQ(Ticker, IQ_5YR_BETA, Date)]를 통해서 가능하다.

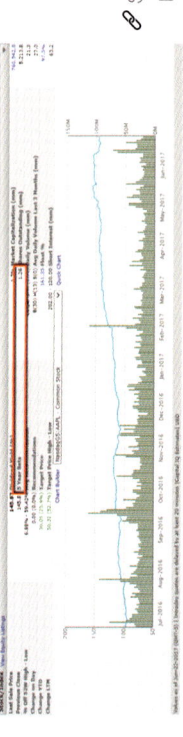

🔗 Source: Stock/Index of Apple Inc. Tearsheet, S&P Capital IQ Platform, S&P Global Market Intelligence, as of 6/22/2017

각 데이터 서비스별로, 베타를 계산하는 방법이 조금씩 다를 수 있다. 블룸버그의 경우에도 adjusted beta를 제공해준다.

S&P Capital IQ의 beta 계산법을 설명하는 페이지

S&P Capital IQ. 블룸버그, 톰슨 등의 각 금융 데이터 제공자별로 beta 계산법에 차이가 있을 수 있다.

🔗 Source: S&P Capital IQ Help, S&P Capital IQ Platform, S&P Global Market Intelligence, as of 6/22/2017

2. 칼라일그룹의 ADT캡스 LBO

칼라일그룹이 미국의 타이코로부터 LBO 기법으로 인수한 M&A 요약 (1)

정확한 딜의 주체, 날짜와 주요 재무정보가 요약되어 있다.

Tyco Fire & Security Services Korea Co., Ltd. Transaction Details > Merger/Acquisition

| Merger/Acquisition | Consideration Details | Deal Timeline | Transaction Quick Comps |

Currency: Reported Currency ▼ Go

Deal Summary

Status[1005505]	Closed
Announced Date[1]	Mar-03-2014
Letter of Intent Date[100633]	—
Definitive Agreement Date[100625]	Mar-02-2014
CIQ Transaction ID[105135]	IQTR259774337

Self-side Participants

Company Name:	Tyco Fire & Security Services Korea Co., Ltd.
Headquarters:	South Korea

Buyer-side Participants

Buyer Company:	Carlyle Asia Partners IV ; The Carlyle Group LP (NasdaqGS:CG)

Deal Values

Total Consideration to Shareholders ($ mm)[102086]	1,930.00
Implied Equity Value ($ mm)[102091]	1,930.00
Implied Enterprise Value/LTM Revenue[102093]	3.5x
Implied Enterprise Value/LTM EBITDA[102094]	17.5x
Implied Enterprise Value/LTM EBIT[102095]	34.8x
Implied Equity Value/LTM Net Income[102096]	62.4x
Implied Equity Value/Book Value[102097]	NM

Primary Transaction Feature[102081]	Acquisition of Equity Stake
Bid Made Date[100629]	—
Effective Date[4]	May-22-2014
Closed Date[2]	—
Cancelled Date[3]	—
Primary Industry:	Security and Alarm Services

Total Transaction Size ($ mm)[100504]	2,466.47
Implied Enterprise Value ($ mm)[102090]	2,388.55
Implied Enterprise Value/NTM Revenue[113394]	
Implied Enterprise Value/NTM EBITDA[113395]	
Implied Enterprise Value/NTM EBIT[113396]	
Offer Price/NTM Earnings[113397]	
Offer Price/Forward Book Value[113398]	

Synopsis

Comments[100580]

The Carlyle Group LP (NASDAQGS:CG) signed a definitive agreement to acquire Tyco Fire & Security Services Korea Co., Ltd. from Tyco International Ltd. (NYSE:TYC) for $1.9 billion on March 2, 2014. Equity for the transaction will come from Carlyle Asia Partners IV and Carlyle Asia Partners VI. The Carlyle Group has secured committed debt financing from Korea Exchange Bank, Kookmin Bank, Industrial Bank of Korea, Korea Investment & Securities and UBS AG. The Carlyle Group LP will have to pay a termination fee of $96.5 million in case of termination. The transaction is subject to customary closing conditions including required regulatory approval, execution of ancillary agreement, antitrust approvals and completion of reorganization. The transaction is expected to close in in Tyco's fiscal third quarter of 2014. Tyco's net cash proceeds from the transaction are expected to be $1.85 billion. The proceeds will allow Tyco to increase cash deployed for earnings-accretive activities such as strategic acquisitions, share repurchases and organic growth initiatives, as well as other corporate purposes. As a result of the transaction, Tyco International expects that approximately $0.05 of EPS in the second fiscal quarter will now be reflected in discontinued operations. Tyco International expects EPS from continuing operations before special items for the second fiscal quarter to be in the range of $0.39 to $0.41 compared to original guidance of $0.44 to $0.46.

Korea Exchange Bank, Deutsche Bank AG, UBS AG, Kookmin Bank, Industrial Bank of Korea, Korea Investment & Securities acted as financial advisors for The Carlyle Group LP, Morgan Stanley acted as financial advisor to Tyco International and Alan Klein, Jin Hyuk Park, Ilsoo Kim and Jasmine Kaufman, Lon Lesser, Genevieve Dorment, Rob Holo, Andrew Purcell, Michael Cardella and Sinead O'Shea of Simpson Thacher & Bartlett LLP and Kim & Chang acted as legal advisors to Tyco International in connection with this transaction. Hyun Suk Kim, Anthony Wang, Lung Ho, Matthew, Truman, Simon Cooke, Bong-Sang Cho, Elizabeth Schultz, Patrick Huggard, Satbir Walia, Yemi tepe, Alice Tang, Andrew Kelly, Christopher Psathas, Isaac Stewart and

Source: Transaction Details of Acquisition of Tyco Fire & Security Services Korea Co., Ltd. by The Carlyle Group LP, S&P Capital IQ Platform, S&P Global Market Intelligence, as of 6/22/2017

Appendix 333

칼라일그룹이 미국의 타이코로부터 LBO 기법으로 기벌으로 인수한 M&A 요약 (2)

딜의 배경과 주요 참여자들이 상세히 나와 있다.

Synopsis

Comments[1005S0]

The Carlyle Group LP (NASDAQGS:CG) signed a definitive agreement to acquire Tyco Fire & Security Services Korea Co., Ltd. from Tyco International Ltd. (NYSE:TYC) for $1.9 billion on March 2, 2014. Equity for the transaction will come from Carlyle Asia Partners IV and Carlyle Partners VI. The Carlyle Group has secured committed debt financing from Korea Exchange Bank, Kookmin Bank, Industrial Bank of Korea, Korea Investment & Securities and UBS AG. The Carlyle Group LP will have to pay a termination fee of $96.5 million in case of termination. The transaction is subject to customary closing conditions including required regulatory approval, antitrust approvals and completion of ancillary agreement, antitrust approvals and completion of reorganization. The transaction is expected to close in Tyco's fiscal third quarter of 2014. Tyco's net cash proceeds from the transaction are expected to be $1.85 billion. The proceeds will allow Tyco to increase cash deployed for earnings-accretive activities, such as strategic acquisitions, share repurchases and organic growth initiatives, as well as other corporate purposes. As a result of the transaction, Tyco International expects that approximately $0.05 of EPS in the second fiscal quarter will now be reflected in discontinued operations. Tyco International expects EPS from continuing operations before special items for the second fiscal quarter to be in the range of $0.39 to $0.41 compared to original guidance of $0.44 to $0.46.

Korea Exchange Bank, Deutsche Bank AG, UBS AG, Kookmin Bank, Industrial Bank of Korea, Korea Investment & Securities acted as financial advisors for The Carlyle Group LP. Morgan Stanley acted as financial advisor to Tyco International and Alan Klein, Jin Hyuk Park, Jisoo Kim and Jasmine Kaufman, Lori Lesser, Genevieve Dorment, Rob Holo, Andrew Purcell, Michael Cardella and Sinead O'Shea of Simpson Thacher & Bartlett LLP and Kim & Chang acted as legal advisors to Tyco International in connection with this transaction. Hyun Suk Kim, Anthony Wang, Ling Ho, Matthew Truman, Simon Cooke, Bong-Sang Cho, Elizabeth Schultz, Patrick Huggard, Satbir Walia, Yemi Tepe, Alice Tang, Andrew Kelly, Christopher Psathas, Isaac Stewart and James Yip of Clifford Chance (Hong Kong) acted as legal advisor for The Carlyle Group. David Brown, Dan Kecman and Steve Betensky of Latham & Watkins LLP acted as legal advisor for Carlyle. Ahyoung Koo of White & Case LLP acted as the legal advisor to UBS AG, as mezzanine lender. PricewaterhouseCoopers LLP acted as an accountant to The Carlyle Group LP. Lee & Ko acted as legal advisor for Carlyle.

Deal Resolution[1005S2]

The Carlyle Group LP (NASDAQGS:CG) through its fund Carlyle Asia Partners IV completed the acquisition of Tyco Fire & Security Services Korea Co., Ltd. from Tyco International Ltd. (NYSE:TYC) on May 22, 2014.

Advisors

Advisor Name	Client Name	Role	Fee($)	Fee Percentage (%)
PricewaterhouseCoopers LLP	The Carlyle Group LP (NasdaqGS:CG)	Accountant		
Deutsche Bank AG (DB:DBK)	The Carlyle Group LP (NasdaqGS:CG)	Financial Advisor		
Industrial Bank of Korea (KOSE:A024110)	The Carlyle Group LP (NasdaqGS:CG)	Financial Advisor		
KEB Hana Bank	The Carlyle Group LP (NasdaqGS:CG)	Financial Advisor		
Kookmin Bank Hong Kong Limited	The Carlyle Group LP (NasdaqGS:CG)	Financial Advisor		
Korea Investment & Securities Co., Ltd.	The Carlyle Group LP (NasdaqGS:CG)	Financial Advisor		
UBS Group AG (SWX:UBSG)	The Carlyle Group LP (NasdaqGS:CG)	Financial Advisor		
Clifford Chance, Hong Kong	The Carlyle Group LP (NasdaqGS:CG)	Legal Advisor		
Latham & Watkins LLP	The Carlyle Group LP (NasdaqGS:CG)	Legal Advisor		
Lee & Ko	The Carlyle Group LP (NasdaqGS:CG)	Legal Advisor		
Morgan Stanley & Co. LLC	Tyco International plc	Financial Advisor		
Kim & Chang	Tyco International plc	Legal Advisor		
Simpson Thacher & Bartlett LLP	Tyco International plc	Legal Advisor		

Source: Transaction Details of Acquisition of Tyco Fire & Security Services Korea Co., Ltd. by The Carlyle Group LP, S&P Capital IQ Platform, S&P Global Market Intelligence, as of 6/22/2017

S&P Capital IQ를 통하면, 해당 M&A 딜의 해외 공시자료도 손쉽게 찾아볼 수 있다.

미국의 타이코그룹(매각자)이 미국에서 발표한 공시(8K)

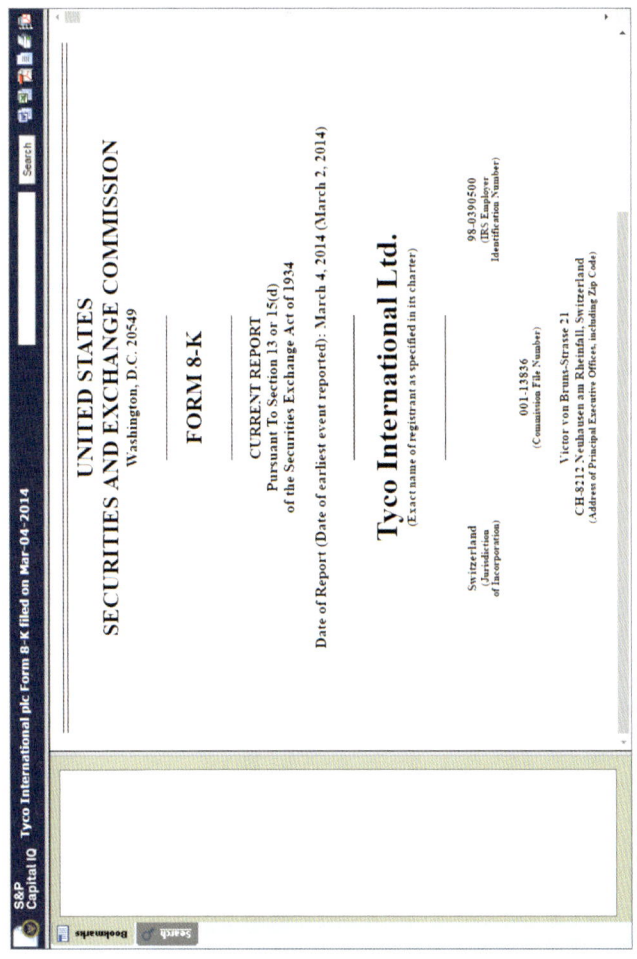

🔗 Source: Form 8-K Filing of Tyco International plc on 3/14/2014, S&P Capital IQ Platform, S&P Global Market Intelligence, as of 6/22/2017

본문 중 'OB매주의 M&A Comps'에서 설명된 S&P Capital IQ의 'M&A Transaction Screening' 기능을 사용해, 유사한 M&A 거래를 빠르게 찾아볼 수 있다. 본문에서는 M&A 템플릿을 구하기 위해 사용되었지만, 이처럼 케이스 스터디로 이미 일어난 딜을 공부할 때도, 유사한 거래를 하나씩 찾아서 비교하며 연구할 수도 있다.

Appendix 335

다음에는 중 2,443개의 보안 산업 회사 중 1,658개의 M&A 거래를 찾아냈고, 그중에서 90% 이상의 지분이 거래된 딜 1,378개를 주었다. 그중에서도 관련업이 ADT캡스를 인수하기 전에 일어난, 2009년부터 2014년까지 최근 5년간 일어난 397개의 딜을 주렸고, 마지막으로 아시아 태평양 지역에서 일어난 31개의 딜을 최종적으로 스크리닝한 모습이다. 이렇게 추려진 딜 하나하나의 정보도 앞에 소개된 바와 같이 상세 정보를 열어볼 수 있다.

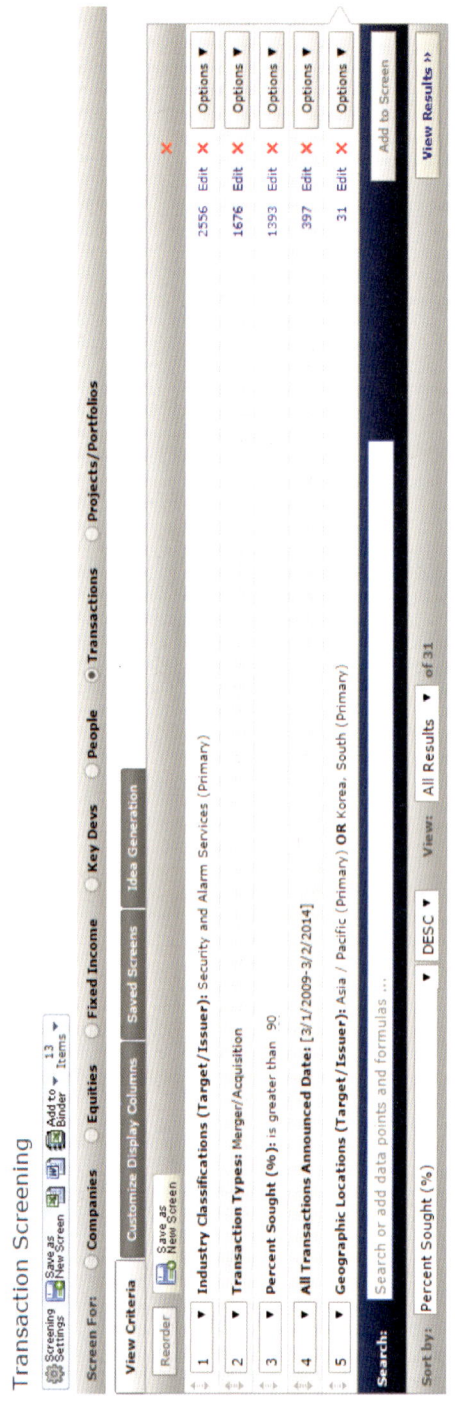

Source: Transaction Screening, S&P Capital IQ Platform, S&P Global Market Intelligence, as of 6/22/2017

마지막으로, S&P Capital IQ의 'Transaction Quick Comps' 기능을 사용해, 데이터 서비스 자체에서 컬러낸 몇 개의 유사거래를 주 고, 이들의 멀티플을 볼 수 있다. 물론 본문에 나온 OB맥주 사례 매각 때처럼, 상세한 가치평가를 할 때는 딜 하나하나를 신중하게 고르겠 지만, 케이스 스터디를 진행할 때는 이러한 자동 기능들이 매우 유용하게 사용된다.

Tyco Fire & Security Services Korea Co., Ltd. Transaction Quick Comps > Merger/Acquisition

Announced Date	Transaction ID	Target	Buyer/Investor	Seller	Size (USD mm)	Implied TEV/LTM Revenue	Implied TEV/LTM EBITDA
Jul-10-2013	IQTR242729396	Security Networks, LLC	Montronics International, Inc.	BNY Mellon-Alcentra Mezzanine Partners, Oak Hill Capital Partners, Oak Hill Capital Partners III, L.P., BNY Mellon-Alcentra Mezzanine III, L.P., Oak Hill Capital Management Partners III, L.P., Perry Companies, Inc.	742.1	8.1x	13.7x
Dec-07-2010	IQTR117271587	Montronics International, Inc.	Ascent Capital Group, Inc.	ABRY Partners, LLC, Capital Resource Partners, MACC PEI Liquidating Trust, ABRY Partners IV, L.P.	1,191.0	4.3x	6.2x
Sep-19-2010	IQTR113534635	L-1 Identity Solutions Inc. (nka MorphoTrust USA, LLC.)	Safran SA	Indian Asset Management LLC, Siemens Technology Accelerator GmbH, Dimensional Fund Advisors LP, MHR Fund Management, LLC, First Eagle Investment Management, LLC, L-1 Investment Partners, LLC, Aston Capital Partners, L.P., First Eagle Funds - First Eagle Fund of America, MHR Institutional Partners III, L.P.	1,587.8	2.5x	23.8x
Apr-26-2010	IQTR104435919	Protection 1, Inc.	GTCR, LLC, GTCR Fund IX, L.P.	Quadrangle Group LLC, QDRF Master Ltd., Monarch Alternative Capital LP, Quadrangle Capital Partners LP, Monarch Master Funding Ltd, Monarch Debt Recovery Master Fund Ltd, Monarch Opportunities Master Fund Ltd	844.3	2.2x	9.2x
Dec-13-2006	IQTR30668231	HSM Electronic Protection Services, Inc. (nka STANLEY Convergent Security Solutions, Inc.)	Stanley Black & Decker, Inc.	GTCR, LLC, TCW/Crescent Mezzanine Partners, L.L.C., GTCR Fund VIII, L.P.	545.0	2.7x	12.0x
				Max	1,587.8	8.1x	23.8x
				Median	844.3	2.7x	12.0x
				Mean	982.0	4.0x	13.0x
				Min	545.0	2.2x	6.2x

⌘ Source: Transaction Quick Comps of Acquisition of Tyco Fire & Security Service Korea Co. Ltd. by The Carlyle Group LP, S&P Capital IQ Platform, S&P Global Market Intelligence, as of 6/22/2017

3. 산업군 Industry Categorization

Apple Inc. (NasdaqGS:AAPL) Industry Classifications

[icons] Create Activity | Add to Binder | 13 Items

Find Buyers/Investors for Apple Inc.   Find Similar Companies or Add-ons for Apple Inc.

Primary Industry Classification
Technology Hardware, Storage and Peripherals ∨

Industry Classification Add

Consumer Discretionary ∨
 └ Consumer Durables and Apparel ∨
   └ Household Durables ∨
   └ Consumer Electronics ∨
     └ Audio Equipment ∨
       └ Digital Music Recorders ∨
       └ MP3 Players ∨
     └ Consumer Electronics Peripherals ∨
     └ Video Equipment ∨
       └ Televisions ∨
   └ Textiles, Apparel and Luxury Goods ∨
     └ Apparel, Accessories and Luxury Goods ∨
       └ Jewelry, Timepieces and Gemstone Products ∨
         └ Timepieces ∨
           └ Watches ∨
 └ Retailing ∨
   └ Distributors ∨
     └ Durable Goods Distribution ∨
       └ Consumer Electronics Distribution ∨
   └ Internet and Direct Marketing Retail ∨
     └ Online Specialty Retail ∨
       └ Online Computer Hardware and Software Retail ∨
       └ Online Consumer Electronics Retail ∨
   └ Specialty Retail ∨
     └ Computer and Electronics Retail ∨
Information Technology ∨

🔗 Source: Industry Classifications of Apple Inc., S&P Capital IQ Platform, S&P Global Market Intelligence, as of 6/22/2017

고객군

Apple Inc. (NasdaqGS:AAPL) Customers

Customers | Suppliers | Strategic Alliances

Customers

Copy to List

Recently Disclosed Customers

Customer Name	Supplier Name	Relationship Type	Primary Industry	Source
23andMe, Inc.	*Illumina, Inc. (NasdaqGS:ILMN)	Customer	Biotechnology	Key Development Client Announcements Jun-16-2016
Aditya Vision Limited (BSE:540205)	Apple Inc. (NasdaqGS:AAPL)	Distributor	Computer and Electronics Retail	Aditya Vision Limited (BSE:540205) - Form Doc
Alior Bank S.A. (WSE:ALR)	Apple Inc. (NasdaqGS:AAPL)	Customer	Diversified Banks	Key Development Client Announcements Feb-22-2016
Allenex AB (publ)	*Conexio Genomics Pty. Ltd.	Distributor	Life Sciences Tools and Services	Allenex AB (publ) 2016 Form Doc
Alpha Energy Holdings Limited (Catalist:5TS)	Apple Inc. (NasdaqGS:AAPL)	Distributor	Oil and Gas Exploration and Production	Alpha Energy Holdings Limited (Catalist:5TS) 2015 Form Doc
ALSO Holding AG (SWX:ALSN)	Apple Inc. (NasdaqGS:AAPL)	Distributor	Technology Distributors	ALSO Holding AG (SWX:ALSN) - Form Doc
ANEKS d.o.o.	Apple Inc. (NasdaqGS:AAPL)	Distributor	Data Processing and Outsourced Services	Telekom Slovenije d.d. (LJSE:TLSG) - Form Doc
Appiphany Technologies Inc. (OTCPK:APHD)	Apple Inc. (NasdaqGS:AAPL)	Licensee	Internet Software and Services	Appiphany Technologies Inc. (OTCPK:APHD) 2015 Form 10-K
Argo Graphics Inc. (TSE:7595)	Apple Inc. (NasdaqGS:AAPL)	Distributor	IT Consulting and Other Services	Argo Graphics Inc. (TSE:7595) - Form Doc
Ariosa Diagnostics, Inc.	*Illumina, Inc. (NasdaqGS:ILMN)	Customer	Biotechnology	Ariosa Diagnostics, Inc. 2014 Form S-1
ASBISc Enterprses Plc (WSE:ASB)	Apple Inc. (NasdaqGS:AAPL)	Distributor	Technology Distributors	ASBISc Enterprses Plc (WSE:ASB) - Form Doc
Atea ASA (OB:ATEA)	Apple Inc. (NasdaqGS:AAPL)	Distributor	IT Consulting and Other Services	Atea ASA (OB:ATEA) 2017 Form Doc
Avera Health	*Illumina, Inc. (NasdaqGS:ILMN)	Customer	Healthcare Services	Key Development Client Announcements Jun-16-2016
BCE Inc. (TSX:BCE)	Apple Inc. (NasdaqGS:AAPL)	Customer	Integrated Telecommunication Services	BCE Inc. (TSX:BCE) 2017 Form 40-F
Beijing Digital Telecom Co., Ltd. (SEHK:6188)	Apple Inc. (NasdaqGS:AAPL)	Distributor	Computer and Electronics Retail	Beijing Digital Telecom Co., Ltd. (SEHK:6188) - Form Doc

Source: Customers of Apple Inc., S&P Capital IQ Platform, S&P Global Market Intelligence, as of 6/22/2017

Appendix 339

재무적 프레임 및 S&P Capital IQ 추천

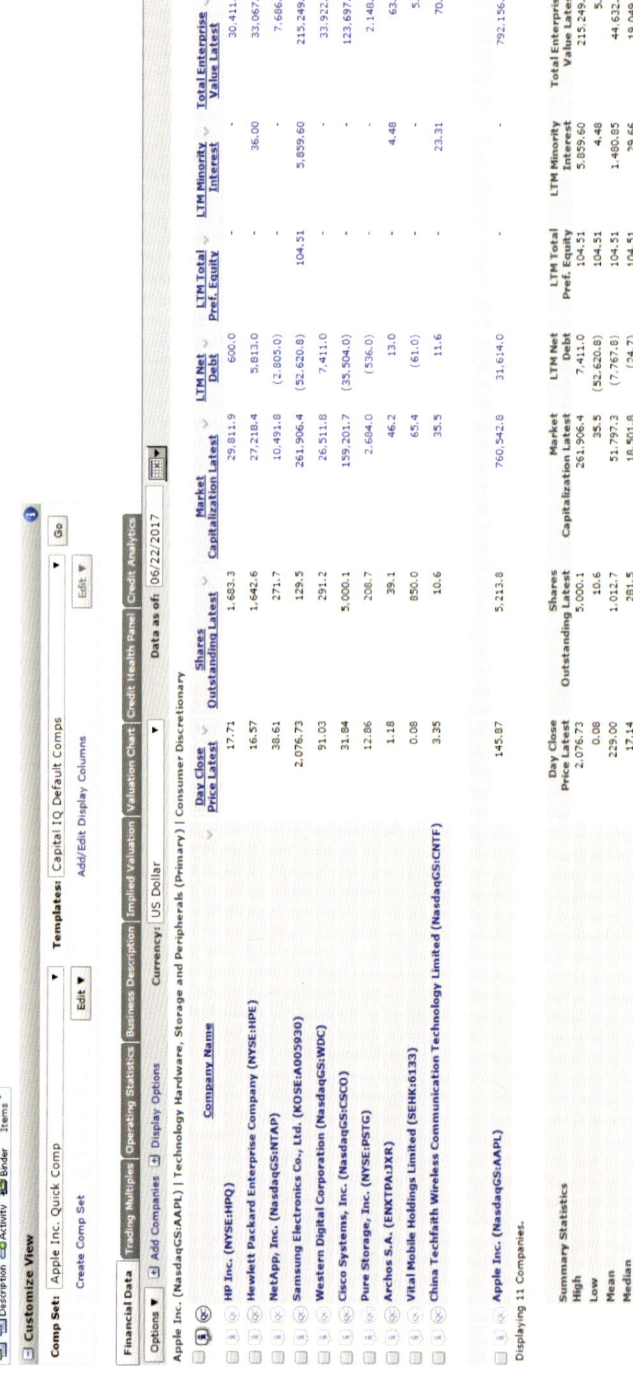

Source: Financial Data from Quick Comps of Apple Inc., S&P Capital IQ Platform, S&P Global Market Intelligence, as of 6/22/2017

비상장기업(OB맥주) 동종 기업 추천

Oriental Brewery Co., Ltd. Quick Comparable Analysis

Oriental Brewery Co., Ltd. | Brewers (Primary)

Company Name	LTM Gross Margin %	LTM EBITDA Margin %	LTM EBIT Margin %	LTM Net Income Margin %	LTM Total Revenues, 1 Yr Growth %	LTM EBITDA, 1 Yr Growth %	LTM EBIT, 1 Yr Growth %	LTM Net Income, 1 Yr Growth %
United Breweries Limited (BSE:532478)	53.9%	12.7%	7.5%	4.85%	(6.83%)	(18.67%)	(27.90%)	(22.20%)
Guangzhou Zhujiang Brewery Co., Ltd (SZSE:002461)	39.4%	8.6%	1.8%	3.18%	4.96%	8.81%	44.93%	32.92%
Chongqing Brewery Co.Ltd (SHSE:600132)	37.9%	15.8%	10.6%	6.3%	(4.62%)	51.76%	165.58%	-
Grupa Zywiec S.A. (WSE:ZWC)	52.1%	20.9%	14.9%	10.34%	(22.99%)	(6.91%)	(6.69%)	(33.54%)
East African Breweries Limited (NASE:EABL)	50.2%	31.7%	26.4%	12.11%	(7.75%)	(2.14%)	0.05%	(40.18%)
Heineken Malaysia Berhad (KLSE:HEIM)	35.7%	21.4%	19.5%	15.20%	-	-	-	-
Hitejinro Holdings Co., Ltd. (KOSE:A000140)	43.1%	10.3%	4.2%	0.90%	(0.64%)	(24.97%)	(44.66%)	23.95%
Carlsberg Brewery Malaysia Berhad (KLSE:CARLSBG)	35.2%	19.7%	17.9%	12.13%	2.38%	3.98%	5.26%	(9.58%)
The Boston Beer Company, Inc. (NYSE:SAM)	50.5%	20.5%	14.8%	9.76%	(7.37%)	(5.08%)	(10.52%)	(6.19%)
Xin Jiang Ready Health Industry Co.,Ltd. (SHSE:600090)	14.0%	-	9.0%	5.56%	19.50%	-	36.81%	47.44%
Oriental Brewery Co., Ltd.	57.8%	30.2%	22.9%	14.91%	-	-	-	-

Displaying 11 Companies.

Summary Statistics	LTM Gross Margin %	LTM EBITDA Margin %	LTM EBIT Margin %	LTM Net Income Margin %	LTM Total Revenues, 1 Yr Growth %	LTM EBITDA, 1 Yr Growth %	LTM EBIT, 1 Yr Growth %	LTM Net Income, 1 Yr Growth %
High	53.9%	31.7%	26.4%	15.20%	19.50%	51.76%	165.58%	47.44%
Low	14.0%	8.6%	1.8%	0.90%	(22.99%)	(24.97%)	(44.66%)	(40.18%)
Mean	41.2%	17.9%	12.7%	8.04%	(2.55%)	0.85%	10.07%	(0.92%)
Median	41.2%	19.7%	12.7%	8.08%	(4.62%)	(3.61%)	0.05%	(7.89%)

Source: Operational Statistics from Quick Comps of Oriental Brewery Co., Ltd.., S&P Capital IQ Platform, S&P Global Market Intelligence, as of 6/22/2017

회사별 산업 특화 정보

영국의 British Airways 항공사 예시

British Airways Plc (UK) Financials > Industry Specific

For the Fiscal Period Ending	12 months Dec-31-2011 GBP	12 months Dec-31-2012 GBP	12 months Dec-31-2013 GBP	12 months Dec-31-2014 GBP	12 months Dec-31-2015 GBP	12 months Dec-31-2016 GBP
Fuel Consumption and Expense [822]						
Fuel Expense [23494]	3,257.0	3,704.0	3,738.0	3,552.0	3,152.0	2,435.0
Fuel Avg. Cost per Gallon [23492]	£ 2.01	£ 1.96	£ 1.90	£ 1.93	£ 1.18	£ 1.32
Fuel Avg. Cost per Liter [22636]	£ 0.53	£ 0.52	£ 0.50	£ 0.51	£ 0.31	£ 0.35
Fuel Consumed ('000s of Gallons) [23491]	1,621	1,894	1,967	1,836	2,665	1,844
Fuel Consumed (Liters) [22635]	6,136	7,168	7,445	6,950	10,088	6,981
Capacity and Utilization [734]						
Revenue Passengers Carried [23507]	34.3	37.6	40.0	41.5	43.3	44.5
Revenue Passenger Miles [23506]	72,920	78,567	81,610	86,021	88,249	90,211
Revenue Passenger Kms [22638]	117,348	126,436	131,333	138,431	142,016	145,173
Available Seat Miles [23479]	93,304	98,335	100,321	106,208	108,294	111,063
Available Seat Kms [22637]	150,152	158,247	161,444	170,917	174,274	178,731
Increase in ASMs [23498]		5.4%	2.0%	5.9%	2.0%	2.6%
Increase in ASKs [22643]		5.4%	2.0%	5.9%	2.0%	2.6%
Passenger Revenue Yield per RPM [23504]	11.96	12.09	12.41	12.15	11.60	11.46
Passenger Revenue Yield per RPK [22640]	7.43	7.51	7.71	7.55	7.21	7.12
Passenger Revenue Yield per ASM [23502]	9.35	9.66	10.09	9.85	9.45	9.30
Passenger Revenue Yield per ASK [22639]	5.81	6.00	6.27	6.12	5.87	5.78
Total Operating Revenue Yield per ASM [23501]	10.70	11.01	11.38	11.03	10.47	10.30
Total Operating Revenue Yield per ASK [22641]	6.65	6.84	7.07	6.86	6.50	6.40
Operating Expenses per ASM [23481]	9.97	10.71	10.73	10.12	9.30	8.98
Operating Expenses per ASK [22642]	6.19	6.65	6.67	6.29	5.78	5.58
Operating Expenses Per ASK, Excl. Fuel [26870]			4.35	4.23	4.04	4.20
Load Factor (%) [23499]	78.2%	79.9%	81.3%	81.0%	81.5%	81.2%
Completion Factor (%) [23482]	99.3%	98.9%	98.6%	99.2%	99.1%	99.0%
Aircraft Utilization (Hours per Day) [23478]	11.1	10.9	10.6	10.4	10.6	11.1
Passenger Haul. Avg. Length (mi) [26864]	2,129	2,091	2,042	2,072	2,037	2,029
Passenger Haul. Avg. Length (km) [26866]	3,426	3,364	3,287	3,334	3,278	3,266
Aircraft Information [733]						
Total Number of Aircraft [23477]	245	273	278	279	284	293
Aircraft Owned [23464]	223	233	240	231	228	213
Aircraft - Operating Lease [23471]	22	40	38	48	56	80
Aircraft Leased [23469]	22	40	38	48	56	80
Aircraft - Firm Orders [23468]	50	52	89	84	87	71
Aircraft - Options [23472]	84	81	126	124	97	97

Source: Industry Specific Financials of British Airways Plc (UK), S&P Capital IQ Platform, S&P Global Market Intelligence, as of 6/22/2017

4. 주식조사보고서 및 컨센서스

국내외 증권사들이 발간하는 주식조사보고서를 한 번에 보고 받는 기능

🔗 Source: Investment Research, S&P Capital IQ Platform, S&P Global Market Intelligence, as of 6/22/2017

특정 기업을 커버하는 모든 증권사 애널리스트들이 보고값의 평균이 컨센서스로 제공되는 모습

컨센서스 내에 들어가 있는 모든 수치들을 개별적으로 확인하는 것도 가능하다.

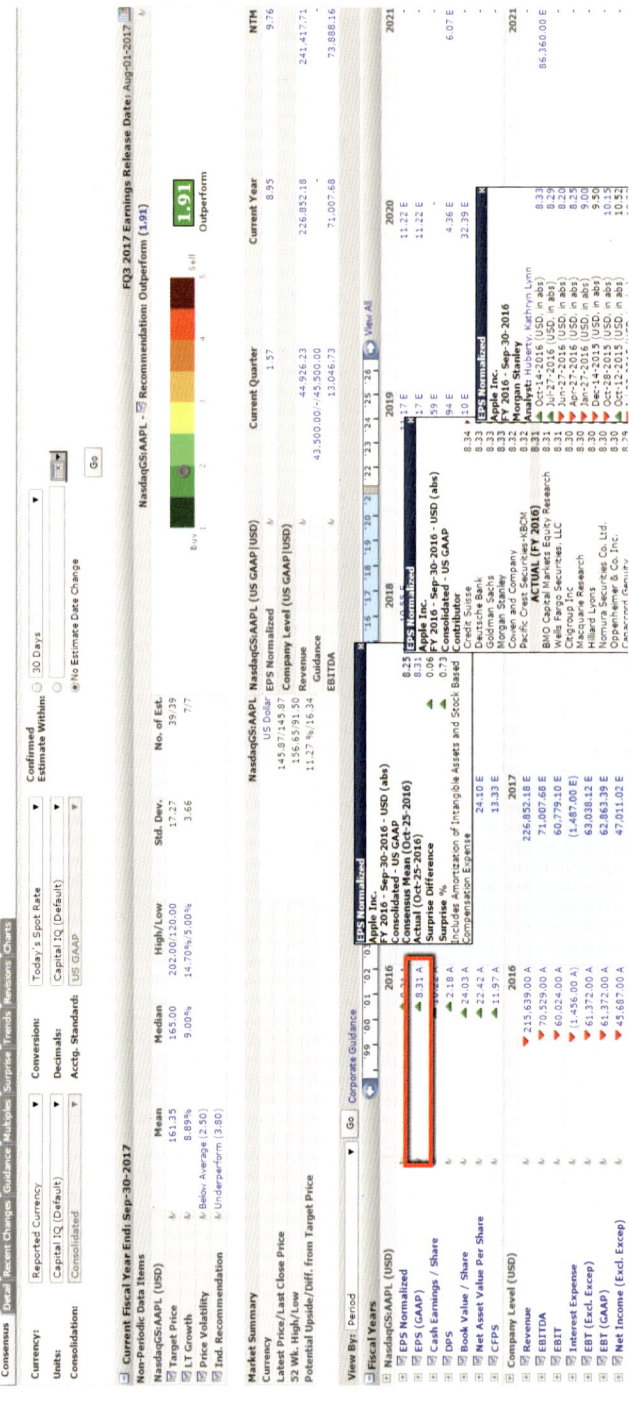

Source: 2016 EPS GAAP Estimate from CIQ Estimates, S&P Capital IQ Platform, S&P Global Market Intelligence, as of 6/22/2017

5. S&P Capital IQ를 사용해 유사 M&A 딜 찾기

Comparable M&A Transaction 기능

Oriental Brewery Co., Ltd. Comparable M&A Transactions

Currency: Reported Currency   13 items   Go

Comparable M&A Transactions

Delete?	Announced Date	Transaction ID	Target	Buyer/Investor	Seller	Target TEV(KRW mm)	Size(KRW mm)	Implied TEV/LTM Revenue	Implied TEV/LTM EBITDA
×	Aug-05-2013	IQTR244107647	Joe White Maltings Pty. Ltd.	Cargill Australia Limited	Viterra Inc.	-	416,627.0	1.6x	-
×	Jun-18-2012	IQTR208826356	Little World Beverages Limited	Anglo-Gaelic Investments Pty Ltd	Finu Group Pty Ltd.	-	315,386.7	5.7x	20.0x
×	Jun-21-2011	IQTR134515001	Foster's Group Pty. Ltd	SABMiller Limited	-	-	14,489,258.0	5.1x	14.2x
×	Apr-23-2009	IQTR58222226	Lion Nathan Limited (fka:Lion Nathan Pty Limited)	Kirin Holdings Company, Limited	-	-	5,007,251.5	3.6x	13.0x
×	Nov-06-2007	IQTR61147967	J. Boag and Son Pty Ltd.	Lion Nathan Pty Limited	San Miguel Corporation	-	273,557.7	3.5x	18.1x
					Max	-NaN.N	14,489,258.0	5.7x	20.0x
					Median	0.0	416,627.0	3.6x	16.1x
					Mean	0.0	4,100,416.2	3.9x	16.3x
					Min	NaN.N	273,557.7	1.6x	13.0x

Create Transaction Comp Set

Add Transaction

Values converted at Transaction Offered Date
Currency is the subject Company's currency

🔗 Source: Comparable M&A Transactions of Oriental Brewery Co., Ltd., S&P Capital IQ Platform, S&P Global Market Intelligence, as of 6/22/2017

특정 M&A 상단의 'Find Similar Transaction' 기능

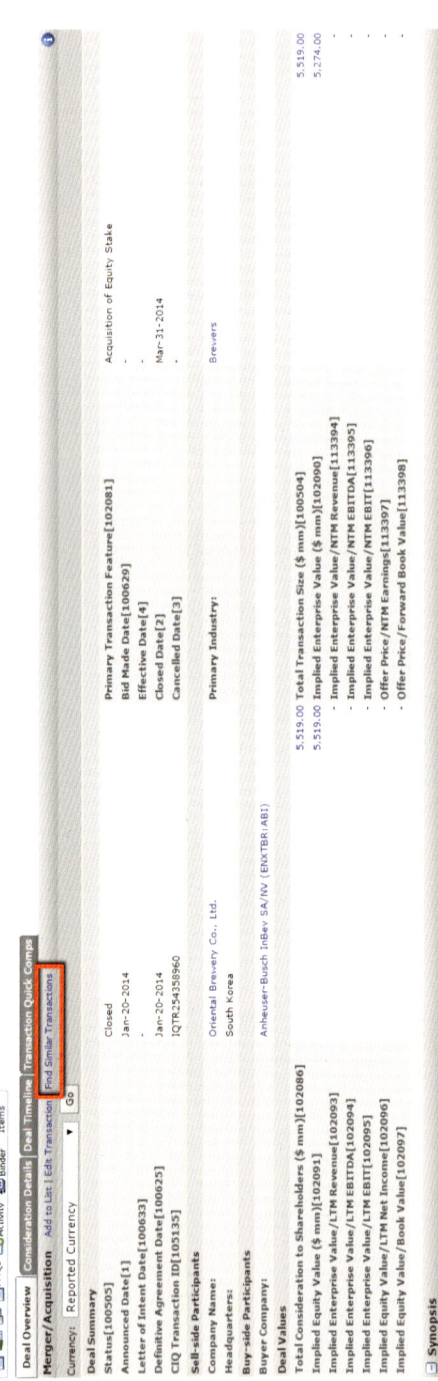

특정 M&A 상단의 조건에 부합하는 M&A 리스트(산업, 지역, 기간, 규모, 타임-share acquisition, LBO 등 설정 가능). 참고로 Transaction Screening은 부록 2. '칼라일그룹의 ADT캡스 LBO' 부분에 상세히 소개하고 있다.

또는 Transaction Screening을 통해 특정 조건에 부합하는 M&A 리스트(산업, 지역, 기간, 규모, 타임-share acquisition, LBO 등 설정 가능).

Source: Comparable M&A Transactions of Oriental Brewery Co., Ltd. S&P Capital IQ Platform, S&P Global Market Intelligence, as of 6/22/2017

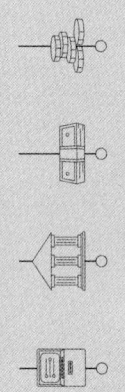

Appendix

이 책에서는 투자은행(IB) 및 사모펀드(PEF)를 중심으로 M&A 같은 사모시장에서의 금융 실무를 주로 다루었다. 추가로 본문에서 소개되지 않았지만 이와 관련해 실무에서 주로 사용하는 스크리닝 툴을 별도로 소개하고자 한다.

부록 B

본문에서 소개되지 않은 스크리닝 툴

INVESTMENT BANKING & PRIVATE EQUITY
Valuation, Mergers & Acquisitions, Leveraged Buyouts

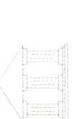

1. 투자 대상, 특정 회사, 채권 스크리닝

적합한 투자 대상을 물색할 때 스크리닝 기능을 사용할 수 있다. 다음과 같이 구글은 무료 주식 스크리닝 기능을 제공한다.

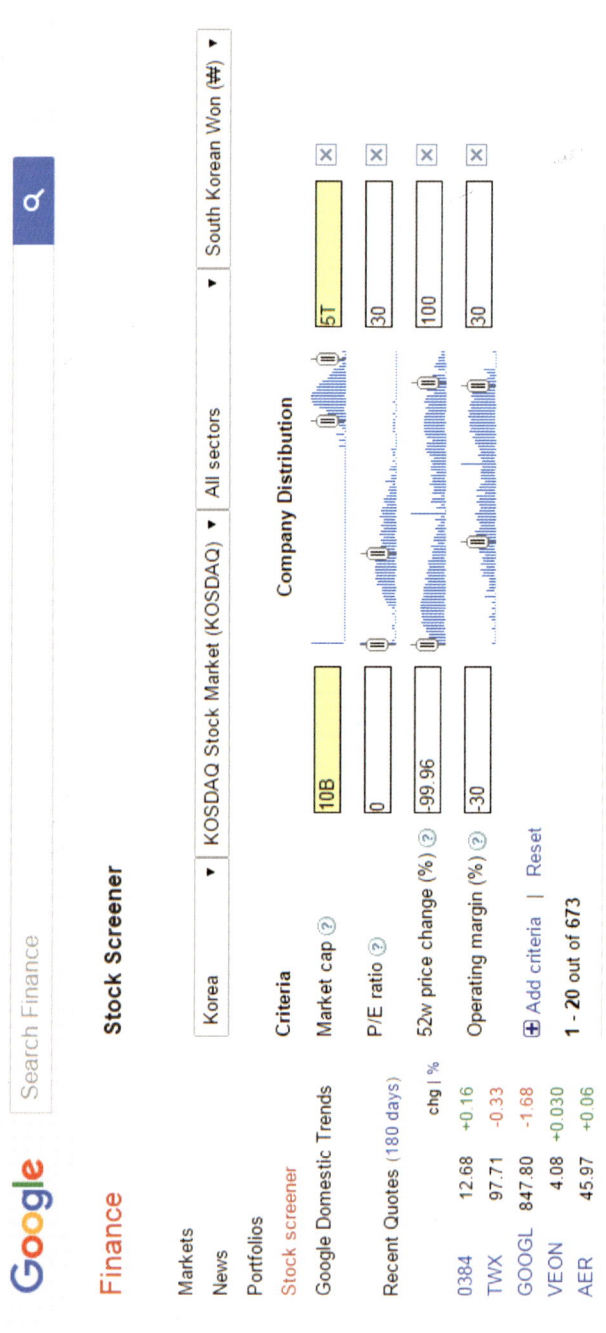

하지만 물론 이런 무료 서비스는 S&P Capital IQ, 블룸버그, 팩트셋 등은 글로벌 금융 데이터 서비스들의 스크리닝 기능에 비하면 그 정확성이나 정밀함이 많이 떨어진다. 예를 들어, S&P Capital IQ의 스크리닝 기능을 통하면, 단순히 몇 개의 재무지표만으로 회사를 검색하는 것이 아니라, '최근 M&A를 한 회사', '해외 투자자들의 보유비중이 높은 회사' 혹은 '행동주의 투자자들의 관심을 받는 회사' 등의 비-계량적 요소들로도 회사를 스크리닝할 수 있다.

예를 들어 S&P Capital IQ Screening을 사용해서 다음과 같은 회사들을 손쉽게 스크리닝할 수 있다.

· 미국 통신 기업 중, 최근 5년 Operating Margin 평균이 10% 이상인 기업
· 중국 금융기업 중, 시가총액 기준으로 상위 100개면서, 최근 3개월 이내에 배당금을 지급한 회사

또한, 단순히 주식이 아닌, '에너지 기업에서 발행된 채권 중 향후 1년 이내 만기 예정이며, S&P 신용등급 BBB- 아래 채권'도 조회가 가능하다.

2. 투자자 스크리닝

또 다른 스크리닝 툴은, 투자자의 관점에서 투자 대상을 찾는 것이 아니라, 투자를 받는 입장에서, 투자하는 펀드(fund of funds)처럼, 특정 투자회사를 찾는 기능도 가능하다.

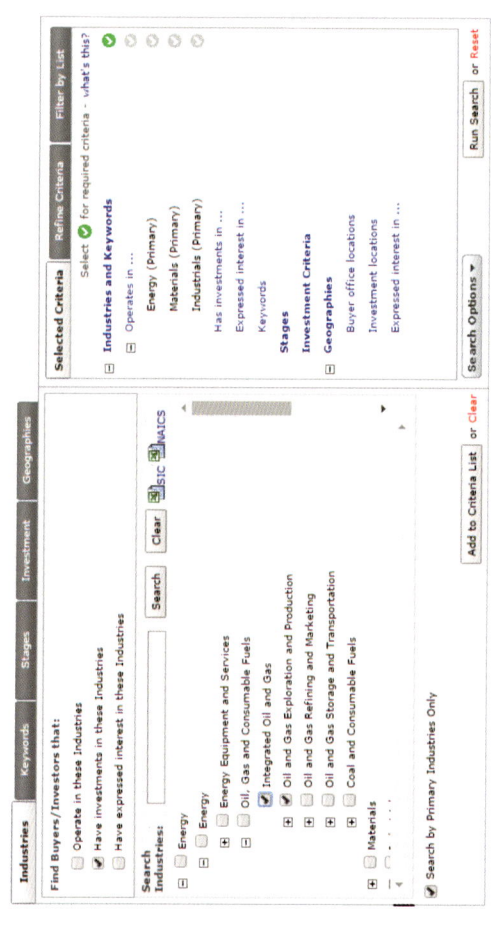

Source: Find Buyers/Investors on S&P Capital IQ Platform, S&P Global Market Intelligence, as of 6/22/2017

이러한 기능을 사용해, 전략적 혹은 재무적 투자자의 지역과 산업 선정 설정 후, 주요 투자하는 단계(investment stage)와 규모 등을 입력해 해당 산업, 지역, 규모-stage에 투자하고 있거나, 과거에 이러한 투자를 집행한 이력이 있는 투자자 리스트 확보가 가능하다. 이 기능은 LP(limited partners)들이 사용할 수 있으며, S&P Capital IQ에서는 인물 검색도 가능하기에, 특정 분야의 전문가 정보와 연락처까지 구해서 직접 연락할 수도 있다.

S&P Global
Market Intelligence

투자은행 업무에 최적화된 솔루션

S&P Capital IQ 플랫폼은 적시성 있는 산업 트렌드 파악 및 정교한 재무분석에 도움을 드리며, 거래 성사에 필수적인 통찰력을 제공해드립니다

당사의 플랫폼을 통해 다양한 전략 수립에 도움을 받으세요. 기존 및 잠재고객 유치에 필요한 M&A 관련 조언, 기업 전략 및 기획, 다양한 자금 조달은 물론 새로운 사업 기회 발굴에 반드시 필요한 정보를 제공해드립니다.

투자은행 특화 솔루션인 S&P Capital IQ는…

시장의 다양한 활동과 역학을 상시 모니터합니다

상시 업데이트되는 최신 업계 뉴스를 받아보세요. S&P Capital IQ는 산업별, 지역별, 회사별 다양한 소식을 발빠르게 전달합니다.

기업레벨의 세부 리서치를 가능케 합니다

전 세계 470만 개의 상장/비상장사에 대한 정보를 찾아보세요. 실시간으로 업데이트되는 기업 뉴스, M&A, 사모펀드 및 딜 관련 일체의 정보를 제공합니다.

M&A 거래 관련 아이디어 창출에 도움을 드립니다

S&P Capital IQ의 스크리닝 툴을 활용해 유사기업, 잠재 인수자, 투자 및 인수현황, 전략적 파트너 등 다양한 대상을 파악하시고 아이디어 창출에 도움을 받으세요.

재무 정보 및 추정치를 통한 정교한 전망 분석에 도움을 드립니다

S&PCapital IQ를 통해 필요하신 모든 재무 정보를 한눈에 파악하세요. 다수의 검증을 거친 정확한 재무정보와 각종 증권사에서 제공하는 추정치를 함께 받아보실 수 있으며, 간편 오딧(Audit) 기능으로 업무 투명성을 제고하십시오.

거래 의뢰 유치를 위한 최상의 분석툴을 제공합니다

ECM, DCM 에서부터 M&A까지, S&PCapital IQ 는 투자은행 업무에 필요한 모든 분석을 도와드립니다. 당사의 플랫폼과 함께 빈틈없는 전략을 수립해보세요.

발표 자료 작성과 업데이트의 효율성을 극대화합니다

복잡한 금융모델 및 발표자료 (Pitch book) 를 손쉽고 빠르게 설계/작성하세요. S&P Capital IQ 는 MS 워드, 엑셀, 파워포인트의 연동기능을 제공해 자료 작성의 효율성을 획기적으로 제고시켜드립니다.

marketintelligence.spglobal.com
한국 +82 2 2022 2300

Intralinks for the Deal Lifecycle

www.intralinks.com/kr
02 6138 4312

Business Beyond Boundaries

WALL ST. TRAINING

해외 금융 선진국에서는 투자은행(IB), 사모펀드, 전략 컨설팅, 대기업 전략실 및 다양한 분야에서 직원들의 금융/재무 및 투자전문성을 높이기 위해 외부 전문 기관에 금융 모델링(Financial Modeling) 교육을 위탁하고 있습니다. 이제는 국내에서도 글로벌 스탠더드에 부합하는 전문적인 금융 모델링 교육을 받을 수 있습니다.

Wall Street Training은 국내 유일의 **Financial Modeling 전문 교육기관**입니다. 2015년에 국내 교육을 시작하여, 출강 및 기업 교육제휴를 통하여 다양한 금융권 및 비금융권 현업자들의 금융 모델링 교육을 담당하고 있습니다. Wall Street Training 금융 모델링 교육 수강자들은 다음과 같습니다.

금융권 sell-side 종사자
IB, Research, 인수금융,
프로젝트 파이낸싱(PF)

금융권 buy-side 종사자
사모펀드, 헤지펀드, VC,
LP (연기금), 대체투자
펀드 (인프라, 부동산)

M&A 업무를 하는 기업
전략실 및 신사업 진출
분석자, 회계사 및 전략
/ M&A 컨설턴트

금융권 진출 희망자
(Pre-MBA 및 CFA)

모든 수업은 다년간 글로벌 금융허브 (뉴욕, 홍콩, 싱가포르)에서 IB(M&A), 리서치, 사모펀드(LBO), 헤지펀드 등 다양한 경력을 쌓은 금융 실무자 강사들이 직접 교육합니다. 각 수업은 Wall Street Training이 자체 제작한 교재와 실제 엑셀 모듈로 진행됩니다. 교육은 개인과 기업 (일반 기업, 금융회사, 공기업 등)을 대상으로 운영됩니다. 관련 사항은 아래의 이메일 주소나 전화로 문의 바랍니다.

🌐 www.wallstreettraining.co.kr ✉ help@wallstreettraining.co.kr ☎ 02-557-1893

참고문헌

국내 서적

강창주 외 4인, 《헤지펀드의 이해와 운용전략》, 서울: 한국금융연수원, 2012

김규림 외 3인, 《사모투자펀드의 모든 것》, 서울: 한국금융연수원, 2015

데이비드 하딩 · 샘 로빗, 《M&A 마스터》, 서울: 청림출판, 2008

모이로 아키라, 《밸류에이션 : 현명한 투자자를 위한 기업 가치 평가》, 유주현(역), 서울: 이콘, 2010

박준영 · 조성태 · 최상우, 《기업금융과 M&A》, 서울: 삼일인포마인, 2016

성보경, 《경영권 전쟁에 이기는 M&A병법 36계: 기업 간 M&A를 위한 체계적 지침과 경영 전략》, 서울: 매일경제신문사, 2013

신용균 외 4인, 《대출채권의 유통시장》, 서울: 부연사, 2004

신현한, 《Data Guide와 함께하는 9일 동안 배우는 기업가치평가》, 에프앤가이드, 2016

이만우 외 3인, 《IFRS 고급회계》, 서울: 탐진출판, 2017

이영우, 《재무관리》, 웅진패스원, 2012

주순제 외 5인, 《재무관리 이보다 쉬울 수 없다: 재무관리 아는 만큼 보인다》, 서울: 원앤원북스, 2012

최운열 · 박영석, 《투자론: 이론과 실무》, 서울: 박영사, 2005

황이석, 《CFO 강의노트: 회계정보를 활용한 신 재무전략》, 서울: 서울경제경영, 2015

해외 서적

Damodaran, Aswath. *Damodaran on Valuation: Security Analysis for Investment and Corporate Finance*. Hoboken: Wiley, 2006

Damodaran, Aswath. *The Dark Side of Valuation: Valuing Young, Distressed, and Complex Businesses*. Upper Saddle River: FT Press, 2009

Grau, David Sr. *Buying, Selling, and Valuing Financial Practices: The FP Transitions M&A Guide*. Hoboken: Wiley, 2016

Koller, Tim, Marc Goedhart, David Wessels. *Valuation: Measuring and Managing the Value of Companies*. Hoboken: Wiley, 2010

Palepu, Krishna, Paul Healy. *Business Analysis and Valuation: Using Financial Statements*. Boston: Cengage Learning, 2007

Pignataro, Paul. *Financial Modeling and Valuation: A Practical Guide to Investment Banking and Private Equity*. Hoboken: Wiley, 2013

Price Pitchett. *Making Mergers Work*. Hinsdale: Dow Jones-Irwin, 1987

Reed, Stanley Foster., Alexandra Lajoux and H., Peter Nesvold. *The Art of M&A: A Merger Acquisition Buyout Guide*. Newyork: McGraw-Hill Education, 2007

Robert C. Merton, Zvi Bodie, David L. Cleeton. *Financial Economics*. Upper Saddle River: Pearson, 2009

Rosenbaum, Joshua, Pearl, Joshua. *Investment Banking: Valuation, Leveraged Buyouts, and Mergers and Acquisitions*. Hoboken: Wiley, 2013

Scharfman, Jason A. *Private Equity Operational Due Diligence*. Hoboken: Wiley, 2012

논문

안보용·이영민·김태오, "차입매수(LBO)를 통한 인수금융의 최근 쟁점", BFL, 2015, 73

우동석·김혜원, "인수금융에서의 후순위금융과 리파이낸싱", BFL, 2015, 73

윤어근·곽명철, "인수금융의 주요 법적 쟁점", BFL, 2011, 47

최승재, "대법원 판결로 보는 차입매수(LBO)와 배임죄", 법과 기업연구, 2015, 5(3)

한민, "신디케이트 대출에 관한 법적 검토", 이화여자대학교 법학논집, 2012, 16(4)

Modigliani, Franco, Miller, Merton H, *"The Cost of Capital, Corporation Finance, and the Theory of Investment"*, The American Economic Review, 1958

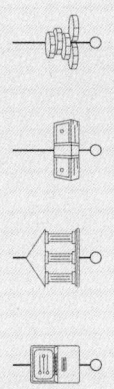

글로벌 금융업계 실무 수준으로 배우는
투자은행과 사모펀드(개정판)

제1판 1쇄 2017년 8월 8일
제1판 6쇄 2020년 7월 17일
제2판 1쇄 2021년 6월 1일
제2판 6쇄 2025년 7월 17일

지은이 선선규, 홍성현
펴낸이 허연   **펴낸곳** 매경출판(주)
기획제작 (주)두드림미디어
책임편집 이규재   **디자인** 얼앤똘비악 earl_tolbiac@naver.com
마케팅 한동우, 박소라

등 록 2003년 4월 24일(No. 2-3759)
주 소 (04557) 서울특별시 중구 충무로 2(필동 1가) 매일경제 별관 2층 매경출판(주)
홈페이지 www.mkbook.co.kr
전 화 02)02-333-3577
이메일 dodreamedia@naver.com
인쇄·제본 (주)M-print 031)8071-0961
ISBN 979-11-6484-286-5 (03320)

책 내용에 관한 궁금증은 표지 앞날개에 있는
저자의 이메일이나 저자의 각종 SNS 연락처로 문의해주시길 바랍니다.

책값은 뒤표지에 있습니다.
파본은 구입하신 서점에서 교환해 드립니다.